마틴 셀리그만의
# 긍정심리학
**(개정판)**

마틴 셀리그만의

# 긍정심리학

## (개정판)

마틴 셀리그만 지음 | 김인자 · 우문식 옮김

도서출판 물푸레

"행복을 원한다면 지금까지 당신이 갖고 있던
행복에 대한 시각부터 바꾸라."

—마틴 셀리그만

# CONTENTS

프롤로그 진정한 행복을 찾아주는 긍정심리학                    12

개정판 옮긴이 서문 긍정심리학의 찬란한 진화                   18

긍정심리학은 긍정적 사고가 아니다                          20
긍정심리학이란 무엇인가?                                22
플로리시를 위한 웰빙이론의 5가지 요소(PERMA)                 26
왜 긍정심리학에 열광하는가?                               28
20/8/55                                             30
긍정심리학은 조직을 번성시킨다                              32
학교와 군대에서의 긍정심리학 교육                           35
긍정심리학 기반의 새로운 긍정조직 탄생                       38
긍정심리학의 목표는 플로리시다                             41

## PART 1 행복을 만들 수 있을까?:긍정 정서

1강 긍정 정서와 긍정 특성                                 51
낙관적인 사람이 오래사는 이유                             52
쇼핑보다 봉사가 더 행복한 이유                            57
행복으로 가는 열쇠-강점과 미덕을 발휘하는 삶                60
대표강점이 중요한 이유                                  64

## 2장 내가 찾은 긍정심리학     69

선거에 출마하다     69
내 목적은 인간의 고통을 줄이는 것     70
무기력 학습을 기존 학습이론에 대한 도전     73
낙관성 학습의 발견     77
어린딸 니키가 내 사명을 일깨워주다     82

## 3장 우리는 왜 행복해지려고 애쓰는가?     85

진화와 긍정 정서     85
긍정 정서가 낮으면 불행할까?     91
지적자원의 확장과 구축     93
행복한 사람이 바보처럼 보이는 이유     98
행복할수록 신체적 자원을 더 잘 구축한다     103
행복한 사람은 사회적 자원도 풍부하다     106
부정 정서는 제로섬, 긍정 정서는 윈-윈 게임     108

## 4장 행복에도 공식이 있다     110

지속적 행복 수준(H)     111
이미 설정된 행복 범위(S)     113
삶의 상황(C)     118
자발적 행동(V)     132

PART 2 당신의 행복도를 높이는 비결 : 긍정 정서 키우기

5장 **과거의 긍정 정서 키우기**                         135

생각이 과거의 정서를 좌우한다                          135
과거 속에서 산다는 것                                  141
과거로부터 벗어나는 방법                               148
용서에 이르는 길 – REACH                               163
1년에 한 번씩 삶의 무게를 재라                           167

6장 **미래의 긍정 정서 키우기**                         170

비관적인 사람과 낙관적인 사람의 차이                    175
낙관성과 희망의 상관관계                               181
낙관성과 희망 키우기                                   183
비관적인 생각에 반박하는 방법                           187
반박 연습하기                                         190

7장 **현재의 긍정 정서 키우기**                         195

육체적 쾌락                                           196
정신적 쾌락                                           197
긍정 정서 키우는 방법                                  198
만족과 쾌락은 어떻게 다른가?                            207
만족의 핵심은 감정이 아닌 몰입이다                      212
즐거운 쾌락은 소비, 고통스러운 몰입은 투자              215
쾌락이 우울증을 불러오는 이유                           217
만족을 높이려면 강점을 파악하라                         220

PART 3 **만족에 이르게 하는 길 – 성격강점과 미덕**

**8장** 강점과 미덕이 행복을 만든다                225

강점과 미덕 되살리기                          225
지금, 품성을 부활해야 하는 이유                 229
세계 도처에 퍼져 있는 여섯 가지 미덕            232

**9장** 나의 대표 강점은 무엇인가?                239

강점과 재능은 다르다                          239
24가지 강점의 기준                            243
내 안에 숨은 강점 찾기                         247
대표강점 연마하기                             277

PART 4 **대표 강점을 활용하여 행복한 삶 만들기**

**10장** 직업: 물질적 보상보다 몰입(관여)의 경험을 추구하라     287

당신은 현재의 직업에 만족하는가?               287
생업, 전문직, 천직의 차이                      289
대표 강점이 몰입을 가능케 하는 열쇠다           296
변호사가 자기 직업에 만족하지 못하는 이유       299

**11장** 사랑: 상대방의 강점과 미덕이 사랑을 느끼게 한다    309

　　인간이 이기적이지 않은 건 사랑 때문이다    309
　　결혼한 사람이 더 행복하다    312
　　사랑할 능력과 사랑받을 능력의 차이    315
　　원만한 부부관계를 한층 발전시키는 방법    326

**12장** 자녀 양육: 자녀의 강점이 행복한 아이를 만드는 열쇠    343

　　긍정 정서가 행복한 아이를 만든다    343
　　아이의 긍정 정서를 계발하는 8가지 방법    348
　　내 아이의 강점 찾기    376
　　유아의 강점 형성    394

**13장** 요약: 진정한 행복에 이르는 길    398

　　행복도 재검사    398

**14장** 행복 넘어에 있는 삶: 의미와 목적을 찾아서    402


부록 용어와 이론    418
감사의 말    422
참고문헌    428

# 진정한 행복을 찾아주는
# 긍정심리학

심리학은 지난 50년 동안 정신질환이라는 한 가지 주제에만 매진해 왔으며 큰 성과도 거두었다. 그 결과 심리학자들은 이제 우울증, 정신 분열증, 알코올 중독과 같은 애매모호했던 증상들을 상당히 정확히 진단하게 되었다. 아울러 정신질환의 발병 과정, 유전적 특징, 생화학적 작용, 심리적 원인들에 대해서도 제법 방대한 지식을 축적하게 되었다. 그중 가장 탁월한 성과라고 할 수 있는 것은 정신질환 증세를 완화시키는 방법을 발견한 것이다. 최근 조사한 바에 의하면, 30가지의 심각한 정신질환 가운데 14가지는 약물치료나 특수 심리요법으로 상당한 효과를 보고 있으며, 그중 두 가지는 완치까지 가능하게 되었다.

이러한 놀라운 발전이 있기까지 그만큼의 희생 또한 치러야 했음을 간과할 수 없다. 삶을 불행하게 하는 여러 심리 상태를 완화하는 데 치중하다 보니, 삶의 긍정 가치를 부각시키는 노력은 상대적으로 소원해질 수밖에 없었다. 사람들이 원하는 것은 단순히 약점을 보완하는 데 온 일생을 바치는 것이 아니다. 우리들이 보다 궁극적으로 바라는 것은 사는 동안 진정으로 의미 있고 충만한 삶을 사는 것이다. 내가 그랬듯,

당신도 한밤중에 잠 못 이루며 고민할 때는 더 행복해지기 위한 방법을 찾기 위해서지, 날마다 조금씩 덜 불행해지는 방법을 궁리하기 위해서는 아니라는 말이다. 이제는 심리학에서 삶을 불행하게 하는 부정 심리 상태가 아니라 긍정 정서positive emotion에 대해 연구하고, 개인의 강점과 미덕을 추구하여 일찍이 아리스토텔레스가 말한 '행복한 삶eudaimonia' 으로 이끌어주어야 할 때이다.

행복의 추구는, 모든 국민의 권리로서 미국의 독립선언문에도 명시되어 있을 뿐 아니라 무수한 자기계발 서적에서도 강조하고 있는 내용이다. 그럼에도 당신의 행복도를 지속적으로 향상시킬 수 있다는 과학적 증거는 어디에도 없는 듯하다. 과학은 그저 사람은 저마다 자신의 몸무게처럼 정해져 있는 행복 범위를 지니고 있다고 말해줄 뿐이다. 예컨대 다이어트를 해서 몸무게를 줄여도 다시 원래의 몸무게로 되돌아가는 것처럼 슬픈 사람들은 한없이 슬프고 행복한 사람은 늘 즐겁기만 하다는 것이다.

그러나 행복에 대한 새로운 연구는 행복을 지속적으로 향상시킬 수 있음을 보여준다. 아울러 새로운 연구 동향인 긍정심리학Positive Psychology 은 이미 설정된 당신의 행복 범위 내에서 최고의 행복을 누리며 살 수 있는 방법을 알려준다. 이 책의 전반부에서는 바로 당신의 행복도를 높여줄 긍정 정서에 대한 이해와 배양 방법에 대해 살펴볼 것이다.

행복을 학문적으로 연구하는 데 있어 방해가 되는 것은 '행복은 지속적으로 향상시킬 수 없다' 는 주장뿐만이 아니다. 더욱 심각한 걸림돌은 행복, 더 나아가 '인간의 긍정적인 동기' 는 헛된 것이라는 믿음이다. 나는 이러한 믿음을 많은 문화권에 뿌리 깊이 박혀 인간의 본성을 왜곡하는 독단으로 간주한다. 이 책의 의도는 이러한 주장을 뒤엎으려는 것이다.

가장 독단적인 원죄론原罪論은 종교의 간섭을 벗어난 오늘날의 민주주의 사회에서도 사라지지 않고 있다. 이 원죄론을 20세기로 끌어들인 사람은 프로이트였다. 그는 도덕성, 학문, 종교, 기술적 진보를 아우른 모든 현대 문명을 유아기의 성적 충동과 공격적 본능을 억제하기 위한 정교한 방어기제의 산물로 해석한다. 우리가 이런 기본적인 충동을 '억압하는' 것은 충동에서 비롯된 참기 어려운 불안 때문으로, 그 불안을 문명을 일으키는 에너지로 전환시키기 위해서라는 것이다. 이 논리대로라면 내가 지금 컴퓨터 앞에 앉아 이 서문을 쓰고 있는 것도 내 마음 깊은 곳에서 일렁이는 야만적인 충동을 철저하게 가두고 내 자신을 잘 방어한 데 따른 '보상'인 셈이다.

프로이트의 정신분석학은 심리 상담과 정신 치료가 이루어지는 곳곳마다 파고들어간다. 그곳에는 자신의 정체성을 형성해온 부정적인 충동과 사건을 찾느라 자신의 과거를 들쑤셔야 하는 환자들이 있다. 그 결과 빌 게이츠의 경쟁력이 자신의 아버지를 능가하려는 욕망으로 둔갑하고, 고故 다이애나 영국 황태자비가 대인지뢰 반대운동에 참여한 것은 찰스 황태자를 비롯한 왕족에 대한 증오심을 승화시킨 소산이 된다.

그뿐인가. 속속들이 썩은 이런 독단은 예술계와 사회과학 분야에까지 만연하여 인간 본성에 대한 이해를 왜곡시키고 있다. 이에 관한 수많은 사례가 있지만, 『평범한 시대는 없다No Ordinary Time』를 예로 들어보자. 프랭클린 루스벨트와 엘리너 루스벨트 전 미국 대통령 부부의 삶을 중심으로 기록한 이 책은 이 시대의 위대한 정치학자 가운데 한 사람으로 꼽히는 굿윈Goodwin, Doris Kearns이 쓴 흥미로운 역사서이다. 굿윈은 이 책에서 루스벨트 여사가 흑인, 빈민, 장애인을 돕는 데 일생을 헌신한 이유를 '어머니의 나르시시즘과 아버지의 알코올 중독에 대한 보상 심리'에서 찾는다. 루스벨트 여사가 진정으로 미덕을 베풀었을 가능성은 이 책 어디에서도 찾아볼 수 없다. 정의롭게 살고 싶다거나 인간으로서 마땅히 해야 할 도리를 다하고 싶은 동기가 근본적으로 배제되어 있는 것이다. 만일 이러한 행동 분석이 학문적으로 타당하다고 인정한다면, 우리는 결국 선행의 근본 동기를 다소 잠재되어 있는 부정적인 것에서 찾을 수밖에 없다.

내가 분명히 말하고 싶은 것은, 종교계나 일반 사회에서 이런 독단을 인정할지라도 개인의 강점과 미덕이 부정적인 동기에서 비롯된다는 증거는 그 어디에도 없다는 사실이다. 나는 인간의 좋은 특성과 나쁜 특성이 둘 다 진화해왔으며, 사회에 적응하는 좋은 특성으로는 도덕성, 협동심, 이타주의, 선량함 등이 선택되었고, 나쁜 특성으로는 살해나 강도의 충동, 이기주의, 테러리즘 등이 선택되었다고 믿는다. 이러한 양면성은 이 책 후반부에서 살펴볼 것이다. 진정한 행복은 개인의 강점을 찾고 계발하여 일, 사랑, 자녀 양육, 여가 활동이라는 삶의 현장에서 활용함으로써 실현된다.

긍정심리학을 떠받치고 있는 기둥은 세 개가 있다. 첫째는 긍정 정서에 대한 연구이며, 둘째는 긍정 특성에 대한 연구로서, 여기에는 긍정심리학의 핵심인 강점과 미덕은 물론 지능과 운동성 같은 개인의 '능력'까지 포함된다. 셋째는 긍정 제도에 대한 연구이다. 장점과 미덕을 장려하고 그것이 다시 긍정 정서의 밑거름이 되게 하는 것은 민주주의 사회, 유대감 깊은 가족, 자유로운 연구이다. 자신감, 희망, 신뢰 등과 같은 긍정 정서는 삶이 편안할 때가 아니라 시련이 닥칠 때 큰 힘을 발휘한다. 삶이 힘들 때 민주주의, 유대감 깊은 가족, 자유로운 언론과 같은 긍정 제도를 이해하고 구축해나가는 것이 매우 중요하다. 또한 용기, 미래에 대한 희망, 정직, 공정성, 팀워크(시민정신) 등과 같은 강점과 미덕을 이해하고 강화시키는 것은 평안하게 살 때보다 삶이 어려울 때 그 필요를 더 절감할 것이다.

2001년 9·11 테러 이후, 나는 긍정심리학의 필요성에 대해 곰곰이 생각해왔다. 시련을 겪고 있는 사람들에게 고통을 완화시키는 방법을 알려주는 것이 과연 행복을 증진시키는 비결을 알려주는 것보다 더 좋을까? 나는 그렇지 않다고 생각한다. 가난한 사람들이나 우울한 사람들, 또는 자살 충동에 휩싸인 사람들의 관심은 고통을 줄이는 것보다 훨씬 더 큰 데 있다. 삶이 힘들기에 그들은 미덕, 정직, 삶의 목적과 의미에 더 관심을 갖는다. 긍정 정서가 개입되면 부정 정서는 이내 사라진다. 앞으로 살펴보겠지만, 개인의 강점과 미덕은 불행과 심리적 장애의 고통을 완화시킬 수 있기 때문에 활력을 되찾는 데 핵심적인 역할을 한다. 무릇 가장 훌륭한 치료사는 환자의 상처를 치유하는 데 그치는 것이 아니라, 강점과 미덕을 찾아주고 계발할 수 있도록 이끌어주는 사람이다.

그러므로 긍정심리학은 덧없이 스러질 쾌락을 맛보고 최소한의 만족을 느끼는 것 이외의 어떠한 의미도 찾을 수 없는 삶에서 벗어날 길이 있다는 밝은 희망의 메시지를 전해준다. 이 길은 우리를 이끌어 쾌락과

만족이라는 산기슭을 거슬러 오르고, 강점과 미덕이라는 산마루를 지
나, 마침내 우뚝 솟아 있는 삶의 의미와 목적이라는 봉우리에 닿게 해
줄 것이다.

마틴 셀리그만

# 긍정심리학의 찬란한 진화

　아직도 2002년 한 지인으로부터 이 책의 원서Authentic Happiness: Using the New Positive Psychology to Realize Your Potential for Lasting Fulfillment를 선물받고 가슴 벅찬 기쁨을 느꼈던 순간이 생생하게 떠오른다. 〈긍정심리학〉이라는 새로운 용어는 낯설었지만 긍정심리학의 목표가 행복이라는 긍정심리학 출발의 주역이며 이 책의 저자인 마틴 셀리그만의 설득력 있는 제안에 그 당시 행복한 삶을 간절히 원했던 나는 아무런 반론이나 갈등, 저항 없이 순식간에 긍정심리학 블랙홀에 빨려들었다. 다음해 바로 번역출판이 되어 우리나라에 긍정심리학 확산에 적극 참여하게 되었다.

　2006년 한국상담심리연구소 김인자 소장님이 마틴 셀리그만 초청 강연을 개최했을 때 8개 학회 관련 단체와 도서출판 물푸레(우문식)이 함께 후원했다. 그 후부터 나는 더 적극적으로 긍정심리학에 대한 관심을 고취시키는데 기여했음에 자부심을 갖게 되었고 내 인생의 터닝 포인트가 되었다.

　나는 그때까지만 해도 열악한 환경 속에서 살았다. 가난 때문이었다. 현실에 안주하기보다 오늘보다 더 행복한 내일을 위해 온힘을 다해 노력했지만 내 능력과 방법들은 세상에서 통하지 않았으며 번번이 좌절을 맛봐야 했다. 내가 넘기엔 세상의 벽은 너무 높고 견고 했다. 나는 이런 세상을 바꾸고 싶었다. 긍정심리학을 만나기 전까지는 나 같이 불우하고 열악한 환경에 처한 사람들도 동등하게 교육 받고 대우 받는 행복한 사회를 만들어 보자고 10년 이상 국회의원이 되려고 준비해오던 터였다. 그러던 내가 긍정심리학을 만나면서 정치를 포기하고 긍정심리학을 본격적으로 배우기 시작했다. 긍정심리학을 만난 지 10년이 지난 지금 나는 긍정심리학 논문으로 석사와 박사학위를 취득하고 대학과 일반 대중들에게 긍정심리학을 강의하고 있으며, 2권의 저서와 6권의 긍정심리학 관련 번역서를 냈다. 긍정심리학은 가장 행복할 수 없는 환경에 있던 나를 가장 행복한 사람으로 만들어 주었다. 나는 긍정심리학의 놀라운 결과와 가능성을 많은 독자들에게 알려주고 싶다. 나뿐만 아니다. 긍정심리학이 탄생한지 아직 10여년 밖에 안됐지만 오늘날 미국을 중심으로 유럽, 아시아, 남미, 어느 지역 할 것 없이 급속하게 확산되면서 수많은 연구 사례들을 만들어 내고 있다. 우리나라에도 최근 들어 사회분위기에 편승해서 빠르게 확산되고 있다. 이유는 간단하다. 누구나 행복한 나, 가정, 직장, 사회를 원하기 때문이다.

이 책은 긍정심리학을 세상에 알리는 최초의 책이며 홍보 책이다. 긍정심리학의 원전인 것이다. 모든 학문과, 기술, 과학이 그렇듯 긍정심리학도 지난 10여 년 동안 놀라운 변화와 발전이 있었다. 긍정심리학을 우리나라에 소개하고, 긍정심리학 전문가로서 그동안의 긍정심리학의 진화 과정과 결과를 독자들에게 정확하게 알리는 것이 의무라는 생각이 들어서 구판의 옮긴이 김인자 소장님과 상의를 해서 개정판을 내게 되었다.

개정판의 특징으로는 먼저 긍정심리학의 정의와 이론을 새롭게 정리했고 참고문헌을 실었다. 원서에는 전 세계 주요 긍정심리학자들이 연구하고 발표한 주요 이론과 사례를 요약해서 다룬 내용들이 참고 문헌에 실려 있기 때문이다. 한편 부록으로 용어 해설도 추가했다. 왜냐하면 용어에 대한 개념도 바뀌었다. 셀리그만은 진정한 행복 이론에서 행복 happiness과 웰빙 wellbeing을 서로 맞바꾸어도 전혀 상관없는 포괄적인 개념으로 사용하고 있지만 웰빙 이론에서는 엄격하게 분류를 하고 있기 때문이다.

긍정심리학은 기존의 심리학과 같이 대학의 심리학 관련 학과나 심리학 전문가들만이 다루는 학문이 아니다. 교육학, 경영학, 경제학, 신학 등 어느 분야에서도 다룰 수 있는 응용 학문이다. 그로 인해 많은 사람들이 이 책에 관심을 갖고 이 책을 중심으로 연구를 하고 있다. 하지만 아쉽게도 구판에는 참고문헌이 없다. 긍정심리학을 좀 더 정확하게 이해하고 발전시키기 위해선 긍정심리학 원전에서 다룬 참고문헌이 필요하다는 독자들의 요청에 공감하여 그 부분을 포함시켰다.

먼저 많은 독자들이 혼동하고 있는 긍정심리학과 긍정적 사고에 대해서 알아보자.


긍정심리학은 긍정적 사고가 아니다

긍정심리학은 '긍정적 사고'가 아니다. 긍정심리학을 이해하려면 먼저 이 두 가지를 구분하는 것이 매우 중요하다. 다행히 '긍정적 사고' 와 긍정심리학의 '긍정'은 명확하게 구분할 수 있다. 이 두 가지에는 주요한 차이점이 있기 때문이다. 긍정심리학의 긍정은 어떤 현상을 엄격한 과학적 실험과 검증을 거쳐 그것이 신뢰할만하고 또 반복적으로 입증이 가능하다는 것을 보여준다. 다시 말하면 어떤 것이 여러 차례 연구를 통해 입증되었고 또 동일한 상황에서 여러 번 반복해서 입증이 가능하기 때문에 다음에도 그렇게 될 가능성이 있다는 것이다.

반면 긍정적 사고는 전부 지극히 사적인 생각과 개인 차원의 권장방법들로 이루어져 있다. 일관성도 부족해 상황에 따라 이랬다저랬다 변하기도 한다. 다시 말하면 효과가 없을 경우에는 당신이 충분히 긍정적이지 않았기 때문이라고 주장하는 것이다.

긍정심리학은 즐거운 삶, 만족한 삶, 의미 있는 삶, 좋은 관계의 삶, 성취하는 삶을 통해 행복하고 플로리시한 삶을 지속적으로 오랫동안 살고 싶어 하는 사람들이 과학적 근거에 의해 유용한 지식체계를 쌓는 것인 반면, 긍정적 사고는 사람들이 자기 잘못으로 자신에게 어떤 일들이 일어났다고 생각하게 만든다. 일반적으로는 그들은 자기에게 일어나는 일들을 자기 마음대로 조종할 수 있다고 생각한다. 긍정적으로 생각하면 긍정적으로 된다는 것이다.

하지만 생각의 상당 부분은 자기가 채 의식하기도 전에 일어나는 것이어서 긍정적으로 생각한다고 생각 자체가 모두 긍정적으로 변하는 데는 한계가 있다. 말로만 수없이 긍정을 외치고 긍정적으로 생각하는 것만으로는 부족하다. 긍정의 작용이 어떻게 이루어지고 어떠한 결과를 만들어 내는가? 과학적 근거에 의해 긍정의 지식체계를 구축해야 한다.

## 긍정심리학이란 무엇인가?

긍정심리학은 1998년 당시 미국심리학회 회장이었던 펜실베니아 대학교 심리학 교수인 마틴 셀리그만에 의해 창시되었다. 심리학이라는 학문이 세계 2차 대전 이후 인간이 가진 심리적 문제와 그 치료방법에 중점을 두어왔다는 사실을 마틴 셀리그만이 자각하는 것에서부터 긍정심리학이 발단되었다. 이런 병리학적 관점은 오랫동안 중요한 문제로 대두되었으며 심리질환을 이해하고, 치료하고, 예방하려는 많은 노력을 해 왔다. 이로 인해 공항장애와 같은 질환은 완쾌가 가능할 정도로 다양한 심리치료에서 성과도 있었다. 그러나 심리질환의 치료에만 초점을 맞추다 보니 문제가 발생하였다. 대부분의 과학적 심리학은 인간에게 올바르고 긍정적인 것이 무엇인지에 대한 연구를 간과했고, 긍정적이고 좋은 삶에 대한 언급은 종교지도자들이나 정치인들이 하는 정도의 수준에서 벗어나지 못했기 때문이다.

긍정심리학은 이러한 불균형을 바로잡기 위해 인간의 긍정적인 심리적 측면과 미덕과 강점을 과학적으로 연구하기 시작했다. 마틴 셀리그만은 1998년 신년사에서 "손쓸 도리없이 망가진 삶은 이제 그만 연구하고 모든 일이 잘 될 것 같은 사람에게 초점을 맞추어야 한다."고 선포하고 1월 멕시코만 유카탄 아쿠말에서 미하이 칙센트미하이, 레이 파울러 등의 심리학자와 모여 긍정심리학의 기초적인 이론을 만들었고 그 이론을 2000년 〈미국심리학회지Américan Psychology〉와 2002년 이 책을 통해 세상에 알렸다. 긍정심리학이 탄생한 지 이제 15년 밖에 되지 않았지만 그동안 긍정심리학은 빠른 속도로 확산되고 있다.

긍정심리학은 개인과 조직, 사회에 일어나는 기쁘고 좋은 일을 더 오랫동안 지속시킬 수 있는 방법과 힘들고 나쁜 일들을 극복하고 해결 할 수 있는 과학적인 방법들을 알려준다. 그 방법은 인간의 긍정적 측면과 긍정심리학의 5가지 요소인 긍정 정서, 몰입, 삶의 의미, 긍정 관계, 성취와 이들의 기반이 되는 성격 강점이다. 이들을 과학적으로 연구해서 개인과 조직, 사회의 플로리시를 지원하는 학문이다. 즉 긍정심리학은 내면의 긍정심리를 확장시켜 기쁨과 만족을 느끼게 하고, 역경을 이겨내게 하고, 스스로 행복을 만들어갈 수 있는 행복의 도구를 지원한다. 긍정심리학이 인본주의 심리학의 영향을 받은 것은 사실이지만 이 두 학문은 두 가지 면에서 큰 차이가 있다. 셀리그만과 칙센트미하이에 의하면 첫째, 긍정심리학은 좋은 삶과 그렇지 못한 삶 모두 실제 생활에서 일어날 수 있다고 보는데 반해 인본주의 심리학자들은 인간은 태어날 때부터 완전하다고 본다. 둘째, 긍정심리학은 과학적 방식으로 연구하는 것을 매우 중시하는 반면 인본주의 심리학자들은 가끔 과학에 회의적이고, 또한 과학이 정말 중요한 것을 실제로 밝혀낼 수 있을지에 대해 의심하기도 한다는 것이다.

　긍정심리학이 주장하는 가장 기본이 되는 가정은 인간에게는 질병, 질환, 고통이 발생하는 것과 같이 강점과 미덕, 탁월함도 주어진다는 것이다. 그래서 긍정심리학은 인간의 부정 감정이나 결점만큼이나 긍정 감정이나 강점에도 관심을 갖는다. 또한 삶에서 잘못된 부분을 교정하는 것만큼 최상의 상태를 만드는 일에도 관심을 가지며, 고통 받는 사람들의 상처를 치유하는 것만큼이나 사람들의 건강한 삶의 성취도에도 관심을 갖는다.

무엇보다 긍정심리학은 적극적으로 행복을 만들 수 있도록 돕는 학문이다. 마틴 셀리그만이 1967년부터 2000년 초까지 미국에서 발간된 주요 기사에 나오는 단어를 분석한 결과 압도적인 비중으로 등장한 단어가 '화' 이다. 그 뒤를 '걱정' '불안' 이 있는 것으로 나타났다. 최근 들어서는 '우울' 이란 단어도 많이 등장하는 추세라고 한다. 반면, 기쁨이나 즐거움이란 단어는 고작 410번 밖에 등장하지 않았고, 행복은 좀 더 많은 1,710번, 삶의 만족은 2,580번 나왔을 뿐이다. 전체적인 비율을 보면 부정적인 3개의 단어가 긍정적인 3개의 단어보다 21배나 많았다고 한다. 비단 미국만의 이야기는 아니다. 우리나라는 물론 전 세계 대부분의 나라의 사정도 비슷하다. 그렇다보니 지금까지 '실용주의' 의 창시자인 윌리엄 제임스부터 그 계보를 잇는 수많은 심리학자들이 주로 '화' '걱정' '불안' '걱정' '우울' 을 '0' 인 상태로 만들기 위해 노력해왔다.

　부정 감정이 -(마이너스) 행복한 감정이 +(플러스)라면 -(마이너스) 상태를 벗어나 0이 되는 것도 큰 의미가 있다. 부정 감정이 워낙 지배적이어서 0으로 만드는 것도 그리 쉬운 일이 아니다. 하지만 부정 감정을 털고 '0' 의 상태가 되었다고 행복한 것은 아니다. 부정 감정에서 벗어나 불행하지는 않더라도 그것이 곧 행복을 의미하지는 않는다는 얘기다. 0에서 +(플러스)의 감정을 많이 느껴야 비로소 행복할 수 있다.

　부정적인 '화' '걱정' '우울' '불안' 등의 감정을 0으로 만드는데 그치지 않고 +(플러스)로 만들어주는 것이 바로 '긍정심리학' 이다. 긍정심리학의 목표는 -5에 있는 사람들을 0으로 끌어올릴 뿐만 아니라 +2에 있는 사람들을 +6으로 끌어올리는 데 있다. 즉, 부정 감정을 완화시켜 불행하지 않은 상태로 만드는 데 만족하지 않고 불행하지 않거나 조금밖에 행복하지 않은 사람들을 더 행복하게 만들어주는 것이 긍정심리학의 행복이다.

긍정심리학은 개인과 조직에 있어 최적의 기능과 작용에 대한 학문적 연구이다. 사랑, 감사, 즐거움, 용서, 일의 만족도 같은 긍정 정서와 창의성, 용감성, 감상력, 호기심, 열정 같은 강점들이 삶 속에서 어떻게 작용해서 어떤 결과를 산출해 내는지를 보는 것이다.

연습이나 행동에서도 무엇이 작용하는지에 집중하고 있다. 예를 들어 심리상담사라면 대부분 제일 먼저 '당신의 인생에서 어떤 것이 잘못되었고, 어떤 것이 잘 되지 않았는가?'를 물을 것이다. 반면 긍정심리학자는 먼저 '당신의 인생에서 어떤 것이 잘 작용하고 있으며, 어떤 것이 잘 되고 있는지'를 질문한다. 조직에서도 마찬가지이다. 컨설턴트는 대개 여러분 조직에서 어떤 것이 문제인지, 개선을 위해 무엇을 해야 하는지를 중점적으로 질문한다. 그러나 긍정심리학자는 먼저 조직에서 어떤 것이 잘 되고 있는지, 어떤 것이 회사의 강점과 장점인지 조직의 최적 기능에 대해 질문하고 그것들을 중심으로 지속적인 조직의 성과를 이룰 수 있게 한다.

긍정심리학의 핵심 연구 주제는 다음 세 가지로 압축할 수 있다. 첫째는 긍정경험인 기쁨, 평안, 감사, 자신감, 희망, 낙관성, 같은 긍정 정서positive emotion이다. 둘째는 긍정 특성positive traits으로 여기에는 긍정심리학의 핵심인 강점strenths과 미덕virtues은 물론 재능과 운동성 같은 개인의 '능력'까지 포함된다. 셋째는 긍정경험과 긍정 특성을 독려하는 긍정제도positive institutions로서 가족, 학교, 기업, 조직, 민주주의 사회를 말한다.

여기서 세 번째로 언급된 '제도' 란 긍정 특성을 발달시키고 발현할 수 있도록 촉진하며, 긍정경험을 촉진시켜 사람들이 플로리시할 수 있는 것을 의미한다.

긍정심리학에서 처음 '제도' 를 연구할 당시 셀리그만은 제도를 민주주의, 강한 가족연대, 자유롭게 질문할 수 있는 긍정 제도로 꼽았다. 그때만 해도 상업적 조직들보다는 사회적 기관들을 더 많이 염두에 두고 있었기 때문이었다. 그러나 최근 긍정심리학의 과학적 이론을 기반으로 하는 긍정조직학 연구가 급속히 성장하는 분야로 인식되자 긍정심리학과 긍정조직학 연구가 서로 상호보완적 형태로 발전하며 상업 분야로 빠르게 확산되고 있다.


## 플로리시를 위한 웰빙이론의 5가지 요소(PERMA)

긍정심리학은 진화한다. 긍정심리학을 처음 발표한 '진정한 행복' 이론에서는 긍정 정서(즐거운 삶), 몰입(몰입하는 삶), 삶의 의미(의미 있는 삶)에 중점을 두었고, 목표는 행복이었다.

하지만 마틴 셀리그만은 최근 '진정한 행복 이론' 이 완벽하지 않다고 고백했다. 우선 기존 행복 이론에서는 '행복' 이라는 말에 내포된 의미가 유쾌한 기분과 밀접하게 연관될 수밖에 없다는 한계를 갖고 있다. 행복은 즐거운 순간이나 초콜릿이나 애무가 주는 감각적 즐거움이 유발하는 일시적 감정 이상의 매우 폭넓은 개념이라는 것이다.

행복을 측정하는 기준도 도마대에 올랐다. 진정한 행복 이론에서는 삶의 만족도를 행복의 측정 기준으로 삼았는데, 이 방법이 정확도가 떨어질 수 있음을 인정했다. 이 기준은 광범위하게 조사된 자기 보고식 측정 방법으로서 자신의 삶에 얼마나 만족하는가를 1점부터 10점까지, 즉 끔찍하다(1점)부터 이상적이다(10점)까지의 범위에서 대답할 것을 요구한다. 긍정심리학의 목표는 이 기준을 토대로 삶의 만족도를 높이는 것이었는데, 여기에 문제가 있었다. 사람들이 보고하는 삶의 만족도 수준은 그 질문을 받는 시점에서 그들의 기분이 어떠냐에 따라 결정된다는 사실이 드러났기 때문이다. 수많은 사람을 조사한 결과, 보고 시점의 기분에 따라 삶의 만족도 수준을 결정하는 비율이 70퍼센트 이상이고, 당시의 기분과 상관없이 자신의 삶을 올바로 판단하는 비율은 30퍼센트도 못 되었다.

마지막으로 긍정 정서, 몰입, 의미가 별다른 이유 없이 '그 자체가 좋아서' 선택하는 요소들을 철저히 설명하지 못한다는 문제가 있었다. 긍정심리학은 강요가 아닌 자신이 좋아서 선택하는 학문이라는 것이다.

이런 문제점을 인정하고 마틴 셀리그만은 새로 발전된 이론을 발표하면서 긍정심리학의 목표도 행복에서 플로리시(번성flourish)로 바꿀 것을 제안했다. 긍정심리학의 새로운 주제는 웰빙이고 목표는 플로리시라는 것이다. 플로리시를 위한 새로운 웰빙 이론은 긍정 정서positive emotion, 몰입engagement, 관계relationship, 의미meaning, 성취accomplishment의 5가지 핵심요소로 구성되며, 이 5가지 핵심요소를 각 요소의 첫 글자를 따 PERMA라고 한다. 성격 강점은 '진정한 행복' 이론에서는 몰입에 속해 있었으나 새로운 이론에서는 다섯 가지 요소 전체의 기반이다.

플로리시를 위한 5가지 요소를 간단하게 살펴보면 다음과 같다. 첫째, 긍정 정서positive emotion는 우리가 느끼는 것, 즉 기쁨, 희열, 따뜻함, 자신감, 낙관성 등을 말한다. 지속적으로 이러한 정서들을 이끌어내는 삶을 '즐거운 삶'이라고 부른다. 둘째, 몰입(관여)(engagement)은 음악과 하나 되기, 시간 가는 줄 모르는 것, 특정 활동에 깊이 빠져든 동안 자각하지 못하는 것, 자발적으로 업무에 헌신하는 것을 의미하며, 이 요소를 지향하는 삶을 '몰입하는 삶'이라고 한다. 셋째, 관계relationship는 타인과 함께 하는 것을 말한다. 마지막으로 큰소리로 웃었을 때, 말할 수 없이 기뻤던 순간, 자신의 성취에 엄청난 자긍심을 느꼈던 때를 생각해 보면 거의 대부분 타인과 함께 했을 것이다. 혼자가 아닌 타인과 함께 하는 삶을 '좋은 삶'이라고 한다. 넷째, 의미meaning는 자아보다 더 중요하다고 믿는 어떤 것에 소속되고 그곳에 기여하는 것에 기초한다. 인생의 의미와 목적을 추구하는 '의미 있는 삶'이라 한다. 다섯째, 성취accomplishment도 플로리시를 위한 중요한 요소다. 사람들은 오직 이기기 위해서나 물질 추구만이 아닌 성공, 성취, 승리, 정복 그 자체가 좋아서 그것을 추구하기도 한다. 일시적인 상태로는 업적이며, 확장된 형태로는 성취이다. 성취를 위해 업적에 전념하는 '성취하는 삶'이다.


왜 긍정심리학에 열광하는가?


하버드대의 탈 벤 샤하르 교수는 2002년 학부 재학생들을 위해 긍정심리학을 개설했다. 개설 첫해에는 수강생이 고작 8명이었고, 그나마도 2명은 중도 포기해 6명만이 학기를 마쳤다. 하지만 2004년에는 362

명이 등록했고, 2005년에는 8백여 명이 2006년엔 1200명의 학생들이 강의실로 몰리면서 하버드에서 가장 인기 있는 과목이 되었다. 세계 최고의 수재들인 하버드 학생 5명 중 1명이 긍정심리학의 행복 강의를 들은 것이었다. 그러자 수백 개의 신문과 TV 프로그램은 물론 심야 코미디 프로그램까지 나서서 이 강의의 놀라운 성공에 대해 다루면서 학교 역사상 가장 인기 있는 강의라고 소개했다. 학생들은 기자에게 이 수업은 자기가 지금껏 살면서 경험한 가장 실용적인 과목이며 자기 삶을 송두리째 바꿔놓았다고 말하기도 했다. 하버드학생들은 이상적인 목표를 추구하지만 이상적 모습을 창조하지 못하면 좌절하는데 이 과목은 자기 자신에게 포커스를 맞춘다는 것이다. 그리고 기분이 다운되거나 안 좋은 일을 해결하는 방법과 기분이 업된 좋은 일을 지속시키는 여러 가지 방법들이 있다는 것이다. 세상에서 누가 가장 압박과 스트레스를 많이 받을까? 순위를 매긴다면 하버드 학생들이 상위에 속할 것이다. 하버드생 70%가 우울을 경험한다고 한다. 긍정심리학의 행복이 이들에게 10년 동안 가장 인기 있는 과목이라면, 지금껏 살면서 경험한 가장 실용적인 과목이며 자기 삶을 송두리째 바꿔 주었다면 우리가 어떤 분야에 소속되었든 어떤 환경속에 있든 자신의 삶에 적용시키는 것을 진지하게 생각해봐야 하지 않을까?

하버드대뿐만 아니라 긍정심리학을 강의하는 대학과 대학원은 일일이 수를 헤아리기도 어려울 정도로 많다. 긍정심리학의 인기는 대학에만 국한된 것이 아니다. 지금 긍정심리학은 기업은 물론 병원, 군대 등 각계각층에 빠른 속도로 확산되고 있는 추세다. 미국과 영국은 말할 것도 없고 유럽, 아시아에 이르기까지 오늘날 긍정심리학에 관심을 갖고 열광하는 사람들이 점점 늘어나고 있다.

왜 전 세계가 이토록 긍정심리학에 열광하는 것일까? 이유는 비교적 분명하다. 사람들은 행복을 원하지만 그들의 삶이 행복과는 점점 더 거리가 멀어지기 때문이다.


20/8/55


현대인들의 우울증은 상당히 심각하다. 미국에서는 우울증이 60년대보다 10배나 증가했고, 초발 우울증 연령도 30세에서 15세 이하로 낮아졌다. 대학생들도 45퍼센트가 우울증이 심해서 자신이 갖고 있는 능력을 제대로 발휘하지 못하고 있다고 대답했다.

우리나라는 더 심각하다. 2012년 보건복지부 발표에 의하면 우리나라 우울증 환자는 270만 명에 달한다고 한다. 10년 새 67퍼센트나 증가한 수치다. 정신질환자는 더욱 많아 530만 명에 육박하고, 100명 당 3.7명이 자살을 생각했다고 한다.

우울증과 함께 분노도 많아졌다. 현대 사회는 분노의 사회라 해도 과언이 아닐 정도로 분노를 참지 못하고 폭력과 살인을 서슴지 않는 사람들이 날로 증가하는 추세다. 이런 심리적 문제를 해결하고 사람들이 행복한 삶을 살 수 있도록 도울 수 있는 것이 '긍정심리학'이다. 긍정심리학은 단순히 심리적 불안감을 해소하고 안정을 찾는 것을 넘어 인간의 도덕성과 미덕, 행복을 실천하는 과학적인 도구들을 갖추고 행복을 만들 수 있도록 돕는다. 그 효과 또한 매우 뛰어나다는 것을 입증하면서 세계적으로 각광을 받고 있는 것이다.

긍정심리학이 현대인들을 괴롭히는 우울증을 치료하는데 탁월한 효과가 있을 뿐만 아니라 면역력을 강화시켜 질병을 예방하고 치료하는데 큰 도움이 된다는 것은 이미 여러 연구결과를 통해 입증되었다. 마틴 셀리그만과 테이얍 라시드 박사는 펜실베이니아 대학 심리상담 센터를 찾은 우울증 환자들을 위해 14회기의 긍정심리치료PPT를 창시했다. 긍정심리학을 바탕으로 개발한 이 치료법은 기존의 심리치료법이나 항우울제보다 훨씬 효과적으로 우울증상을 완화시켰다.

긍정 심리치료의 효과를 검증하기 위해 환자를 크게 세 부류로 나누었다. 중증 우울증을 앓고 있는 환자들을 대상으로 긍정 심리치료 그룹, 기존의 개인 심리치료 그룹, 개인 심리치료와 항우울제를 병행하는 그룹으로 나눈 후 효과를 비교해보았다.

긍정 심리치료의 효과는 압도적이었다. 기존 개인 심리치료를 받은 그룹의 경우 20퍼센트의 환자가 우울 증세가 호전되었고, 개인 심리치료와 항우울제를 병행한 그룹의 경우 8퍼센트의 환자만이 우울증이 호전된 것으로 나타났다. 반면 긍정 심리치료를 받은 그룹은 무려 55%가 호전되었다.

긍정 심리치료는 14회기를 모두 하지 않았을 때조차 효과가 있다. 2005년 〈타임〉지에서 긍정 심리학을 커버스토리로 다루었을 때 마틴 셀리그만은 검사 요청이 쇄도할 것을 대비해 우울증과 행복 검사를 한후 한 가지 연습을 무료로 제공하는 웹 사이트를 개설했다. 한 가지 연습은 바로 '감사 일기를 쓰는 일'이었다. 수천 명이 접속했는데, 그 중에는 심각한 우울증 환자 50명이 있었다. 이들의 평균 우울증 점수는

34점이었다. 34점이면 '극단적' 우울증 범주에 속하는데, 그런 중증 우울증 환자들이 일주일 동안 사이트에 접속해 매일 그 날 좋았던 일 세 가지 일을 적었다. 불과 일주일간의 긍정 심리학 연습의 효과는 즉각적으로 나타났다. 그들의 평균 우울증 점수는 34점에서 17점으로, 즉 극단적 우울증에서 경미한 우울증으로 크게 내려갔고 행복 백분위 점수는 15점에서 50점으로 올라갔다. 간단한 긍정 심리치료로 50명 중 47명이 덜 우울하고 더 행복해진 것이다.

긍정심리학은 또한 긍정 정서가 면역력을 강화시켜 감염성 질환을 예방하고 치료하는데 도움이 됨을 밝혀냈다. 카네기멜론 대학 심리학 교수인 셸던 코헨은 긍정 정서가 감염성 질환에 미치는 영향을 연구한 선구자다. 그는 연구에 자원한 피험자들의 긍정 정서와 부정 정서를 측정하고, 감기 바이러스의 일종인 리노바이러스를 콧속에 뿌리고 누가 감기에 걸렸는지를 관찰했다. 그 결과 긍정 정서가 강할수록 감기에 덜 걸렸음을 확인했다.


## 긍정심리학은 조직을 번성시킨다

프레드릭슨과 로사다는 기업의 긍정 정서를 높이면 업무의 효율성이 증가하고 그만큼 성과가 향상된다는 것을 입증했다. 그들은 장기적으로 매년 10퍼센트 이상의 손실을 지속적으로 겪고 있는 한 글로벌 광업 기업의 긍정성을 변화학습 프로그램 모형에 따라 조사했다. 모형은 첫째, 사람들이 얼마나 질문을 했는지, 얼마나 변호하는지 둘째, 사람들이 얼마나 긍정적이었는지, 얼마나 부정적이었는지 셋째, 사람들이 얼마나 타인 중심적이었는지, 자기 중심적이었는지 넷째, 환경이 변화에 얼마나 저항하는지 다섯째, 부정적인 사건들 때문에 해를 입지 않으려고 반응하는 속도다. 결과는 긍정 정서와 부정 정서의 비율이 1.15대 1에 불과했다. 거의 1대 1 수준이었다. 성공적인 기업의 긍정 정서와 부정 정서의 비율은 2.90 대 1로 이를 로사다 라인이라고 한다. 로사다 라인에는 긍정/부정 비율뿐만 아니라 다음과 같은 측정치가 있다.

로사다 라인에 의하면 높은 성과를 이루는 성공적인 기업의 경우 정서영역이 기본적으로 48.36퍼센트 이상이다. 코트만에 의하면 행복한 결혼생활을 유지하는 부부는 최고의 업무팀과 마찬가지로 정서 영역을 85퍼센트까지 확장하며, 반대로 이혼을 선택한 부부는 고작 15퍼센트까지 확장하는 데 그친다.

성과가 높은 기업은 연계성도 25.04를 넘지 않는다. 연계성이란 일종의 팀워크를 측정하는 수치로 전체 팀원 중 동조하지 않거나 반응하지 않는 팀원의 비율을 말한다. 즉 연계성이 25.04라는 것은 전체 팀원이 20명일 때 나머지 팀원들과 단절된 사람이 5명을 넘지 않는다는 의미다. 마지막으로 수익성은 팀으로 일했을 때 개별적으로 일했을 때보다 프로세스 이익이 얼마나 향상되는지를 보여주는 수치다. 적어도 수익성이 14.56퍼센트 이상이어야 성공적인 기업이라 할 수 있다.

오랜 기간 저자에 시달리는 광물 기업의 수치는 성공적인 기업에 비해 상당히 낮았다.

프레드릭슨과 로사다는 기업 관리자들을 대상으로 긍정교육을 실시했다. 아홉 달에 걸쳐 긍정적인 피드백과 긍정관계를 통한 긍정 정서의 중요성을 강조하는 교육을 집중으로 한 후 다시 측정한 수치는 놀라웠다. 긍정교육 이후 4개 팀의 프로세스 이익은 평균 42.15퍼센트 증가했고, 정서 영역은 교육 전 평균 19.05퍼센트에서 59.29퍼센트까지 확장되었다. 연계성 수준도 39.19퍼센트에서 19.71퍼센트로 거의 절반 수준으로 감소했다. 긍정/부정 정서 비율도 평균 1.15이었던 것이 평균 3.56까지 크게 증가했다.

결과가 이렇게 나타나자 처음에는 회의적이었던 CEO도 조직에 주목할 변화가 일어났음을 인정했다. "여러분은 그동안 우리를 구속하던 매듭을 풀었다. 서로를 바라보는 우리의 시각은 예전과 달라졌다. 서로에 대한 신뢰가 더욱 돈독해졌다. 상대방을 불쾌하게 만들지 않고 이견을 제시하는 법을 배웠다. 자신의 성공은 물론이고 다른 사람들의 성공에 관심을 기울인다. 무엇보다 우리는 명백한 결과를 얻었다. 인생에는 몇 가지 지표가 있다. 이 변화 학습 훈련이 그 가운데 하나였다."

이처럼 조직의 성과를 향상시키는 데는 물론 개인의 성취와 행복을 만드는 데도 긍정심리학은 큰 역할을 한다. 목표를 설정하고, 자신의 강점을 활용해 목표를 달성하기 위해 노력하고, 늘 긍정적인 마음으로 설령 어려움이 닥쳐도 극복할 수 있다는 자신감을 갖게 해 결국 성취하게 만들어 행복한 삶을 살게 해주는 모든 과정에 긍정심리학이 함께 한다. 긍정심리학을 변형시켜 긍정심리학과 목표설정 이론을 최초로 결합시킨 〈어떻게 인생 목표를 이룰까?〉 저자인 캐럴라인은 자신의 경험을 이렇게 말한다. "긍정심리학은 제 직업을 소명으로 바꾸었습니다. 그리고 다른 사람들이 일상의 행복 속에서 의미 있는 목표를 추구하고 자신의 역할을 깨닫게 도와줄 능력을 제게 주었어요. 저는 전에는 결코 생각하지 못한 방식으로 큰 변화를 일으키고 있어요. 아침에 일어날 때마다 제가 이 세상에서 가장 행복한 코치라고 생각해요."


## 학교와 군대에서의 긍정심리학 교육

학교에서도 긍정교육이 필요하다. 현재 우리나라 청소년들의 자살률은 세계 1위이고, 행복지수도 꼴찌다. 어떻게 하면 학생들이 우울하고 고통스러운 상황에서 벗어나 행복한 삶을 살 수 있을까? 그러려면 교육부터 바뀌어야 한다. 지금까지의 교육은 사고하는 기술, 성공, 성취, 순응, 읽고 쓰기, 수학, 일, 시험 보기, 규율 등 직장과 사회에서 성공하기 위해 필요한 지식과 기술을 가르치는데 머물렀다. 100년 넘게 이런 교육을 하는 동안 사회에서 필요한 일을 수행할 수 있는 일꾼은 양성했을지 몰라도 아이들은 행복하지 않다. 그래서 학교에서도 긍정교육이 필요하다는 것이다. 마틴 셀리그만을 중심으로 펜실베이니아 대학교의 응용긍정심리학센터 연구팀이 미국 스트래스헤이븐 스쿨과 호주 질롱 그래머스쿨 등에서 긍정 교육과 회복력 교육을 실시했는데 결과는 놀라웠다. 긍정교육은 우울증 해독제 역할을 톡톡히 했고, 삶의 만족도를 높여주는 데 크게 기여했다. 뿐만 아니라 학습 성취도까지 향상되었다.

긍정교육의 내용은 긍정심리학의 5가지 요소의 연습도구들로 구성된다. 부정적인 면보다는 긍정적인 면을 강조하는 긍정심리학의 특성은 긍정교육에 그대로 이어진다. 대표강점을 찾고, 긍정 정서와 긍정적 관계, 회복력, 감사, 의미, 몰입 등 행복을 만들기 위한 도구들을 가르치는 것으로 긍정교육은 진행된다.

긍정교육은 별도로 긍정교육만을 위한 시간을 내지 않고도 얼마든지 할 수 있다. 긍정 교육을 선구적으로 실시했던 질롱 그래머스쿨 교사들은 학과목 수업, 스포츠 활동, 목회 상담, 음악, 예배 시간에 긍정교육을 적용했다. 예를 들어 영어 교사는 셰익스피어의 『리어왕』을 읽고 토론할 때 소설 자체는 우울한 내용이지만 학생들로 하여금 주인공의 강점과 그 강점들이 어떻게 좋은 면과 어두운 면을 모두 갖고 있는지 확인하도록 한다. 또한 회복력을 이용해 아서 밀러의 『세일즈맨의 죽음』과 프란츠 카프카의 『변신』에 나오는 등장인물의 파국적 사고방식을 설명하기도 한다.

수사학 교사는 말하기 숙제를 "망신당한 순간에 대해 연설하라."와 같은 부정적인 주제를 "타인에게 소중한 사람이었던 순간에 대해 연설하라"로 바꾸었다. 실습 교사는 '감사 일기'의 감사한 일을 묻는 것으로 하루를 시작하고, 학생들은 '이번 주의 강점'을 잘 보여 준 학생을 지명한다. 음악 교사는 회복력 기술을 이용하여 망쳐 버린 연주에서 낙관성을 이끌어 낸다. 모든 학년의 미술 교사는 아름다움을 감상하는 것을 가르친다.

이처럼 질롱 그래머스쿨은 따로 시간을 할애해 독립적으로 긍정교육을 하는 한편 기존의 수업에 긍정교육을 적용하는 방식으로 긍정교육을 실시했다. 이 교육을 총괄했던 마틴 셀리그만은 긍정교육 후 질롱 그래머스쿨은 크게 변했다고 말했다. 학생들은 물론 교사들까지 모두 밝고 행복하고, 의욕에 넘쳤다. 행복한 학교에 오고 싶어 하는 지원자도 대폭 늘고, 학교의 긍정적 변화를 보고 기부금도 크게 늘었다고 한다.

학교뿐만 아니라 군대에서도 회복력 훈련이 절실하다. 군대도 변해야 한다. 더 이상 일방적인 명령과 통제로는 강한 군대를 만들 수 없다. 지금껏 명령과 통제를 바탕으로 육체와 정신 훈련을 했지만 총기사고를 비롯한 위험한 사고는 더 많이 늘었고, 군대에 적응하지 못해 자살하는 군인들도 늘고 있다. 학교에서와 마찬가지로 집단 따돌림으로 힘들어하는 군인들도 많다.

이런 문제를 해결하려면 육체 훈련과 함께 심리훈련이 이루어져야 한다. 그 심리훈련의 핵심이 회복력 훈련이다. 마틴 셀리그만과 케런 레이비치 박사의 연구진은 약 8개월 동안 이라크와 아프가니스탄 참전 군인 100명을 만나 함께 훈련자료를 검토한 결과, 군인들에게 강인한 정신 구축, 강점 구축, 강력한 관계 구축이 필요하다는 결론을 내렸다. 이런 연구 결과를 바탕으로 회복력 프로그램인 '종합 군인 피트니스'를 개발했다. 이 프로그램은 2009년 12월부터 케이시 참모총장의 지시로 모든 군대에 회복력 훈련을 실시하고 있다.

종합 군인 피트니스는 ABC 확인하기, 빙산 찾기, 반박하기 등 강인한 정신을 구축하는 데 필요한 기술을 배운 후 성격강점을 확인한다. 또한 다른 군인들과의 관계, 가족과의 관계를 강화하는 방법도 알려준다. 처음부터 모든 군인들을 대상으로 회복력 훈련을 실시하기는 어렵다. 그래서 부대를 통솔해야 하는 부사관들을 먼저 훈련시키고, 그들이 다시 군인들을 교육시키도록 했다.

회복력 훈련의 효과는 곧 나타났다. 한 부대에 걸핏하면 갈등을 표출하고 분란을 일으키는 군인이 있었다. 워낙 문제가 많은 군인이라 다른 군인들이 모두 그를 멀리 했지만 회복력 훈련을 받은 부사관이 자신의 강점인 사랑, 예견력, 감사를 발휘해 그를 감싸 안았다. 부사관은 말썽꾸러기 군인과 진지하게 대화를 나눈 끝에, 그 군인이 자신의 아내에게 극도의 분노를 느끼고 있었고, 그 분노를 동료 부대원에게 풀었던 것을 알 수 있다. 부사관은 지혜를 활용해 그가 아내의 입장을 이해하고 편지를 쓰게 도와주었다. 자신이 먼 곳에서 복무하는 동안 아내 혼자 너무 많은 것을 감당하게 해서 미안하고 고맙다는 내용의 감사편지였다. 결과는 당연히 해피엔딩이다.

우리나라 군대에도 하루 빨리 회복력 훈련이 이루어져야 한다. 앞으로 경쟁은 더 치열해지고 그만큼 젊은이들의 삶은 더 고달파질 것이다. 젊은이들이 스스로 극복할 수 있는 내면의 힘을 강화시켜주지 않으면 개인도 사회도 불행해질 수밖에 없다. 긍정교육과 회복력 훈련이 우리 사회를 건강하게 만들고, 우리 아이들을 행복하게 만들 수 있는 충분한 대안이 될 수 있을 것이다.


## 긍정심리학 기반의 새로운 긍정조직 탄생

긍정심리학이 급속도로 발전하면서 긍정심리학의 이론과 과학의 기초를 기반으로 하는 긍정조직이론이 속속 탄생하고 있다. 긍정혁명[AI], 긍정조직학[POS], 긍정조직행동[POB], 심리자본[PsyCapital] 등이 지금까지 모습을 드러낸 대표적인 긍정조직이론이다. 이처럼 긍정조직이론이 발달하는 것은 이제 긍정심리학이 개인의 영역을 넘어 조직으로 빠르게 확산되고 있음을 시사한다.

셀리그만은 긍정심리학의 변형이 가능하다고 하였다. 직업적 변형으로는 코칭, 목표설정이론, AI, 긍정조직학에 가능하다고 하였으며, 변형을 위해선 맨 먼저 긍정심리학의 이론이 필요하고 그 다음 과학이, 이어서 응용이 필요하다고 했다. 그는 "반드시 심리학자가 되어야만 긍정심리학을 실천하거나 코치나 강사가 될 수 있는 것은 아니다. 프로이트 추종자들이 저지른 중대한 실수는 오직 정신과 의사들만 정신분석을 할 수 있게 제한한 것이다. 긍정심리학은 또 하나의 자기방어적인 협회를 보호하는 안전막이 될 마음이 없다. 코칭 기술, 긍정심리학 이론, 긍정 상태 및 긍정 특성의 타당한 측정, 효과적인 개입 부문에서 충분한 훈련을 받는다면, 그리고 고객을 더욱 노련한 전문가에게 맡겨야 할 시점을 안다면 실제로 당신은 긍정심리학이라는 씨앗을 뿌리는 사람이 될 것이다."라고 말하며 긍정심리학의 문을 활짝 열어놓았다.

긍정조직학과 긍정조직행동은 긍정심리학의 과학에 기초한 긍정적 접근법을 조직 행동적 차원으로 확대시킨 것이다. 루선스는 긍정조직학과 긍정조직행동은 긍정심리학의 개념과 이론에 바탕을 두며 조직 구성원 개개인의 긍정경험 및 특정관심을 공유한다고 하였다. 긍정조직학은 미시건 대학의 긍정조직학센터의 연구에 의해 제안되었다. 킴 카메론에 의하면 긍정조직학은 조직과 구성원들에게 나타나는 긍정적 성과물이나 긍정성이 전개되는 과정 및 긍정적 특징을 연구하는 학문으로 단일한 이론이 아니며, 우수성, 번영, 성장, 풍요, 회복력, 미덕에 초점을 맞춘다고 했다. 긍정조직행동은 네브레스카 갤럽리더십 연구소가 모태가 되어 발전하는 학문으로 낙관성 개발에 많은 과학적 근거를 제시하고 있다. 루선스는 2000년대 초반 부정에 편향된 전통적 조직

행동연구의 문제점을 지적하고, 이를 벗어나 조직구성원들의 긍정적 강점과 역량 등과 같은 긍정적 조직행동에 대한 개발을 통해 조직의 성과를 높이고자 하는 긍정조직행동 연구를 제안했다. 긍정조직행동의 4가지 핵심요소는 긍정심리 자본인 자기효능감(자신감), 희망, 낙관성, 회복력이다. 긍정심리자본은 처음에 심리자본<sup>Psy Capital</sup>으로 출발했으나 최근 연구자들에 의해 긍정심리자본으로 조작적 정의가 이루어지고 있다. 루선스는 긍정심리학의 과학적 기초는 심리학 분야에서 중요한 성례가 되어 공헌할 뿐 아니라 긍정심리자본을 형성할 때 긍정 정서는 다양한 영역에 적용할 수 있는 선행조건이 되고 있다고 했다.

최근 긍정심리학자들의 주장에 의하면 긍정심리요소들의 유지·강화를 위한 교육을 통해 40%의 실적 향상과 42%의 고객만족도 증진, 평균 7배 이상의 수익률 및 50% 이상의 생산성 증대 등 다양한 분야에서 긍정적 결과가 나타났다고 한다. 이는 긍정심리학이 개인의 행복을 증진시켜줄 뿐만 아니라 기업의 성과를 향상시키는데도 도움을 준다는 것을 의미한다. 결국 개인의 행복이 기업을 행복하게 만들고, 기업은 사회를, 사회는 국가를 행복하게 만들고, 국가가 행복하면 개인이 행복해지는 선순환이 가능해진다.

사실 긍정심리학은 아직까지 누구도 부인할 수 없는 명명백백한 증거가 축적된 것은 결코 아니다. 셀리그만이 처음 긍정심리학을 연구할 때는 무기력 학습, 설명양식과 우울증, 심혈관 질환과 비관성 연구비를 선뜻 지원해주겠다는 곳도 별로 없었다. 그런데 지금은 긍정심리학 강의를 듣고 아무 조건 없이 거액의 수표에 서명을 할 정도로 긍정심리학이 인기가 많다. 긍정심리학이 언론과 대중에게 폭발적인 인기를 끄는 이유가 뭘까?

이유는 분명하다. 긍정심리학은 개인과 조직 모두 지속적인 행복증 진으로 플로리시 해질 수 있는 방법들을 구체적으로 제시하고 있다. 게 다가 긍정심리학에서 제시하는 행복증진 방법은 과학적이다. 대표 표 본, 발전된 분석 기법, 통제된 실험실 연구와 같은 과학적 방법에 의해 행복을 만들고 지속시키고 번성시킬 수 있는 방법을 도출해냈기 때문 에 신뢰도도 높고 효과도 뛰어나다. 긍정심리학에서 행복의 만개, 즉 플로리시를 위해 만든 도구들을 이용하면 누구나 행복해질 수 있기 때 문에 앞으로도 긍정심리학에 대한 관심은 날로 높아질 것으로 보인다.


## 긍정심리학의 목표는 플로리시다

진정한 행복 이론에서 긍정심리학의 목표는 행복이었으며 자신의 삶 에서 행복 지수를 높이는 것이다. 이와 반대로 새로운 웰빙 이론에서 긍정심리학의 목표는 다원적이며 전자와는 중요한 차이가 있다. 바로 자신의 삶에서 플로리시 수치를 높이는 것이다. 국가적으로 가장 활발 하게 긍정심리학을 도입하는 나라가 영국이다. 영국은 이미 2010년부 터 GDP(국내총생산)의 대체 지수인 GNH(국민행복)를 개발을 적극 추 진하고 있다.

플로리시flourish란 무엇일까? 케임브리지 대학의 펠리시아 후퍼트Felicia Huppert와 티모시 소Timothy So는 플로리시를 정의하고 유럽 연합의 23개국에서 플로리시를 측정했다. 플로리시에 관한 그들의 정의는 웰빙 이론의 정신과 일치한다. 플로리시하기 위해 개인은 다음의 '핵심 요소'와 여섯 가지 '추가 요소' 중 세 가지를 갖춰야 한다.

| 핵심 요소 | 추가 요소 |
|---|---|
| • 긍정 정서(Positive emotions)<br>• 몰입, 흥미(interest)<br>• 의미, 목적(purpose) | • 자존감(self-esteem)<br>• 낙관성(optimism)<br>• 회복력(resilience)<br>• 활력(vitality)<br>• 자기 결정 능력(self-determination)<br>• 긍정 관계(positive relationships) |

그들은 국가별로 2천 명 이상의 성인에게 다음의 웰빙 항목을 제시하여 국민의 플로리시를 측정하고, 그것을 기준으로 해당 국가가 어떻게 하고 있는지를 알아냈다.

| 긍정 정서 | 모든 것을 고려할 때 당신은 얼마나 행복합니까? |
|---|---|
| 몰입, 흥미 | 나는 새로운 것을 배우기를 좋아한다. |
| 의미, 목적 | 나는 대체로 소중하고 가치 있는 일을 하며 살아간다. |
| 자존감 | 나는 나 자신에 대해 대체로 매우 긍정적이다. |
| 낙관성 | 나는 나의 미래에 대해 언제나 낙관적이다. |
| 회복력 | 삶에서 문제가 생길 때 나는 예전 상태로 돌아오는 데 대체로 오랜 시간이 걸린다.<br>(반대로 대답할 경우 회복력이 더 높다.) |
| 긍정 관계 | 나에게 진심으로 관심을 기울이는 사람들이 있다. |

조사 결과, 덴마크가 1위였다. 덴마크는 플로리시하는 국민이 전체의 33퍼센트였다. 영국은 그 절반인 18퍼센트였고, 최하위는 러시아로 고작 6퍼센트였다.

이 연구는 긍정심리학의 '웅대한' 목표로 이어진다. 긍정 정서, 몰입, 의미, 성취, 긍정 관계를 측정하는 기술이 발전하면서 한 국가, 한 도시, 또는 한 기업에서 얼마나 많은 사람이 플로리시하고 있는지를 정확하게 질문할 수 있다. 한 개인이 일생 중 어느 시점에 플로리시하는지도, 한 자선 단체가 수혜자의 플로리시를 증가시키고 있는지도 정확히 질문할 수 있다. 학교 시스템이 아동의 플로리시를 도와주고 있는지도 정확히 물을 수 있다.

공공 정책은 오직 우리가 측정한 것만을 추종한다. 그리고 최근까지 우리는 오로지 돈, 즉 국내총생산<sup>GDP</sup>만을 측정했다. 따라서 정부의 성공은 그 정부가 축적한 부의 양에 의해서만 수치로 나타낼 수 있었다. 하지만 무엇을 위한 부인가? 셀리그만에 의하면 부의 목적은 더 많은 부를 양산하는 것이 아니라 플로리싱을 낳은 것이라고 한다. 이제 우리는 공공 정책에 대해 질문할 수 있다. "이 공원 대신 새로운 학교를 짓는 것이 플로리시 수준을 얼마나 많이 증가시킬까?" 홍역 예방 접종 정책이 동일한 비용이 드는 각막 이식 정책보다 플로리시 수준을 더욱 높여주는지에 대해서도 물을 수 있다. 부모가 근무 시간을 줄여 집에서 자녀를 돌보게끔 양육비를 지불하는 정책은 플로리시 수준을 얼마나 증가시키는지도 질문할 수 있다.

이렇게 최근 긍정심리학이 다양한 분야로 확산되고 다양한 분야에서 놀라운 연구 결과들을 밝혀내고 있음에도 그 성과는 사회적으로 널리 알려져 있지 않다. 당장 긍정심리학이 필요해 보이는 정책입안자나 극심한 스트레스를 받는 경영자, 변호사, 의사, 일반기업 직원들도 최근 발표되고 있는 긍정심리학의 놀라운 성과들을 외면하고 있고, 교사나 학부모들도 긍정심리학을 통한 교육의 성과를 제대로 이해하지 못하고 있다. 대기업들조차도 긍정심리학이 제시하는 수많은 조직 성과 증진의 기회를 놓치고 있다.

최근 삼성경제연구소의 보고서에 따르면 우리나라 직장인 행복지수가 100점 만점에 55점이라고 한다. 연봉과 행복은 비례하지 않다는 것이다. 이제 직장인들도 돈의 경제가 아닌 삶의 질의 경제 즉 행복을 원한다.

직원들이 행복하지 않다면  어떤 조직이든 지속적인 성과를 내기 어렵다. 조직구성원들이 행복해야 조직의 성과를 높이고 조직의 성과가 높아져야 기업이 번성한다. 그래서 다시 조직구성원들이 그 혜택을 다시 받는다. 이렇듯 행복은 조직을 선순환시켜 개인, 조직, 사회를 플로리시(번성)시킬 수 있다. 지금 세상은 우리 삶의 방식뿐 아니라 조직문화도 급변하고 있다.

긍정심리학은 미국에서 태어났지만 그 학문의 많은 중심 사상들이 공자 맹자 노자, 일본의 사무라이 정신, 인도의 우파니 샤드 등 고대 동양의 철학과 정신에 기반을 두고 있기 때문에 우리에게는 더 익숙하고 잘 맞는지 모른다. 예를 들어 수신제가치국평천하라는 공자의 사상은 다른 사람들에게 행복을 알려주기 위해선 내가 먼저 행복을 배워야 한다는 긍정심리학 행복의 기본 원리와 일치한다. 내가 행복해야 팀이 행복하고 팀이 행복해야 회사가 행복해서 조직 모두 플로리시를 이룰 수 있을 것이다.

성경에 보면 항상 기뻐하라, 쉬지 말고 기도하라, 범사에 감사하라는 구절이 있다. 이 역시 긍정심리학 행복의 기본 원리와 일치한다. 긍정심리학은 일시적 기쁨이 아닌 지속적으로 항상 기쁨을 추구한다. 항상 쉬지 않고 행복도구를 연습한다. 그리고 매사에 감사하는 마음으로 긍정 정서를 확장시켜 나간다. 우리나라 전통문화 속에 가장 대표적인 정서가 끼技, 정情, 흥興이다. 우리 조상들, 선배들은 끼가 있고 정이 있고 흥이 있었다는 것이다. 이들은 긍정심리학의 대표 요소인 강점과 긍정 정서이다. 우리들의 고유 정서, 우리들의 전통적인 강점을 우리 개인과 조직에 쉽고 자연스럽게 적용시킬 수 있을 것이다. 긍정심리학은 금방 끓었다 금방 식어서 버려지는 냄비 문화의 경영기법이 아니다. 우리문화와도 잘 맞는다. 3,000년 전통의 지혜와 사상을 연구해서 현대 과학으로 완성시킨 21세기 가장 빠르게 성장하는 우리 문화와 가장 잘 어울릴 수 있는 학문인 것이다. 이런 긍정심리학을 조직에 적용할 때 우리 조직은 더 발전하고 행복해질 수 있음이 분명하다.

지금까지 지난 15년 동안 긍정심리학의 진화 과정 속에 중요한 이슈와 연구 결과들을 정리해 봤다. 긍정심리학에 대한 애정이 너무 컸기에 다소 지나친 표현도 있었을 것이다. 하지만 근 10년 동안 내가 공부하고 연구하면서 긍정심리학의 핵심 도구들을 내 삶속에 적용해 본 결과 나를 플로리시하게 변화시키고 다른 사람과 주변을 변화시키게 되더란 것이다. 긍정심리학과 행복, 플로리시에 대해 더 많은 관심을 갖고 계신 독자들은 마틴 셀리그만의 《플로리시》와 우문식의 《행복 4.0》을 추천한다. 이 책들은 긍정심리학의 진화와 행복을 만들어가는 실천 방법을 자세히 다루고 있다. 끝으로 내가 긍정심리학 전문가가 되어 개정판을 낼 수 있도록 지금까지 이끌어주시고 도움을 주신 문용린 서울시 교육감님, 김인자 전 용문상담심리대학원대학교 총장님, 송준호 흥사단 투명사회운동본부 대표이시며 안양대학교 대학원 원장님께 감사를 드린다. 특히 김인자 전 총장님은 셀리그만 초청 강연회 개최로 내 인생의 터닝 포인트를 만들어 주셨으며, 공역자로 개정판을 내는 것 까지 허락해 주셨다. 또한 국제긍정심리학회 창립이사로 활동하시면서 우리나라에 세계에서 두 번째로 긍정심리학 석·박사과정을 개설하기도 하셨고, 국내외적으로 긍정심리학을 뿌리내리고 확장시키는 데 큰 역할을 담당하고 계신다.

내가 10년 전에 이 책을 만나서 가장 행복할 수 없던 나를 가장 행복한 나로 만들었듯이 독자 여러분도 이 개정판을 통해 진정한 행복을 만들었으면 하는 마음 간절하다.

한국긍정심리연구소 소장 우문식

## 참고문헌

1. 송준호, 우문식(2013), 〈조직구성원의 성격 특성이 직무만족과 조직시민행동에 미치는 영향 : 행복의 매개효과를 중심으로〉, 기업경영연구. 우문식, (2013),

2. 〈긍정심리의 긍정 정서와 성격강점이 조직성과에 미치는 영향〉, 안양대학교 박사학위 논문.

3. 우문식,(2012),《긍정심리학의 행복: 당신이 모르는 행복의 9가지 도구》, 물푸레.

4. 우문식, (2014),《행복 4.0: 긍정심리학의 행복 증진 프로젝트》, 물푸레, 한국긍정심리연구소.

5. Acacia C. Parks, Jeffrey J. Froh, (2012) Activities for Teaching Positive Psychology: A Guide for Instructors, American Psychological Association (APA).

6. Barbara L. Fredrickson,(2008), Positivity, New York, Three Rivers Press.

7. Barbara L. Fredrickson, (2001). "The Role of Positive Emotions in Positive Psychology: The Broaden-and Build Theory of Positive Emotions," American Psychologist.

8. Barbara Fredrickson, & Losada, M,(2005), Positive Affect and The Complex Dynamics of Human Flourishing, American Psychologist.

9. Kim S. Cameron, Ph. D, Gretchen M. Spreitzer, Ph.D, (2013), The Oxford Handbook of Positive Organizational Scholarship, Oxford University Press, USA.

10. Losada M,(2008), Work Teams and the Losada Line: New Results, Positive Psychology News Daily.

11. Luthans, F, (2002a), "The Need for and Meaning of Positive Organizational Behavior" Journal of Organizational Behavior.

12. Luthans, F, (2002b), "Positive Organizational Behavior: Developing and Managing Psychological Strengths," Academy of Management Executive.

13. Luthans, F, & Avolio, B, (2007), Psychological Capital: Developing the Human Competitive Edge, Oxford, UK: Oxford University Press.

14. Martin E.P.Seligman, (2006), Learned Optimism: How to Change Your Mind and Your Life, Vintage.

15. Martin E.P.Seligman, (2011), Flourish: Visionary New Understanding of Happiness and Well-being, Free Press.

16. Martin E.P.Seligman, Csikszntmihalyi, M, (2001), "Positive Psychology: An Introduction," American Psychologist.

17. Sarah Lewis, (2011), Positive Psychology at Work: How Positive Leadership and Appreciative Inquiry Create Inspiring Organizations Wily.

PART 1

# 행복을
# 만들 수 있을까?

※

너는 자꾸 멀리만 가려느냐.
보라, 좋은 것이란 가까이 있다.
다만 네가 잡을 줄을 알면
행복은 언제나 거기에 있나니….

─ 괴테

# 긍정 정서와
# 긍정 특성

세실리아 오페인은 1932년 밀워키에서 수녀로서 종신서원을 했다. 그녀는 학교 교육 사업을 하는 노트르담 수녀회의 수련 수녀로 입회했을 때 아이들을 가르치는 일에 일생을 바치기로 결심했다. 그때 자신의 삶을 짤막하게 소개하는 글을 써달라는 요청을 받은 그녀는 다음과 같이 썼다.

주님께서 헤아릴 수 없이 귀한 은총을 내게 베푸시어 인생을 잘 출발하도록 이끌어주셨습니다… 수련 수녀로서 노트르담 수녀회에서 학습하며 보낸 그 세월 동안 나는 참으로 행복했습니다. 지금 나는 성스러운 성모 마리아의 수도복을 받고 사랑의 하나님과 더불어 살아가기를 크나큰 기쁨으로 간절히 바라고 있습니다.

그 해에 함께 종신서원을 받은 마거리트 도넬리 수녀는 자신의 삶을 다음과 같이 썼다.

나는 1909년 9월 26일, 2남 5녀 중 맏이로 태어났습니다… 수도회 본원에서 수련 수녀로 지낸 첫해는 화학을 가르쳤고, 그 다음 해는 노트르담 학교에서 라틴어를 가르쳤습니다. 하나님의 은총으로 나는 수도회와 전교 활동을 위해, 그리고 내 자신의 영적 성장을 위해 최선을 다할 생각입니다.

## 낙관적인 사람이 오래 사는 이유

'행복과 장수'에 대한 기존의 연구들 중에서 이 두 수녀를 포함한 178명의 수녀들을 대상으로 한 연구가 이후 가장 적합한 연구대상 집단으로 인정을 받았다.

사람의 수명은 얼마이며, 수명을 단축시키거나 연장시키는 조건이 무엇인지 밝히는 일은 대단히 중요하면서도 어려운 과학적 과제이기도 하다. 한 예로 유타 주에 사는 사람들이 이웃한 네바다 주에 사는 사람들보다 더 오래 산다는 연구 결과가 있다. 그 이유는 과연 무엇일까? 산이 많은 유타 주는 공기가 맑고 네바다 주 제1의 도시인 라스베이거스는 배기가스로 가득 차서일까? 대다수가 모르몬 교인인 유타 사람들은 금욕 생활을 하는 반면 네바다 사람들은 자유분방한 생활을 하기 때문일까? 아니면 유타 주에서는 농장에서 직접 재배한 몸에 좋고 신선한 농산물로 만든 음식을 먹고 술, 커피, 담배는 절제하는데, 네바다 주에서는 영양가 없는 인스턴트 식품과 밤참, 술, 커피, 담배를 즐겨서일까? 하지만 여기에는 너무나 많은 요인들이 뒤섞여 있어 인간 수명에 영향을 미치는 요인을 명확하게 가려내기는 힘들다.

그런데 네바다 사람들이나 유타 사람들과는 달리 대부분의 수녀들은 속세와 격리된 채 규칙적인 생활을 한다. 그들은 모두가 대체로 자극이 약한 음식을 먹는다. 담배를 피우지 않고 술도 마시지 않는다. 또한 모두 미혼이므로 아이를 낳은 적도 없다. 성병에 걸릴 가능성 또한 없다. 게다가 수녀들은 사회경제적 지위도 같고, 모두 훌륭한 의료 혜택을 누릴 수도 있다. 이처럼 판단에 방해가 될 만한 요소들이 거의 배제된 환경에서 사는 수녀들이지만, 수명과 건강 문제에서는 여전히 개인차가 크다. 현재 98세인 세실리아 수녀는 지금껏 한 번도 병치레를 해본 적이 없다. 그런데 마거리트 수녀는 59세에 뇌졸중으로 쓰러진 뒤 얼마 지나지 않아 사망했다.

이로써 수녀들의 생활방식, 음식, 진료 여건은 수명에 영향을 미치는 주원인이 아니라는 것이 확인됐다. 그런데 180여 명의 수련 수녀가 쓴 글들을 꼼꼼히 살펴보면 인상적이고도 놀라운 차이를 발견할 수 있다.

세실리아 수녀는 '참으로 행복하다'거나 '크나큰 기쁨'처럼 활기 넘치는 표현들을 사용했다. 반면 마거리트 수녀의 자기소개서에는 긍정 정서가 깃든 단어가 전혀 없다. 수녀의 수명에 대한 사전 지식이 없는 연구자들이 긍정 정서의 합계를 기준으로 조사한 결과, 활기차게 지낸 수녀 집단은 90%가 85세까지 산 반면, 가장 무미건조하게 지낸 수녀 집단 중 85세까지 산 사람은 34%에 불과했다. 또 활기 넘치게 지낸 수녀들의 54%가 94세까지 살았지만, 가장 무미건조하게 지낸 수녀들

중 94세까지 산 사람은 11%에 불과했다.

그렇다면 과연 수녀들이 쓴 글에 나타난 행복감이 그렇게 큰 차이를 가져올 수 있었을까? 어쩌면 불행의 표출 정도, 미래에 대한 기대감의 정도, 신앙심의 깊이, 글쓰기의 지적 능력에 따라 차이가 있었을지도 모른다. 그러나 연구에서는 이런 요소들은 큰 영향을 미치지 않으며, 오로지 수녀들이 쓴 글 속에 나타난 긍정 정서의 정도만이 영향을 미치는 것으로 나타났다. 그러니까 행복한 수녀가 장수했다는 것이다.

긍정심리학을 연구하는 사람들에게 대학교 졸업사진 앨범은 금광 같은 귀중한 자료다. "여길 보고 웃으세요"라는 사진사의 말에 따라 누구나 으레 가장 멋진 미소를 지으려고 애쓴다. 그런데 미소 짓는다는 것이 말처럼 쉽지 않다. 개중에는 정말 즐거운 마음으로 환하게 미소 짓는 사람도 있지만, 대부분은 점잖은 표정을 짓는 게 고작이다. 미소에는 두 종류가 있다. 하나는 (처음 발견한 기욤 뒤셴<sup>Duchenne, Guillaume</sup>의 이름을 딴) '뒤셴 미소'인데, 이것은 마음에서 우러나온 진짜 웃음이다. 이 미소를 띨 때면 양 입꼬리가 위로 올라가고 눈꼬리에 까마귀나 매발 같은 주름이 생긴다. 이때는 눈 주위나 광대뼈 부근의 근육을 원하는 대로 움직이기가 여간 힘든 게 아니다. 다른 하나는 (지금은 없어진 팬아메리칸 항공사의 텔레비전 광고에 출연한 승무원들의 미소에 빗댄) '팬아메리칸 미소'인데, 이것은 뒤셴 미소의 특징이 전혀 나타나지 않는 가짜 웃음이다. 아닌 게 아니라 팬아메리칸 미소는 행복한 웃음이라기보다는 공포에 질린 동물의 표정에 훨씬 더 가까워 보인다.

경험 많은 심리학자는 여러 개의 사진들 중에서 진짜 웃음을 한 번만 보고도 가려낼 수 있다. 한 예로 캘리포니아 버클리 대학교의 켈트너

Keltner, Dacher와 하커Harker, LeeAnne 교수가 밀스 대학의 1960년도 졸업생 141명을 대상으로 실시한 연구가 있다. 졸업 앨범에서는 3명을 제외한 모든 여학생들이 웃고 있었고, 그중 뒤셴 미소를 띤 사람은 절반 정도였다. 이 여학생들이 27살, 43살, 52살이 될 때마다 이들을 만나 결혼이나 생활 만족도를 조사했다. 1990년에 전임자로부터 이 연구를 이어받은 켈트너와 하커 교수는 과연 졸업사진 속의 미소만으로 그들의 결혼생활을 예측할 수 있을지 궁금해했다. 그런데 놀랍게도 졸업사진에서 뒤셴 미소를 짓고 있던 여학생들은 대개 30년 동안 행복하게 결혼생활을 유지하고 있었고, 개인적인 건강상태를 더 잘 유지하고 있었다. 말하자면 눈가의 주름이 행복을 예측하는 척도임을 확인한 셈이다.

켈트너와 하커 교수는 결과를 검토하다가, 웃음을 짓고 있는 여성들이 더 아름다워 보이게 마련이므로 미소 자체의 진실성보다 미모가 생활 만족도에 영향을 미치는 것은 아닐까 궁금해졌다. 두 교수는 졸업 앨범에 있는 여학생들의 외모를 살펴본 뒤, 미모가 결혼이나 생활 만족도와는 무관하다는 결론을 얻었다. 결과적으로 진짜 웃음을 짓는 여성이 행복한 결혼생활을 할 가능성이 높다는 것을 재확인한 것이다.

앞서 소개한 두 가지 연구는 놀랍게도 한순간의 긍정 정서가 드러나 있는 사진 하나만으로도 장수나 결혼 및 생활 만족도를 예측할 수 있다는 사실을 공통적으로 보여준다. 이 책의 1부와 2부에서는 기쁨, 환희, 쾌락, 만족감, 평온, 희망, 황홀 등의 순간적인 긍정 정서들을 다루고 있다. 특히 다음과 같은 세 가지 질문에 초점을 맞추었다.

• 긍정 정서가 진화하여 우리에게 전해진 까닭은 무엇일까? 기분 좋게 해

주는 것 이상의 의미를 지닌 긍정 정서들은 어떤 작용을 하고 어떤 결과를 낳는가?

• 누가 긍정 정서가 풍부한 사람이고 누가 그렇지 않은 사람인가? 긍정 정서를 유발하는 것은 무엇이며 억제하는 것은 무엇인가?

• 어떻게 삶 속에서 더 많은 긍정 정서를 지속적으로 키워낼 수 있을까?

사람은 누구나 자기 삶과 관련된 이런 문제들에 대한 해답을 자연히 심리학 분야에서 찾으려 한다. 그러다가 심리학이 인생의 긍정적 측면을 크게 외면해왔다는 사실을 알고 깜짝 놀랄지도 모른다. 슬픔에 관한 연구 논문이 100편이라면 행복을 다룬 것은 단 1편에 불과한 실정이기 때문이다.

이 책의 목적 중 한 가지는 위의 세 가지 문제에 대해 과학적 연구를 바탕으로 한 책임 있는 해답을 제공하는 것이다. 우울증 해소 방법에 대해서는 신빙성 있는 지침서가 꾸준히 발표되어왔지만, 안타깝게도 행복을 증진시키는 방법에 관한 자료는 찾아보기 힘들다. 몇 가지 주제에 대해서는 명백한 사실을 제시할 수 있으나 다른 것들에 대해서 내가 할 수 있는 최선은, 가장 최근의 연구에서 결론을 이끌어내고 그것을 당신이 삶의 길잡이로 활용할 수 있는 방법을 제시하는 것이다.

여기서 밝혀둘 것은 나는 어떤 경우든 이미 정립된 학문적 지식과 내가 관찰한 결과를 구분할 것이라는 점이다. 내 생애 최고의 목적은 심리학 연구에 심혈을 기울여 이 분야의 학문적 불균형을 바로잡는 것이다. 다시 말해 심리학자들이 지금까지 어렵사리 쌓아온 심리적 고통과 정신 장애에 관한 기존 지식에, 개인의 강점과 미덕은 물론 긍정적 감정에 대한 광범위한 지식을 보강하는 것이다.

도대체 개인의 강점과 미덕이 여기에서 왜 거론되어야 하는가? 왜 이 책은 수시로 바뀌는 우리의 느낌에 중점을 둔 행복론이나 쾌락론과 같은 과학보다는 하필 긍정심리학의 과학Science of Positive Psychology으로 다루려는 것일까? 쾌락주의자는 단순히 자기 인생에서 좋은 순간이 최대한 많고 나쁜 순간은 적기를 바란다. 또 쾌락주의 이론에서는 좋은 순간들의 합계에서 나쁜 순간들의 합계를 뺀 것이 삶의 질을 결정한다고 주장한다. 이런 주장을 인생 목표로 삼는 사람들이 많기 때문에 이를 탁상공론이라고 단정하기도 힘들다. 그러나 내 생각에 그것은 환상일 뿐이다. 사람이 시시때때로 느끼는 감정의 합계, 즉 영화, 여행, 결혼 혹은 일상생활과 같은 단편적인 경험을 좋거나 나쁘게 평가하는 것과 같은 평가 방법은 너무나 불완전하기 때문이다.


## 쇼핑보다 봉사가 더 행복한 이유

평생 동안 자신이 바라는 긍정 정서를 일으키도록 뇌를 자극해주는 기계가 있다고 가상해보자. 사람들에게 이 환상적인 기계를 사용해보라고 제안하면 대부분 거절한다. 왜냐하면 사람들이 원하는 것은 긍정 정서 그 자체가 아니라, 자신의 능력을 발휘하여 스스로 긍정 정서를 자아내는 것이기 때문이다. 그럼에도 사람들은 순간의 쾌락을 위한 도구들을 무수히 개발해왔다. 마약, 초콜릿, 성기구, 사랑이 배제된 성행위, 자위행위, 쇼핑, 텔레비전 등. 그러나 나는 사람들에게 이런 것들을 당장 내던지라고 충고할 생각은 없다.

아주 손쉬운 방법으로 행복, 기쁨, 환희, 평안, 황홀경을 얻을 수 있다는 믿음대로 살다가 큰 부를 쌓고도 정신적 허탈감에 빠져 괴로워하는 사람들을 무수히 보았다. 이처럼 자신의 강점과 미덕을 발휘하지 않고 외적인 자극을 이용하여 긍정 정서를 경험하면 끝내는 공허함, 불확실성, 우울증에 빠지게 되고, 결국 죽을 때까지 불안하고 고통스러운 현실 속에서 살아가게 된다. 순간적인 쾌락이 아닌 자신의 강점과 미덕을 발휘하여 얻은 긍정 정서야말로 완전한 것이다. 펜실베이니아 대학교에서 긍정심리학을 강의해온 지난 3년 동안, 나는 긍정 정서의 참된 가치를 발견했다. 내게는 이때가 이상심리학을 가르쳐온 지난 20년 동안보다 훨씬 더 즐거운 시간이었다.

나는 학생들에게 하이트Haidt, Jonathan 교수 이야기를 가끔 들려준다. 그는 사람들에게 튀긴 메뚜기를 먹게 한 뒤 혐오감을 연구한 버지니아 대학교의 재능 있는 젊은 교수이다. 하이트 교수는 또한 한때 히틀러가 입은 것으로 알려진 티셔츠를 사람들에게 입게 한 뒤 그들의 반응을 관찰하면서 도덕적 혐오감에 대해 연구했다. 이러한 부정 정서를 탐구하다 지친 그는 도덕적 혐오감과 상반되는 정서에 관심을 기울이기 시작한다. 이것이 바로 그가 고결함elevation이라 부르는 정서이다. 이제 하이트 교수는 인간성 중에서 더 좋은 측면을 체험하고, 무언가 대단히 긍정적인 일을 하는 사람들을 보면서 정서적인 반응을 일으킬 이야기들을 수집한다. 다음은 그가 버지니아 대학교 1학년 학생에게 들은 고결한 미담에 대한 특별한 이야기이다.

어느 눈 오는 밤에 구세군 숙소에서 일을 마치고 집으로 돌아가고 있을 때였어요. 어떤 할머니가 자기 집 앞 진입로에서 눈을 치우고 있는 모습이 차창 밖으로 보였죠. 그때 한 남학생이 운전사에게 내려달라고 부탁하더군요. 그래서 전 그의 집으로 가는 지름길이 있는 모양이라고 생각했어요. 그런데 그게 아니었어요. 나는 차창 너머로 그 학생이 삽을 들고 있는 걸 보았거든요. 아, 그때 내 목에서 어떤 뜨거운 것이 울컥 올라오면서 울음이 나오기 시작했어요. 나는 이 이야기를 만나는 사람마다 꼭 들려주고 싶었어요. 그가 참 낭만적이고 아름답게 느껴졌으니까요.

내 강의를 듣는 학생들은 처음에는 즐거운 일보다 친절을 베푸는 행위에서 행복을 얻을 수 있다는 내 강의 내용을 믿지 못하겠다는 눈치였다. 그래서 열띤 토론을 거친 뒤, 다음 시간까지 즐거운 일과 친절한 행동을 한 가지씩 해보고 그에 대한 보고서를 제출하도록 했다.

이 수업 활동은 학생들의 삶의 변화로까지 이어졌다. 그것은 친구와 어울리기, 영화 관람, 따뜻한 초콜릿 선데 먹기 따위의 즐거운 활동을 한 뒤의 느낌에 비해 친절한 행동을 한 뒤의 여운이 더 강렬하다는 사실을 제각각 확인한 결과였다. 자신의 강점을 발휘하여 자발적으로 남을 도와주면 온종일 기분이 좋았다는 것이다.

대학교 3학년인 한 여학생은 초등학교 3학년인 조카로부터 수학을 가르쳐달라는 부탁을 받고 그 조카를 도와준 뒤의 기분을 다음과 같이 설명하며 놀라워했다.

그날 내내 나는 평소보다 다른 사람의 말을 호의적으로 들어주었고 마음도 넉넉해졌어요. 그리고 사람들이 나를 훨씬 많이 좋아하는 것같이 느껴졌어요.

이처럼 친절한 행위는 쾌락과는 다른 '희열감'을 준다. 이런 희열감을 얻기 위해서는 위기에 대처하고 과감하게 도전할 강점이 필요하다. 기쁨과 같은 순간적인 긍정 정서와 달리, 친절은 마음의 흐름이 단절되지 않게 한다. 친절을 베풀 때는 그 일에 푹 빠진 나머지 자아마저 망각한다. 그래서 시간 가는 줄을 모른다. 행복해지기 위해 돈을 많이 버는 법을 배우려고 펜실베이니아 경영대학원에 지원했지만, 결국 쇼핑하면서 돈을 쓸 때보다 다른 사람들을 도와줄 때가 훨씬 더 행복하다는 사실을 깨달았다고 고백하는 학생도 있었다.


## 행복으로 가는 열쇠 – 강점과 미덕을 발휘하는 삶

행복하고 평안한 웰빙Well-being이 무엇인지 이해하려면 개인의 강점과 미덕이 무엇인지 알아야 한다. 이것이 바로 이 책 3부의 주제다. 자신의 강점과 미덕을 발휘하여 행복을 얻을 때, 그 사람은 참된 삶을 누리게 된다. 감정Feeling은 되풀이되어 나타나는 성격의 모습이 아니라 순간적으로 일어나는 마음의 상태다. 반면에 특징trait은 시간이 흐르고 환경이 바뀌어도 반복적으로 일어나는 개인의 특성이다. 이 특성은 부정적일 수도 긍정적일 수도 있는데, 강점과 미덕은 좋은 느낌과 희열감을 자아내는 긍정 특성이다. 요컨대 특질은 순간적인 감정 상태를 지속하는 성향이다. 편집증과 같은 부정 특질은 질투심을 더 많이 일으키고, 유머 감각과 같은 긍정 특질은 더 많은 웃음을 자아낸다.

앞서 살펴보았던 수녀들의 행복이 담겨 있는 짧은 글 하나로 그들의 수명을 예측할 수 있는가에 대해서는 낙관성이라는 특성으로 설명할 수 있다. 낙관적인 사람은 자신의 역경을 일시적이고 얼마든지 극복할 수 있는 것으로 받아들인다. 그러나 비관적인 사람이 어려움에 빠지면, 자신은 그 문제를 도저히 극복할 수 없을 뿐만 아니라, 그 문제가 영원히 자신의 삶을 송두리째 망쳐놓을 거라고 믿는다.

미네소타 로체스터에 있는 메이요 클리닉에 근무하는 심리학자들은 40년 동안 진료를 받아온 환자 839명을 대상으로 '낙관성으로 인간의 수명을 예측할 수 있는지'에 대해 연구했다(메이요 클리닉에서는 환자가 입원할 때 건강 검진은 물론 몇 가지 심리 검사를 함께 실시하는데, 그중 하나가 낙관성 검사다). 이 환자들 중에서 2000년까지 200명이 사망했는데, 그들의 예상 수명을 기준으로 볼 때 낙관적인 사람이 비관적인 사람보다 19% 더 오래 산 것으로 나타났다. 이것은 행복하게 생활한 수녀들이 더 오래 살았다는 연구 결과와 거의 일치한다.

낙관성은 더 건강하고 행복한 삶을 누릴 수 있게 해주는 24가지 강점 가운데 하나일 뿐이다. 하버드 대학의 베일런트[Vaillant, George] 교수는 두 집단의 일생을 추적 조사하면서 그들의 심리를 분석하여 개인의 강점을 연구해온 학자이다. 그는 이러한 강점을 '성숙한 방어기제'라고 부른다. 성숙한 방어기제로는 이타주의, 만족을 유보하는 능력, 미래지향성, 유머 감각 등이 꼽힌다. 성인이 되어서도 이런 특성을 전혀 발현시키지 못하는 사람이 있는가 하면, 점차 나이가 들면서 유감없이 발휘하는 사람들도 있다.

베일런트 교수가 연구 대상으로 삼은 두 집단은 1939년부터 1943년까지의 하버드 대학 학생들과, 같은 시기에 보스턴에 살고 있는 도시

빈민 청년들 456명이었다. 이 두 집단에 대한 연구는 연구 대상자들이 10대 후반이었던 1930년대 후반에 시작해서 80세가 넘은 현재까지 계속되고 있다. 이 연구를 통해 베일런트 교수는 성공적인 인생을 예측할 수 있는 가장 중요한 척도를 수입, 신체적 건강, 삶의 기쁨이라고 결론 내렸다.

대부분 신교를 믿는 백인으로 구성된 하버드 대학교 학생 집단에게나 이질적인 집단인 도시 청년들에게나 성숙한 방어기제는 삶의 기쁨, 고소득, 건강한 노년 생활을 예측할 수 있는 확실한 척도였다. 젊어서 성숙한 방어기제를 자주 발휘한 도시 청년 76명 중에서 95%는 노인이 되어서도 무거운 가구를 옮기거나 장작 패기, 3km가 넘는 거리를 걷거나 2층까지 계단을 오르내리는 일을 거뜬히 해냈다. 이러한 심리적 강점을 전혀 발휘하지 못했던 도시 청년 68명 가운데 위와 똑같은 일을 할 수 있는 사람은 53%뿐이었다. 75세가 된 하버드 대학생 집단의 경우 삶의 기쁨, 결혼 만족도, 건강에 대한 주관적인 의식을 가장 잘 예측할 수 있는 기준은 중년기에 보여준 성숙한 방어기제였다.


그렇다면 그 많은 특성 가운데 긍정심리학자들이 24가지만을 사람의 강점으로 꼽은 까닭은 무엇일까? 1936년 당시, 개인의 특징으로 분류된 1만 8,000개 단어 가운데 24가지를 고른다는 게 보통 어려운 일이 아니었을 것이다. 미국정신의학협회가 심리장애 진단 분류체계로 규정한 『심리장애의 진단 및 통계 편람DSM』의 단점을 보완할 새로운 분류체계 작성에 참여했던 명망 있는 심리학자나 정신의학자들로서는 연구 과제의 특성을 선정하는 일을 소홀히 할 수 없었던 것이다. 용기, 친절,

창의성은 어떨까? 물론 얼마든지 연구 과제가 될 만하다. 그렇다면 지능, 절대음감, 철저한 시간관념은 어떤가? 이에 대한 판단 근거는 다음 세 가지로 볼 수 있다.

- 대부분의 문화권에서 중요하게 여기는가?
- 목적을 위한 수단으로서가 아닌 그 자체로 가치가 있는가?
- 학습에 의해 변화할 가능성이 있는가?

이런 판단 근거에 비추어볼 때, 지능과 절대음감은 후천적 학습에 따라 변화할 가능성이 거의 없다. 따라서 강점에서 제외된다. 철저한 시간관념은 학습에 따라 계발할 수 있지만, 대개 다른 목적을 위한 수단인데다 모든 문화권에서 중요하게 여기는 것도 아니어서 역시 강점으로 선정하기는 힘들다.

그런데 심리학에서는 무시해온 반면, 종교나 철학에서는 대단히 중요하게 여길 뿐만 아니라 다양한 문화권에서 몇 천 년 동안 유유히 이어져온 강점과 미덕이 있다. 공자와 아리스토텔레스, 토마스 아퀴나스의 철학, 일본의 사무라이 무사도, 성경, 힌두교 3대 경전의 하나인 『바가바드기타』를 비롯한 유서 깊은 전통을 살펴보면 세부적인 차이는 있으나 공통적으로 중시하는 미덕이 있다.

- 지혜와 지식
- 용기
- 사랑과 인간애

- 정의감

- 절제력

- 영성靈性과 초월성

    이들 미덕은 저마다 하위 체계로 분류하고 평가할 수 있다. 예컨대 지혜는 흔히 강한 호기심, 학구열, 판단력, 창의성, 사회성 지능, 예견력으로 나뉜다. 사랑과 인간애에는 친절, 아량, 배려, 사랑을 주고받는 능력이 속한다. 이처럼 전통이 다른 문화권에서 오랜 세월 동안 유유히 전해 내려온 놀라운 가치들을 학문의 지표로 삼은 것이 바로 긍정심리학이다.


## 대표 강점이 중요한 이유

    개인이 지닌 아주 특별한 강점을 나는 대표 강점<sup>signature strength</sup>이라 부른다. 이 책의 목적 가운데 하나는 독자들의 대표 강점과 보통 강점을 구분하는 것이다. 자신의 약점을 고치려고 시간과 노력을 투자하는 것은 바람직하지 않다. 나는 인생 최대의 성공과 더없는 만족은 개인의 대표 강점을 연마하고 활용하는 데서 비롯된다고 믿는다. 행복한 삶에 이르는 길은 의외로 쉽다. '안락한 삶'은 샴페인을 마시거나 고급 승용차로 드라이브를 하면서 누릴 수 있지만 행복한 삶은 다르다. 행복한 삶이란 참된 행복과 큰 만족을 얻기 위해 날마다 자신의 대표적인 강점을 활용하는 것이다. 일, 사랑, 자녀 양육을 비롯한 당신 삶의 주요 영역마다에서 배울 수 있는 것이다. 이 책의 4부에서 강점을 활용해 '행복한 삶' 을 만드는 방법에 대해 자세히 다루었다.

내 대표적인 강점은 학문을 연구하고 가르치는 학구열인데, 이것은 곧 내 삶의 뼈대이기도 하다. 나는 하루도 빠짐없이 이 대표적인 강점을 연마하려고 노력한다. 학생들에게 강의할 복잡한 개념을 간단명료하게 정리하거나 여덟 살배기 딸에게 브리지 게임을 가르쳐줄 때면 내 마음 깊은 곳에서 기쁨이 솟구친다. 내가 가장 기쁠 때는 학생들을 잘 가르칠 때다. 이런 날이면 기운이 절로 솟고 행복해진다. 그건 바로 내 대표 강점을 발휘해서 얻은 진정한 행복인 것이다. 반면 사람들을 조직하는 일은 내게 너무 힘들다. 은사나 내 주위 사람들이 이런 내 약점을 보완해주려 독려하면서 기회를 마련해주는 덕분에 회의를 진행할 때 그럭저럭 마치긴 한다. 그런데 그 이후가 문제다. 회의를 마치고 나면 기운이 솟기는커녕 맥이 탁 풀린다. 이처럼 내 약점을 보완하려고 아무리 노력해도 강의를 할 때만큼 큰 보람을 느끼지 못할뿐더러, 회의를 마치고 보고서를 작성하는 일에서도 아무런 의미를 찾지 못한다.

자신의 대표 강점을 발휘해서 행복한다는 것이야말로 온전하게 되는 것이다. 행복이 강점과 미덕에 뿌리를 내릴 필요가 있는 것처럼, 강점과 미덕도 더 큰 무엇인가에 뿌리를 내려야 한다. 행복한 삶이 안락한 삶 이상의 것이듯이, 의미 있는 삶은 행복한 삶 이상의 것이다.

그렇다면 삶의 목적을 찾고 의미 있는 삶을 발견하는 데 긍정심리학은 어떤 도움이 될 것인가? 나는 완전무결한 의미론을 내세울 만큼 교만한 사람은 아니다. 다만 의미 있는 삶은 자신의 전부를 바칠 만큼 좋아하고, 커다란 삶의 의미를 느끼게 해주는 더 큰 실체로 이루어진다는 것만은 알고 있다. 삶의 의미와 목적을 찾기 위해 뉴에이지 사상에 관심을 갖거나 종교에 의지해온 사람들이 많다. 그들은 기적이나 '신의 중재'를 갈망한다. 정신병리에만 집착해온 현대 심리학은 그동안 삶의 의미를 찾아 헤매는 사람들을 방치해둔 대가를 치르고 있다.

궁지에 빠진 많은 이들처럼 나도 내가 선택한 막연한 목적을 뛰어넘는 내 삶의 의미를 간절히 찾고 있다. 그러나 과학 정신을 중시하는 많은 서양인들이 그러하듯, 나도 초월적인 목적이나 더 나아가 신이 예비해둔 목적이 있다는 생각을 흔쾌히 받아들이기 어려웠다. 긍정심리학에서는 숭고한 목적과 초월적인 의미에 도달하는 비종교적인 접근 방법, 더 놀랍게도 초자연적이고 신에게 다다를 수 있는 길까지 제시해준다.

이 책과 더불어 자신의 삶을 되짚어보는 여정을 떠나기 전에 간단히 당신의 행복도를 점검해보라(다음 페이지 참조). 이 질문지는 포다이스 Fordyce, Michael W. 박사가 개발한 것으로, 이미 수많은 사람들이 이용해본 것이다. 이 책이나 웹사이트 www.authentichappiness.org에서 검사하면 된다. 웹사이트를 이용할 경우에는 자신의 점수가 어떻게 변하는지 파악할 수 있을 뿐만 아니라 다른 사람들과도 비교할 수 있다. 또한 연령별, 성별, 교육수준별 비교도 가능하다.

한 가지 염두에 두어야 할 것은 행복은 경쟁 대상이 아니라는 사실이다. 이 행복도의 측정은 자신의 행복도의 증가가 목적이지 다른 사람들과 비교해서 순위를 매기자는 것이 아니다.

이 책의 맨 뒷부분에 포다이스의 행복도 검사를 다시 실었다. 이 책을 읽기 시작한 때와 다 읽은 뒤의 행복도 검사를 비교해보면 당신의 행복도가 얼마나 증가했는지 확인할 수 있을 것이다.

## 포다이스의 행복도 검사

당신은 스스로 얼마나 행복하고 얼마나 불행하다고 느끼는가? 평소에 느끼는 행복을 가장 잘 설명해주는 항목 하나를 골라 ∨표를 하라.

- □  10. 극도로 행복하다 (말할 수 없이 황홀하고 기쁜 느낌).
- □  9. 아주 행복하다 (상당히 기분이 좋고 의기양양한 느낌).
- □  8. 꽤 행복하다 (의욕이 솟고 기분이 좋은 느낌).
- □  7. 조금 행복하다 (다소 기분이 좋고 활기에 차 있는 느낌).
- □  6. 행복한 편이다 (여느 때보다 약간 기분 좋을 때).
- □  5. 보통이다 (특별히 행복하지도 불행하지도 않은 느낌).
- □  4. 약간 불행한 편이다 (여느 때보다 약간 우울한 느낌).
- □  3. 조금 불행하다 (다소 가라앉은 느낌).
- □  2. 꽤 불행하다 (우울하고 기운이 없는 느낌).
- □  1. 매우 불행하다 (대단히 우울하고 의욕이 없는 느낌).
- □  0. 극도로 불행하다 (우울증이 극심하고 전혀 의욕이 없는 느낌).

이제 당신의 감정에 대해 더 생각해보자. 평균해서, 몇 퍼센트나 되는 시간을 행복하다고 느끼는가? 또 몇 퍼센트나 되는 시간을 불행하다고 느끼는가? 행복하지도 불행하지도 않은 중립적인 시간은 어느 정도인가? 당신이 측정한 시간의 정도를 아래 빈칸에 %로 적어라. 세 가지의 합계는 100%가 되어야 한다.

**평균적으로**

행복하다고 느끼는 시간 _____%

불행하다고 느끼는 시간 _____%

보통이라고 느끼는 시간 _____%

이 검사를 받은 미국 성인 3,050명의 평균 점수는 10점 만점에 6.92점이었다. 시간으로 보면 행복한 시간 54%, 불행한 시간 20%, 보통 26%로 나타났다.

# 내가 찾은 긍정심리학

선거에 출마하다

"여보세요? 셀리그만, 굉장히 궁금하고 초조했죠? 드디어 결과가 나왔어요…."

"그래요, 도로시. 누가 됐습니까?"

"그게 말예요…."

치직… 우웅… 찌익….

테톤 산악 지대에서는 으레 그렇듯이, 카폰은 심한 잡음을 내더니 급기야 뚝 끊겼다.

전화 속 목소리는 16만 명이나 되는 회원을 거느린 미국심리학회 American Psychology Association 회장 도로시 캔토였다. 그녀의 후임자를 뽑기 위한 선거가 지금 막 끝났고, 나는 그 입후보자 중 한 사람이었다.

심란해진 나는 입술을 깨물었다. 나는 상아탑 연구실에서 학문에만 열중하던 대학 교수가 아니었던가. 넉넉한 연구보조금을 받으며 실험에 몰두하고, 충실한 학생들도 있고, 베스트셀러가 된 책도 내고, 따분하지만 그런대로 견딜 만한 교수회의에도 참석하고 있고, 아울러 '무기력 학습'과 '낙관성 학습'을 주도적으로 연구하고 있는 내가 뭐가 아쉬워서 정치판 같은 선거에 뛰어들었단 말인가. 문득 오래 전의 기억들이 머릿속을 빠르게 스쳐 지나갔다.


## 내 목적은 인간의 고통을 줄이는 것


제2차 세계대전이 끝나고 유럽과 태평양에서 속속 돌아온 군인들 중에는 팔다리를 잃은 사람도 많았지만, 정신적으로 상처 입은 사람들이 더 많았다. 자유를 지키기 위해 막대한 희생을 치른 이 퇴역군인들은 누가 치료해줄 것인가? 물론 정신의학자들이다. 이름 그대로 정신을 치유해주는 것이 그들의 임무다.

이처럼 상처받은 마음을 치유하는 정신의학의 오랜 역사는 비록 전세계적으로 인정받은 건 아니지만, 독일의 크래펠린Kraepelin, Emil, 프랑스의 자네Janet, Pierre, 스위스의 블로일러Bleuler, Eugen, 독일의 프로이트Freud, Sigmund에서 시작되었다. 그런데 정신의학자들이 그 많은 사람들을 보살피기에는 턱없이 부족했다. 교육 기간이 대학원 과정까지 포함해 최소 8년인데다 교육비도 비쌌고, 자격 기준이 엄격했기 때문이다. 게다가

고액의 진료비를 환자들이 지불해야 했다. 일주일 중 닷새 동안 치료의자에 환자들을 앉혔던 것이 과연 얼마나 효과가 있었을까? 또 필요성 때문에, 전문성은 떨어지는 것을 감안하고서도 더 많은 인원을 한꺼번에 교육시켜 퇴역군인들의 정신적 상처를 치유하는 데 투입하는 것이 가능할까? 그래서 마침내 미국 의원들은 '심리학자들'의 참여를 고려하기에 이르렀다.

의원들이 말한 심리학자들은 과연 누구인가? 1946년 당시 그들은 어떤 일을 했을까? 제2차 세계대전이 끝난 직후, 심리학은 누구도 거들떠보지 않는 전문 분야였다. 심리학자들은 대부분 흰쥐를 대상으로 '학습과 동기'에 대해 연구하거나 2학년 백인 대학생의 '지각'의 기본 과정을 밝히는 실험에 몰두하던 순수심리학자들이 대부분이었다. 이처럼 '순수' 학문으로서의 심리학을 연구하는 사람들은 모든 대상에게 적용할 수 있는 기본 법칙을 발견하는 데는 별 관심을 기울이지 않는다.

반면 응용심리학자들은 '대학 실험실'에서든 '현실'에서든 세 가지 임무를 갖고 있었다. 첫째는 정신질환 치료이다. 이 일은 정신의학자의 영역인 치료 행위보다는 검사 작업을 하는 재미없는 작업이다. 둘째는 산업체, 군대, 학교에 종사하는 심리학자의 임무로서, 모든 사람들이 더 행복하고 더 생산적이며 자기실현의 삶을 살아가게 하는 것이다. 셋째는 지능지수가 특별히 높은 아이들의 성장 과정을 추적하면서 영재아를 발굴하여 육성하는 것이다.

1946년에 제정된 미국 재향군인관리법은 무엇보다 고통받는 재향군인들을 담당할 출중한 심리학자들을 배출하는 계기가 되었다. 많은 심리학자가 국가 지원으로 대학원 교육을 받게 되었으며, 진료 행위를 함으로써 정신의학자의 대열에 합류하기 시작한다. 사실 많은 심리학자가 개인 병원을 열어 보험 혜택으로 재향군인이 아닌 일반인의 정신질환을 치료하기 시작한 것도 이때부터이다.

그로부터 25년도 지나지 않아 이들 '임상' 심리학자, 즉 흔히 말하는 심리치료사의 수가 급증하자, 여러 주<sup>州</sup>에서 임상심리학자뿐 아니라 심리학자들도 의료 행위를 할 수 없는 법안을 통과시키기도 했다. 한때는 과학 분야에서 선망하는 미국심리학회의 회장직은 대개 순수심리학자들에게는 거의 알려지지 않은 심리치료사들에게 넘겨졌다. 이때부터 심리학은 정신질환 치료와 거의 같은 말로 쓰였다. 따라서 보통 사람들에게 더 생산적이고 자기를 실현할 수 있게 하는 일과 영재를 발굴해내야 하는 심리학의 역사적 사명은 심리장애 치료의 뒷전으로 밀려나게 되었다.

순수심리학자들은 처음에는 흰쥐와 대학생들을 대상으로 한 실험에만 몰두할 뿐, 정신질환 연구를 장려하기 위해 지원하던 혜택은 거들떠보지도 않았다. 1947년 미국 의회는 정신건강국립연구원<sup>NIMH</sup>을 설립하고, 예전에는 꿈도 꿀 수 없던 막대한 연구비를 지원하면서 본격적인 연구가 가능하게 되었다. 이 기관은 한동안 비정상적인 것이건 정상적인 것이건 심리 과정에 대한 기본 연구를 지원했다. 그러나 의회에서 공식적으로 채택한 단체의 이름과 임무에도 아랑곳없이 정신의학자들이 이 단체를 주도하게 되면서 본래의 취지인 정신건강에 관한 연구를 수행하기보다는 정신장애만 연구하는 정신질환국립연구원과 다를 바 없어지게 되었다.

1972년까지만 해도 연구비를 지원받으려면 연구의 '중요성', 즉 정신장애의 원인과 치료법의 상관성을 증명해야만 했다. 그 때문에 순수 심리학자들은 실험 대상인 흰쥐와 대학생들을 정신질환 측면에서 연구하기 시작했다. 내가 연구비를 신청한 초창기인 1968년에 나는 이미 도저히 용납하기 힘든 이런 중압감을 감지했다. 그러나 적어도 내게는 큰 부담으로 작용하지 않았다. 내 목적은 인간의 고통을 줄이는 것이었으니까.

"옐로스톤 국립공원 쪽으로 가요. 그곳에 공중전화가 있을 거예요."
아내 맨디가 말했다. 나는 서둘러 유턴하여 국립공원 쪽으로 차를 몰면서 다시 옛 기억 속으로 빨려들었다.

## 무기력 학습은 기존 학습이론에 대한 도전

1968년, 나는 뉴욕 이시카에 있었다. 나는 코넬 대학교의 조교수 2년 차로 학생들보다 겨우 두 살 많았다. 펜실베이니아 대학교에서 대학원 과정을 밟는 동안, 나는 스티브 마이어, 브루스 오버미어와 함께 놀라운 심리 현상에 대해 연구했다. 그것이 이른바 '무기력 학습'이다. 우리가 개들의 행동을 고치려고 온갖 방법을 써도 꿈쩍도 않더니, 심한 전기 충격을 받은 다음에는 개들 스스로 그런 행동을 시도하는 것조차도 포기한다는 사실을 알게 된 실험이다. 개들은 나중에는 전기 충격에서 쉽사리 벗어날 수 있는데도 애처롭게 끙끙거리며 전기 충격을 수동적으로 받아들였다. 학습이론 연구자들은 이 실험 결과에 주목했는데, 우리의 연구 결과가 나오기 전까지는 동물은 자신과 무관한 일들을 배울 능력이 없으며, 따라서 그들의 행동과 그에 따른 결과는 우연일 뿐이라고 알고 있었기 때문이다.

학습이론의 기본 전제는, 가령 막대기를 누름으로써<sup>하나의 행동</sup> 먹이를 얻게 될<sup>하나의 결과</sup> 때나, 막대기를 눌러도 더 이상 먹이가 나오지 않을 때만 학습이 이루어진다는 것이다. 동물은 물론 인간조차도 막대기를 누르든 누르지 않든 먹이가 나오는 결과는 무작위로 일어난다는 사실을 파악하지 못한다는 것이다. 자신의 행동과 전혀 상관없이 임의로 어떤 일이 일어날 가능성을 파악하는 것이 인지 과정인데, 학습 이론에서는 '자극-반응-강화' 라는 기계적인 관념에만 전념할 뿐 사고 행위, 믿음, 기대감은 완전히 배제한다. 다시 말해 학습 이론에서는 동물이나 인간은 복합적 가변성을 인지하지 못하기 때문에 미래에 대한 기대감도 없고 자신들의 무기력도 깨닫지 못한다고 주장한다. 그런 면에서 내핵심 연구 과제인 '무기력 학습' 은 기존의 학습 이론에 대한 도전인 셈이다.

따라서 다른 심리학자들이 '무기력 학습' 에 호기심을 보인 것은 그것이 극단적인 현상이나 대단히 병리적인 양상<sup>동물들이 우울해져서 눈길을 떨구는 행위</sup>을 다루었기 때문이 아니라 새롭게 제기된 이론 때문이었다. 반면 내가 무기력 학습에 주목한 것은 그것이 인간의 고통과 관련되어 있기 때문이었다. 어린 시절부터 친구들의 고민을 잘 들어주는 '치료사' 로서 사회생활을 시작한 것, 문제를 연구하는 것들로부터 내 소명을 찾은 것, 학습 이론에 대한 면밀한 검토, 이러한 것들은 내가 인간이 겪는 고통의 원인과 치료법을 연구하는 학문에 정진하기 위해 거쳐온 과정에 불과했다.

나는 추운 뉴욕 북부의 농장을 개조해서 만든 실험실에 파묻혀 '무기력 학습' 과 정신질환의 관련성에 대해 막힘없이 술술 써내려갔다. 30년 동안 진행해온 내 연구는 처음부터 정신질환의 이해 및 그 치료법의 기틀이 되는 연구로 평가받았고, 나는 계속 연구비를 지원받았다.

한편 정신질환 측면에서 흰쥐나 개, 대학생들을 대상으로 연구를 하던 순수심리학자들은 몇 년이 지나자 흰쥐나 개를 대상으로 우울증을 연구하는 데 한계를 느끼기 시작했다. 그들은 인간의 우울증에 대해 연구할 필요성을 인지하게 되었다. 그 후 10여 년간은 대학생들도 우울증 실험 대상에서 제외된다. 미국정신의학협회의 『심리장애의 진단 및 통계 편람 3판$^{DSM-III}$』에서 실제 정신질환을 체계적으로 정리하는 과정에서, 자기 스스로 환자라고 밝히지 않는 한 아홉 가지 심각한 증상 중에서 최소 다섯 가지 이상을 보이는 사람만 우울증 환자로 규정한 탓이다. 대학생들은 정상적인 학교생활을 하는 한, 심각한 우울증 장애가 없는 것이므로 연구비를 지원받는 연구의 피험자가 되지 못한다.

임상심리학자들이 정신이상자로 증명된 실제 환자를 대상으로 연구해야 한다는 새로운 요구 조건을 받아들이자, 대부분 순수심리학자들도 이에 응함으로써 심리학자들이 '정신장애 치료 사업' 의 하수인으로 전락하는 시대가 열렸다. 모든 일에 회의하고, 따지며 독설을 퍼붓기로 유명한 정신의학자 사스$^{Szasz, Thomas}$는 급기야 이렇게 쏘아붙였다.

"심리학은 정신의학이라는 사기행각을 모방한 사기다."

하지만 많은 동료들과는 달리 나는 흔쾌히 이 조건을 받아들였다. 기초 원리의 연구에서 벗어나 인간의 고통을 밝히는 응용 분야로 연구 방향을 돌리는 것이 나에게는 문제가 되지 않았다. 만일 내가 정신의학적 접근 방식에 따라야 하고, 미국정신의학협회가 발행한 편람을 기준으로 내 연구 대상들에게 공식적인 진단을 첨부해야 할지라도, 그것은 위선이 아니라 다소 나를 불편하게 할 뿐이다.

결과적으로 환자들은 미국정신건강연구원이 연구비를 지원한 덕을 톡톡히 본 셈이었다. 사실 1945년까지는 어떤 정신질환도 치료하지 못했다. 모든 정신질환을 획일적으로 치료한다는 것은 치료하지 않은 것이나 다름없기 때문이다. 한마디로 '눈 가리고 아웅' 하는 격이었다. 어린 시절의 상처에 대한 연구는 정신분열증 치료에 도움이 되지 않았으며영화 (David and Lisa), 대뇌 전두엽에서 손상된 부위를 제거한다고 해서 우울증이 해소되지도 않았다(포르투갈 정신의학자 안토니오 모니스가 이와 같은 연구로 노벨상을 수상하긴 했다).

그런데 그로부터 50년 뒤, 최소 14가지 이상의 정신질환 치료에 큰 효과를 보이는 약물과 특수치료법이 개발되었다. 내가 보기에 그중 '공황 장애' 와 '혈액 및 손상 공포증' , 이 두 가지는 치료할 수 있다

한편 정신질환은 하나의 학문으로 발전하게 되었다. 그 결과 정신분열증, 우울증, 알코올 중독과 같은 애매모호한 증상들을 엄밀하게 진단하고 판단할 수 있으며, 이런 질병들의 생애를 통한 발달 과정을 추적할 수 있고, 실험을 통해 원인을 밝힐 수 있게 되었다. 무엇보다 좋은 것은 약물과 치료법이 고통 완화에 미치는 효과도 확인한 것이다. 이러한 발전은 미국정신건강연구원이 총 100억 달러라는 막대한 자금을 지원하여 연구 개발을 독려한 덕분이다.

나 또한 연구비 지원 사업의 큰 수혜자이다. 나는 지난 30여 년간 한 해도 거르지 않고 연구비를 지원받으며, 질병 모델을 대상으로 동물과 인간의 무기력을 탐구해왔다. 그 결과 우리는 무기력 학습이 '단극성 우울증unipolar depression', 즉 조증躁症을 수반하지 않는 우울증의 질병 모델이 될 수 있다는 의견을 제시하게 되었다. 그리고 이와 유사한 증상, 원인, 치료법에 대해 실험하고 다음과 같은 사실을 확인했다. 우리 클리닉을 찾아오는 우울한 사람들이나 해결할 수 없는 문제 때문에 무기력해진 사람들은 모두 소극적이고 학습부진 현상을 보인다. 그리고 우울 증세가 없는 사람들이나 실험 통제집단에 비해 훨씬 더 슬퍼하고 한층 불안해한다. 무기력 학습과 우울증은 둘 다 뇌의 오묘한 화학 작용이 결핍되어 있는 상태이며, 인간의 단극성 우울증을 완화시키는 약물이 동물의 무기력에도 효과가 있음을 밝혀냈다.

그러나 나는 이러한 뇌 작용의 결핍 현상을 발견하고 손상된 부분을 치유하는 데만 치중하는 것을 못내 안타까워했다. 심리치료사인 나는 질병 모델에 딱 들어맞는 환자들을 보기는 하지만, 질병 모델에 맞지 않는 상황에서 놀라운 변화를 가져오는 것을 본 적이 있다. 나는 환자가 자신의 강인함을 깨달을 때 성장하고 변화한다는 사실을 증언할 수 있었다.


## 낙관성 학습의 발견

강간당한 소름끼치는 과거는 돌이킬 수 없지만 미래는 자신의 손에 달려 있다는 사실을 깨달은 환자의 경우, 훌륭한 회계사가 되지 못하리라는 괴로움에 시달리다 어느 날 문득 고객들이 자신을 아주 사려 깊은 소중한 사람으로 생각한다는 사실을 알게 된 환자, 잇따른 불행을 겪으면서 불안에 시달리다 마침내 자신의 삶을 조리 있게 정리하고 체계적으로 사고하는 환자를 보면서 그들이 저마다 지닌 강점을 발견했다. 나는 그 강점을 보았고 이름을 붙여 보험회사로 보낼 서식에 의무적으로 기록했던 다양하게 이름 붙여진 질병들에 대해 대응하는 장치로 치료에 활용했다. 그러나 이러한 나의 확신은 환자마다 주요 증상이 서로 다른 질환을 앓고 있기 때문에 치료법도 각기 다를 것이라는 기본 틀에 어긋난다.

그래서 나는 10년 동안 수행해온 무기력 학습의 실험 결과를 다른 각도에서 해석하기 시작했다. 그 이유는 내가 내린 모든 결과들이 하루라도 빨리 연구를 완수하고 싶은 조바심 때문에 성급하게 내린 결론들이라는 생각이 들었기 때문이다. 실험 대상으로 사용한 흰쥐나 개가 모두 심한 충격을 받은 이후에 무기력해진 것도 아니고, 실험에 참가한 모든 사람이 해결할 수 없는 문제나 피할 수 없는 소음을 겪고 나서 무기력해진 것도 아니다. 아무리 심한 충격을 가해도 세 마리 중 한 마리는 절대 포기하지 않는다. 더욱이 여덟 마리 중 한 마리는 실험을 하기 전부터 이미 무기력한 상태였다. 그러니 그들이 포기한 것은 스스로 통제할 수 없는 경험 때문이 아니다.

이러한 결론에 도달하면서 처음에는 실험 결과를 전부 폐기하려 하다가, 지속적으로 작용하는 여러 변수들을 점검하며 그 결과를 진지하게 재검토했다. 심한 고통을 당하면서도 절대 무기력해지지 않는 사람들은 무엇 때문일까? 또 아주 하찮은 고통에도 쉽게 무너지는 사람들은 왜 그런 것일까?

1년 전, 워싱턴의 어느 호텔 스위트룸에서 파울러Fowler, Ray와 그의 아내 샌디, 그리고 우리 부부가 함께 저녁을 먹었다. 파울러는 10년 동안 미국심리학회 회장을 역임하면서 임상의와 학자 간의 첨예한 대립을 원만하게 해결했고, 미국화학학회와 연대함으로써 명실 공히 세계 최대의 학회로 이끌었다.

"셀리그만, 자네가 회장이 되려는 목적이 뭔가?"

파울러가 물었다.

"난 말이야, 과학적 연구 방법과 임상 실험을 통합시키고 싶네. 심리학계에서 효과적인 치료법을 개발해서, 현재 실시되고 있는 의료관리제도의 폐단을 고쳤으면 해. 정신건강 분야의 연구비 지원도 확충하고 말이야. 그러나 내가 정작 원하는 건 따로 있어. 어쩌면 아주 비현실적인 생각인지도 모르겠지만, 자네 혹시 영화 〈2001년 스페이스 오디세이〉 기억나나? 장차 무슨 일이 벌어질지도 모르는 채 하늘을 둥둥 떠다니는 그 거대한 태아 말이야. 난 어떤 사명감 같은 걸 느껴. 지금은 불확실하지만 내가 미국심리학회 회장이 되면 그걸 밝혀볼 생각이네."

나는 바로 파울러에게 전화를 했다. 전화를 받은 파울러가 흥분해서 말했다.

"자네가 이겼어, 셀리그만! 이긴 게 다 뭐야. 2위와의 득표 차이가 무려 세 배야. 투표율도 예년의 두 배가 넘어서, 자넨 선거 사상 가장 많은 표를 얻은 사람이 됐다고!"

내가 이겼다니, 꿈만 같다. 그나저나 내 사명이 뭐였더라?


나는 간단하게 몇 가지 핵심 사안을 정리한 뒤 곧장 나와 뜻을 같이하는 사람들을 모아 일을 시작했다. 내 뇌리에 박혀 있는 가장 큰 사안은 '예방'이었다. 질병 모델을 이용해 연구하는 심리학자들은 대부분 치료에만 심혈을 기울여왔다. 도저히 견디기 힘든 정신적 고통 때문에 치료를 받는 사람들을 돕는 데 초점을 맞추었던 것이다. 정신건강국립연구원에서 지원한 것도 모든 정신질환의 개별적 치료법을 개발하는 데 사용할 약물과 치료법에 대한 엄밀한 '효과성' 연구였다.

그러나 내 생각은 달랐다. 치료를 받을 정도면 이미 시기적으로 늦은 것이며, 건강하고 행복한 생활을 할 때 예방에 힘써야 끊임없는 고통의 나락에서 사람들을 구할 수 있을 것이다. 이것은 바로 내가 지난 100년간의 국민건강 정책을 검토하면서 터득한 교훈이다. 치료 결과는 불확실하지만, 예방 효과는 굉장히 크다. 산파가 손을 깨끗이 씻으면 산모가 산욕열에 걸릴 가능성을 차단할 수 있고, 예방접종을 잘해야 소아마비를 퇴치할 수 있는 것과 같은 이치다.

청소년기에 심리학적 개입 활동을 실시하면 성인기의 우울증, 정신분열증, 약물 중독을 예방할 수 있을까? 나는 지난 10년간 이 문제에 대한 연구에 몰두했다. 그 결과 열 살짜리 아이들에게 낙관적으로 사고하고 행동할 수 있는 방법을 가르치면 그들이 사춘기에 접어들었을 때 우울증에 걸릴 확률이 반으로 줄어든다는 사실을 밝혀냈다. 이 내용은 내 책 『낙관적인 아이』The Optimistic Child에 소개되어 있다. 그래서 나는 예방에 대한 연구 및 임상 실험이 내가 해야 할 일이라고 생각했던 것이다.

회장에 취임한 지 6개월 뒤, 나는 시카고에서 예방 교육을 위한 특별 위원회를 소집하고 기획회의를 열었다. 이 회의에 참석한 위원 12명과 권위 있는 몇몇 연구자들은 이구동성으로 예방학에서 정신질환을 어떻게 규정할 것인지에 대한 의견들만 쏟아냈다. 내게는 지겨울 만큼 따분한 시간이었다. 그들이 제시한 의견이 무의미하다거나 무가치하다기보다 그런 얘기라면 귀가 따갑도록 들어왔기 때문이다. 그것은 이미 위기에 처한 청소년들의 치료와 실험을 통해 거의 마무리 단계에 있는 질병 모델과 하나도 다를 바 없는 내용이었다. 모두가 일리 있는 의견이었지만, 내가 더는 듣고 있을 수 없었던 것은 두 가지 이유에서였다.

첫째, 이상이 있는 뇌와 정신의 치료법에 대한 연구는 심리장애를 예방하는 데 전혀 도움이 되지 않을 것이기 때문이다. 정신질환을 예방하려면 청소년 각자의 강점, 능력, 미덕―미래지향성, 희망, 사회성, 대인관계, 용기, 집중력, 신념, 직업윤리 등―을 파악하고 계발해주어야 한다. 이런 강점들을 계발하면 정신질환에 걸릴 정도로 심한 고통을 완화시킬 수 있기 때문이다. 낙관성과 희망이라는 강점을 계발하면 유전적 위험 요소가 있다고 해도 청소년 우울증을 예방할 수 있다. 마약 밀매가 성행하는 환경에서 자란 도시빈민 지역의 청소년일지라도 미래지향적으로 생각하고, 좋아하는 일에 몰입하며, 직업윤리가 투철할 경우에는 약물 중독에 걸릴 위험이 훨씬 적어진다. 이처럼 고통 완화제로서의 강점 계발은 장애를 치료하는 데만 몰두하는 질병 모델과는 전혀 관계가 없다.

둘째, 정신분열증이나 우울증에 걸릴 위험이 있는 청소년들에게 할돌Haldol이나 프로작Prozac 같은 항우울제는 그다지 효과가 없다. 그것은 난폭한 환자들을 진정시킬 때나 필요한 것이다. 혁신적인 예방학계에 필요한 사람들은 어떤 분야이든 실질적인 성과를 거둔 젊고 명민하며 창의성이 뛰어난 연구자들이다.

내가 회의를 마치고 회전문 쪽으로 걸어가는데, 대단히 개혁적인 교수가 내게 다가와서 이렇게 말했다.

"정말 따분한 회의였소, 마티. 수뇌부를 투입해야겠소."


## 어린딸 니키가 내 사명을 일깨워주다

그로부터 2주일 뒤, 만 5세인 내 딸 니키와 정원에서 잡초를 뽑으면서 학회 수뇌부 구상에 몰두하고 있었다. 고백하건대 나는 아이들에 관한 책과 논문을 여러 편 썼지만, 정작 아이들에 대해 아는 게 거의 없다. 할 일은 많고 늘 시간에 쫓기다 보니, 정원에서 잡초를 뽑을 때조차 여유 부릴 새가 없다. 그러나 니키는 잡초를 뽑아 하늘 높이 던지기도 하고 노래하며 춤을 추기도 했다. 딸애의 그런 모습이 하도 어수선해서 냅다 고함을 지르자, 니키는 집 안으로 들어가 버렸다. 조금 뒤 다시 정원으로 나온 딸애가 내게 다가와 말했다.

"아빠, 드릴 말씀이 있어요."

"무슨 말인데, 니키?"

"아빠는 제가 다섯 살이 되기 전까지 어땠는지 기억하세요? 그때 제가 굉장한 울보였잖아요. 날마다 징징거릴 정도로. 그래서 다섯 번째 생일날 결심했어요. 다시는 징징거리며 울지 않겠다고요. 그런데 그건 지금까지 제가 한 그 어떤 일보다 훨씬 힘들어요. 만일 내가 이 일을 해내면 아빠도 신경질 부리는 일을 그만두실 수 있을 거예요."

고작 5세밖에 안 된 딸이 나도 미처 몰랐던 내 문제점을 정확하게 짚어내다니! 나는 망치로 머리를 한 대 맞은 듯한 충격을 받았다. 딸의 이 말은 내게 큰 깨달음을 주었다. 사실 나는 정말로 신경질쟁이였다. 50여 년 동안 내 마음에 내리는 비를 고스란히 맞고 지냈고, 지난 10년 동안은 찬란한 햇살이 가득한 집 안을 오락가락하는 먹구름 같은 존재였다. 그럼에도 불구하고 나는 운이 좋았다. 그 순간부터 나는 내 자신을 고치기로 결심했다.

그보다 더 중요한 것은, 아이를 키운다는 건 그 아이가 지닌 단점을 고치는 게 아니라는 사실을 깨달았다는 점이다. 니키는 스스로 해나갈 능력이 있다. 아버지로서 내가 할 일은 니키의 조숙함을 강점으로 계발해주는 것이다. 학습용어로 사회성 지능이라 부르지만, 내가 '상대방의 영혼을 들여다보기'라고 하는 이런 강점이 딸애의 삶에 밑거름이 되게 도와주는 것이다. 자신의 강점을 완벽하게 계발한다면, 그것은 자신의 약점이나 세상살이의 험난함을 이겨낼 수 있는 힘이 될 것이다.

나는 비로소 아이를 키울 때 아이의 단점이나 약점을 고치는 것보다 훨씬 더 중요한 일이 있다는 사실을 깨달았다. 그것은 바로 자녀의 강점과 미덕을 간파하고 계발해줌으로써, 아이가 자신에게 알맞은 일을 찾아 긍정 특성을 최대한 발휘하게끔 이끌어주는 것이다.

사회구성원들이 자신에게 꼭 알맞은 자리를 찾아 저마다 강점을 최대한 발휘할 때 사회 전체의 이익을 이룰 수 있다고 한다면, 심리학의 임무는 더없이 막중하다고 할 수 있다. 그렇다면 과연 심리학이 우리를 최상의 삶으로 이끌어줄 수 있을까? 강점과 미덕의 분류가 가치 있는 삶을 살아가는 데 보탬이 될까? 그렇다면 부모나 교사는 아이들이 강인하고 쾌활하게 성장해 자신에게 알맞은 자리를 찾아갈 수 있도록 가르치는 데 심리학을 활용할 수 있을까? 또 성인들이 행복과 자기실현에 이르는 길을 찾는 데 심리학이 좋은 길잡이가 되어줄 수 있을까?

사실 심리장애에 대한 방대한 지식을 축적해온 기존 심리학은 니키에게 적용하기 힘든 무용지물에 가깝다. 내 딸을 비롯한 전 세계 모든 어린이에게 더 적합한 심리학은 친절, 적성, 선택 능력, 삶에 대한 존중과 같은 긍정적인 동기들을 진지하게 다루는 것이어야 한다. 그러려면 만족, 행복, 희망 등의 긍정 정서들에 대한 연구가 필요하다. 아이들을 위해 긍정 정서를 자아낼 강점과 미덕을 어떻게 찾아갈 수 있는가를 묻는 것이다. 아울러 강점과 미덕을 강화시킬 긍정 제도들, 이를테면 유대감이 강한 가족, 민주주의, 범사회적 윤리 단체에 대한 면밀한 연구도 뒤따라야 한다. 그럴 때에야 심리학은 비로소 우리를 보다 더 행복한 삶, 의미 있는 삶으로 이끌어줄 수 있을 것이다.

어린 내 딸 니키가 내 자신의 사명이 무엇인지를 일깨워주었고, 이 책은 바로 그 사명을 밝히기 위한 내 노력의 결실이라고 할 수 있다.

# 우리는 왜 행복해지려고
# 애쓰는가?

## 진화와 긍정 정서

우리는 왜 행복을 느낄까? 인간은 왜 무엇인가를 느끼는 것일까? 우리의 정서는 어떻게 진화된 걸까? 우리는 왜 그토록 끈질기고, 그토록 소모적이며, 그토록 많은 정서를 바탕으로 우리의 삶을 이끌어가는 것일까?

사람이나 사물에 대해 긍정 정서를 느낄 때 우리는 그것에 다가가지만, 부정 정서를 느낄 때는 피하게 마련이다. 고소한 냄새를 풍기며 오븐 속에서 초콜릿 쿠키가 익어갈 때 우리는 그 오븐에 가까이 가고, 누군가 길거리에 토해놓은 오물 때문에 역겨운 냄새가 진동할 때 우리는 다른 길로 돌아서 간다. 그것은 아메바나 지렁이 같은 하등 동물들도 마찬가지여서 좋아하는 먹이 쪽으로는 다가가지만 위험한 곳은 피한다. 아무런 감정 없이도 기본적인 감각과 운동 기능을 이용해서 말이다. 그런데 진화 과정 어디쯤에서 한결 복잡하게 분화된 동물들은 정서 생활이라는 감상적인 덮개를 뒤집어썼다. 왜일까?

이 수수께끼 같은 문제를 풀기 위한 첫 번째 중요한 단서는 부정적 정서와 긍정 정서를 비교하는 데서 찾을 수 있다. 공포, 비애, 분노와 같은 부정 정서는 외부의 위협에 대한 1차 방어선으로서 우리에게 전투 자세를 취하게 한다. 공포는 위험이 잠복해 있다는 신호이고, 비애는 곧 무엇인가를 잃고 있다는 신호이며, 분노는 누군가 침범하고 있다는 것에 대한 신호이다. 진화 과정에서 보자면 위험, 상실, 침범은 하나같이 생존을 위협하는 것이다. 더욱 심각한 문제는 이런 외부의 위협은 한 사람이 이기는 꼭 그만큼 상대방은 지게 되어 있고, 반드시 승자와 패자를 가려야 하는 제로섬게임$^{zero-sum}$이라는 데 있다. 말하자면 이런 게임의 최종 결과는 제로라는 얘기다. 테니스가 바로 그런 게임이다. 한 선수가 점수를 딸 때마다 상대 선수는 잃을 수밖에 없기 때문이다. 세 살배기 아이들이 초콜릿 하나를 두고 실랑이를 하는 것도 마찬가지다.

부정 정서는 제로섬 게임에서 지배적 역할을 하므로 결과가 심각할수록 부정 정서들이 격렬해지고 절박해진다. 진화에서 사활을 건 싸움은 전형적인 제로섬 게임이기 때문에 아주 극단적인 부정 정서로 단단히 무장하게 된다. 따라서 자연선택은 부정 정서가 발달하는 쪽을 택했을 것이다. 생명이 위태로울 때 부정 정서를 강렬하게 느낀 우리 조상들은 맞서 싸우거나 도망쳤을 것이며, 그와 관련된 유전자들을 후세에 물려주었을 것이다.

　모든 정서는 감정, 감각, 생각, 행동이라는 네 가지 요소로 구성되어 있다. 부정 정서의 감정 요소는 혐오감, 공포, 불쾌감, 증오심 같은 것들이다. 이러한 감정들은 시각, 소리, 냄새처럼 의식 속으로 파고들어가 그 안에서 이루어지는 모든 것을 짓밟아버린다. 승자와 패자를 가리는 게임에서 불리해지고 있다는 감각 요소의 경보를 받으면, 부정 정서들은 모든 것을 총동원하여 잘못된 것을 확인한 뒤 그것을 제거하게 한다. 이런 감정들이 일으킨 생각들은 하나로 똘똘 뭉쳐 조급해지고 편협해져서 오로지 무기에만 집중할 뿐 공격자의 머리조차 눈에 들어오지 않는다. 그리하여 싸우든 도망하든 포기하든, 신속하고 단호한 결정을 내리게 한다.

　이것은 논쟁의 여지가 없는 사실로 굳어져서(감각 부분만 제외하고), 다윈이 진화론을 주장한 이래 부정 정서에 대한 진화 사상의 뼈대가 되었다. 그래서 우리가 어떻게 긍정 정서를 습득하게 되었는지에 대한 공인된 이론이 없다는 사실이 더욱 이상하다.

　과학자들은 현상과 부수적인 현상을 구분한다. 스키너Skinner, B. F.와 같은 행동주의 심리학자들은 50년 동안, 모든 정신생활은 행동의 부수적인 현상으로서 마치 카푸치노 위에 떠 있는 우유 거품과 같다고 주장해 왔다. 사람이 곰을 보고 도망칠 때, 그 사람이 느끼는 공포란 흔히 도망치는 행동 '다음에' 발생하는 주관적인 정신 상태로서, 도망치고 있다는 사실을 상기시켜줄 뿐이라는 것이다. 요컨대 행동주의 심리학자들은, 공포는 도망치게 하는 엔진이 아니라 도망치는 속도를 재는 속도계 역할을 할 뿐이라고 설명한다.

나는 비록 행동주의자들의 실험실에서 연구 생활을 오래 하긴 했지만, 처음부터 그들의 주장에 반대해온 사람이다. '무기력 학습'에 대해 연구하면서 나는 행동주의자들의 학습 이론이 완전히 잘못되었다는 것을 확신하게 되었다. 동물이나 사람은 자신과는 무관하게 일어나는 사건들 사이의 복합적인 관계를 파악하고, 그 결과를 토대로 미래를 예측할 능력이 있다는 사실을 발견했기 때문이다('내가 어제 무기력했으니, 아무리 환경이 바뀐들 오늘도 무기력할 것이다'). 복합적인 가변성을 평가한다는 것은 판단의 과정이며, 그 판단의 결과로 미루어 미래를 짐작하는 것은 기대의 과정이다. 무기력 학습을 면밀하게 검토해보면 이런 과정들을 부수적인 현상으로 설명하는 것 자체가 불가능하다. 판단과 기대라는 정신 작용이 포기라는 행동을 유발하기 때문이다. 무기력 학습에 관한 연구가 행동주의자들이 지은 허술한 초가집을 단숨에 날려버리는 돌풍을 일으킴으로써 1970년대에는 인지과학이 순수심리학계의 권좌에 올랐다.

나는 부정 정서들, 이른바 정신불안이 부수적인 현상이 아니라는 사실을 확신하면서부터 부정 정서에 대한 진화론적 해석에 심취했다. 슬픔과 우울증은 단지 무엇인가를 잃게 되리라는 신호일 뿐만 아니라 이탈과 자포자기, 극단적인 경우에는 자살까지 초래한다. 불안과 공포는 위험 신호로서 도망치거나 방어 자세를 취하여 자신을 보호할 준비를 하게 만든다. 또한 분노는 침범에 대한 경계 신호로서 침범하는 자를 물리칠 준비를 갖추고 불의에 대응하게 하는 것이다.

그런데 어이없게도 나는 이 논리를 내 이론이나 내 자신의 긍정 정서까지 적용시킬 생각을 미처 하지 못했다. 행복, 쾌활, 열정, 자긍심, 기뻠과 같은 정서가 내게는 쉽게 스러질 거품 같았다. 내 이론에서 내가 회의했던 부분은 긍정 정서가 무엇을 일으키기는 할까, 또는 긍정 정서를 풍부하게 타고나지 못한 사람도 살아가면서 이를 증가시킬 수 있을까 하는 점이었다. 나는 내책 『낙관적 아이』에서, 남다른 자긍심과 일반적인 행복은 세상에서 얼마나 잘 사느냐에 따라 계발되는 부수적인 효과라고 썼다. 자존감의 위력이 아무리 크더라도 세상 사람들과 원만한 관계를 형성하기보다 긍정 정서 계발에만 힘쓴다는 것은 자칫 목적과 수단을 혼동하게 할지도 모른다는 생각을 했다.

　내 개인적인 삶에서 보면, 이런 유쾌한 정서들이 내게 찾아온 적이 드물었으며, 어쩌다 찾아와도 오래 머물지 않는다는 사실에 나는 늘 절망했다. 그래서 나는 이것이 일시적인 기분일 뿐이라고 믿어왔다. 긍정 정서와 부정 정서에 관한 자료를 읽기 전까지는 말이다. 미네소타 대학교에서 수행한 연구에 따르면, 명랑하고 쾌활한 성격 특성은 유전성이 매우 높다고 한다. 일란성 쌍둥이는 유전자가 완벽하게 일치하기 때문에 잘 웃든 화를 잘 내든 두 아이의 성격 특성이 똑같지만, 유전자의 반만 일치하는 이란성 쌍둥이는 성격 특성이 같을 확률이 훨씬 더 적다는 것이다.

　당신은 자신의 긍정 정서 상태와 부정 정서 상태의 점수가 얼마나 된다고 생각하는가? 다음에 소개한 것은 왓슨Watson, David, 클라크Clark, L. A, 텔러제Tellegen, Auke이 공동으로 고안한 파나스 척도PANAS(Positive Affectivity and Negative Affectivity Scale)로서, 일시적인 감정을 측정하는 가장 정평 있는 검사이다. 당신도 다음에 소개한 검사를 해보기 바란다. 웹사이트 www.authentichappiness.org를 이용해도 좋다.

이 척도는 서로 다른 감정과 정서를 묘사한 다양한 어휘로 이루어져 있다. 각 항목을 읽고 아래 점수표를 참고하여 가장 알맞은 수를 어휘 앞에 있는 빈칸에 써보라. 이것은 지금 이 순간 당신이 느끼는 감정의 정도를 수치로 표시한 것이다.

점수를 계산할 때는 긍정 정서 상태(PA) 10가지와 부정 정서 상태(NA) 10가지를 각각 더한다. 그러면 10점에서 50점 사이의 점수 두 개를 얻게 될 것이다.

1 = 아주 조금/전혀 없음
2 = 약간
3 = 보통
4 = 많음
5 = 아주 많음

___ 재미있다 (PA)  ___ 짜증스럽다 (NA)
___ 고통스럽다 (NA)  ___ 민첩하다 (PA)
___ 흥분된다 (PA)  ___ 부끄럽다 (NA)
___ 혼란스럽다 (NA)  ___ 고무된다 (PA)
___ 자신 있다 (PA)  ___ 초조하다 (NA)
___ 죄책감이 든다 (NA)  ___ 단호하다 (PA)
___ 겁난다 (NA)  ___ 주의 깊다 (PA)
___ 적개심이 든다 (NA)  ___ 긴장된다 (NA)
___ 의욕이 솟는다 (PA)  ___ 활기차다 (PA)
___ 자랑스럽다 (PA)  ___ 두렵다 (NA)

## 긍정 정서가 낮으면 불행할까?

어떤 사람은 긍정 정서 점수가 높고 평생 유지된다. 긍정 정서 점수가 매우 높은 사람은 검사할 때의 기분이 상당히 좋은 상태이다. 좋은 일이 생기면 아주 즐거워하고 가슴이 벅차오른다. 그러나 실제로는 긍정 점수가 매우 낮은 사람이 상당히 많다. 이들은 검사를 하는 동안 기분이 아주 저조한 상태이다. 그들은 대체로 성공을 해도 무덤덤하게 반응한다. 기쁨에 넘쳐 뛰지도 않는다. 사람들은 대부분 이 둘 사이 어딘가에 속한다. 나는 심리학이 항상 이런 상황을 예상하고 있어야 마땅하다고 생각한다. 분노와 우울증의 선천적 차이에 관한 연구는 이미 오래전에 확립되었다. 그런데 왜 긍정 정서에 대한 연구는 없는 것일까?

분노와 우울증에 관한 이론대로라면, 인간은 자신의 정서생활이 나아갈 방향을 제시해주는 유전자를 타고나는 듯하다. 결국 이 이론은 우리의 정서생활이 순조롭게 이루어지지 않는다고 해도, 자신의 행복을 증진시키기 위해 스스로 할 수 있는 일은 거의 없다고 주장하는 것이나 다름없다. 이를테면 당신이 할 수 있는 일이란 냉랭한 정서적 풍토 안에 자신이 꼼짝없이 갇혀 있다는 사실을 인정하는 것이지, 즐거운 감정으로 충만한 '긍정 정서지수가 높은' 사람들의 세상을 넘봐서는 안 된다는 얘기다.

내게 렌이라는 친구가 있는데, 그는 나보다도 긍정 정서가 더 적다. 이 친구는 어느 모로 보나 대단히 성공한 사람이다. 증권사의 최고경영자로서 백만장자가 되었을 뿐 아니라, 전미브리지선수권대회에서 우승한 것만도 여러 번이다. 더더욱 놀라운 사실은 이것을 모두 20대에 이

루었다는 것이다. 게다가 잘생긴 외모에 말솜씨도 뛰어나고 전도유망
해서 그야말로 최고의 신랑감이었다.

그런데 희한하게도 사랑에는 번번이 실패했다. 다시 말하지만 렌은
내성적이고, 긍정 정서라곤 찾아보기 힘든 사람이다. 나는 그가 브리지
선수권대회에서 우승하던 그 순간에 그를 본 적이 있는데, 순간적으로
보일 듯 말 듯 미소를 짓는가 싶더니 이내 위층으로 올라가 혼자서 미
식축구 중계방송을 보았다. 그렇다고 해서 렌이 매정한 것은 아니다.
누구나 '좋은 사람'이라고 평할 만큼 그는 다른 사람들의 기분과 욕구
를 세심하게 살피고 배려해준다. 그런데 정작 본인은 별다른 감정을 느
끼지 않는 것이다.

렌이 데이트를 한 여자들은 하나같이 이런 그를 싫어했다. 그는 다정
하지도 않고 재미도 없으며 잘 웃을 줄도 모른다. 그런 까닭에 그와 데
이트를 한 여자들은 모두 이렇게 말한다. "렌, 당신은 어딘가 문제가 있
어요."

이 말에 수치감을 느낀 렌은 뉴욕의 어느 정신분석의에게 5년 동안
진료를 받았다. 그 여의사도 렌이 어딘가 문제가 있다는 진단을 내렸
다. 그리고는 렌에게서 타고난 자신의 긍정 정서들을 억압하는 어린 시
절의 상처를 발견하기 위해 수많은 방법들을 동원했지만 헛수고였다.
그에게는 어린 시절에 받은 상처가 없었기 때문이다.

사실 렌에게는 문제랄 게 없었다. 그저 긍정 정서를 아주 적게 타고
났을 뿐이다. 이처럼 긍정 정서가 아주 적은 사람이 많을 것이라는 사
실은 진화 과정에서도 확인할 수 있다. 자연선택은 긍정 정서뿐만 아니
라 부정 정서도 많이 선택했기 때문이다. 렌의 냉정한 정서생활이 커다

란 자산으로 작용하는 분야도 있다. 브리지 게임의 챔피언, 탁월한 증권거래인, 최고경영자가 되려면 진퇴양난의 위기를 신속하게 극복할 수 있는 냉철한 정신이 필요하기 때문이다. 그런데 렌이 실연의 아픔을 거듭 겪은 것은 그가 하필이면 정열적인 사람을 가장 매력 있는 남자로 꼽는 미국의 현대 여성들과 데이트를 했기 때문이다.

언젠가 도대체 어떻게 해야 좋을지 모르겠다며 괴로워하는 그에게, 나는 겉으로 드러난 성격에는 별로 개의치 않는 유럽으로 이사하라고 권했다. 렌은 현재 유럽 여성과 결혼해서 행복하게 살고 있다. 이 일화가 우리에게 가르쳐주는 사실은 긍정 정서가 부족한 사람도 행복해질 수 있다는 것이다.


## 지적 자원의 확장과 구축


'템플턴 긍정심리학 학술상'은 긍정심리학 분야에서 가장 탁월한 연구를 수행한 40세 미만의 과학자에게 주는 상이다. 1등의 상금이 10만 달러나 되는, 심리학 분야에서 가장 큰 상인데 운 좋게도 내가 수상자 선정위원회의 위원장을 맡았다. 2000년에 제정된 이 상의 제1회 수상자는 바로 긍정 정서의 확장 및 구축 이론을 연구한 미시건 대학교의 바버라 프레드릭슨Fredrickson, Barbara 교수였다. 그녀는 이 이론에서 긍정 정서가 즐거움을 느끼게 해주는 것 이상으로 훨씬 더 큰 의미가 있다고 주장했다. 즉, 긍정 정서는 진화 과정을 거치면서 중대한 목표가 있다는 것이다. 긍정 정서는 우리의 지적 · 신체적 · 심리적 · 사회적 자원을 지속적으로 확장하고 구축하여 위기에 처할 때와 기회가 있을 때마다 활용하게 한다. 긍정 정서에 취해 있을 때 다른 사람들이 우리를 더 좋아하게 되고, 따라서 우정·애정·유대감이 돈독해질 가능성이 아주 높아진다. 또한 부정 정서에 휩싸여 있을 때와는 달리 정신 작용이 활발해지고 인내심과 창의력이 커진다. 그런 만큼 새로운 사상과 낯선 경험에도 마음을 열게 된다.

프레드릭슨 교수의 "긍정 정서의 확장 및 구축 이론The Broaden and Build of Positive Emotion Theory" 의 요점은 다음과 같다(옮긴이 주). 긍정심리학이 등장하기 전까지만 해도 심리학에서는 주로 부정 정서만을 연구했다. 부정 정서에 대한 연구는 활발했어도 긍정 정서에 대한 연구는 거의 없었다. 그러던 중 2001년 바버라 프레드릭슨은 '긍정 정서의 확장 및 구축 이론' 을 발표하여 수많은 심리학자들에게 호응을 얻었다.

이 이론에 의하면 긍정 정서를 경험하게 되면 우리의 일시적인 사고와 행동 목록을 확장시키고 나아가서 신체적, 심리적, 사회적, 지적 자원에 이르는 지속적인 개인적인 자원을 구축하여 개인과 조직을 변화시키는 능력을 공유한다. 그리고 긍정 정서를 경험하면 개인과 조직의 행복이 증가하고 업무 성과에 변화가 발생하여, 조직을 상향적으로 선순환시켜 나선형 상승Upward Spirals 효과를 나타낸다고 한다. 프레드릭슨에 의하면 걷기나 달리기 운동을 한 후 활기를 느끼면 기억력이 증진되고 창의성이 향상되어 배우자를 기쁘게 해 줄 수 있는 새로운 아이디어가 잘 떠오른다. 그러면 결혼 생활은 더욱 견고해지며, 결혼생활에 대한 만족감도 높아져 서로에게 헌신하고, 감사하고 설령 상대방이 잘못해도 용서하고 싶은 마음이 생겨난다고 한다. 긍정 정서는 미래를 낙관적으로 생각하도록 돕는다. 낙관적인 생각은 비관적인 생각을 떨쳐버리고 자신감을 갖게 하고 직장에서 어려움이 생겨도 회복력을 발휘하여 고통에서 쉽게 벗어나게 해주기 때문이다. 이렇게 긍정 정서가 조금씩 확장되면서 일어나는 크고 작은 변화들이 구축됨으로서 긍정 정서가 당신을 일상에서 더 행복하게 만들어 주고 조직생활의 만족도를 높여 준다.

긍정 정서는 개인의 기쁨이나 만족감만 높여주는 것이 아니다. 조직 내에서 구성원들이 긍정 정서를 경험하면 조직에서 가장 버리고 싶어 하는 정서인 분노, 불안, 좌절, 무기력 같은 부정 정서를 줄여주며, 역경을 극복할 수 있는 회복력을 키울 수 있다. 직원 중에서 누군가 긍정 정서를 경험하게 되면 조직의 다른 직원들에게 확산될 수 있고, 고객에까지 전달될 수 있다. 그러므로 긍정 정서는 조직의 기능이 잘 발휘되도록 도와주어서 조직성과를 창출하게 해준다. 프레드릭슨은 특히 조직의 리더들이 보여주는 긍정 정서는 확장성이 매우 높다고 한다. 리더의 긍정 정서는 조직 전체의 성과를 예측할 수 있기 때문이다. 결론적으로 긍정 정서는 우리의 마음과 생각을 열어주고 수용성과 창의성을 높여줌으로써 새로운 기술과 인맥, 지식 및 존재 방식을 발견하고 구축해서 개인과 조직을 더 나은 모습으로 변화시켜준다.

이제 당신도 손쉽게 긍정 정서의 확장 및 구축에 대한 사실을 확인할 수 있다. 종이 한 장과 펜 하나를 준비하여 언제든지 쓸 수 있도록 가까이에 준비해 두자. 준비가 됐으면 당신의 손등을 살펴보라. 흔히 '손바닥 보듯 훤히 안다.'는 말을 쓰곤 하는데, 손바닥이 됐건 손등이 됐건 과연 정말로 우리는 그것을 잘 알고 있을까? 자신의 손등을 자세히 살펴보면서 피부의 질감이나 색깔, 뼈와 혈관의 모양, 관절의 문양 등 보이는 모든 것을 자신에게 설명해 보라. 단 1분의 관찰로 당신은 과거 어느 때보다 자신의 손등에 대해 더 많은 것을 알게 될 것이다.

이제 펜과 종이를 앞에 가져다 놓고, 지금 당장 하고 싶은 생각이 드는 일들을 적어 보라. 급히 처리해야 할 일이 없는 느긋하고 편안한 자유 시간 30분을 받았다고 가정하고, 손등을 바라보면서 받았던 느낌을 돌아본 다음, 그 느낌이 무엇을 하고 싶도록 만들었는지 적어 보라.

목록이 완성되었는가? 좋다. 다시 종이와 펜을 잠시 옆으로 밀쳐 두자.

이제 다음 실험으로 넘어가 보자. 준비가 됐으면, 모든 일이 당신 뜻대로 이루어지며 미소를 거두기 힘들 만큼 즐거운 순간을 상상해 보라. 당신의 얼굴에는 희색이 만면하다. 잠시 그 즐거운 느낌을 간직한 채로 앉아서, 당신의 주변 환경과 감각의 모든 면들을 마음으로 그려보라. 좋은 느낌이 자라나도록 하고, 이전과는 다른 방식으로 그 느낌을 음미하라.

이제 다시 펜과 종이를 가져다가 새로운 목록을 작성하라. 그 즐거운 기분은 지금 당신으로 하여금 무엇을 하고 싶게 만드는가? 다시 한 번 느긋하고 편안한 자유 시간 30분을 받았다고 가정하고, 기쁨을 떠올렸을 때 들었던 느낌을 돌아본 뒤, 새롭게 하고 싶어진 모든 일들을 적어 보라.

두 번째 목록이 완성되었는가? 좋다. 이제 두 목록을 서로 비교해 보라. 손등을 살펴보았을 때 떠오른 생각의 개수와 기쁜 느낌을 받았을 때 떠오른 생각의 개수를 비교해 보라. 어느 쪽 목록이 더 긴가?

사람에 따라 다를 수 있겠지만, 대개는 후자의 목록이 더 길 것이다. 이것이 긍정 정서가 우리의 사고를 확장시키는 한 가지 방식이다. 긍정 정서는 평소보다 더 많은 가능성 — 부정 정서의 영향 하에서 보던 것보다는 확실히 더 — 을 우리 안에서 끌어내 준다.

간단하고 설득력 있는 몇 가지 실험을 통해 프레드릭슨 교수의 획기적인 이론을 입증할 수 있다. 예를 들어 당신 앞에 압정 한 통, 성냥 한 통, 양초 한 자루가 있다고 가정해보자. 이것을 이용해서 당신은 촛농이 바닥에 떨어지지 않게끔 초를 벽에 붙여야 한다. 이 일에는 창의력이 필요하다. 먼저 통에 들어 있는 압정이나 성냥을 모두 쏟아내고, 그 통을 벽에 압정으로 고정시킨 다음 촛대로 이용하면 된다. 이때 실험자는 실험을 시작하기 전에 피험자의 긍정 정서를 이끌어내도록 한다. 작은 사탕봉지 하나를 주거나, 재미있는 만화책을 읽게 하거나, 감정을 실어 긍정 단어들을 큰 소리로 읽게 하는 식이다. 그러면 분명 잠깐이나마 좋은 감정 상태가 되고, 이 긍정 정서는 과제 완수에 필요한 창의력을 유발할 가능성을 훨씬 더 높게 한다.

한 가지 예를 더 보자. 실험자가 단어를 제시하면 피험자는 그것이 특정한 범주에 포함되는 단어인지 아닌지를 되도록 빨리 대답해야 한다. 범주는 '탈것'이다. 실험자가 '자동차'나 '비행기'를 제시하면 피험자는 이내 '맞다'고 대답한다. 다음에는 '엘리베이터'를 제시한다. 엘리베이터를 탈것으로 분류하기는 조금 모호하므로 처음보다 더디게 반응한다. 그런데 이때 엘리베이터라는 단어를 제시하기 전에 앞서 예로 든 것처럼 실험자에게 긍정 정서를 유발시키면 피험자의 반응은 한층 빨라진다. 이처럼 긍정 정서 상태에서는 사고 작용이 활발해져서

'잔디 깎는 기계', '외교', '원자폭탄'의 공통점을 묻는 질문에도 신속하게 반응한다(참고로 이것의 답은 '힘'이다).

긍정 정서 상태에서 지적 활동이 활발해지는 것은 어린아이나 노련한 의사나 마찬가지다. 다섯 살 된 유아들을 두 집단으로 나눈 뒤 30초 동안 '펄쩍펄쩍 뛰고 싶을 만큼 기뻐할 일'이나 '가만히 앉아서 웃음이 나올 만큼 행복해질 일'을 생각하게 했다. 그런 다음 모든 유아에게 모양을 구분하는 학습 과제를 제시했는데, 두 집단 모두 평범한 지시를 받은 또래들보다 학습 성과가 훨씬 더 좋았다.

한편 수련의를 대상으로 한 실험도 있다. 수련의 44명을 세 집단, 즉 작은 사탕봉지를 준 집단, 인도주의적 의료 행위에 관한 선언서를 낭독하게 한 집단, 실험 통제 집단으로 나누었다. 그런 다음 모든 의사에게 진단하기 어려운 간 질환의 증상을 들려주고 각자 진단한 것을 발표하게 했다. 그 결과 사탕을 받은 집단이 초기 간 질환 증세를 고려하면서 가장 효율적이고 정확히 진단한 것으로 나타났다. 이들은 성급하게 진단하지도 않았고 어물쩍 넘어가는 경우도 없었다.


## 행복한 사람이 바보처럼 보이는 이유


엄연한 사례가 있음에도 불구하고, 행복한 사람들을 바보로 보려는 경향이 있다. 못생긴 흑인 여자보다 금발 미녀의 무식함을 빗댄 우스갯소리를 들을 때 한결 즐거워하는 것이 그 한 예다. 공부벌레였던 나는 학창 시절을 맘껏 즐기며 지낸 동창들이 별 볼일 없는 사회인으로 살아가는 모습에서 위안을 얻은 적이 있다. '행복한 바보'를 처음 언급한 사람은 매우 존경할 만한 철학자였다. 1878년 실용주의의 창시자 퍼스<sup>Peirce, C. S.</sup>는 사고가 불확실성을 줄이는 기능을 한다고 했다. 무언가 잘못되고 있을 때에야 비로소 우리는 생각하고 의식하게 된다는 것이다. 아무런 장애물이 없을 때는 순탄한 인생길을 가다가 작은 돌부리에 걸려 넘어지면 그제야 의식적인 분석을 하게 된다는 얘기다.

그로부터 꼭 100년 뒤, 당시 내가 지도하던 명석하고 진취적인 대학원생 앨로이<sup>Alloy, Lauren</sup>와 에이브람슨<sup>Abramson, Lyn</sup>은 이 같은 퍼스의 사상을 실험으로써 입증했다. 그들은 대학생들에게 녹색 신호등을 통제할 수 있는 권한을 주되, 집단에 따라 그 권한의 크기를 달리했다. 한 집단에게는 녹색 신호등을 통제할 권한을 완전히 주었다. 따라서 그들이 버튼을 누를 때마다 어김없이 불이 켜졌고, 반대로 누르지 않으면 절대 켜지지 않았다. 그러나 다른 집단의 경우에는 버튼을 누르든 누르지 않든 언제나 불이 켜지도록 장치했다.

이 과정이 끝난 뒤, 모든 학생들에게 자신이 녹색 신호등을 얼마나 통제했다고 생각하는지에 대해 물었다. 우울한 학생들은 자신들이 통제한 때와 그렇지 못한 때를 모두 정확히 간파하고 있었다. 뜻밖의 반응을 보여 우리를 놀라게 한 쪽은 행복한 학생들이었다. 그들은 자신이 통제한 때는 정확히 알고 있었지만, 통제 권한이 없었을 때조차 자신이 35% 정도 통제한 것으로 생각했던 것이다. 요컨대 우울한 학생들은 행복한 학생들에 비해 훨씬 더 슬퍼하면서도 훨씬 더 똑똑했음을 알 수 있다.

이 밖에도 우울한 사람들의 참모습을 엿볼 수 있는 증거는 많다. 우울한 사람은 자신의 능력이 얼마나 되는지 정확하게 판단하는 반면, 행복한 사람은 다른 사람들의 평가보다 자신의 능력을 훨씬 더 높게 평가하는 경향이 있다. 미국 성인 남성들 중 80%가 자신의 사회성이 상위에 속한다고 생각하며, 직장인 대다수는 자신의 업무수행 능력을 평균 이상으로 평가하고, 자동차 운전자들의 경우에도 교통사고를 낸 경험이 있으면서도 자신들이 보통 사람들보다 훨씬 더 안전하게 운전한다고 생각한다.

행복한 사람은 실제 일어났던 일보다 좋은 일이 훨씬 더 많았다고 생각하지만, 나쁜 일은 대개 많이 잊어버린다. 반면에 우울한 사람은 좋은 일이나 나쁜 일이나 모두 정확하게 기억한다. 말하자면 행복한 사람은 성공과 실패에 대해 자신에게 유리한 쪽으로 생각하는 경향이 큰 것이다. 따라서 어떤 일을 성공하면 자신이 그 성공을 이룩해냈고, 그 성공은 영원할 것이며, 자신은 무엇이든 잘할 수 있다고 믿는다. 반대로 실패할 경우에는 실패의 원인은 다른 사람에게 있으며, 실패를 금방 만회할 수 있다고 생각한다. 그러나 우울한 사람은 자신의 성공과 실패를 객관적이고 공정하게 평가한다.

행복한 사람이 바보처럼 보이는 것은 바로 이런 특징 때문이다. 그러나 이러한 '우울한 사람들의 참모습' 에 대한 연구 결과를 반박할 만한 사례들이 발견되면서, 이 연구 결과의 객관성을 놓고 현재 열띤 논쟁이 진행 중이다. 게다가 2000년 제1회 템플턴 학술상에서 2등을 수상한 유타 대학교의 애스핀월Aspinwall, Lisa 교수는 실생활에서 중대한 결정을 내릴 때는 불행한 사람보다 행복한 사람이 더 현명하게 판단한다는 설득력 있는 증거들을 수집했다.

애스핀월 교수는 피험자들에게 건강을 해치는 것으로 알려진 끔찍한 정보들을 제공했다. 커피를 즐겨 마시는 사람들에게는 카페인과 유방암의 관계에 대한 기사를 제공한다든지, 일광욕 예찬자들에게는 선탠과 피부암의 일종인 흑색종黑色腫의 연관성을 다룬 기사를 제공하는 식이었다. 애스핀월 교수는 그에 앞서 낙관성 검사를 실시하거나 과거에 있었던 즐거운 경험을 회상하게 하는 방법을 통해 긍정 정서를 유발한 다음, 그것을 기준으로 피험자들을 행복한 집단과 불행한 집단으로 나눈 뒤 자료를 나눠주고 읽게 했다. 그로부터 일주일 뒤 건강을 해치는 요인들에 대해 얼마나 기억하는지 물어보았다. 그 결과 행복한 사람이 불행한 사람보다 부정적인 정보를 훨씬 더 많이 기억하고 있으며, 그 정보에 대한 신뢰도도 훨씬 더 높은 것으로 드러났.

이 논쟁의 결과는 아마도 다음과 같을 것이다. 정상적인 일이 일어났을 경우, 행복한 사람은 지난날의 긍정 경험들을 굳게 믿는 반면 우울한 사람은 회의적으로 받아들인다. 마지막 10분 동안 녹색 신호등이 뜻대로 통제되지 않은 듯이 보일 때조차, 행복한 사람은 과거의 경험에 비추어 끝내 자기 뜻대로 모든 일이 이루어질 것이며, 조금만 지나면 자신이 녹색 신호등을 통제하게 될 거라고 생각한다. 그러니까 앞서 밝힌 35%라는 수치는 자신이 실제로 녹색 신호등을 통제하지 못한 시점에 대한 대답이었던 셈이다. '하루에 커피 세 잔을 마시면 유방암에 걸릴 위험이 높아질 것이다' 처럼 충격적인 사안을 대할 때, 행복한 사람은 재빨리 회의적이고 분석적으로 대응 방식을 바꾼다.

이를 종합해보면 다음과 같은 꽤 흥미로운 결론을 도출할 수 있다. 인간은 냉담하고 부정 정서에서는 전투적인 사고 작용이 활발해진다.

따라서 이런 기분일 때는 잘못된 것을 찾아 제거하는 일에만 온통 신경이 집중된다. 한편 긍정 정서에서는 창의적이고, 인내를 갖고, 건설적이며, 남을 배려하고, 융통성 있는 사고 작용을 촉진시킨다. 이러한 사고방식은 잘못된 것을 찾기보다 올바른 것을 발견하는 데 초점을 맞춘다. 그러니까 자신의 결점을 찾거나 방어적인 자세를 취하기보다 강점과 미덕을 계발하고 베푸는 일에 힘쓰게 되는 것이다. 어쩌면 긍정 정서로 이루어지는 사고 작용과 부정 정서로 이루어지는 사고 작용을 자극하는 뇌의 부위가 다르고, 분비되는 신경화학물질이 다를지도 모른다.

따라서 자신의 과제를 제대로 수행하려면 적합한 장소를 골라 그에 걸맞는 정서를 조성하는 것이 좋다. 일반적으로 비판적 사고를 필요로 하는 과제들, 예컨대 대학원 입학자격시험 준비, 소득세 신고, 직원 해고, 정중하게 거절해야 하는 일, 감사에 대비한 회계장부 정리, 원고 편집, 경기와 관련된 중요한 결정, 진학할 대학 결정 등은 비 오는 날에 차분한 색상의 조용한 방에서 허리를 곧게 펴고 의자에 앉아서 하는 것이 좋다. 그런 일을 할 때는 긴장감이나 슬픔, 또는 우울함이 일을 망치는 게 아니라 오히려 더 예리한 판단을 하는 데 도움이 될 수 있다.

한편 창의성이나 관대함, 참을성 등을 필요로 하는 일, 즉 판촉 기획, 삶의 의욕을 불러일으키는 방법 모색, 전업轉業에 대한 구상, 배우자 결정, 취미활동이나 친선경기, 글쓰기 등은 따뜻한 햇살이 내리쬐고 상쾌한 바람이 부는 곳에서 감미로운 노래를 틀어놓고 안락한 의자에 앉아 편안한 분위기에서 하는 게 유리하다.

## 행복할수록 신체적 자원을 더 잘 구축한다

기운이 샘솟게 하는 긍정 정서는 사람들에게 활동적인 놀이에 관심을 갖게 하며, 이런 놀이는 신체적 자원을 구축하는 데 큰 도움이 된다. 새끼 들다람쥐들은 한껏 속력을 내서 달리기도 하고, 공중으로 높이 뛰어올라 몸통을 틀었다가 다시 땅으로 내려온 다음 다른 방향으로 재빨리 뛰어다니기도 한다. 새끼 파타스원숭이는 낭창낭창한 여린 가지에 곤두박질칠 듯 잽싸게 뛰어갔다가 그 가지의 탄력을 이용해서 다른 나무로 옮겨다니며 논다. 다 자란 들다람쥐나 파타스원숭이도 이런 신체 활동을 하기는 마찬가진데, 이들의 경우에는 그러한 활동이 놀이가 아니라 자신의 목숨을 노리는 적에게서 도망할 때 사용하는 전술이다. 일반적으로 놀이는 근육이나 건강한 심장혈관을 만드는 신체 활동이자, 적을 완전히 따돌리기 위한 훈련이며, 싸움, 사냥, 짝짓기를 완벽하게 수행하기 위한 준비 과정으로 보지 않을 수 없다.

건강과 장수는 신체적 자원을 얼마나 보유하고 있는지 알려주는 좋은 척도이고, 긍정 정서는 건강과 장수를 예측하는 직접적인 잣대라는 증거가 있다. 미국 남서부에 사는 65세 이상의 멕시코계 미국인 2,282명을 대상으로 인구통계조사와 여러 정서 검사를 실시한 다음 2년 동안 이들을 추적 조사하는 사상 최대 규모의 실험을 했다. 이 실험 결과, 긍정 정서가 병에 걸린 사람은 물론 생존한 사람과 사망한 사람을 꽤 정확하게 예측할 수 있는 잣대라는 사실을 확인했다.

연구자들은 나이, 소득, 교육수준, 몸무게, 흡연, 음주, 질병이라는 조건을 통제한 다음, 행복한 사람이 사망하거나 질병에 걸릴 가능성은 불행한 사람들의 2분의 1이라는 사실을 알게 되었다. 또한 긍정 정서는 급격한 노화 방지에도 도움이 되는 것으로 나타났다. 자신의 삶을 소개하는 글에 행복감을 고스란히 표현한 20대 수녀들이 긍정 정서라곤 찾아보기 힘든 글을 쓴 수녀들보다 더 건강하게 오래 살았다는 사실, 메이요 클리닉에서 진료를 받은 사람들 가운데 낙관적인 사람이 비관적인 사람보다 훨씬 더 오래 살았다는 연구 결과가 있다. 행복한 사람이 불행한 사람보다 더 건강한 생활을 하고, 혈압이 낮으며, 불안에 대한 면역성이 높다. 또한 행복한 사람이 건강에 해로운 사실을 알려주는 정보들에 훨씬 더 많은 관심과 주의를 기울인다는 애스핀월 교수의 실험 결과 등을 모두 종합해볼 때, 행복이 장수와 건강한 삶을 보장해주는 요소라고 해도 크게 틀리지 않을 것이다.

## 행복과 생산성의 관계

아마도 개인의 대부분 중요한 자산을 구축하는 가장 중요한 특성은 직장에서의 생산성일 것이다. 직업 만족도가 높기 때문에 행복해하는지, 아니면 본래 행복한 성향이어서 자신의 직업에 더 많은 만족감을 느끼는 것인지 판단하기는 어렵지만, 불행한 사람보다 행복한 사람의 직업 만족도가 훨씬 더 높다는 게 새삼스러운 사실은 아니다. 실제로 더 행복해하는 사람일수록 생산성이 높고 수입이 더 많다는 게 연구자들의 주장이다.

스토우staw는 272명의 직장인을 대상으로 긍정 정서를 측정하여 합계를 낸 다음, 그로부터 18개월 동안 그들의 업무 수행 능력을 조사한 연구가 있었다. 그 결과 더 행복한 사람은 상사의 업무 수행 평점이 훨씬 높아졌으며, 봉급도 더 높아진 것으로 나타났다. 오스트레일리아 청소년들을 15년 동안 추적 조사한 대대적인 연구에서도 행복이 취업과 고수입의 가능성을 훨씬 더 높여준다는 결과가 나왔다.

실험을 통해 행복감을 유발한 다음 그들의 업무 수행 능력을 살펴보면서 행복과 생산성 중에서 어느 것이 먼저인지를 밝히기 위한 연구를 한 결과, 기분이 좋아진 어른과 어린이는 훨씬 더 높은 목표를 설정하고, 과제 수행 능력도 더 우수하며, 철자의 위치를 바꾸어 새로운 단어를 만들어내는 게임 등을 할 때도 훨씬 더 끈기를 발휘한다는 사실이 드러났다.

### 행복과 시련 극복 능력의 관계

행복한 사람이 신체적 자원을 구축하기 위해 갖추어야 할 마지막 조건은 시련 극복 능력이다. 당신은 얼음물이 든 양동이에 손을 넣고 얼마나 오래 견딜 수 있겠는가? 더는 참기 힘들 때까지 손을 넣고 있었던 사람들의 평균 시간은 60초에서 90초 사이였다. 스나이더Snyder, Rick는 캔자스 주립대학교 교수이자 긍정심리학의 창시자 중 한 사람이다. 그는 미국 텔레비전 프로그램 〈굿모닝 아메리카Good Morning America〉에 출연해, 시련에 대처할 때 긍정 정서가 끼치는 효과를 증명하기 위해 이 방법을 사용했다.

그는 먼저 고정 출연자들에게 긍정 정서 검사를 실시했다. 이 프로그램의 공동 진행자인 찰스 깁슨이 가장 높은 점수를 받았다. 다음에는 생중계하고 있는 카메라 앞에서 출연진 전원에게 얼음물이 든 통에 손을 넣게 했다. 깁슨을 제외한 모든 사람들이 90초가 되기 전에 손을 뺐다. 찰스 깁슨은 얼굴을 심하게 일그러뜨리면서도 광고 시간이 될 때까지 양동이에 계속 손을 넣고 있었다.


## 행복한 사람은 사회적 자원도 풍부하다

막내딸 칼리는 생후 7주가 되었을 때 어설프게나마 사회적 자원을 구축하기 위한 최초의 몸짓을 시도했다. 칼리는 젖을 먹으면서 엄마의 얼굴을 자주 올려다보며 미소 짓곤 했다. 그러면 아내도 환하게 웃으며 사랑스러운 눈길로 아이를 바라보았고, 그 모습을 본 칼리는 까르륵거리며 마냥 좋아했다. 이처럼 즐거움을 서로 공유할 때 엄마와 아이 사이에는 사랑이라는 강렬한 유대감 혹은 '안정적인 애착'이 생긴다. 안정적인 애착을 형성한 아이는 성장해서 또래들보다 훨씬 뛰어난 능력을 발휘한다. 즉, 끈기, 문제 해결 능력, 독립심, 호기심, 열정을 포함한 거의 모든 면에서 그러한 차이를 보인다.

긍정 정서를 느끼고 그 감정을 표현하는 것은 어머니와 갓난아이가 교감하는 사랑뿐 아니라 온갖 사랑과 우정의 밑거름이 된다. 그런 면에서 보면 나의 가장 친한 친구들은 나와 공통점이 많고, 많은 시간을 함께 보내며 공감대를 형성한 심리학자나 지식인이 아니라 포커, 브리지, 배구를 같이 하는 사람들이다.

심리학 연구의 절차는 흔히 병리학 연구에 초점을 맞춘다. 다시 말해 가장 우울하거나, 가장 불안해하거나, 가장 화를 잘 내는 사람들을 관찰하면서 그들의 생활방식과 성격을 연구하는 것이다. 나도 이런 생활을 20여 년 동안 해왔다. 최근에야 디너$^{Diener, Ed}$와 나는 지금까지의 관행과는 정반대로 가장 행복한 사람들의 생활방식과 성격을 집중적으로 연구하기로 결심했다. 우리는 222명의 대학생들을 무작위로 선정하여 6가지 검사를 실시하고 그들이 느끼는 행복을 엄밀하게 측정한 다음, 가장 행복한 사람으로 밝혀진 상위 10%의 학생들을 집중 연구했다.

이들 '가장 행복한' 사람들은 보통 사람들이나 불행한 사람들보다 현저하게 다른 점이 한 가지 있었다. 그건 바로 폭넓은 대인관계와 보람 있는 사회생활이었다. 가장 행복한 사람은 혼자 있는 시간이 가장 적고 사회 활동을 하는 시간이 가장 많았으며, 자타가 공인할 만큼 대인관계가 좋았다. 가장 행복한 사람들로 꼽힌 22명 가운데 한 명을 제외한 모든 학생이 현재 사귀는 사람이 있다고 밝혔다. 경제적으로 조금 여유가 있다는 사실만 다를 뿐, 이들은 부정적이든 긍정적이든 남다른 경험을 하지도 않았으며, 수면시간, 텔레비전 시청, 운동, 흡연, 음주, 종교 생활에서도 그다지 차이가 없었다. 다른 많은 연구 결과를 보면, 행복한 사람은 불행한 사람에 비해 친구가 더 많고, 결혼할 확률도 높고, 단체 활동 참여율도 높은 것으로 나타났다.

이처럼 행복한 사람이 다른 사람들과 함께 어울리는 행동은 자연스레 이타주의로 이어진다. 나는 이 자료를 보기 전까지만 해도, 동병상련이라는 말도 있듯이 고통을 많이 겪은 사람들이 훨씬 더 이타적일 것이라고 생각했다. 그래서 행복한 사람이 이타심을 발휘할 확률이 훨씬 높다는 한결같은 연구 결과에 매우 놀랐다. 아이나 어른이나 할 것 없이 행복한 사람이 더 많은 동정심을 베풀고, 어려운 이웃을 돕는 데 더 많이 기부한다는 사실도 새롭게 깨닫게 되었다.

사람은 행복할수록 자기중심적인 사고에서 벗어나며, 다른 사람들을 더 많이 좋아하고, 낯선 사람들과도 자신의 행운을 나누고 싶어 한다. 그렇지만 자신이 불행하면 불신감이 깊어지고, 오직 자기만을 생각하며, 자신만의 욕구에만 몰두하게 된다. 그러므로 우리는 웰빙보다는 슬픔의 특징을 더 다루어야 한다.

## 부정 정서는 제로섬, 긍정 정서는 윈−윈 게임

나는 프레드릭슨 교수의 이론과 그 밖의 모든 긍정 정서에 대한 연구 덕분에, 더 많은 긍정 정서를 계발하기 위해 열심히 노력하는 것이 무엇보다 값진 일이라는 확신을 얻게 되었다. 부정적인 사람들이 흔히 그렇듯, 나도 감정을 무시하며 위안을 삼았다. 왜냐하면 내게 중요한 건 정서가 아니라 세상에서 성공적으로 사람들과 잘 지내는 것을 가치 있게 여겼기 때문이다. 그런데 긍정 정서가 중요한 까닭은 그 자체로서 즐겁기 때문이라기보다 세상 사람들과의 상호작용을 더욱 성공적으로 이끌어주기 때문이라는 것을 알게 된 것이다.

긍정 정서를 계발하면 우정, 사랑, 신체적 건강, 목표 달성 등을 위한 밑거름이 된다. 프레드릭슨 교수의 이론은 '우리는 왜 행복을 느낄까? 인간은 왜 무엇인가를 느끼는 것일까?'에 대한 답변이기도 하다.

사랑, 친교, 자녀 양육은 대부분 위대한 승리를 거두는 윈−윈 게임이다. 또한 인쇄기나 사계절 내내 꽃을 피우는 교배종 장미인 월계화$^{tea}$ $^{rose}$와 같은 모든 과학기술의 산물도 윈−윈 게임에 속한다. 인쇄기가 창출하는 경제적 가치만큼 다른 분야의 가치도 그만큼 증폭되니 말이다.

사람의 정서도 이와 마찬가지다. 부정 정서가 당신에게 승자와 패자를 가리는 제로섬 게임을 하고 있음을 알려주며 '여기 물리칠 적이 있다'는 경고 신호를 보내는 감각계라면, 긍정 정서는 이제 곧 윈-윈 게임이 시작될 것이라는 신호를 보내며 '여기 발전할 기회가 있다'는 대형 네온사인을 켜주는 감각계인 셈이다. 긍정 정서는 발전적이고 유연하며 창조적인 사고 작용을 활성화함으로써 사회적 · 지적 · 신체적 · 심리적 혜택을 한껏 누리게 해줄 것이다.

이제 우리는 더 행복한 삶을 누리기 위해 노력할 가치가 충분히 있다는 것을 확신하게 되었다. 그렇다면 과연 우리는 살아가면서 긍정 정서를 키울 수 있을까? 이제 이 문제에 대해 살펴보기로 하자.

# 4장

# 행복에도 공식이 있다

　행복에도 공식이 있다는 것을 아는가? 중요한 연구는 대부분 통계학에 바탕을 두고 있지만, 이 책이 심리학을 전공하지 않은 일반 독자들을 대상으로 쓴 것이니만큼 아래와 같은 한 가지 방정식만 소개하려고 한다.

$$H = S + C + V$$

　여기서 H는 지속적인 행복의 수준, S는 이미 설정된 행복의 범위, C는 삶의 상황, V는 개인이 스스로 통제할 수 있는 자발적 행동을 가리킨다.

　이 장에서는 H = S +C까지 살펴보고, 긍정심리학에서 가장 중요한 문제인 V, 즉 행복도를 높이는 내적 환경에 대해서는 2부의 5장부터 7

장에서 구체적으로 다루게 될 것이다.


## 지속적 행복 수준(H)

개인의 지속적 행복 수준과 순간적 행복 수준 차이를 인식하는 것이 중요하다. 순간적 행복은 초콜릿, 코미디 영화, 안마, 찬사, 꽃, 새로 산 블라우스 등과 같은 다양한 방법으로 쉽게 증가시킬 수 있다. 그러나 이 책은 순간적으로 불쑥 솟구쳤다 사라지는 행복을 증가시키기 위한 안내서가 아니다. 중요한 것은 당신의 지속적 행복을 증가시키는 것인데, 순간적인 긍정 정서가 많다고 해도 지속적 행복의 수준을 증가시키는 데는 아무런 도움이 되지 않는다.

앞서 1장에 있는 포다이스 검사는 순간적인 행복에 관한 것이며, 여기서 검사할 것은 일반 행복도에 대한 것이다. 이 검사는 캘리포니아 리버사이드 대학의 심리학과 교수인 류보머스키Lyubomirsky, Sonja가 고안한 것이다.


### 일반 행복도 검사

아래 진술이나 물음에 대하여, 자신이 해당한다고 생각되는 수에 ∨표시를 하라.

**1. 나는 대체로 내 자신에 대해 이렇게 생각한다.**

- ☐ 1. 굉장히 불행한 사람이다
- ☐ 2. 불행한 사람이다
- ☐ 3. 조금 불행한 사람이다
- ☐ 4. 보통이다
- ☐ 5. 조금 행복한 사람이다
- ☐ 6. 행복한 사람이다
- ☐ 7. 굉장히 행복한 사람이다

2. 내 동료들과 비교했을 때, 나는 내 자신을 이렇게 생각한다.

- ☐ 1. 훨씬 불행하다
- ☐ 2. 불행하다
- ☐ 3. 조금 불행하다
- ☐ 4. 보통이다
- ☐ 5. 조금 행복하다
- ☐ 6. 행복하다
- ☐ 7. 굉장히 행복하다

3. 일반적으로 아주 행복한 사람들이 있다. 이런 사람들은 현재 일어나는 일은 상관없이 최대한 삶을 즐긴다. 당신은 자신의 삶을 얼마나 즐기는가?

- ☐ 1. 전혀 즐기지 않는다
- ☐ 2. 즐기지 않는다
- ☐ 3. 조금 즐기지 않는다
- ☐ 4. 보통이다
- ☐ 5. 조금 즐긴다
- ☐ 6. 즐긴다
- ☐ 7. 아주 많이 즐긴다

4. 일반적으로 항상 불행하다고 생각하는 사람들이 있다. 비록 우울해 보이지는 않지만 그렇다고 행복하지는 않다. 위의 경우에서 당신을 얼마나 정확하게 대표하는가?

- ☐ 1. 나와 아주 가깝다
- ☐ 2. 나와 가깝다

- □  3. 나와 조금 가깝다
- □  4. 보통이다
- □  5. 조금 비슷하지 않다
- □  6. 비슷하지 않다
- □  7. 아주 비슷하지 않다

위에 체크된 숫자를 모두 더한 뒤 4로 나눈 결과가 바로 당신의 일반 행복도 점수이다. 참고로, 미국 성인의 평균 점수는 4.8점이다. 검사를 받은 사람들 중 3분의 2가 3.8점에서 5.8점을 받았다.

## 이미 설정된 행복 범위(S)

'행복을 만들 수 있을까?' 라는 1부의 제목을 보고 웬 뚱딴지같은 소리냐며 의아해하는 사람도 있을 것이다. 열심히 노력하면 모든 정서나 성격적 특성이 향상된다고 믿는 사람도 있을 것이기 때문이다. 처음 심리학을 공부하던 40년 전에는 나도 그렇게 믿었고, 심리학계에서도 인간의 무한한 변화 가능성을 주장하는 이론이 지배적이었다. 이를테면 올바른 환경 속에서 열심히 노력하면 인간의 모든 정신 활동을 향상시킬 수 있다는 것이다.

그러나 1980년대 쌍둥이와 입양아에 대한 성격 연구가 활발히 진행되면서부터 나의 확신은 산산조각이 났다. 이란성 쌍둥이에 비해 일란성 쌍둥이의 성격이 훨씬 더 비슷하며, 입양아의 성격은 양부모보다 친부모에 더 가깝다는 연구 결과가 나온 것이다. 현재 수백 가지에 달하는 이러한 연구 결과를 종합해볼 때, 대부분의 성격 특성이 유전될 확률이 50% 정도라는 결론을 얻게 된다. 그러나 유전성이 높다고 해서 그것이 곧 타고난 특성을 바꾸기 어렵다는 뜻은 아니다. 유전성이 높은 특성 중에서도 성적 취향이나 몸무게는 거의 변하지 않는 반면, 비관성이나 소심함은 얼마든지 변할 수 있다.

당신의 일반 행복도 점수 중 절반가량은 친부모의 성격에 따라 이미 결정된 것이라고 해도 아주 틀린 말은 아니다. 이것은 곧 인간은 이미 정해져 있는 행복한 삶이나 불행한 삶 쪽으로 나아가도록 '조종하는' 유전자를 타고난다는 이야기일 수도 있다. 가령 긍정 정서가 낮다면 사람들을 만나기가 꺼려지고 혼자서 지내고 싶은 충동을 자주 느낄 것이다. 행복한 사람은 사교성이 높기 때문에 다양한 사회 활동을 통해서 행복을 더 많이 일군다는 것도 일리가 있다. 따라서 자신을 조종하는 유전자의 자극을 물리치지 않는다면, 노력함으로써 일굴 수 있는 행복보다 훨씬 더 낮은 행복을 느낄지도 모른다.

## 행복 자동조절기

시카고 하이드 파크 근처에 사는 이혼녀 루스에게는 일주일에 한 번씩 일리노이 주에서 발행하는 5달러짜리 복권을 사는 일이 삶의 낙이었다. 그녀가 이렇듯 복권 구입에 병적으로 매달린 것은 떨쳐내기 힘든 우울함 때문이었다. 아마도 그때 그녀가 심리치료를 받았다면 '가벼운 우울증'이라는 진단을 받았을 것이다. 루스가 우울증에 시달리기 시작한 것은 3년 전 남편이 자신을 버리고 다른 여자에게 가버린 뒤부터였다. 그러나 곰곰이 생각해보면 적어도 중학생 시절, 그러니까 25년 전에도 자신은 늘 우울했었던 것 같다.

그러던 어느 날 기적이 일어났다. 루스가 상금이 무려 2,200만 달러나 걸린 일리노이 복권에 당첨된 것이다. 그녀는 온 세상을 다 얻은 듯 기뻤다. 그 후로 루스는 니먼마커스 백화점에서 선물 포장을 하던 일을 당장 그만두고 부유촌인 에반스톤에 방 18개짜리 집을 구입했다. 그리고 베르사체 옷들을 사고 최고급 승용차 재규어도 구입했다. 게다가 쌍둥이 아들을 둘 다 명문 사립학교에 보냈다. 그런데 겉보기엔 남부러울 게 없었음에도 그녀의 기분은 갈수록 가라앉기만 했다. 그해 연말 심리치료사는 루스에게 만성 우울증이라는 진단을 내렸다.

심리학자들은 이런 사례를 대할 때마다 사람은 저마다 이미 설정된 행복의 범위, 즉 어김없이 되돌아가야 하는 유전적인 행복도가 있을 것이라는 의구심을 품는다. 안타깝게도 이미 설정된 행복의 범위란 온도 자동조절기와 같아서, 엄청난 행복을 느끼다가도 이내 자기 본래의 행복도로 되돌아가게 하는 역할을 한다. 거액의 상금이 걸린 복권에 당첨된 22명을 대상으로 연구한 결과, 이들은 더없이 행복하다가도 늘 이전의 행복도로 되돌아가기 때문에 통제 집단에 속한 다른 22명의 행복도보다 높지 않은 것으로 나타났다.

그러나 다행스럽게도 이 행복 자동조절기는 불행한 일을 당했을 때 그 불행에서 우리를 건져내는 역할을 하기도 한다. 실제로 우울증은 일시적으로 반복되는 증상이어서 한두 달 지나면 회복된다. 심지어 척수를 다쳐서 하반신이 마비된 사람도 두 달쯤 지나면 부정 정서보다 긍정적 정서가 더 지배적이라고 한다. 한두 해 정도 지난 뒤에는, 이들의 평균 행복도는 건강한 사람보다 조금 낮을 뿐 큰 차이가 없다는 것이다.

전신마비 환자들 가운데 84%가 자신의 삶을 보통이거나 보통 이상이라고 생각한다는 조사도 있다. 즉, 사람은 저마다 긍정 정서 수준과 부정 정서 수준이 일정하게 정해져 있으며, 이미 설정된 개인의 행복의 범위는 곧 유전으로 결정된 행복도라는 주장과 일치하는 것이다.

### 쾌락의 늪

행복 증진을 가로막는 또 하나의 장벽은 '쾌락'이다. 자신도 모르는 순간 이 쾌락에 빨려들면 그때부터 아주 당연한 것처럼 적응해간다. 부를 축적하고 크게 성공하면 기대치는 그만큼 올라간다. 지금까지의 성공과 재산에 더 이상 만족을 느끼지 못하고 더 큰 것을 바라게 된다. 따라서 자신의 행복도를 최고로 끌어올리려고 안간힘을 쓴다. 그러나 더 많은 부를 쌓고 더 큰 성공을 이룬 뒤에는 또다시 더더욱 큰 것을 바라게 되는 식으로 끝없이 되풀이된다.

만일 이런 쾌락의 늪이 없다면 부와 성공을 이룬 사람일수록 더 많이 행복한 것이 당연할 것이다. 그런데 현실은 그렇지 않다. 부자나 가난한 사람의 행복도에는 큰 차이가 없다. 여러 연구 결과를 종합해볼 때 부와 성공이 행복에 미치는 영향은 놀라울 정도로 작다는 사실을 알 수 있다.

- 해고나 승진 같은 중대한 사건도 석 달만 지나면 행복도에 영향을 미치지 않는다.
- 끊임없이 쌓여가는 부와 행복도의 상관관계는 매우 낮다. 평균적으로 볼 때 부자는 가난한 사람보다 조금 더 행복할 뿐이다.

- 미국을 비롯한 선진국의 경우, 지난 50년 동안 실질소득은 급격히 증가했지만 생활 만족도는 전혀 증가하지 않았다.
- 최근의 개별적인 급여 인상으로 직업 만족도를 예측할 수는 있지만, 봉급 인상의 평균치는 행복도의 예측 척도가 되지 못한다.
- 여러 가지 혜택을 누릴 수 있는 물질적 부와 마찬가지로 신체적 매력 또한 행복도에 큰 영향을 미치지 않는다.
- 무엇보다도 가장 큰 재산으로 꼽는 신체 건강도 행복도와 별 상관이 없다.

그러나 적응에도 한계는 있다. 사람이 끝내 적응하지 못하는 일이 있는가 하면 아주 서서히 적응하는 일도 있다. 교통사고로 자식이나 배우자를 잃은 경우가 그 한 예다. 이런 엄청난 비극을 당한 사람은 4년에서 7년 쯤 지난 뒤에도 여느 사람들에 비해 훨씬 더 우울하고 불행해한다. 알츠하이머 환자를 둔 가족은 시간이 지날수록 점점 더 불행하다고 느끼며, 인도나 나이지리아처럼 아주 가난한 나라의 국민은 몇 백 년간 늘 가난 속에서 살아왔으면서도 그 가난에 적응하지 못해 잘사는 나라의 국민보다 행복도가 훨씬 낮은 것으로 나타났다.

이처럼 S변수들, 즉 유전적 특성, 쾌락의 늪 등 이미 설정된 행복 범위는 개인의 행복도를 높이는 데 걸림돌이 된다. 그러나 나머지 두 가지 변수인 삶의 환경(C)과 개인의 자발적 행동(V)은 행복도를 높이는 데 강력한 영향을 미치며, 이는 걸림돌이 아니라 지렛대로 삼을 수 있다.

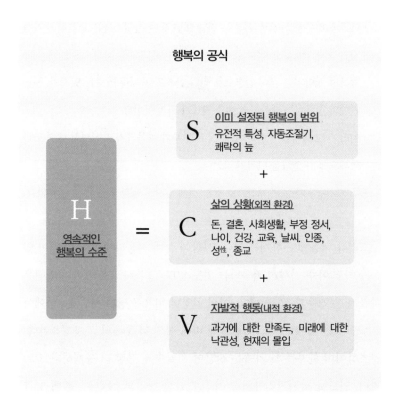

**행복의 공식**

H
영속적인
행복의 수준

=

S
<u>이미 설정된 행복의 범위</u>
유전적 특성, 자동조절기,
쾌락의 늪

+

C
<u>삶의 상황(외적 환경)</u>
돈, 결혼, 사회생활, 부정 정서,
나이, 건강, 교육, 날씨. 인종,
성性, 종교

+

V
<u>자발적 행동(내적 환경)</u>
과거에 대한 만족도, 미래에 대한
낙관성, 현재의 몰입

## 삶의 상황(C)

상황은 사람에 따라 행복을 증진시키는 요소로 작용하기도 한다. 그러나 안타깝게도 상황을 바꾼다는 게 말처럼 쉽지 않을 뿐더러 비용도 많이 든다. 삶의 상황이 어떻게 행복도를 높이는지 살펴보기 전에 먼저 다음의 질문에 답해보라.

사실 사회경제적으로 불리한 위치에 있는 다음 네 집단 모두 당사자들은 대단히 행복하다고 응답한 반면, 이 조사에 응한 미국 성인들 중

1. 미국인 가운데 우울증 치료를 받은 사람은 몇 %일까? _____

2. 미국인 가운데 자신의 생활만족도가 보통 이상이라고 응답한 사람은 몇 %일까? _____

3. 정신질환자 중에서 스스로 부정 정서 감정보다 긍정 정서가 더 많다고 생각하는 사람은 몇 %일까? _____

4. 아래 미국인 집단 중 긍정 정서보다 부정 정서가 더 많을 것 같은 집단은?

   가난한 흑인 _____

   실직자 _____

   노인 _____

   중증 장애인 _____

가난한 흑인에 대해서 정반대로 응답한 사람이 83%였고, 실직자에 대해서는 전원이 정반대로 응답했다. 노인과 중증 장애인에 대해서는 각각 38%와 24%의 성인들만이 긍정 정서가 더 많을 것이라고 응답했다. 우리는 이 조사를 통해 사람들은 대부분 객관적인 환경에 아랑곳없이 자신의 행복도는 높게, 다른 사람의 행복도는 현저히 낮게 평가한다는 사실을 알 수 있다.

행복에 관한 본격적인 연구가 이루어지기 시작한 1967년에 윌슨Wilson, Warner은 당시까지 알려져 있던 일반적인 통념들을 정리했다. 그리고 행복한 사람의 조건을 다음과 같이 꼽았다.

• 고소득

• 결혼

- 젊음
- 건강
- 고학력
- 성차별 없음
- 지능 차이 없음
- 종교

이 가운데 절반은 터무니없지만 절반은 옳다. 이제부터 외적 환경이 행복에 미치는 영향에 대해 지난 35년 동안 밝혀진 사실들을 토대로 살펴보고자 한다. 개중에는 뜻밖의 사실들도 있다.

## 돈

"나는 부도 경험했고 가난도 경험했다. 부자가 더 좋다." (소피 터커)

"행복은 돈으로 살 수 없다." (속담)

언뜻 서로 모순되는 듯한 위 두 가지 인용문은 알고 보면 모두 맞는 말이다. 부와 가난이 행복에 미치는 영향에 대한 자료들은 수없이 많다. 연구자들은 선진국 국민과 후진국 국민이 느끼는 행복을 비교하는 광범위한 조사를 실시했다. 나라별로 최소 1,000명이 참여한 40개국의 비교 조사에서 생활 만족도를 파악한 것이다. 먼저 당신이 다음 질문에 답해보라.

요즘 당신은 자신의 생활에 대체로 얼마나 만족하는가? 1(불만족)에서 10(만족) 사이에서 당신의 만족도를 수치로 표현해보라. _____

다음 페이지에 나오는 표는 이 질문에 응답한 각국의 생활 만족도와 평균 구매력(미국의 구매력을 100으로 하여)을 비교한 것이다.

수십만 명의 성인을 대상으로 한 이 국가 간 비교 조사에서 우리는 다음과 같은 사실을 이끌어낼 수 있다. 첫째, 소피 터커의 말은 부분적으로 옳다. 국민 총구매력과 평균 생활 만족도가 대체로 비례하기 때문이다. 그러나 1인당 국민총생산이 8,000달러를 넘어가면 생활 만족도와 부는 상관관계가 없어지는 것을 알 수 있다. 빈부 격차가 심한 스위스 국민과 불가리아 국민을 비교해보면 부유한 스위스 국민이 훨씬 더 행복해하지만, 1인당 국민총생산이 높은 선진국들, 예컨대 아일랜드, 이탈리아, 노르웨이, 미국 등의 국민을 서로 비교해보면 부와 생활 만족도는 큰 관계가 없는 것을 확인할 수 있다.

40개국 중에서 가장 가난한 나라에 속하는 중국, 인도, 나이지리아 국민의 생활 만족도가 꽤 높은 것과 일본 국민의 생활 만족도가 낮은 것은 자못 이례적인 현상으로, 이 자료를 통해 알 수 있는 것은 행복은 돈으로 살 수 없다는 사실이다. 지난 50년 동안 선진국 국민의 구매력 변화에서도 이와 같은 사실이 엿보인다. 미국, 프랑스, 일본 등의 실질 구매력은 다른 나라의 두 배가 넘지만 생활 만족도에서는 큰 차이가 없으니 말이다.

돈이 많다고 더 행복할까? 가난이 생존 자체를 위협하는 극빈 국가

* 각국의 생활 만족도와 구매력

| 나라 | 생활 만족도 | 구매력 |
| --- | --- | --- |
| 불가리아 | 5.03 | 22 |
| 러시아 | 5.37 | 27 |
| 벨로루시 | 5.52 | 30 |
| 라트비아 | 5.70 | 20 |
| 루마니아 | 5.88 | 12 |
| 에스토니아 | 6.00 | 27 |
| 리투아니아 | 6.01 | 16 |
| 헝가리 | 6.03 | 25 |
| 터키 | 6.41 | 22 |
| 일본 | 6.53 | 87 |
| 나이지리아 | 6.59 | 6 |
| 한국 | 6.69 | 39 |
| 인도 | 6.70 | 5 |
| 포르투갈 | 7.07 | 44 |
| 스페인 | 7.15 | 57 |
| 독일 | 7.22 | 89 |
| 아르헨티나 | 7.25 | 25 |
| 중국 | 7.29 | 9 |
| 이탈리아 | 7.30 | 77 |
| 브라질 | 7.38 | 23 |
| 칠레 | 7.55 | 35 |
| 노르웨이 | 7.68 | 78 |
| 핀란드 | 7.68 | 69 |
| 미국 | 7.73 | 100 |
| 네덜란드 | 7.77 | 76 |
| 아일랜드 | 7.88 | 52 |
| 캐나다 | 7.89 | 85 |
| 덴마크 | 8.16 | 81 |
| 스위스 | 8.36 | 96 |

에서는 부가 더 큰 행복을 예측하는 잣대임이 분명하다. 그러나 기본적인 사회안전망이 탄탄한 선진국에서는 부의 증가가 행복에 미치는 영향은 무시해도 좋을 만큼 하찮다. 미국 극빈자의 행복도는 꽤 낮은 편으로, 생활 만족도가 낮은 사람은 부가 늘어난다고 해서 행복도가 높아지는 건 아니라는 사실을 시사해준다. 미국 경제전문지 「포브스」가 선정한 100대 갑부로서, 평균 순수입이 1억 2,500만 달러에 달하는 어마어마한 부자들조차도 보통 시민들보다 조금 더 행복할 뿐이다.

그렇다면 지독히 가난한 사람들은 어떨까? 행복을 연구하는 전문가는 아니지만 심리학에 상당히 조예가 깊은 비스워스-디너<sup>Biswas-Diener, Robert</sup>는 지구의 땅 끝에 있는 인도 캘커타, 케냐의 농촌, 캘리포니아 중부에 있는 도시 프레스노, 1년 내내 얼어붙은 그린란드의 동토 지대를 돌아다니며 세상에서 가장 척박한 땅에서 사는 사람들의 행복도를 조사했다. 아울러 캘커타에 사는 매춘부 32명, 노숙자 31명을 인터뷰하고 그들의 생활 만족도를 검사했다.

우리는 상식적으로 캘커타의 빈민들은 자신들의 삶에 진저리 칠 것이라고 생각한다. 그러나 놀랍게도 실제는 그렇지 않다. 그들의 평균 생활 만족도는 3점 만점에서 1.93으로 조금 부정적이며, 2.43을 기록한 캘커타 대학교 학생들보다 낮은 것은 사실이다. 그러나 구체적인 항목별 점수는 높아서, 도덕성 2.56, 가족 2.50, 친구 2.40, 식사 2.55 등이다. 그중에서 가장 만족도가 낮은 항목은 수입으로 2.12였다.

그러나 비스워스-디너는 캘커타의 노숙자들과 캘리포니아의 부랑자들을 비교해본 결과 캘커타 노숙자의 생활 만족도가 현저하게 높다는 사실을 발견했다. 캘리포니아 부랑자의 평균 생활 만족도는 1.29로, 캘커타 노숙자의 생활 만족도 1.60보다 훨씬 낮았다. 조사 결과에서 극빈은 사회악이며, 지독한 가난에 허덕이는 사람들은 행복을 거의 느끼지 못한다는 사실을 알 수 있다. 그렇지만 가난한 사람들 역시 나름대로 삶에 만족하고 있음도 알 수 있다. 물론 이것은 미국보다 인도의 빈민들에게 더욱 많이 해당한다. 만약 극빈이 행복을 거의 느끼지 못하게 하는 원인이라면 기회의 부족, 높은 유아 사망률, 열악한 수거 환경과 비위생적인 음식, 인구 과밀, 실업, 열악한 노동 환경 등을 개선하고 가난을 줄이기 위해 노력해야 할 것이다. 그러나 생활 만족도가 낮은 것은 이와 별개의 문제다.

당신의 행복에 영향을 미치는 것은 돈 그 자체보다 돈이 당신 삶에서 차지하는 비중이다. 물질만능주의는 도리어 행복을 저해한다. 돈을 가장 중시하는 사람은 실질 소득이 아무리 많아도 자신의 소득은 물론 삶 전체에 대해 늘 부족감을 느끼기 때문이다.

### 결혼

결혼은 저주스런 족쇄라고도 하고, 영원한 기쁨의 원천이라고도 한다. 이 두 가지 비유는 어느 것도 정확하지는 않지만, 여러 자료들을 검토해볼 때 전자보다는 후자가 더 타당해 보인다. 행복에 큰 영향을 미치지 않는 돈과 달리, 결혼은 행복과 꽤 관련이 깊다. 시카고 대학교의 리서치센터에서 지난 30년 동안 3만 5,000명을 대상으로 실시한 조사 결과, 기혼자 가운데 40%는 '아주 행복하다'고 응답한 반면 미혼자, 별거 중인 사람, 이혼하거나 사별한 사람은 24%만이 '아주 행복하다'고 응답했다. 동거는 개인주의 문화가 팽배한 미국에서는 더 많은 행복을 가져다주지만, 일본이나 중국처럼 집단생활을 중시하는 나라에서는 오히려 행복을 감소시킨다고 한다.

결혼생활에 더 큰 영향을 미치는 것은 나이나 소득보다 행복으로서, 이것은 남녀 모두 같았다. 그러나 키에르케고르가 냉소적으로 인용한 "불행한 결혼을 택하느니 차라리 목을 매는 쪽을 택하겠다"는 표현도 황당무계하지만은 않다. 결혼생활이 불행하면 삶 자체가 절대 행복할 수 없기 때문이다. 심지어 '아주 불행한' 결혼생활을 하는 사람들 가운데 행복도가 미혼자나 이혼한 사람들보다 더 낮은 경우도 적지 않다.

이처럼 결혼과 행복의 상관관계가 높다면, 결혼한 사람은 누구나 행복할 것이다. 그렇지만 이것은 결혼생활 연구자들이 보증할 만큼 행복한 부부를 대상으로 했을 때 얻을 수 있는 결과일 뿐이다. 게다가 고약한 사실이 두 가지 더 있다. 행복한 사람이 결혼할 확률도 높고 화목한 결혼생활을 유지할 가능성이 크다는 것과, 미모나 사교성 같은 제3의 변수들도 행복도와 결혼 가능성을 높여줄 수 있다는 것이다. 요컨대 우울한 사람은 결혼생활을 하면서 더욱 말수가 적어지고, 짜증이 늘며, 자기중심적인 사람이 될 가능성이 많기 때문에 배우자에게 사랑받기 힘들다. 따라서 기혼자가 미혼 남녀보다 더 행복하다고 단정 짓기에는 무리가 있는 듯하다.


### 사회생활

디너와 나는 아주 행복한 사람들에 대한 연구를 통해, 행복도가 높은 상위 10%에 속하는 대학생들 가운데 단 한 사람을 제외하고는 모두 애인이 있다는 사실을 알게 되었다. 아주 행복한 사람은 폭넓고 자기만족적인 사회생활을 한다는 점에서 불행한 사람들과 현저하게 다르다. 아주 행복한 사람은 혼자 지내는 시간을 최대한 줄이고 사회생활을 하는데 가장 많은 시간을 할애하기 때문에 자타가 공인할 만큼 대인관계가 좋다.

이 연구 결과는 결혼과 행복의 상관관계를 뒷받침한다. 행복한 사람이 사회생활을 활발하게 한다는 것은 곧 사교성이 좋은 사람이 결혼할 기회가 많다는 뜻이니, 결국 애초부터 행복한 사람들이 그만큼 결혼할 확률이 높은 셈이다. 하지만 어떤 경우든 원인과 결과를 명확히 구분하기란 쉽지 않다. 어쨌든 폭넓은 사회생활과 결혼이 행복을 증진시켜줄 가능성이 큰 것은 사실이다. 그러나 행복한 사람은 애초부터 사랑을 많이 받기 때문에 폭넓은 대인관계를 형성하고 결혼할 가능성도 더 높을지 모른다. 아니면 외향적인 성격이나 탁월한 말솜씨 같은 제3의 변수 덕분에 폭넓은 대인관계를 유지하고 더 큰 행복을 누릴 수도 있다.


### 부정 정서

만일 당신의 삶에서 나쁜 일들을 최소화함으로써 부정 정서를 줄이려고 노력한다면 긍정 정서가 그만큼 더 많아질까? 뜻밖에도 시련을 많이 겪는다고 해서 기쁨의 양이 그만큼 줄어들지는 않는다. 이처럼 긍정 정서와 부정 정서가 완전 반비례하지 않는다는 것을 뒷받침하는 증거가 몇 가지 있다.

브래드번Bradburn, Norman 시카고 대학교 명예교수는 오랫동안 미국인 수천 명의 생활 만족도를 조사하면서, 유쾌한 감정과 불쾌한 감정이 일어나는 횟수에 대해 질문했다. 브래드번 교수는 두 감정의 발생 빈도가 완전히 반비례할 것으로 짐작했다. 그러니까 부정 정서를 많이 경험한 사람이 긍정 정서를 그만큼 적게 느낄 것이라고 생각했던 것이다. 하지만 여러 차례의 조사 결과 반드시 그렇지는 않다는 것이 밝혀졌다.

긍정 정서와 부정 정서는 완만한 반비례를 이룬다. 이것은 곧 부정 정서가 많을 때 긍정 정서는 보통보다 조금 적을 수 있다는 것이지, 행복과 정반대의 삶을 산다는 뜻이 아니다. 마찬가지로 긍정 정서가 많다고 해도 당신이 슬픔을 극복하는 수준은 보통보다 조금 높을 뿐이다.

그 다음에 나온 것이 남성과 여성의 비교 연구였다. 오래 전부터 기정사실로 알려져 있듯이 우울증 경험은 여성이 남성의 두 배이며, 일반적으로 여성이 남성보다 부정 정서가 더 많다. 그런데 긍정 정서의 남녀 차이를 조사한 연구자들은 여성이 남성보다 긍정 정서를 훨씬 더 많이 경험한다는 뜻밖의 결과를 얻었다. 그뿐 아니라 여성이 훨씬 더 자주, 더 강렬하게 긍정 정서를 경험한다고 한다. 결국 여성이 남성보다 훨씬 더 극단적인 정서생활을 한다는 것이다.

고대 그리스어 '소테리아soteria' 는 극단적이고 비이성적인 기쁨을 의미한다. 이와 반대되는 '포비아phobia' 는 병적이고 비이성적인 공포를 뜻한다. 그러나 소테리아는 원래 죽음의 위기를 모면했을 때 그리스인들이 벌인 축제에서 생겨난 말이다. 이 말은 더없이 섬뜩한 공포에서 벗어난 뒤에 오는 기쁨이 때때로 절정에 달한다는 것을 시사해준다. 롤러코스터, 번지점프, 공포영화를 통해 얻는 기쁨이 더없이 크고, 심지어 전쟁 시에 정신질환자의 수가 급격히 감소한다는 사실도 이를 증명해준다.

전체적으로 볼 때, 부정 정서와 긍정 정서는 극단적인 대립 관계가 아니다. 그렇다면 어떤 관계인지, 또 왜 그런 것인지는 분명하게 알려지지 않았는데, 이것을 해결하는 것이 긍정심리학의 흥미진진한 과제 가운데 하나이다.

### 나이

윌슨이 35년 전에 수행한 연구에서는 젊음이 더 큰 행복을 예측할 수 있는 확고한 잣대임이 밝혀졌다. 그런데 젊음이 과연 행복의 잣대인지를 재확인한 결과, 연구자들은 젊은이가 누리는 막대한 행복도 사그라질 수 있다는 것을 알게 되었다. 노인은 매사에 불평만 하는 완고한 사람이라는 생각도 실제와는 거리가 멀다.

40개국의 성인 6만 명을 대상으로 조사한 연구자들은 행복을 세 가지 요소, 즉 생활 만족도, 유쾌한 감정, 불쾌한 감정으로 나누었다. 생활 만족도는 나이가 들면서 조금씩 증가했으며, 유쾌한 감정은 조금씩 감소했고, 불쾌한 감정은 아무런 변화가 없었다. 사람이 나이가 들어감에 따라 크게 변하는 것은 정서의 강도인 것이다. '이 세상 최고 같다' 나 '절망의 나락에서 헤어나지 못할 것 같다' 등의 극단적인 감정은 나이가 들고 세상 경험이 많아지면서 점차 사그라진다.

### 건강

건강을 으레 행복의 관건으로 여기는 것은 한평생을 건강하게 사는 것보다 더 중요한 게 없다고 믿기 때문이다. 그러나 객관적으로 양호한 건강은 행복과 무관하다. 정말로 중요한 것은 주관적으로 느끼는 건강인데, 아무리 중병에 걸렸더라도 자신이 건강하다고 확신할 때에야 비로소 시련을 이겨낼 수 있는 힘이 생긴다. 의사의 진단을 받고 병원에 입원하는 것은 생활 만족도에 아무런 영향을 미치지 않지만, 자기 스스로 병에 걸렸다고 판단한 경우에는 부정 정서의 영향을 받는다. 심지어 말기 암환자와 객관적으로 건강하다는 진단을 받은 사람들의 생활 만족도에도 큰 차이가 없었다.

치료가 쉽지 않은 중병을 오래 앓을 경우, 일반적으로 생각하는 것보다는 덜하지만 행복과 생활 만족도가 감소하는 게 사실이다. 심장병 같은 만성질환으로 입원한 사람들은 1년쯤 지나면 행복도가 현저하게 높아지지만, 5년 이상 입원한 사람은 시간이 지나면서 감소한다. 이를테면 심하지 않은 병일 경우 불행하게 느끼지 않지만, 중병일 경우에는 불행하다는 생각에 젖게 되는 것이다.

### 교육, 날씨, 인종, 성性

이 네 가지 조건을 한 항목으로 묶은 것은 놀랍게도 이 네 가지가 전부 행복과는 무관하기 때문이다. 교육이 고소득을 올릴 수 있는 수단이기는 해도 행복을 증진시키는 수단은 아니다. 물론 저소득층의 경우에 다소 영향을 미치긴 한다. 지능도 행복에 아무런 영향을 미치지 않는다. 또한 날씨에 따라 행복도가 달라지지는 않는다. 혹독한 겨울 추위를 견뎌야 하는 네브래스카 주민은 캘리포니아에 사는 사람들이 훨씬 더 행복할 것이라고 믿지만 사실은 그렇지 않다. 사람은 날씨에 대한 적응력이 빨라 조금만 지나면 화창하고 따뜻한 날씨가 행복 요소로 작용하지 않는다.

또한 미국에서는 인종이 행복을 크게 좌우하지는 않는다. 흑인들이나 라틴 아메리카계 사람들은 저소득층임에도 불구하고 백인보다 우울증에 걸릴 확률이 눈에 띄게 낮다. 물론 그렇다고 그들의 행복도가 백인들에 비해 높다는 것은 아니다.

이미 앞서 지적했듯이 남녀 간의 정서는 상당히 다르다. 여성과 남성의 평균 행복도는 비슷하지만, 여성이 남성보다 훨씬 더 행복해하면서도 훨씬 더 우울해한다.

### 종교

프로이트가 종교란 한낱 환상에 지나지 않는다며 비난한 이후 50년 동안 사회과학계에서는 여전히 종교에 관해 모호한 입장을 취했다. 순수 과학계에서는 종교를 죄의식, 성적 억압, 다른 종교에 대한 편협성, 반지성주의, 맹종주의를 유발한다고 비난했다. 그러나 20여 년 전, 심리 작용에 긍정적인 영향을 미친다는 연구 결과가 나오면서 예전과는 다른 각도에서 종교에 접근하기 시작했다. 미국의 경우 종교인이 약물 중독, 범죄, 이혼, 자살 등을 행하는 확률이 훨씬 적었기 때문이다. 아울러 신체적으로도 훨씬 더 건강하고 더 오래 사는 것으로 나타났다. 장애아를 둔 어머니가 신앙생활을 하면서 우울증을 한층 쉽게 극복하는가 하면, 종교인들이 이혼, 실직, 질병, 사망에 이르는 경우가 훨씬 적었다. 게다가 종교인이 비종교인보다 삶에 만족하고 더 행복해한다는 연구 결과가 꾸준히 나오고 있다.

종교인이기 때문에 더 건강하고 한결 적극적인 사회생활을 하는 것인지, 아니면 그 반대인지를 가늠하기란 쉽지 않다. 많은 종교는 약물 복용, 범죄, 방탕을 금지하는 대신 자선, 절제, 근면을 중요한 덕목으로

꼽는다. 하지만 더 큰 행복, 우울증 해소, 슬픔을 극복하는 힘과 종교와
는 직접적인 관련이 없다. 행동주의 심리학이 전성기를 누리고 있을 당
시, 종교에서 정서적 위안을 얻는 것은 사회적 활동이 그만큼 많기 때
문이라고 설명했다. 종교인들은 다른 사람들과 만나 서로 따뜻이 배려
하는 친교 활동을 하며 공감대를 형성하기 때문에 너나없이 큰 행복을
느낀다. 그러나 이보다 더 근본적인 종교의 역할은 미래에 대한 희망을
심어주고 삶의 의미를 부여하는 것이라는 게 내 생각이다.

　이 장은 당신의 행복도를 현상 유지시키는 설정 범위가 있다는 것을
전제로 하여, 그 범위를 극대화하기 위해 당신이 삶의 환경을 어떻게
변화시킬 수 있는가 하는 문제제기인 셈이다. 최근까지도 행복한 사람
의 조건이 고소득, 결혼, 젊음, 건강, 고학력, 종교라는 것을 많은 사람
들이 인정했다. 그런 만큼 지금까지 행복에 영향을 미친다고 주장해온
외적 환경이라는 변수에 대해 살펴보았다. 만일 당신의 행복도를 지속
적으로 증진시켜 행복한 삶을 만들기 위해 외적 환경을 바꾸려면 다음
과 같이 해보길 바란다.

- 가난한 독재 국가에서 살지 말고 부유한 민주 국가에서 살라(효과가 크다).
- 결혼하라(효과가 크지만 인과관계는 불분명하다).
- 부정 사건과 부정 정서를 피하라(효과가 보통이다).
- 광범위한 대인관계를 형성하라(효과가 크지만 인과관계는 불분명하다).
- 신앙생활을 하라(효과가 보통이다).

　그러나 오로지 행복도와 생활 만족도를 높이기 위해서라면 다음과

같은 일을 하려고 애쓸 필요는 없다.

- 더 많은 돈을 벌라(이 책을 사는 데 부담을 느끼지 않을 정도라면 돈은 거의 혹은 전혀 효과가 없을 뿐만 아니라 물질만능주의자일수록 덜 행복하다).
- 건강을 지키라(중요한 것은 객관적 건강이 아니라 주관적 건강이다).
- 되도록 많은 교육을 받으라(전혀 효과가 없다).
- 자신의 인종을 바꾸거나 따뜻한 지역으로 이사하라(전혀 효과가 없다).

여기에서 절대로 불가능하거나 바꾸기 힘든 요소들이 있다는 것을 발견했을 것이다. 설령 위에서 소개한 외적 환경들을 모두 바꿀 수 있다고 해도 당신에게 큰 도움이 되지는 않는다. 그러한 외적 환경 요소들을 모두 합쳐도 당신의 행복도는 고작해야 8%에서 15% 정도 높아지기 때문이다.


자발적 행동(v)


반면 당신의 행복도를 높일 수 있는 내적 환경들은 많다. 제2부에서는 바로 이런 내적 환경인 자발적 행동(V)에 대해 살펴본다. 자발적 행동을 당신의 자율 의지에 큰 영향을 미친다. 만일 당신이 바꾸려고 결단하고 엄청난 노력이 필요하다는 사실만 명심한다면, 당신의 행복도는 지속적으로 증가해서 행복한 삶을 살 수 있을 것이다.

PART 2

# 행복도를 높이는 비결
## 긍정 정서 키우기

※

인간이 불행한 것은 자기가
행복하다는 것을 모르기 때문이다.
이유는 단지 그것뿐이다.
오직!
그것을 자각한 사람은 곧 행복해진다. 일순간에!

－도스토예프스키

# 과거의 긍정 정서
# 키우기

생각이 과거의 정서를 좌우한다

우리는 이미 개인의 설정된 범위에서 최고의 행복을 누릴 수 있을까? 어떤 자발적 행동들이 지속적인 변화를 일으키며 순간적인 쾌락보다는 더 큰 즐거움을 유발할 수 있을까?

긍정 정서는 과거에 대한 것일 수도 있고, 현재나 미래에 대한 것일 수도 있다. 미래의 긍정 정서에는 낙관성, 희망, 신념, 신뢰가 포함된다. 현재의 긍정 정서로는 기쁨, 황홀경, 평온함, 열의, 정열, 즐거움, 그리고 가장 중요한 몰입이 있다. 이러한 긍정 정서들은 대부분의 사람들이 너무 협소하게 축약되지 않은 정도에서 행복에 대해 이야기할 때 보통 나타나는 것이다. 과거의 긍정 정서에는 만족, 안도감, 성취감, 자부심,

평정이 포함된다.

이 세 가지 정서는 그 의미가 서로 다를 뿐만 아니라 꼭 밀접하게 연결되어 있는 것도 아니다. 과거, 현재, 미래의 긍정 정서가 모두 행복하다면 더 바랄 나위 없겠지만 늘 그런 것은 아니다. 가령 과거에 대해서는 자부심과 만족감을 느껴도 현재는 못마땅하고 미래에 대해서는 비관적인 경우도 있다. 또한 현재는 매우 즐겁지만 과거는 괴롭고 미래는 희망적일 수도 있는 것이다. 이처럼 저마다 다른 세 가지 행복을 알게 되면 과거의 정서, 미래의 생각, 현재 겪고 있는 정서를 긍정적인 방향으로 이끌 수 있다.

먼저 자신의 과거에 대한 검사부터 시작해보자. 웹사이트 www.authentichappiness.org에 있는 검사지를 이용하면 성별, 나이별, 직업별로 비교해볼 수도 있다.

## 생활 만족도 검사

다음 다섯 가지 진술은 당신의 생각과 일치할 수도 있고 그렇지 않을 수도 있다. 아래의 1부터 7까지 당신의 생각과 가장 비슷하다고 여겨지는 수를 각 항목 앞의 빈칸에 써라.

7 = 많이 일치한다
6 = 일치한다
5 = 조금 일치한다
4 = 일치하지도 다르지도 않다
3 = 조금 다르다
2 = 다르다
1 = 많이 다르다

_____ 내 삶은 어느 모로 보나 내 이상과 가깝다.

_____ 내 삶의 상황은 대단히 훌륭하다.

_____ 나는 내 삶에 더없이 만족한다.

_____ 아직까지는 살아오면서 내가 원하는 중요한 것들은 다 이루었다.

_____ 나는 다시 태어난다고 해도 아무것도 바꾸지 않겠다.

_____ **합계**

30~35  평균을 훨씬 웃도는 더없이 만족한 상태

25~29  평균이 넘는 꽤 만족한 상태

20~24  미국 성인 평균에 해당하는 조금 만족한 상태

15~19  평균보다 조금 낮은 불만족 상태

10~14  평균을 밑도는 불만족 상태

5 ~ 9  평균을 훨씬 밑도는 아주 불만족한 상태

서로 다른 여러 문화권에 사는 수천만 명이 이 검사를 받았다. 여기에 일부 대표되는 규준을 제시하자면, 미국 중년층의 경우 남성은 평균 28점, 여성은 26점이었다. 북아메리카 대륙의 대학생들은 평균 23점에서 25점을 기록했으며, 동유럽과 중국 대학생들의 평균 점수는 16점에서 19점이었다. 남성 수감자와 입원 환자는 평균 12점으로 같았다. 정신과 외래 환자는 평균 14점에서 18점, 학대받은 여성과 노인 간병인의 사람들은 뜻밖에도 모두 평균 21점이나 되었다.

과거의 정서는 안도감, 평온, 자부심, 만족감에서부터 절대 줄지 않는 고통, 원한에 찬 분노에 이르기까지 다양하다. 이런 정서들은 오직 과거의 당신의 생각에 달려 있다. 생각과 정서의 관계는 가장 오래되었음에도 불구하고 여전히 가장 뜨거운 논란이 되고 있는 심리학의 과제이

기도 하다. 20세기 초반, 70년 동안 심리학계를 주름잡았던 프로이트 학파의 고전적인 견해는 정서에 따라 생각이 달라진다는 것이었다.

남동생은 진심으로 당신의 승진을 축하해주는데 당신의 마음속에서는 분노의 정서가 일렁인다. 당신의 생각은 세차게 몰아치는 정서의 바다에 떠 있는 부서지기 쉬운 뗏목과 같아서, 부모의 사랑을 독차지하고 있는 남동생에 대한 질투심이 타오르고, 무시당하고 홀대받던 기억이 물밀듯이 밀려오기 시작한다. 그리하여 당신은 마침내 남동생을 까닭 없이 분에 넘치는 사랑을 받고 있는 나쁜 놈이라고 생각하기에 이른다.

이런 견해를 뒷받침하는 증거는 매우 많다. 우울할 때는 누구든 행복한 기억보다는 슬픈 기억이 훨씬 더 많이 떠오르게 마련이라는 둥, 구름 한 점 없이 화창한 여름날 오후에 뼛속까지 스며드는 으스스한 비의 이미지를 생각하기란 거의 불가능하다는 둥, 아드레날린 분비를 촉진시키는 약물을 주사하면 스테로이드가 함유된 약물이 일으키는 부작용과 마찬가지로 공포, 불안을 유발하여 악의 없는 사건을 위험과 상실 쪽으로 해석하는 편견을 갖게 된다는 둥, 속이 메스껍고 구역질이 나는 것은 지난번에 먹은 생소한 소스 때문이 아니라 위장염 때문인 줄 뻔히 알면서도 그 소스를 보고 구토 증상을 일으키기도 한다는 것이다.

30년 전 순수심리학계에서는 인지과학이 돌풍을 일으키며 프로이트주의와 행동주의자들을 거세게 비판했다. 인지심리학자들은 사고 행위는 학문의 대상으로서 측정할 수 있으며, 생각이 단순히 정서나 행동의 반영은 더더욱 아니라는 사실을 주장했다. 인지치료 분야의 선도적인 이론가 아론 벡$^{Beck, Aaron T.}$은 인지 작용이 정서를 일으키는 것이지, 정서가 인지 작용을 이끌어내는 게 아니라고 주장했다. 위험하다는 생각 때문에 불안이 생기고, 놓칠지 모른다는 생각 때문에 슬퍼지고, 침해당할 수 있다는 생각 때문에 분노하게 된다는 것이다.

따라서 이런 감정에 휩싸일 때 당신이 할 일은 일련의 생각들을 차근차근 더듬어보면서 그런 감정이 들게 한 생각을 찾아내야 한다는 것이다. 이런 견해를 뒷받침하는 증거 또한 수없이 많다. 우울한 사람들은 과거, 미래, 자신의 능력에 대한 부정적인 생각에 지배당하기 때문에, 비관적인 생각을 반박할 방법을 터득하면 병의 재발과 발병 횟수를 줄여주는 항우울제와 거의 비슷한 효과를 얻게 된다고 한다. 또한 공황 장애에 걸린 사람은 심장이 두근거리거나 숨이 가빠지는 신체적 감각 작용을 심장병이나 뇌졸중의 조짐으로 잘못 해석하는데, 이는 질환이 아니라 단지 불안 때문에 나타나는 증상이라는 사실을 보여주면 이런 공황 장애는 충분히 치료할 수 있다는 것이다.

이처럼 상반된 두 가지 견해차는 아직도 좁혀지지 않았다. 프로이트 학파는 정서가 생각을 이끌어낸다는 주장을 굽히지 않았고, 인지심리학자들 역시 생각이 정서를 유발한다고 맞섰다. 그러나 경우에 따라 서로가 서로의 원인이 된다는 증거가 있으며, 이것은 21세기 심리학이 풀어야 할 과제이기도 하다. 그러면 정서가 생각을 이끌어내는 상황은 어떤 것이고, 생각이 정서를 이끌어내는 상황은 어떤 것일까?

나는 여기서 광범위한 해결책은 아니지만 이 부분에 대해 지엽적이나마 살펴보고자 한다.

사람의 정서생활 중에는 순간적이고 반사적인 것들이 있다. 예컨대 관능적 쾌락이나 황홀경은 생각이나 해석 작용이 전혀 필요 없이 즉각적으로 한순간에 일어난다. 당신이 진흙으로 지저분해진 몸을 따뜻한 물로 샤워하면 그냥 기분이 좋아진다. 이를테면 당신이 굳이 '지금 오물이 씻겨나가고 있다'는 생각을 하지 않아도 쾌락을 맛볼 수 있다는 얘기다. 그렇지만 이와는 대조적으로 과거에 대한 모든 정서는 오로지 생각과 해석에 의해서만 일어난다.

- 리디아와 마크는 이혼했다. 리디아는 마크라는 이름만 들어도 그 남자가 자신을 배신했다는 생각을 먼저 떠올린다. 그리고 20년 전 일인데도 속에서 불이 나듯이 격분한다.
- 현재 요르단에 살고 있는 팔레스타인 난민 압둘은 이스라엘을 생각하면, 한때 자신의 것이었으나 지금은 유대인 손에 넘어간 올리브 농장을 떠올린다. 그럴 때마다 그는 참을 수 없이 고통스럽고 증오심이 불타오른다.
- 에이들리는 자신이 살아온 긴 세월을 돌아보며 평온함, 자부심, 평화로움을 느낀다. 앨라배마 주의 가난한 흑인 집안의 딸로 태어나 마치 말라비틀어진 레몬을 빨아먹듯 어려운 상황을 극복했다고 생각하기 때문이다.

이 세 가지 사례에서는 해석이나 기억 또는 생각이 다음에 일어날 정서를 지배한다. 이처럼 솔직하고 확실한 사실을 통해 과거에 대한 자신의 정서를 파악할 수 있다. 더욱 중요한 것은 이것이 숱한 사람들을 자신의 과거에 얽매인 채 살아가게 한 독단에서 해방시킬 수 있는 열쇠라는 사실이다.

## 과거 속에서 산다는 것

자신의 과거가 미래를 결정한다고 믿는가? 철학에 대한 이상적인 질문이 아니다. 만일 과거가 미래를 결정한다고 믿는다면, 자기 자신을 그저 파도 치는 대로, 바람 부는 대로 떠밀려가는 배가 되도록 방치하는 것이나 다를 바 없다. 결국 이런 믿음은 많은 사람들을 타성에 젖게 한다. 아이러니하게도 이런 믿음 뒤에 도사리고 있는 이데올로기는 19세기의 천재로 꼽히는 세 사람인 다윈, 마르크스, 프로이트가 주창한 것일 수도 있다.

찰스 다윈은 인간이란 기나긴 과거의 승리를 통해 얻은 산물이라고 해석했다. 우리의 조상이 우리의 조상이 된 것은 그들이 두 가지 전쟁, 즉, 생존 투쟁과 짝짓기 투쟁에서 승리했기 때문이라는 것이다. 다윈의 주장대로라면 현대인이 지닌 모든 것은 우리가 계속 살아갈 수 있도록 세밀하게 개조되고 성공적으로 자손을 번식하게 해준 적응성의 집합체인 셈이다. '모든 것'이라는 말은 어쩌면 다윈의 견해라기보다, 미래의 일이란 과거 조상들이 결정해놓은 산물이라는 믿음 속에서 조작된 말일지도 모른다.

다윈은 자신도 모르게 사람을 과거 속에 가두어놓는 데 가담한 공범자가 되었지만, 마르크스와 프로이트는 스스로 적극적인 결정론자가 되었다. 마르크스는 계급투쟁이란 궁극적으로 자본주의를 몰락시키고 공산주의를 실현하는 '역사적 필연'으로 보았다. 거대한 경제 세력이 결정한 미래는 과거의 산물로서, 제아무리 '위대한' 사람조차도 개인의 힘으로는 이런 거대한 행진에서 벗어나지 못하기 때문에 과거의 산물을 미래에 반영할 뿐이라는 것이다.

프로이트와 그의 추종자들은 농담이나 꿈처럼 하찮은 일일지라도 인간의 삶에서 일어나는 모든 심리적 사건은 전적으로 과거에 의해 결정된다고 본다. 어린 시절은 단순히 성격 형성기가 아니라 장차 성인이 되었을 때의 성격을 결정하는 시기라는 것이다. 그렇다면 어린 시절에 해결하지 못한 일들이 많을 경우, 우리는 그 어린 시절에 '고착' 된 채 성적 충동과 공격적 충동을 해결하기 위해 애쓰면서 여생을 헛되이 보내야 한다. 의학 혁명과 행동주의 및 인지주의 치료법이 나오기 전까지, 정신의학자와 심리학자들은 수없이 많은 진료 시간을 어린 시절의 사소한 기억들을 회상하게 하는 데 투자했다. 아마 이 순간에도 상담 치료의 가장 큰 주제가 바로 유년기의 기억일 것이다.

1990년대에 대대적인 인기를 모은 '자활치료운동' 도 바로 이 결정론에서 비롯된 것이다. '자기 안의 아이inner child' 치료법이란, 성인이 되어서도 자기정체성을 형성하지 못한 채 혼란스러워하는 것은 스스로 내린 판단이 잘못되었다거나 인격 부족 때문이 아니라 어린 시절에 받은 마음의 상처에서 비롯된 것이므로, 어린 시절 마음의 상처trauma를 고스란히 안고 있는 과거의 자신을 깨끗이 치유해야 한다는 것이다. 그럴 때에야 비로소 '자기 학대' 에서 벗어날 수 있다는 것이다.

그러나 내 생각에 이런 치료법은 어린 시절의 사건을 지나치게 과대평가하고 있다. 솔직히 나는 과거의 역사가 전반적으로 과대평가되는 경향이 있다고 생각한다. 어린 시절의 사건들이 훗날의 성격 형성에 적게나마 영향을 미친다고 보기 힘들다는 사실이 밝혀졌으며, 실제로 결정적인 영향을 미친다는 주장을 뒷받침하는 설득력 있는 증거도 전혀 없다. 어린 시절의 경험이 성인기 발달에 커다란 영향을 미친다는 확신을 얻고 몹시 감격한 연구자들은 50년 전부터 자신들의 학설을 뒷받침해줄 만한 증거를 찾기 시작했다. 그들은 부모의 사망이나 이혼, 질병, 체벌, 무시, 성적 학대와 같은 어린 시절의 나쁜 경험들이 성인기에 파괴적인 영향을 미친다는 증거가 대단히 많을 것으로 기대했다. 그들은 성인기의 정신 건강과 유년기의 상실감에 관한 대대적인 연구를 수행하면서 향후 전망 연구까지 병행했다. 현재 이와 관련된 연구 논문이 수십 편에 이르는 것은 몇 년 동안의 오랜 시간과 막대한 연구비를 투자한 결과이다.

그러나 결과는 그들의 기대에 미치지 못했다. 증거로 삼을 만한 연구가 있긴 해도 신빙성은 낮았다. 예컨대 자녀가 11살이 되기 전에 어머니가 사망할 경우, 그 아이가 성인이 되었을 때 우울증을 보일 확률은 조금 높을 뿐 심각한 상태는 아닌데다, 그것도 여성과 연구 대상 중 절반에만 해당되는 것으로 나타났기 때문이다. 아버지의 조기 사망은 자녀에게 별다른 영향을 미치지 않는 것으로 드러났다. 만일 맏이로 태어난 사람이라면, 지능지수가 동생들보다 높을지라도 평균 점수 차이는 1점뿐이다. 부모가 이혼한 경우에도, 10대 초기나 사춘기에 한정적으로 파괴적인 영향을 미치는 정도였다. 더욱이 이 결과라는 것도 정상적인 부모를 가진 통제 집단과 비교 연구도 하지 않은 채 도출한 것이다. 그러나 부모의 이혼으로 상처를 입은 아이들도 성장하면서 점차 문제가 해소되기 때문에 성인기에는 그런 상처를 거의 찾아보기 힘들다.

유아기에 받은 깊은 상처가 성인기의 성격 형성에 영향을 미친다고 해도 그것은 감지하기 힘들 정도로 아주 작을 뿐이다. 요컨대 성인기에 겪는 장애는 유년기의 불행한 경험 때문이 아니다. 그러므로 성인기에 나타나는 우울, 불안, 불행한 결혼생활이나 이혼, 약물중독, 성적 장애, 실직, 자녀 학대, 알코올 중독, 분노 등의 원인을 어린 시절의 불행에서 찾는다는 것은 타당성이 없다.

이런 연구들은 결국 방법론이 잘못되었다고밖에 볼 수 없다. 그들은 어린 시절의 고통에만 치우친 나머지 유전자에 대한 연구를 전혀 외면했다. 1990년 이전까지 이렇게 한쪽으로 치우친 연구에 전념한 사람들은, 범죄자 부모는 죄를 저지를 성향이 높은 유전자를 자녀에게 물려줄 수도 있다는 사실, 청소년들의 범죄와 자녀를 학대하는 성향은 후천적 교육보다는 본성에서 비롯될지도 모른다는 사실을 미처 생각하지 못했다. 현재는 유전자에 초점을 맞춘 연구들이 수행되고 있다. 따로 떨어져 양육된 일란성 쌍둥이가 성인이 되었을 때의 성격을 비교하는 연구가 그 하나이며, 입양아가 성인이 되었을 때의 성격을 각각 그들의 친부모와 양부모의 성격과 비교한 연구가 다른 하나다.

이런 연구 결과, 유전자가 성인기의 성격에 많은 영향을 미치며, 상대적으로 어린 시절 경험이 미치는 영향은 미미하다는 사실이 드러났다. 따로따로 자란 일란성 쌍둥이는 함께 자란 이란성 쌍둥이보다 권위주의, 신앙심, 직무 만족도, 보수주의, 분노, 우울, 지능, 알코올 중독성, 신경증 등의 특성에서 훨씬 더 비슷한 반응을 보였다. 마찬가지로 입양아는 길러준 부모보다 낳아준 부모의 성격 특성과 훨씬 더 비슷한 것으로 나타났다. 이 연구들은 어린 시절의 경험이 개인의 성격 발달에 큰 영향을 미치지 않는다는 사실을 시사해주는 것이다.

이는 곧 어린 시절의 경험이 성인기의 삶을 결정한다고 확신한 프로이트와 그의 추종자들의 주장을 반박하는 것이기도 하다. 내가 이것을 강조하는 까닭은 자신의 과거를 지나치게 괴로워하고 자신의 미래를 턱없이 수동적으로 해석하면서 과거의 시련들 속에 갇혀 지내는 사람들이 많기 때문이다. 어린 시절의 경험이 실제로는 성인기의 삶에 거의 또는 전혀 영향을 미치지 않는다는 이 놀라운 사실을 깨닫는 것만으로도 과거에서 자신을 해방시킬 수 있으며, 이것이 바로 이 장의 핵심이다.

인간이 고통스러운 과거에 갇혀 산다는 믿음을 널리 퍼트린 또 하나의 독단은 정서역학hydraulics of emotion이다. 이것은 프로이트가 씨를 뿌린 뒤 저절로 성장하여 아무런 학문적 검증 없이 대중문화나 순수 학문 분야에까지 파급되었다. 정서역학이란 프로이트와 그의 추종자들이 주장하는 이론을 기술하는 데 사용한 '정신 역학Psychodynamics'과 같은 의미이다. 여기서 정서는 풍선처럼 액체가 투과되지 않는 얇은 막으로 차단되어 있는 하나의 체계 속에 있는 힘으로 간주된다. 만일 당신이 자신의 정서를 표현하지 못할 경우, 그 정서는 또 다른 출구를 찾아 빠져나가는데, 이것이 흔히 바람직하지 못한 증상으로 나타난다는 것이다.

그런데 프로이트의 이론대로 우울증 환자를 치료하던 중 끔찍한 사례가 발생하면서 극적인 반전이 일어났다. 아론 벡이 창안한 인지치료는 현재 가장 널리 사용되는 효과적인 우울증 상담 치료법으로서, 정서역학의 잘못된 전제를 바로잡는 데서 출발했다.

1950년대 말, 벡이 프로이트 학파의 정신분석학 과정을 마치고 우울증 환자의 집단 치료를 담당할 때였다. 정신역학 이론대로라면 우울증 환자들이 자신의 과거를 솔직히 털어놓고 자신을 괴롭혔던 모든 상처와 상실감에 대해 상담하면 카타르시스를 느끼고, 따라서 우울증을 치료할 수 있을 것이었다. 벡은 우울증 환자에게 과거의 상처를 표출하고 곰곰이 되짚어보게 하는 데까지는 아무런 문제가 없다는 것을 알았다. 그런데 문제는 우울증 환자가 과거의 고통스런 경험을 드러내다가 이따금 혼란을 일으켰으며, 벡은 그들의 혼란을 바로잡아줄 방법을 찾을 수 없었다. 이렇게 환자가 혼란을 일으키고 자살기도와 같은 치명적인 위기에 빠진 사례가 발생했던 것이다.

우울증의 인지치료는 현재와 미래에 대한 생각을 바꿈으로써 우울증 환자를 자신의 불행한 과거에서 해방시키는 데 목적을 두었다. 아울러 항우울제의 효과처럼 우울증이 재발하고 악화되는 것을 방지하는 방법을 개발하는 데 심혈을 기울였다. 그런 까닭에 나는 서슴없이 벡을 위대한 해방자의 한 사람으로 꼽는다.

정서역학의 개념을 비판적으로 검토하고 있는 또 하나의 분야는 분노에 대한 연구이다. 동양 문화와는 달리, 미국은 감정을 드러내는 사회이다. 미국인은 솔직하고 합리적인 태도를 존중하며, 심지어 분노를 표출하는 것이 건강에 좋다고 믿는다. 분노를 표출하지 않으면 그 분노가 훨씬 더 파괴적인 방법으로 다른 어딘가로 분출되어 심할 경우 심장마비를 일으킬 수 있다는 것이다. 그러나 이 이론은 잘못되었음이 판명되고 있다. 오히려 그 반대가 옳다. 침범당하지나 않을까 전전긍긍하다가 분노를 표출하는 것은 더 심각한 심장마비나 더 큰 분노를 유발한다.

A형 타입<sup>Type-A</sup> 사람에게는 노골적인 적개심 표출이 심장 발작의 직접

적인 원인이 될 수 있다고 한다. 반면 시간의 촉박함, 경쟁성, 분노의 억압 등은 A형 타입 사람들에게는 별다른 영향을 미치지 않는 것으로 드러났다. 한 연구에서 의과대학생 255명을 대상으로 노골적인 적대감을 측정하는 성격 검사를 실시했다. 가장 화를 잘 내는 사람으로 꼽힌 사람은 가장 적게 화를 내는 사람보다 의사 생활을 한 지 25년 뒤에 심장 질환에 걸릴 확률이 거의 다섯 배나 높은 것으로 나타났다. 또 다른 연구를 보면, 나이 들어 심장마비에 걸릴 위험이 가장 높은 사람들은 고함을 잘 치는 사람, 참을성 없는 사람, 쉽게 분노를 터트리는 사람인 것으로 밝혀졌다. 이 실험 연구에서 남학생의 경우, 자신의 분노를 억누르면 혈압이 내려가고 분노를 표출하면 혈압이 올라갔다. 분노를 표출할 때 혈압이 높아지는 건 여학생도 마찬가지였다. 반면에 순하게 반응할 때는 혈압이 낮아졌다.

나는 이 연구 결과에 걸맞은 정서 연구 방법을 제안하고 싶다. 내 생각에 정서가 얇은 막으로 둘러싸여 있다는 주장은 옳은데, 다만 3장에서 살펴보았듯이 그 이름을 '적응'이라 불러도 좋을 만큼 투과성이 아주 높다. 좋은 일이나 나쁜 일이 일어날 때 그에 합당한 감정이 순간적으로 분출한다는 증거가 있다. 그러나 대개 그 감정은 이내 설정된 범위로 되돌아간다. 이런 사실에서 정서는 스스로 가라앉음을 엿볼 수 있다. 정서의 에너지가 막을 빠져나와 '정서의 삼투작용'을 함으로써 자신이 지닌 본래의 기본 상태로 돌아가게 하는 것이다. 그렇지만 정서를 표출하고 곰곰이 되새기면 그 정서가 증폭되어 과거의 불행을 부질없이 되새기는 악순환 속에 갇히고 만다.

과거에 일어난 좋은 일들을 부당하게 평가하고 제대로 음미하지 않는 것과 나쁜 일들을 지나치게 강조하는 것은 마음의 평화, 안정, 만족을 해치는 두 가지 주요 원인이다. 과거에 대한 이런 정서들을 안정과 만족으로 바꿀 수 있는 두 가지 방법이 있다. 그 하나는 감사하는 마음으로, 과거에 있었던 좋은 일들을 제대로 음미하고 올바로 평가할 수 있는 마음을 넓혀준다. 또 한 방법은 바로 용서하는 마음으로 과거를 다시 쓰는 것인데, 이것은 당신을 괴롭히는 과거의 나쁜 영향력을 약화시킨다. 그리하여 나쁜 기억이 좋은 기억으로 전환된다.

## 과거로부터 벗어나는 방법

과거의 부정 정서를 긍정 정서로 바꾸는 방법에는 감사와 용서, 망각이 있다.

### 감사

먼저 감사와 용서에 대한 연구자로 유명한 맥컬로McCullough, Michael와 에먼스Emmons, Robert가 개발한 '감사지수 검사' 부터 해보자. 앞으로 이 장이 끝날 때까지 이 검사를 참고로 해야 하므로 당신의 점수를 기억해두기 바란다.

'영성과 건강Spirituality and Health' 이라는 웹사이트에서 최근 특집으로 마련한 이 설문조사에 응한 성인 1,224명을 표본 집단으로 삼아 그들의 점수와 비교해보면 당신의 점수를 가늠하는 데 도움이 될 것이다.

아래 수치 기준을 참고하여 각 진술 문항 앞의 빈칸에 당신의 생각과 가장 비슷한 수치를 써 보라.

**1 = 전혀 아니다**
**2 = 아니다**
**3 = 그렇지 않은 편이다**
**4 = 보통이다**
**5 = 그런 편이다**
**6 = 그렇다**
**7 = 정말 그렇다**

_____ 1. 나는 감사해야 할 것이 아주 많다.
_____ 2. 만일 내가 고맙게 여기는 것들을 모두 작성하면 아주 긴 목록이 될 것이다.
_____ 3. 세상을 둘러볼 때, 내가 고마워할 것이 별로 없다.
_____ 4. 나는 각계각층의 많은 사람들에게 고마움을 느낀다.
_____ 5. 나이가 들수록 내 삶의 일부가 되어온 사람, 사건, 상황들에 감사하는 마음이 더 커지는 것을 느낀다.
_____ 6. 오랜 시간이 흐른 뒤에야 비로소 나는 사람이나 일에 고마움을 느낀다.

**점수 계산법**
1. 항목 1, 2, 4와 5의 점수를 모두 더한다.
2. 항목 3과 6의 점수를 역산한다. 다시 말해 만일 검사지에 7이라고 썼다면 당신의 점수는 1이 되고, 6이라고 썼을 경우에는 당신의 점수는 2가 되는 식이다.
3. 항목 3과 6을 역산한 점수를 1번의 합계와 더한다. 이것이 바로 당신의 감시도 점수, 즉 감사지수(GQ-6)이다. 최종 점수는 6점에서 42점 사이가 되어야 한다.

35점 이하인 사람은 표본 집단의 하위 4분의 1에 속한다. 36점과 38점 사이라면 표본 집단의 하위 2분의 1에 해당한다. 만일 39점에서 41점 사이라면 당신은 상위 4분의 1에 속하며, 42점을 받았을 경우에는 상위 8분의 1에 해당한다. 이 검사에서는 여성이 남성보다 점수가 조금 높았고, 나이 든 사람이 젊은 사람보다 높은 점수를 받았다.

내가 펜실베이니아 대학교에서 심리학을 강의한 지도 어언 30년이 지났다. 그동안 심리학 개론, 학습심리학, 동기심리학, 임상심리학, 이상심리학 등 여러 과목을 가르쳤다. 나야 원래 가르치는 일을 좋아하지만, 지난 4년 동안 긍정심리학을 가르칠 때만큼 기뻤던 적은 없었다. 그 한 가지 이유는 내가 가르친 다른 과목과 달리, 긍정심리학의 연구 대상이 인간의 삶 자체여서 삶의 의미를 깨닫고 삶의 변화를 이룰 수 있는 학문이었기 때문이다.

한 예로 언젠가 나는 '즐거운 일과 남을 돕는 일을 한 가지씩 하고 비교하기'라는 과제를 내준 적이 있었다. 나는 실습 수업이 곧 실천이 될 수 있는 방법들을 모색했다. 그러던 어느 날, 늘 기발한 아이디어를 내곤 하던 레서가 '감사의 밤'이라는 것을 열자고 제안했다. 학생들이 지마다 자신의 삶에서 중요한 사람인데도 단 한 번도 고마움을 전하지 못한 사람들을 한 명씩 초청하는 모임을 갖자는 것이었다. 그리고 자신이 초청한 사람에게 고마움을 담은 감사장을 전달하고, 모든 감사장의 내용에 대해 토론을 하자고 했다. 대신 초청한 사람에게는 모임이 시작되기 전까지 그 모임의 목적을 비밀에 부치자는 것이었다.

그로부터 한 달 후 금요일 저녁, 치즈와 와인을 준비한 조촐한 모임에

학생들의 어머니 3명, 절친한 친구 2명, 룸메이트 1명, 여동생 1명 등 모두 7명이 초대되었다. 3시간이라는 한정된 시간 때문에 강의를 듣는 학생의 3분의 1만 초대하기로 미리 정해놓았기 때문이다. 패티가 자신의 어머니에게 읽어드린 감사장의 내용은 다음과 같았다.

우리는 한 사람의 존재를 얼마나 소중하게 여길까요? 그 사람의 가치를 가장 찬란하게 빛나는 순금에 비유할 수 있을까요? 한 사람이 지닌 내면의 가치를 모든 사람이 뻔히 알 수 있다면, 제가 굳이 이런 발표를 할 필요는 없을 겁니다. 현실은 그렇지 않기에, 저는 제가 아는 가장 순수한 영혼을 지닌 사람을 소개하려고 합니다. 그분은 바로 저의 어머니십니다. 지금 어머니께서 쟤가 지금 무슨 엉뚱한 짓을 하느냐는 듯 저를 바라보고 계시다는 걸 압니다. 제가 어머니를 선택한 건 당신께서 이 세상에서 가장 순수한 영혼을 지닌 분이어서가 아닙니다. 그렇지만 어머니는 제가 이제껏 만난 그 누구보다 진실하고 순수한 마음을 지니신 분입니다.

생판 모르는 사람들이 어머니에게 전화를 해서 세상에서 가장 사랑하는 사람을 잃은 가슴 미어지는 아픔을 털어놓을 때마다 저는 깜짝깜짝 놀랐습니다. 어머니는 그런 사람들과 통화를 할 때마다 마치 당신 일이기라도 한 양 울음을 터뜨리곤 하셨으니까요. 어머니는 너무나 큰 상실감에 빠진 사람들에게 위안이 되어주시는 분입니다. 어렸을 때는 이해하지 못했지만, 저는 이제 어머니가 도움을 필요로 하는 사람들을 따뜻이 감싸주시는 참으로 진실한 분이란 걸 잘 압니다.

내가 알고 있는 사람 중에서 가장 훌륭한 사람을 소개하는 지금, 저는 마냥 기쁩니다. 저는 제 앞에 계시는 어머니처럼 순수한 사람이 되기를 꿈꿉니다.

당신은 평생 동안 어떤 보답도 바라지 않고, 다만 다른 사람들이 기쁘게 살아가기만을 바라셨습니다.

패티가 감사장을 읽는 동안 강의실 안에 있던 사람들의 눈에는 눈물이 그렁그렁했고, 감격한 패티의 어머니는 목멘 소리로 "넌 언제나 박하처럼 향기로운 내 딸이야"라고 말했다. 한 학생은 훗날 이 일을 이렇게 회상했다.

"감사장을 주는 사람도, 받는 사람도, 지켜보는 사람들도 모두 울었어요. 주체할 수 없이 눈물이 나오더군요. 왜 우는지조차 모르면서…."

강의실에서 운다는 것은 지극히 이례적인 일인데, 더욱이 모든 사람들이 울음을 참지 못했다면 그건 모든 인간성의 거대한 뿌리를 건드렸기 때문이리라 생각한다.

귀도는 미구엘의 우정에 고맙다는 뜻으로 유쾌한 노랫말을 쓰고 기타 반주에 맞추어 이렇게 노래했다.

우린 둘 다 씩씩한 남자, 그러니 값싼 감상에 젖진 않을 거야.
하지만 내 마음속에는 늘 네가 있다는 것만은 말하고 싶어.
친구가 필요할 때면 내게 기대.
"귀도야" 하고 부르기만 하면 언제라도 달려갈게.

새라는 여동생 레이첼에게 이런 감사장을 읽어주었다.

우리 사회에서 위대한 강점을 가진 사람들을 찾을 때 흔히 어린 사람들은 제외합니다. 제가 오늘 밤 저보다 어린 사람을 초대한 것은 여러분이 칭찬해야 할 대상에 대해 다시 한 번 생각해보시기를 바라는 마음에서입니다. 저는 여러 모로 제 동생 레이첼을 닮고 싶거든요.

동생은 질투가 날 만큼 활달하고 말을 잘합니다. 저보다 어린데도 누구에게나 스스럼없이 말문을 엽니다. 아장아장 걸어다닐 때부터 그랬어요. 그런 동생 때문에 어머니는 가슴을 졸였던 게 한두 번이 아니었지요. 놀이터에는 늘 새로운 위험이 도사리고 있었어요. 레이첼은 전혀 낯을 가리지 않기 때문에 처음 보는 사람과 이야기하다가 그 사람을 멀리까지 따라간 적이 종종 있었거든요. 동생은 제가 고등학교 3학년 때도 저는 겨우 얼굴이나 알까말까 한 제 동기들과 친하게 지냈습니다. 전 놀라기도 했지만 한편으로 부러웠어요. 어쨌거나 그들은 내 친구가 될 아이들이었으니까요. 그래서 제가 어떻게 된 거냐고 물었더니, 레이첼은 어깨를 으쓱하며 학교 밖에서 만나 어울리기 시작했다는 거예요. 그때 동생은 초등학교 5학년이었어요.


그해 학기말, '감사의 밤'을 평가하는 자리에서 지켜본 사람들이나 감사장을 읽은 당사자들이나 하나같이 "10월 27일 금요일은 내 생애 최고의 하루였다"고 한 것은 전혀 뜻밖의 반응이 아니었다. '감사의 밤'은 이제 긍정심리학 강좌에서 가장 인기 있는 수업이 되었다. 교수로서도, 한 인간으로서도 그것은 내게 정말 소중한 체험이었다.

우리 사회에는 자신에게 가장 중요한 의미를 지닌 사람들에게 그들이 이 지구상에 존재한다는 것만으로도 얼마나 고마운 일인지 전할 매체가 없다. 아니, 아주 큰 고마움을 느낄 때조차 우리는 어떻게 감사의 뜻을 전해야 할지 몰라 곤혹스러워한다. 그래서 나는 감사의 뜻을 전하는 세 가지 방법을 소개하려고 한다. 이 방법은 감사도나 생활 만족도 점수가 낮은 사람들뿐만 아니라 독자 모두에게 도움이 될 것이다.

먼저 지금까지 살아오면서 당신이 긍정적으로 변화하는 데 결정적인 영향을 받았지만 미처 고맙다는 인사를 하지 못한 한 사람을 선택한다 (새로 사귄 애인이나 장차 애인 관계로 발전할 가능성이 있는 사람을 감사의 대상과 혼동해서는 안 된다). 그런 다음 긴 감사의 편지를 쓴다. 시간적 여유를 갖고 신중하게 써야 한다. 내 수업을 듣는 학생들이나 나의 경우에는 서너 주일쯤 걸렸는데, 버스 안에서나 잠을 잘 때도 무엇을 쓸지 고민했다.

글이 완성되면 당신이 고마움을 전달할 사람을 초대하거나 그 사람 집을 찾아간다. 편지나 전화를 이용하지 말고 직접 얼굴을 맞대고 마음을 전하는 것이 중요하다. 주의할 것은 초대 혹은 방문의 목적을 미리 말해서는 안 된다는 점이다. "그냥 보고 싶어서"라는 말이면 충분할 것이다. 술이나 간단한 먹을거리는 아니라도, 당신이 정성껏 쓴 감사편지를 꼭 가져가야 한다. 그 사람과 마주 앉은 다음에는 상대방의 눈을 바라보면서 감정을 살려 감사편지를 큰 소리로 또박또박 읽는다. 다 읽은 다음에는 상대방의 반응을 차분하게 기다린다. 당신이 그 사람을 그토록 소중하게 여기는 계기가 된 구체적인 일에 대해 함께 회상한다.


내가 굳이 감사의 효과를 검증할 실험의 필요성을 느끼지 않았던 것은 '감사의 밤'에서 얻은 감동이 그만큼 컸기 때문이다. 그러나 내가 감사의 위력을 수업 활동을 통해 직접 체험한 직후, 때마침 감사가 사람에게 미치는 영향을 연구한 실험 결과가 나와 내 확신을 뒷받침해주었다. 에먼스와 맥컬로는 무작위로 실험 대상을 선정하여, 고마웠던 일이나 포기하지 않고 끝까지 노력했던 사례, 아니면 그저 일상에서 겪은 일들에 대해 2주일 동안 일기를 쓰게 했다. 그 실험은 결국 실험 집단에게 기쁨, 행복, 생활 만족도를 돌이켜보게 함으로써 감사도를 높이는 효과를 가져왔다.

그렇다면 감사도나 생활 만족도 점수를 낮게 받은 사람은 이 두 번째 방법이 효과적이다. 구체적으로 설명하자면 이렇다. 앞으로 2주일 동안 매일 밤 5분의 시간을 마련한다. 되도록 잠자리에 들기 직전의 시간으로 정하는 것이 좋다. 하루 한 장씩 사용할 메모지 열네 장을 준비한다. 첫째 밤에는 생활 만족도 검사(104쪽 참조)와 일반 행복도 검사(78쪽 참조)를 다시 한 번 하고 점수를 매긴다. 그 다음 지난 24시간 동안의 생활을 돌이켜본 뒤 메모지에 적고, 그 옆에는 자신이 감사해야 할 항목을 최대 다섯 가지까지 적어둔다. 흔한 예를 소개하자면 '오늘 아침에 눈을 뜬 것', '마음씨 좋은 친구들', '내게 결단력을 주신 하나님', '훌륭한 부모님', '튼튼한 신체', '롤링 스톤스' 등이다. 마지막 날 밤에 다시 한 번 생활 만족도 검사와 일반 행복도 검사를 실시하여, 그 점수를 첫째 밤에 얻은 점수와 비교한다. 그리하여 처음 점수보다 나중 점수가 더 좋다면, 이 방법을 일과에 포함시킨다.

마지막 세 번째 방법은 감사일기이다. 감사를 하는 방법은 수십 가지가 있지만 그 중 비교적 쉽게 실천할 수 있고 과학적으로 효과가 검증된 방법 중 하나가 '감사일기'이다. 이 방법은 2005년 〈타임〉지는 긍정심리학을 커버스토리로 다루었다. 이때 셀리그만은 가장 심각한 우울증 환자 50명을 대상으로 우울증 검사와 행복도 검사를 받은 다음

'감사일기'를 실시했다. 이들의 평균 우울증 점수는 34점이었다. 그 정
도면 '극단적' 우울증 범주에 속하는데, 바로 그런 사람들이 가까스로
침대 밖으로 나와서 컴퓨터 앞에 앉았다가 다시 침대 속으로 들어갈 정
도이다. 그들은 각자 '감사일기' 연습을 실천해서 일주일 동안 매일 그
날 감사한 일 세 가지 일을 적고 왜 감사한지 이유를 함께 적었다. 그들
의 평균 우울증 점수는 34점에서 17점으로, 즉 극단적 우울증에서 경미
한 우울증으로 크게 내려갔고 행복 백분위 점수는 15점에서 50점으로
올라갔다. 50명 중에서 47명이 이제 덜 우울하고 더 행복해 졌다. 셀리
그만은 지난 40년 동안 심리치료와 약물로 우울증을 치료했지만 이런
결과를 목격한 적은 한 번도 없었다고 한다.

이제부터는 하루 중 잘 안 됐던 일보다는 잘되었던 일 즉 감사한 일
을 의식적으로 생각해보자. 꼭 거창한 것이 아니더라도 찾아보면 감사
할 일은 얼마든지 있다. 혹시 잊고 있던 친구에게서 전화를 받진 않았
는가? 며칠 동안 밤을 새워 가며 준비한 프레젠테이션을 성공적으로 끝
마치진 않았는가? 친구가 무사히 건강한 아이를 출산하지는 않았는가?
아마 한두 가지 정도는 좋은 일이 분명 있을 것이다. 그동안 당연하게
생각해 왔던 일들이 실은 감사한 일이고, 모두가 축복이다. 감사할 일
인 것이다. 이런 감사할 일을 매일 3가지씩 적고 왜 잘 되었는지 이유를
쓰면 그 자체로 훌륭한 감사일기가 된다. 감사한 일만 쓰는 것 보다 감
사한 이유를 쓰면 더 감사의 의미를 더 깊게 느낄 수 있기 때문에 더 효
과적이다. 예를 들어 학교에서 교수한테 칭찬을 받았다면, "밤을 꼬박
새워 발표 준비를 열심히 한 것을 인정해 주셨기 때문에."라고 적을 수

있다. 오늘 남편이 퇴근길에 아이스크림을 사 왔다면, "내가 퇴근길에 아이스크림을 사 오라는 말을 잊지 않았기 때문에." 이 책을 읽었다면 "이 책을 읽게 되어서 감사한다. 행복을 만드는 방법을 배웠으니까"라고 쓰면 된다.

처음엔 다소 어색할 수도 있다. 하지만 2주 정도만 쓰면 익숙해지고 6개월 정도가 되면 중독이 될 것이다. 꾸준히 축복일기를 쓰면 설령 긍정 정서를 적게 타고난 사람이라도 얼마든지 긍정 정서를 높일 수 있다.

이 활동을 연구하면서 셀리그만은 감사한 기억을 세는 활동이 향후 6개월까지 행복감을 증진시키고 좌절감의 징후를 감소시킨다는 것을 발견하였다. 또한 연구결과 1주 이상 훈련을 지속한 참가자들에게 장기간의 효과가 나타남을 알 수 있었다. 연구에 참여했던 참자가 60%가 6개월 이후에도 여전히 자신들의 감사하고 있다고 보고했던 것이다. 참가자들 중 일부는 이 활동을 결혼생활에 적용하여 하루를 마무리하면서 자신들의 감사를 배우자와 공유한다고 말했다. 이 감사일기는 유치원생에서 80세 어르신들까지 남녀노소 누구나 할 수 있으며 가족들이 함께 할 수 있다(옮긴이 주).


### 용서와 망각

과거의 긍정 정서, 이를테면 만족감이나 자부심을 느끼느냐, 아니면 참담함과 수치심을 느끼느냐는 오로지 당신의 기억에 달려 있다. 이밖에 다른 근거는 없다. 감사하는 마음은 생활 만족도를 높여준다. 또한 감사는 과거에 대한 좋은 기억을 강화시켜준다. 요컨대 좋은 일에 대한 기억을 자주 떠올리게 하며, 그 당시의 긍정 정서를 되살리게 한다. '감사의 밤'에 어머니에게 감사장을 준 또 다른 학생은 훗날 이렇게 말했다.

"어머니는 그날 밤을 영원히 잊지 못할 거라고 하셨어요. '감사의 밤'은 어머니를 소중하게 여기는 제 마음을 전할 수 있는 기회였어요. 마음의 짐을 벗어서인지 저도 한결 홀가분해졌습니다. 그 뒤로 며칠간 어머니도 저도 기분이 최고였답니다. 저는 늘 그날 밤을 생각하며 지냈습니다."

이 학생의 기분이 최고였던 것은 '감사의 밤' 이후 며칠 동안 어머니가 자신에게 해준 좋은 일들에 대한 기억이 의식 속에 훨씬 더 많이 스며들어 긍정적인 생각을 자아냈기 때문이다. 이처럼 좋은 기억은 긍정 정서를 더욱 강화시켜 행복을 느끼게 한다. 이것은 부정적인 기억도 마찬가지다. 앞서 소개했던 이혼한 여자는 전 남편을 떠올릴 때마다 속았다는 배신감에 휩싸이고, 요르단에서 난민 생활을 하는 팔레스타인 남자는 고향을 생각할 때마다 자기 것을 빼앗겼다는 증오심에 빠져드니, 두 사람 모두 참담할 것이다. 과거에 대한 부정적인 생각이 뚜렷이 떠오르면 안도감과 만족감을 느끼지 못하기 때문에 이런 정서 상태에서는 평온함과 평화를 얻을 수 없다.

이것은 개인뿐만 아니라 국가에도 적용된다. 한 국가의 지도자가 자기 민족이 겪어온 오랜 고통의 역사를 끊임없이 되새기도록 자극하면 그 국민은 복수심에 불타게 된다. 유고슬라비아의 대통령 슬로보단 밀로셰비치는 세르비아 민족에게 600년 동안 겪어야 했던 소수민족으로서의 설움을 되새기게 함으로써 발칸반도에는 대량학살과 전쟁이 끊이지 않았다. 1960년 영국에서 독립한 키프로스의 초대 대통령에 당선된

마카리오스 주교는 터키계 주민들에 대한 증오심을 끊임없이 자극했다. 그리하여 같은 키프로스 국민인 그리스계 민족과 터키계 민족 간의 갈등은 갈수록 깊어졌고, 마침내 터키군의 침공이라는 참극을 초래했다. 오늘날 미국에서 인종 분열을 조장하는 정치모리배들은 기회가 있을 때마다 노예제도의 참상 또는 역차별에 대한 적대감을 들먹여 자신을 지지하는 사람들에게 원한을 심어준다. 이런 정치꾼들은 단기적으로는 인기를 얻을지 몰라도, 장기적으로 볼 때는 그들이 제조한 폭력과 증오라는 폭탄으로 자신의 지지자들에게 깊은 상처만 주는 꼴이다.

반면 넬슨 만델라 남아프리카공화국 전 대통령은 꼬리에 꼬리를 물고 이어지는 보복 행위를 종식시키려고 노력했다. 대통령 재임 시절, 그는 쓰라린 과거를 되풀이하는 것을 단호히 거부하고 분열된 국민을 통합하는 데 헌신했다. 또한 나이지리아의 야쿠부 고원 중령은 1960년대 말 이보족으로 구성된 비아프라 반군들을 섬멸한 뒤에도 이보족의 처단을 금지함으로써 대량학살을 예방했다. 마하트마 간디와 더불어 인도의 민족운동을 이끌었던 자와할랄 네루는, 1947년 조국이 인도와 파키스탄으로 분할된 이후 인도에 거주하는 이슬람교도들에 대한 복수를 막아야 한다고 다짐했다. 그는 초대 총리직에 오르자마자 살육을 금지시키고 이슬람교도들을 보호했다.

우리는 부정 정서를 극복하는 비결이 긍정 정서를 형성하고 지속적으로 계발하는 것이라고 믿게끔 진화되고 있다. 이처럼 정서적 황무지에서 탈출할 수 있는 유일한 길은 용서하고 말끔히 잊거나, 나쁜 기억을 억제함으로써 자신의 과거를 새롭게 쓰는 것이다. 그러나 직접적으로 망각을 촉진하거나 기억을 억제시키는 방법은 아직까지 없다. 생각을 억압하면 도리어 역효과를 내서 잊어야 할 대상에 대한 기억을 덧내기 십상이다.

이럴 때는 용서에 맡기는 게 최선이다. 용서는 기억을 억제할 순 없지만 기억 속에 박혀 있는 가시를 뽑아내고 자신의 생존 전략을 새롭게 쓰게 해준다. 그러나 용서에 대해 살펴보기에 앞서, 왜 그토록 많은 사람들이 과거에 대한 참담한 생각에 얽매여 있는지, 아니 애써 붙잡고 있는지에 대해 생각해볼 필요가 있다. 과거를 긍정적으로 새로 쓰면 자신에게 일어났던 나쁜 일들을 자연스럽게 치유할 수 있는데 그렇게 하지 못하는 이유는 무엇일까?

안타깝게도 과거의 고통을 보듬고 있는 것은 용서 혹은 망각이나 억제를 통해 자신의 과거를 새롭게 쓰기 전에 청산해야 할 대차대조표가 있다고 생각하기 때문이다. 일반적으로 쉽게 용서하지 못하는 이유를 몇 가지 꼽아보면 다음과 같다.

- 용서는 불공평하다. 가해자에게 앙갚음할 동기를 약화시키고, 또 다른 희생자를 예방하는 데 필요한 정당한 분노를 억제시킨다.
- 용서는 가해자에게 사랑을 베푸는 행위일 수도 있지만, 피해자가 사랑의 결핍으로 사랑을 받고자 하는 구차한 행위로 비추어 질 수 있다.
- 복수는 정당하고 당연한 일인데도 용서는 그런 복수를 방해한다.

그러나 용서는 고통을 완화시키거나 심지어 긍정적인 기억으로 전환시키기도 해서, 마침내 훨씬 더 큰 생활 만족도를 얻게 한다. 용서하지 않는다고 해서 그 자체가 가해자에게 복수를 하는 것도 아니며, 용서할 경우에는 자기 자신을 과거의 고통에서 해방시키기 때문이다. 용서하는 사람은 그렇지 못한 사람보다 건강하고, 특히 심장 질환에 걸릴 가능성이 훨씬 적다고 한다. 용서하고 나아가 화해하면 둘의 인간관계가 좋아질 가능성도 매우 크다.

용서의 찬반양론 중 어느 쪽에 무게중심을 둘 것인지를 결정하는 것은 전적으로 당사자들이 판단해야 할 몫이다. 그 무게중심에는 당사자의 가치관이 반영되어 있기 때문이다. 내가 할 수 있는 일은 다만 복수심 혹은 앙갚음과 생활 만족도는 반비례한다는 사실을 알려주는 것뿐이다.

가해자를 용서하느냐 마느냐 하는 것은 용서의 찬반양론을 이성적으로 판단할 수 있는 당사자의 능력과 성격에 따라 결정된다. 다음의 검사는 맥컬로와 그 동료들이 개발한 것으로, 가해자에 대해 용서하는 마음이 어느 정도인지 가늠해볼 수 있는 자료이다. 이 검사를 시작하기에 앞서 최근에 당신에게 큰 상처를 준 한 사람을 구체적으로 떠올리면 도움이 될 것이다.

당신에게 상처를 입힌 사람에 대한 자신의 최근 생각과 감정을 나타내는 아래의 문항에 답하라. 이 검사의 목적은 당신에게 해를 끼친 사람에 대해 지금 이 순간 당신이 느끼는 감정을 파악하는 것이다. 지금 당신의 생각이나 감정과 가장 비슷한 점수에 표시하라.

| | 전혀<br>아니다 | 아니다 | 보통이다 | 그렇다 | 정말<br>그렇다 |
|---|---|---|---|---|---|
| 1. 내가 당한 만큼 그대로 갚아주겠다. | 1 | 2 | 3 | 4 | 5 |
| 2. 되도록 거리를 둘 것이다. | 1 | 2 | 3 | 4 | 5 |
| 3. 그에게 나쁜 일이 생기길 바란다. | 1 | 2 | 3 | 4 | 5 |
| 4. 그가 죽었거나 멀리 있다고 생각한다. | 1 | 2 | 3 | 4 | 5 |
| 5. 그를 믿지 않는다. | 1 | 2 | 3 | 4 | 5 |
| 6. 그가 죗값을 치르는 것을 보고 싶다. | 1 | 2 | 3 | 4 | 5 |
| 7. 그를 따뜻하게 대하기 힘들다. | 1 | 2 | 3 | 4 | 5 |
| 8. 그를 애써 피한다. | 1 | 2 | 3 | 4 | 5 |
| 9. 그에게 복수할 것이다. | 1 | 2 | 3 | 4 | 5 |
| 10. 그와의 관계를 끊을 것이다. | 1 | 2 | 3 | 4 | 5 |
| 11. 그가 고통당하는 것을 보고 싶다. | 1 | 2 | 3 | 4 | 5 |
| 12. 그러면 꼴도 보기 싫다. | 1 | 2 | 3 | 4 | 5 |

**점수 계산법**

회피 동기
회피하고 싶은 마음을 표현한 일곱 문항 2, 4, 5, 7, 8, 10, 12의 점수를 모두 더한다. _____

• 이 검사를 받은 미국 성인의 평균 점수는 약 12.6점이다. 점수가 17.6점 이상이면 회피 동기가 가장 큰 3분의 1에 속한다. 만일 22.8점 이상이면 회피 동기가 큰 상위 10%에 속한다. 만일 점수가 이보다 훨씬 높다면 아래 소개하는 '용서하는 법-REACH'을 익히면 큰 도움이 될

것이다.

앙갚음하고 싶은 마음을 표현한 다섯 문항 1, 3, 6, 9, 11의 점수를 모두
더한다. _____

• 점수가 7.7점 정도라면 평균적인 사람이다. 점수가 11점 이상이면 가
  장 보복 동기가 큰 상위 3분의 1에 속하며, 13.2점 이상이면 보복 동기
  가 가장 큰 상위 10%에 속한다. 만일 이보다 더 높은 점수를 받았다면
  아래 소개하는 '용서하는 법–REACH'을 익히면 도움이 될 것이다.

## 용서에 이르는 길– REACH

"어머니가 살해되셨어요. 카펫에도 벽에도 온통 피범벅이었어요."
1996년 새해 아침, '용서란 무엇인가'에 대한 책을 써온 심리학자 워
딩턴Worthington, Everett 박사는 동생 마이크로부터 이런 전화를 받고 얼굴이
새파랗게 질렸다. 허둥지둥 녹스빌 본가에 도착한 박사는 자신의 노모
가 쇠몽둥이와 야구방망이에 맞아 돌아가셨다는 걸 알았다. 어머니의
음부에는 술병이 꽂혀 있었고, 집 안은 난장판이 되어 있었다.

그가 그토록 용서라는 화두에 매달렸던 것이 근원을 알 수 없는 어떤
영감 때문이었을까? 이 용서의 대가大家가 갈고 닦아 정립한 '용서에 이
르는 길'은 마치 숭고한 도덕 교육의 본향本鄕에서 캐낸 토산물 같다. 용
서하고 싶은 마음은 굴뚝같은데 뜻대로 되지 않는 사람이 있다면 이 방

법을 권하고 싶다. 워딩턴 박사는 비록 쉽지도 않고 단숨에 되기도 힘들지만 용서에 이르는 길을 5단계로 나누어 설명하는데, 그는 이것을 '리치REACH'라고 부른다.

R은 자신이 받은 상처를 돌이켜 기억하는 것Recall을 뜻한다. 이때는 최대한 객관적인 자세를 취해야 한다. 가해자를 악한으로 생각해서도, 자기연민에 휩싸여서도 안 된다. 천천히 심호흡을 하면서 마음을 가라앉히고 그때의 사건을 되짚어보아야 한다. 워딩턴 박사가 자신의 어머니가 살해되던 당시를 떠올리면서 쓴 시나리오는 다음과 같다.

나는 불 꺼진 집에 침입할 준비를 하는 두 젊은이의 감정이 어땠을지 상상했다. 어둠에 잠긴 집 앞에서 맞는 열쇠를 찾느라 허둥댔을 것이다.

한 사람이 이렇게 말했겠지.

"됐어, 찾았어. 칠흑처럼 깜깜한 걸 보니 집에 아무도 없는 게 분명해."

또 다른 사람은 "마당에 차도 없어. 송년 파티에 간 모양이야"라고 맞장구쳤을 것이다. 어머니가 운전을 못 하시기 때문에 차가 없다는 것을 그들이 알 리가 없을 테니까.

그러다 어머니를 발견하곤 소스라치게 놀라며 이렇게 생각했을 테지. '이런, 제기랄. 들켰어. 도대체 어떻게 된 거지? 저 할망구가 하늘에서 떨어진 거야, 땅에서 솟은 거야? 저 노인네가 날 알아볼 거야. 그럼 우린 감옥에 가겠지. 이 할망구 때문에 내 인생은 끝장날 거야.'

E는 감정이입Empathize을 의미한다. 나에게 피해를 준 이유가 무엇인

지 가해자의 입장을 헤아려보려고 노력하는 것이다. 이것은 그다지 쉬운 일이 아니다. 그래도 가해자에게 해명할 기회를 주었을 때 그가 했을 법한 이야기를 꾸며본다. 아래의 설명을 참고하면 많은 도움이 될 것이다.

- 가해자는 자신의 생존이 위협당한다고 느낄 때 무고한 사람을 해칠 것이다.
- 남을 공격하는 사람은 대개 그 자신이 공포, 불안, 고통에 휩싸여 있기 십상이다.
- 사람들은 자신의 본성 때문이 아니라 어쩔 수 없는 상황에서 남을 해치는 경우가 있다.
- 사람들은 대개 다른 사람을 해칠 때는 제정신이 아니다. 그 때문에 마구잡이로 폭력을 휘두른다.

A는 용서가 곧 '이타적 선물Altruistic gift' 임을 상징하는 머리글자인데, 이것 또한 몹시 어려운 단계이다. 먼저 자신이 다른 누군가를 해코지하고 죄의식에 시달리다가 용서를 받았던 때를 돌이켜보라. 그 용서는 자신이 다른 사람에게 받은 선물인 셈이다. 용서를 필요로 하는 사람은 자신이고, 그 용서라는 선물을 고마워하는 것 또한 자신이기 때문이다. 용서는 대개 주는 사람의 기분도 한결 좋아지게 하는 선물이다. 그런 의미에서 다음의 격언은 되새겨봄직하다.

한 시간 동안 행복하고 싶거든 낮잠을 자고
하루 동안 행복하고 싶거든 낚시를 하고

한 달 동안 행복하고 싶거든 결혼을 하고

한 해 동안 행복하고 싶거든 유산을 물려받고

평생 동안 행복하고 싶거든 남에게 베풀어라.


그러나 용서하는 것은 이기심의 발로가 아니다. 아니, 오히려 용서라는 선물은 피해자가 가해자에게 베푸는 선물이다. 용서가 진정한 선물이 되려면 스스로 마음의 상처와 원한을 극복할 수 있다고 다짐해야 한다. 선물을 주면서도 원망을 떨쳐내지 못하면 자유를 얻지 못한다.


C는 공개적으로 용서를 행하는 것Commit을 의미한다. 워딩턴 박사는 자신의 환자들에게 가해자에게 보내는 용서 편지를 쓰게 하거나, 일기, 시, 노래로 용서를 표현하게 하거나, 절친한 친구에게 자신이 한 용서에 대해 털어놓게 한다. 이런 것들이 모두 '용서 약정서'가 되는 셈인데, 이것이 마지막 단계로 나아가게 해주는 밑거름이 된다.


H는 용서하는 마음을 굳게 지킨다Hold는 의미이다. 이 마지막 단계 또한 어려운 것이, 그 사건에 대한 기억이 어느 순간 불쑥 되살아나곤 하기 때문이다. 용서란 원한을 말끔히 지워 없애는 게 아니라 기억 끝에 달려 있는 꼬리말을 긍정적으로 바꾸는 것이다. 거듭 말하지만 용서하지 않는다는 사실만으로 가해자에게 보복하는 것은 아니다. 원한을 곱씹으며 기억에 얽매이기보다 기억에서 헤어나기 위해 노력해야 한다. 직접 작성한 '용서 편지'를 읽으며 "나는 용서했다"는 말을 되뇌면 이 단계를 극복하기가 한결 쉬울 것이다.

어쩌면 이 모든 것들이 터무니없는 훈계쯤으로 들릴지도 모른다. 그러나 이것이 하나의 이론으로 정립되기까지는 'REACH'와 같은 용서법을 뒷받침해줄 만한 최소한 8가지의 실험 연구를 거쳤다. 그중에서도 현재까지 가장 규모가 크고 가장 탁월한 실험 연구는 스탠포드 대학의 소레센Thoresen, Carl 교수가 주도한 합동 연구이다. 이 실험은 무선표집한 259명의 성인들을 두 집단으로 나누어 실험 집단에게는 9시간, 즉 1회 90분씩 총 6회에 걸쳐 용서에 대한 강연을 실시했고, 다른 통제 집단은 '용서도' 검사만 한 뒤 두 집단을 비교한 것이다.

이 실험에 사용된 강연 원고는 분노를 삭이고 가해자를 객관적인 관점에서 바라보는 태도에 역점을 두고 작성했다. 그 결과 분노와 스트레스가 적고 낙관적이며 건강한 사람일수록 용서를 더 잘하고, 용서함으로써 과거의 고통에서 해방되는 효과가 큰 것으로 나타났다.


## 1년에 한 번씩 삶의 무게를 재라


현재의 일시적인 감정이란 불안정한 것이어서, 자신의 미래를 예측하고 계획하기 위해서는 지난날의 삶의 흔적을 돌이켜보는 것이 더 도움이 된다. 관련도 없는 순간적인 행복이나 슬픔에 대한 감정은 전체적인 삶의 질Quality of Life을 평가하는 판단력을 흐리게 할 수 있다. 바로 며칠 전에 겪은 실연 때문에 전체적인 생활 만족도가 급속히 낮아지는가 하면, 이번 달부터 인상된 봉급 때문에 생활 만족도가 현저히 올라가는 것도 그 때문이다.

내가 내 자신의 삶을 평가하는 방법을 소개하면 이렇다. 새해를 맞을 때마다 나는 30분간 조용한 시간을 내어 '1월 회고록'을 작성한다. 마음이 들뜨거나 순간적인 기분에 휩쓸리지 않을 고요한 시간을 택해 지난 10여 년간 매해 1월을 회고하고 지난날들의 기록을 비교해본다. 최악을 1로 하고 최고를 10으로 정한 점수표를 기준으로 내가 소중하게 여기는 덕목들에 대한 만족도를 평가하고, 두어 줄 정도로 짤막하게 총평을 적는다. 사람마다 소중하게 여기는 덕목들이 다를 테지만, 내게 소중한 덕목들을 소개하면 다음과 같다.

- 사랑
- 직업
- 경제력
- 여가 활동
- 친구
- 건강
- 생산성
- 전체적인 삶

여기에 '지나온 삶'이라는 항목을 하나 더하여, 지난 10년간 내 삶이 어떻게 변했는지 자세히 비교해본다.

지난날의 삶은 현재의 삶을 정확하게 평가할 수 있는 잣대로서, 자신을 기만할 수 없는 행동의 지표가 된다. 소설가 로버트슨 데이비스의 말로 이 장을 마무리해야겠다.

1년에 한 번씩 자기 삶의 무게를 재보라. 만일 삶의 무게가 줄었거든 사는 법을 바꾸라. 무릇 문제 해결의 열쇠는 자기 자신의 손 안에 있는 법이다.

이 장에서는 개인의 의지로 통제할 수 있는 자발적 행동을 이용하여 이미 설정된 자신의 행복 범위 내에서 최고의 행복을 지속적으로 누릴 수 있는 방법들에 대해 살펴보았다. 다시 말해 과거의 긍정 정서(만족, 안도감, 성취감, 자부심, 평정)들을 의지대로 바꿀 수 있는 방법에 대해 짚어본 것이다.

요약해보면, 자신의 과거를 더 행복하게 지속적으로 느낄 수 있는 방법은 세 가지가 있다.

첫째는 당신의 과거가 미래를 결정한다는 관념에서 벗어날 지적 능력이다. 이 엄격한 결정론은 경험적으로도 근거가 빈약하고 철학적으로도 검증되지 않았을뿐더러, 그런 수동적 태도 때문에 자신을 어두운 과거 속에 가두는 결과를 초래한다.

둘째와 셋째는 정서적 능력으로, 이는 둘 다 자신의 기억을 의도적으로 바꾸는 일에 관여한다. 과거의 좋은 일들에 대해 감사하는 마음을 키우면 그만큼 긍정적 기억을 강화시키게 되고, 과거의 나쁜 일들을 용서하는 법을 익히면 과거의 고통에서 헤어날 수 있다.

이제 다음 장에서는 미래의 긍정 정서에 대해 살펴본다.

# 미래의 긍정 정서
# 키우기

미래의 긍정 정서로는 신념, 신뢰, 자신감, 희망, 낙관성을 꼽을 수 있다. 이 중에서 낙관성과 희망은 누구나 쉽게 수긍할 요소인데다 이미 수많은 연구를 통해 검증된 만큼 논란의 여지가 없으며, 무엇보다 만들어질 수 있다는 것이다. 낙관성과 희망은 시련이 닥쳤을 때 포기하지 않고 굳게 버틸 수 있는 힘이 되고, 업무 능력을 향상시키며, 새로운 일에 대한 도전 정신을 갖게 할 뿐 아니라, 신체적 건강을 유지하는 데도 도움이 된다.

먼저 자신의 낙관성이 어느 정도인지 검사해보도록 하자. 웹사이트를 이용하면 나이별, 직업별, 성별 비교를 통해 자신의 낙관성이 어느 정도인지 가늠해볼 수 있다.

아래의 질문에 답하기 전에 신중하게 생각하라. 이 검사를 하는 데 걸리는 시간은 10분이다. 물론 여기에는 정답도 오답도 없다. 만일 『낙관성 학습』을 읽고 낙관성 검사를 해본 사람이라면 그 책에 소개된 검사와 지금 소개하는 검사가 조금 다르다는 것을 알게 될 것이다.

각 문항의 주어진 상황을 묘사한 것을 읽고 상상을 한 다음 나라면 어떻게 할 것인지 생각해보라. 개중에는 당신이 전혀 겪어본 적이 없는 일도 있겠지만 개의치 마라. 또한 주어진 답이 자신의 생각과 다를 수도 있다. 그래도 A나 B 중에서 자신의 생각과 더 가깝다고 여기는 하나를 골라야 한다. 설령 주어진 답이 못마땅하더라도, 바람직한 답을 고르지 말고 실제로 당신이 그럴 것 같은 답을 골라야 한다.

PmB나 PvG와 같은 약어에는 신경 쓰지 말고 각 문항마다 한 가지씩 골라 표시하라.

1. 당신과 배우자(혹은 애인)가 싸움을 한 뒤 화해를 한다.　　　　　PmG

   A. 나는 배우자(혹은 애인)를 용서했다.　　　　　　　　　　　　0
   B. 나는 대개 용서하려고 한다.　　　　　　　　　　　　　　　　1

2. 당신이 배우자(혹은 애인)의 생일을 깜박 잊었다.　　　　　　　PmB

   A. 나는 생일을 잘 기억하지 못한다.　　　　　　　　　　　　　1
   B. 나는 다른 일 때문에 정신이 없었다.　　　　　　　　　　　　0

3. 당신이 당신을 좋아하는 누군가에게 꽃을 받았다.　　　　　　PvG

   A. 나는 그 사람에게 매력적인 사람이다.　　　　　　　　　　　0
   B. 나는 인기가 많은 사람이다.　　　　　　　　　　　　　　　1

4. 당신이 지역 선거에 출마해서 당선되었다.　　　　　　　　　　PvG

   A. 나는 많은 시간을 들여 선거운동에 최선을 다했다.　　　　　0
   B. 나는 무엇이든 아주 열심히 한다.　　　　　　　　　　　　　1

5. 당신이 중요한 약속을 어겼다.　　　　　　　　　　　　　　　PvB

   A. 나는 가끔 약속을 잊어버린다.　　　　　　　　　　　　　　1
   B. 나는 가끔 수첩을 확인하는 것을 잊어버린다.　　　　　　　　0

6. 당신이 주최한 만찬을 성공리에 마쳤다.        PmG
   A. 내가 그날따라 매력적으로 보였다.       0
   B. 나는 언제나 손님 대접을 잘한다.       1

7. 당신이 도서반납 기한을 넘겨 연체료를 물어야 한다.    PmB
   A. 나는 책 읽는 데 몰두하다 반납 기한을 놓치기도 한다.   0
   B. 나는 보고서를 쓰느라 반납하는 것을 잊었다.   1

8. 당신이 주식으로 큰돈을 벌었다.        PmG
   A. 내 주식중개인이 위험을 무릅쓰고 도전을 했다.   0
   B. 내 주식중개인은 일류 투자전문가이다.   1

9. 당신이 운동 시합에서 이겼다.        PmG
   A. 내가 꼭 이길 것 같은 기분이 들었다.   0
   B. 나는 늘 열심히 연습한다.   1

10. 당신이 중요한 시험에서 떨어졌다.        PvB
   A. 나는 같이 시험을 본 다른 사람들보다 덜 똑똑하다.   1
   B. 나는 시험 준비를 제대로 하지 않았다.   0

11. 당신이 친구를 위해 정성껏 음식을 만들었지만 친구는
   그 음식에 거의 손대지 않았다.       PvB
   A. 나는 요리를 잘 못한다.   1
   B. 내가 음식을 만드는 데 너무 서둘렀다.   0

12. 당신이 오랫동안 대비해온 운동 경기에서 졌다.    PvB
   A. 나는 운동에는 소질이 없다.   1
   B. 나는 그 경기를 잘 못한다.   0

13. 당신이 친구에게 화를 냈다.        PmB
   A. 그 친구는 항상 나를 들볶는다.   1
   B. 그 친구가 나를 기분 나쁘게 했다.   0

14. 당신이 소득세 신고를 제때에 하지 않아 벌금을 내야 한다.   PmB
   A. 나는 언제나 소득세 신고를 소홀히 한다.   1
   B. 올해 나는 소득세를 신고하는 데 늑장을 부렸다.   0

15. 당신이 데이트를 신청했다가 거절당했다.    PvB
   A. 나는 그날 너무나 비참했다.   1

B. 나는 데이트 신청을 할 때 더듬거렸다.                                          0

16. 당신은 파티에서 함께 춤을 추자는 제안을 자주 받았다.                      PmG
    A. 나는 파티에 참석할 때마다 뭇 시선을 끈다.                          1
    B. 나는 그날 완벽한 동작으로 춤을 췄다.                                0

17. 당신이 취업 면접시험을 유난히 잘 치렀다.                              PmG
    A. 나는 그 면접시험을 치를 때 유달리 자신감이 넘쳤다.                 0
    B. 나는 면접시험을 잘 본다.                                            1

18. 상사가 턱없이 짧은 시간을 주며 기한 내에 프로젝트를
완성하라고 했는데도 당신은 기어코 해냈다.                              PvG
    A. 나는 내 업무에 익숙하다.                                           0
    B. 나는 유능한 사람이다.                                              1

19. 당신은 요즘 몹시 피곤하다.                                          PmB
    A. 나는 휴식을 취할 시간이 전혀 없다.                                 1
    B. 나는 이번 주에 유난히 바빴다.                                      0

20. 당신이 질식해 죽을 뻔한 사람을 살렸다.                              PvG
    A. 나는 생활 응급처치법을 알고 있다.                                 0
    B. 나는 위기 상황에 대처하는 능력이 뛰어나다.                        1

21. 당신의 애인이 잠시 둘의 관계에 대해 냉정하게
돌아볼 시간을 갖자고 한다.                                          PvB
    A. 나는 너무 자기중심적이다.                                         1
    B. 나는 그 사람과 함께 지내는 시간이 적다.                           0

22. 한 친구가 당신에게 언짢은 말을 한다.                                PmB
    A. 그 친구는 늘 상대방을 배려하지 않고 함부로 말한다.               1
    B. 내 친구가 기분이 나빠서 내게 화풀이한 것이다.                     0

23. 당신의 직원이 찾아와 조언을 구한다.                                PvG
    A. 나는 직원이 조언을 구한 분야의 전문가이다.                       0
    B. 나는 유용한 조언을 잘해준다                                       1

24. 한 친구가 어려울 때 자신을 도와준 당신에게 고마움을 표한다.          PvG
    A. 내가 그 친구에게 도움이 되어서 기쁘다.                           0
    B. 나는 사람들을 잘 돕는다.                                          1

25. 당신의 주치의가 당신의 건강이 좋다고 말한다.         PvG
    A. 나는 확실히 운동을 자주 한다.          0
    B. 나는 내가 아주 건강하다는 것을 알고 있다.    1

26. 당신의 배우자(혹은 애인)가 낭만적인 주말을 보내자며
    당신을 근교로 데리고 간다.        PmG
    A. 그 사람은 며칠간 휴식이 필요하다.      0
    B. 그 사람은 새로운 장소를 찾아다니는 게 취미다.  1

27. 당신은 중요한 프로젝트의 책임자가 되어달라는
    제안을 받았다.           PmG
    A. 나는 이와 비슷한 프로젝트를 성공적으로 완수한 적이 있다.  0
    B. 나는 탁월한 관리자이다.       1

28. 당신이 스키를 타다가 넘어져 크게 다쳤다.    PmB
    A. 스키는 어렵다.           1
    B. 스키 코스가 얼어붙어 미끄러웠다.    0

29. 당신이 권위 있는 상을 받았다.        PvG
    A. 내가 중대한 문제를 해결했다.      0
    B. 나는 아주 유능한 사람이다.     1

30. 당신이 산 주식은 언제나 주가가 낮다.    PvB
    A. 내가 주식을 살 때 그 회사의 기업 환경을 잘 몰랐다.  1
    B. 나는 주식을 선택하는 능력이 부족하다.  0

31. 휴가 기간에 불어난 당신의 몸무게가 좀처럼 줄지 않는다.  PmB
    A. 다이어트는 결국 아무 소용이 없다.    1
    B. 내가 해본 다이어트는 효과가 없었다.    0

32. 당신의 신용카드가 지불 정지되었다고 한다.    PvB
    A. 나는 가끔 통장 잔액이 실제보다 많다고 착각한다.  1
    B. 나는 종종 신용카드 이용대금 결제를 잊어버린다.  0


이 검사는 낙관성을 가늠하는 두 가지 중요한 특징을 설명한
다음의 글을 읽고 당신이 직접 점수를 계산해야 한다.

점수표

PmB ＿＿＿＿      PmG ＿＿＿＿
PvB ＿＿＿＿      PvG ＿＿＿＿
HoB ＿＿＿＿      HoG ＿＿＿＿
HoG−HoB = ＿＿＿＿＿

## 비관적인 사람과 낙관적인 사람의 차이

낙관성을 설명하는 두 가지 특징이 있는데, 하나는 지속성$^{permanence}$이고 다른 하나는 만연성$^{pervasiveness}$이다.

지속성은 한 개인이 절망하는 기간을 결정하는 특성으로, 나쁜 사건 때문에 느낀 무기력을 지속적으로 여기는지, 아니면 일시적인 것으로 여기고 쉽게 극복하는지를 가늠한다. 만연성은 절망감의 여파를 다른 영역까지 확산시키는지, 아니면 애초에 일어난 한 가지 영역에만 일부로 한정시키는지를 결정하는 특성이다.

### 지속성

쉽게 포기하는 사람은 자신에게 일어난 나쁜 일들의 원인이 영원히 남아 있을 것이라고 생각한다. 따라서 그 나쁜 일들은 악착같이 되풀이되어 자신의 삶을 끝내 망칠 것이라고 여긴다. 반면 쉽사리 절망하지 않는 사람은 나쁜 일들의 원인을 일시적인 것으로 본다.

나쁜 일들에 대해 '언제나', '전혀', 또는 지속성을 띤 특징들로 표현

| 지속적인 것으로 보는 태도(비관적) | 일시적으로 보는 태도(낙관적) |
|---|---|
| "나는 완전히 끝장이야." | "나는 지금 몹시 지쳤어." |
| "다이어트는 전혀 효과가 없어." | "배불리 먹으면 다이어트는 효과가 없어." |
| "너는 언제나 잔소리를 늘어놔." | "너는 내가 청소를 하지 않을 때 잔소리해." |
| "사장은 나쁜 사람이야." | "사장은 지금 기분이 안 좋은 상태야." |
| "너는 내게 전혀 말을 안 해." | "너는 요즘 통 내게 말을 안 해." |

하는 사람은 비관적인 사람에 속한다. '이따금', '요즘'과 같은 한정적인 수식어를 사용하고, 나쁜 일들을 순간적으로 여기는 사람은 낙관적인 사람이다.

이제부터 당신의 검사 결과에 대해 살펴보자. '지속적 나쁨Permanent Bad'을 의미하는 PmB에 속하는 문항은 2, 7, 13, 14, 19, 22, 28, 31로 모두 8개이다. 이 문항들은 나쁜 일들의 원인을 얼마나 지속적으로 여기는지에 대한 태도를 파악하기 위한 것이다. 이 문항들의 경우 0은 낙관적인 답변이고, 1은 모두 비관적인 답변이다. 예컨대 배우자나 애인의 생일을 깜박 잊은 이유를 '나는 다른 일 때문에 정신이 없었다'가 아닌 '나는 생일을 잘 기억하지 못한다'라는 답을 선택했다면 훨씬 더 지속적이고 비관적인 원인을 선택한 것이다.

이 8개 문항의 답을 모두 더하여 점수표 PmB 옆에 있는 빈칸에 쓴다. 이 총계가 0이나 1이면 당신은 아주 낙관적인 사람이고, 2나 3이면 대체로 낙관적인 사람, 4는 보통, 5나 6은 조금 비관적인 사람이다. 만일 총계가 7이나 8이라면 당신은 몹시 비관적인 사람이다.

사람이라면 누구나 실패한 뒤 절망하게 마련이다. 이때의 절망감은 위에 구멍이 뚫린 것과도 같다. 그것은 고통스럽지만, 그 통증은 결국 사라진다. 어떤 사람은 그 고통이 즉각적으로 사라지기도 한다. 이런 사람은 PmB의 총계가 대개 0이나 1이다. 반대로 그 아픔이 지속되고 마침내 원한으로 굳어지는 사람도 있다. 이들의 PmB 총계는 대개 7 또는 8이다. 이런 사람은 아주 작은 실패 하나 때문에 며칠 혹은 몇 달 동안 절망감에 빠진다. 따라서 커다란 시련을 당하면 영영 절망감에서 헤어나지 못하는 경우도 있다.

좋은 일을 낙관적으로 보는 태도는 나쁜 일을 낙관적으로 보는 태도와 정반대이다. 좋은 일의 원인을 지속적인 것으로 여기는 사람들은 그 원인이 일시적이라고 믿는 사람들보다 훨씬 더 낙관적이다.

| 일시적으로 보는 태도(비관적) | 지속적으로 보는 태도(낙관적) |
| --- | --- |
| "오늘은 운수 좋은 날." | "나는 언제나 운이 좋아." |
| "나는 열심히 노력해." | "나는 재주꾼이야." |
| "내 경쟁자는 지쳤어." | "내 경쟁자는 실력이 없어." |

낙관적인 사람은 자신에게 좋은 일들이 일어난 것은 자신의 특성이나 능력이라는 지속적인 원인 때문이라고 해석한다. 반면 비관적인 사람은 자신에게 좋은 일이 일어난 원인을 기분이나 노력과 같은 일시적인 것에서 찾는다.

이쯤에서 당신은 검사지의 질문 중 일부가 좋은 일에 관한 것(예를 들어 '주식으로 큰돈을 벌었다')이라는 사실을 눈치 챘을 것이다. 정확히 말하자면 꼭 반반씩이다. '지속적 좋음'을 뜻하는 PmG$^{Permanent\ Good}$에 해당하는 문항은 1, 6, 8, 9, 16, 17, 26, 27이다. 이 문항들 중 1이 지속적이고 낙관적인 답변이다. 당신이 선택한 답을 모두 더한 다음, 점수표의 PmG 뒤에 있는 빈칸에 써라. 만일 PmG 총계가 7이나 8이면, 당신은 좋은 일들이 지속될 것이라고 믿는 대단히 낙관적인 사람이다. 총계가 6이면 대체로 낙관적인 사람, 4나 5면 보통, 3이면 조금 비관적인 사람에 속한다. 총계가 0에서 2인 사람은 아주 비관적인 사람이다.

좋은 일이 생긴 이유를 지속적인 것이라고 믿는 사람은 자신이 성공하면 그 다음에는 더욱 열심히 노력한다. 그러나 좋은 일이 일어난 원인을 일시적인 것에서 찾는 사람은 자신이 성공했을 때조차도 그것을 뜻밖의 행운으로 여긴다. 성공의 기회를 한껏 이용하여 상승세를 타는 사람들은 바로 낙관적인 사람이다.

### 만연성 : 전부 대 일부

지속성이 시간적 개념이라면, 만연성은 공간적 개념이다.

한 가지 예를 보자. 규모가 꽤 큰 어떤 소매 회사에서 경리부 직원을 절반으로 줄였다. 그 과정에서 해고된 노라와 케빈은 우울증에 빠졌다. 몇 달이 지나도 다른 일자리를 찾으려는 노력도 하지 않았을뿐더러, 자신들이 경리부 사원이었다는 사실을 떠올리게 하는 소득세 신고 같은 일들을 애써 피했다. 그렇지만 노라는 예전과 다름없이 사랑스럽고 성실한 아내 노릇을 했다. 그녀는 다시 정상적인 사회생활을 하고, 건강 관리도 계속해서 일주일에 세 번씩 운동을 했다. 케빈은 영 딴판이었다. 그는 아내와 어린 아들마저도 외면한 채, 저녁 내내 방 안에 틀어박혀 우울한 생각에 잠기곤 했다. 사람들을 도저히 못 보겠다며 사교 모임에도 나가지 않았다. 농담을 듣고도 시큰둥했다. 게다가 케빈은 겨울 내내 감기를 앓아 조깅하는 것마저 그만두었다.

어떤 사람은 자신의 불행을 툭툭 털고 일어나 다른 길을 모색한다. 실직처럼 엄청난 시련을 당하고도 새로 출발하는 사람이 있다. 그런가 하면 한 가지 일이 잘못되면 삶 전체를 포기하는 사람도 있다. 그래서 결국 파국으로 치닫는다. 자신의 삶을 엮고 있는 실 한 가닥이 엉키면 삶 전체를 도저히 풀기 힘든 얽히고설킨 실타래로 만드는 격이다.

요컨대 자신의 실패를 전부로 해석하는 사람은 한 가지 일이 잘못되면 삶 전체를 포기한다. 반면 한 가지 실패를 일부로 여기는 사람은 설령 절망할지라도 이내 다른 것을 향해 꿋꿋이 달려간다. 나쁜 일들을 전부로 해석하는 태도와 일부로 여기는 태도를 비교해보면 다음과 같다.

| 전부로 보는 태도(비관적) | 일부로 보는 태도(낙관적) |
|---|---|
| "교사는 모두 불공평하다."<br>"나는 매정한 사람이다."<br>"책은 쓸모없다." | "셀리그만 교수는 불공평하다."<br>"나는 그를 매정하게 대한다."<br>"이 책은 쓸모없다." |

노라와 케빈의 낙관성 검사 중 지속성 점수는 두 사람 모두 아주 높았다. 그러니까 지속성으로 보면 둘 다 비관적인 사람이었다. 두 명 모두 직장을 잃은 뒤 오랫동안 우울증에 시달렸다. 그러나 만연성에서는 정반대였다. 케빈은 나쁜 일이 생길 때마다 자신이 시도하는 모든 일을 망칠 것처럼 생각했다. 그래서 해고되었을 때 케빈은 자신이 아무짝에도 쓸모없는 사람이라고 믿은 것이다. 반면 노라는 자신에게 일어난 나쁜 일을 아주 일부의 경우로 한정시켰다. 따라서 노라는 해고되자 자신

은 경리 업무에는 서툴다고 생각했던 것이다.

만연성은 절망감을 다른 영역까지 확산시키는지, 아니면 한 가지 영역에만 국한시키는지를 결정하는 특성이다. 그러니까 케빈은 바로 이 만연성의 희생자인 셈이다. 그는 해고라는 한 가지 사건을 전부로 해석하고 자신의 삶 전체를 포기했다.

그렇다면 당신은 어떤가? '나쁜 일의 만연성'을 의미하는 PvB<sup>Pervasiveness Bad</sup>에 속하는 문항은 5, 10, 11, 12, 15, 21, 30, 32이다. 당신이 고른 답을 모두 더하여 점수표의 PvB 옆에 적어보라. 총계가 0이나 1이면 아주 낙관적인 사람이고, 2나 3이면 대체로 낙관적인 사람이며, 4는 보통, 5나 6은 조금 비관적인 사람, 7이나 8은 아주 비관적인 사람에 속한다.

이제는 거꾸로 생각해보자. 좋은 일들을 낙관적으로 설명하는 태도와 나쁜 일들을 낙관적으로 설명하는 태도는 정반대이다. 낙관적인 사람을 좋은 일들이 자신이 하는 모든 일에 보탬이 된다고 믿는 반면, 비관적인 사람을 좋은 일이란 일부의 경우에 어쩌다 한 번 일어난 일쯤으로 여긴다. 노라는 자신을 해고한 회사에서 임시직으로 다시 일하겠느냐는 제안을 받았을 때, '그들은 결국 내가 필요하다는 사실을 깨달은 거야'라고 생각했다. 노라와 똑같은 제안을 받은 케빈은 '틀림없이 인력이 부족한 거야'라고 생각했다.

또 다른 예들을 소개하면 다음과 같다.

| 일부로 보는 태도(비관적) | 전부로 보는 태도(낙관적) |
| --- | --- |
| "나는 수학을 잘해."<br>"내 주식중개인은 정유회사 주식을 잘 알아."<br>"나는 그녀에게 매력적인 사람이야." | "나는 똑똑해."<br>"내 주식중개인은 증권 정보에 밝아."<br>"나는 매력적이야." |

이제는 좋은 일에 대한 당신의 만연성 점수를 계산해보자. '좋은 일의 만연성'을 뜻하는 PvG<sup>Pervasiveness Good</sup> 문항은 3, 4, 18, 20, 23, 24, 25, 29이다. 이 문항의 답변에서 0을 택한 사람은 일부이고 비관적으로 여긴다는 뜻이다. 당신이 도와준 친구에게 고맙다는 인사를 받았을 때의 반응을 묻는 질문에서, 당신은 일부이고 비관적인 답변인 '내가 그 친구에게 도움이 되어서 기쁘다'와 전부이고 낙관적인 답변인 '나는 사람들을 잘 돕는다' 중에서 어느 쪽을 선택했는가? 위 8개 문항에 대한 당신의 점수를 모두 더하여 점수표의 PvG 옆에 적어보라. 총계가 7이나 8이면 아주 낙관적인 사람이고, 6이면 대체로 낙관적인 사람, 4나 5면 보통, 3이면 조금 비관적인 사람이며, 0에서 2면 아주 비관적인 사람에 속한다.


## 낙관성과 희망의 상관관계


언제부터인가 희망은 텔레비전에서 설교하는 목사, 정치인, 광고업자의 전유물이 된 듯했다. 그런데 '낙관성 학습' 이론이 제기되면서부터 심리학자들이 희망을 연구 대상으로 삼아, 과연 희망이 어떤 작용을 하는지 면밀하게 분석하기 시작했다.

우리가 희망을 갖느냐 아니냐는 바로 앞에서 소개한 낙관성의 두 가지 특성에 달려 있다. 좋은 일일 경우 그 원인을 지속적이고 전부인 것에서 찾고, 불행일 경우 일시적이고 일부인 것에서 원인을 찾으면 희망을 가질 수 있는 것이다. 반대로 불행일 경우 지속적이고 전부인 것에서 원인을 찾고, 좋은 일일 경우 일시적이고 일부인 것에서 원인을 찾으면 절망에 빠지게 되는 것이다.

나쁜 일을 대하는 절망적인 태도와 희망적인 태도를 단적으로 비교하면 다음과 같다.

| 절망적인 태도 | 희망적인 태도 |
|---|---|
| "나는 멍청해." | "나는 피곤한 상태야." |
| "남자들은 폭군이야." | "내 남편은 지금 기분이 언짢아." |
| "이 종양이 암일 확률이 반이야." | "이 종양이 아무것도 아닐 확률이 반이야." |

좋은 일을 대하는 절망적인 태도와 희망적인 태도는 다음과 같다.

| 절망적인 태도 | 희망적인 태도 |
|---|---|
| "나는 운이 좋아." | "나는 재능이 있어." |
| "내 아내는 고객들에게 상냥해." | "내 아내는 모든 사람들에게 상냥해." |
| "미국은 테러리스트의 뿌리를 뽑을 거야." | "미국은 적의 뿌리를 뽑을 거야." |

아마도 낙관성 검사에서 가장 중요한 것은 나쁜 일을 희망적으로 보는 HoB<sup>Hopeful Bad</sup>와 좋은 일을 희망적으로 보는 HoG<sup>Hopeful Good</sup>일 것이다. HoB의 점수는 PvB와 PmB를 더한 총계이며, HoG의 점수는 PvG와 PmG를 더한 총계이다. 당신의 HoG 점수에서 HoB 점수를 빼보라. 그

결과가 10에서 16이면 당신은 대단히 희망적인 사람이고, 6에서 9이면 대체로 희망적인 사람이며, 1에서 5는 보통, –5에서 0이면 다소 절망적인 사람이며, –5 이하면 몹시 절망적인 사람이다.

좋은 일은 지속적이고 전부로 설명하고 나쁜 일에 대해서는 일시적이고 일부로 받아들이는 사람들은 힘든 일을 훌훌 털어버릴 수 있으며, 자신이 성공했을 때 그 기회를 한껏 살린다. 그러나 자신의 성공을 일시적이고 일부인 경우로 받아들이고 실패는 지속적이고 전부인 것으로 믿는 사람들은 실패를 자신의 삶 전체에 전이시켜 오랫동안 실패의 늪에서 헤어나지 못한다.

## 낙관성과 희망 키우기

비관적인 생각을 직시하고 또한 반박할 수 있는 힘은 낙관성에서 나온다. 이런 낙관성을 계발할 방법이 있다. 사람은 누구나 반박할 능력이 있으며, 자신이 무심코 저지른 실수들을 비난하는 다른 사람들에게 맞설 때 흔히 이 능력이 발휘된다. "당신은 직원들을 위해서도 부사장이 되면 안 돼. 그럴 자격이 없어. 당신은 몰인정한데다 이기적이어서 누구도 당신을 지지하지 않을 거야"라고 경쟁자가 비난할 때, 당신은 그 사람이 지적한 사항에 대한 반증을 구체적으로 제시하며 낱낱이 반박할 수 있다.

그러나 이와 똑같은 비난을 자기 자신에게 들을 때는 설령 그 비난이 잘못된 것일지라도 반박하기 힘들다. 자기 자신의 내면에서 비롯된 비관적인 생각을 반박하는 비결은 먼저 그 비관적인 생각의 실체를 파악한 다음, 그것을 마치 당신을 불행에 빠뜨리려고 작정한 경쟁자의 비난처럼 여기고 반박하는 것이다.

그 방법을 간단히 소개하면 이렇다. 일단 타당한 근거가 없다고 생각되는 자신의 비관적인 생각을 파악한 다음 아래의 ABCDE 방법으로 반박하는 것이다. 여기서 A는 당신에게 생긴 불행한 사건[Adversity], B는 그 불행한 사건을 당연하게 여기는 왜곡된 믿음[Belief], C는 그 왜곡된 믿음을 바탕으로 내린 잘못된 결론[Consequence], D는 자신의 왜곡된 믿음에 대한 반박[Disputation], E는 자신의 왜곡된 믿음을 정확하게 반박한 뒤에 얻은 활력[Energization]을 뜻한다. 불행한 일을 겪은 뒤에 이를 당연시하는 자신의 믿음을 효과적으로 반박하면, 다양한 기회와 행복을 지레 포기하는 당신의 절망적인 태도를 바꿀 수 있다.


| **불행한 사건** Adversity   남편과 나는 아이가 생긴 뒤 처음으로 둘만의 오붓한 시간을 갖기 위해 외식을 했다. 그런데 "종업원의 말투가 상냥하네 아니네"부터 "아들이 외가 쪽을 닮았네 친가 쪽을 닮았네"까지, 저녁식사를 하는 내내 말다툼만 하고 말았다.

| **왜곡된 믿음** Belief   대체 우리 부부는 무엇이 잘못된 것일까? 그야말로 낭만적인 저녁식사를 할 계획이었건만 별것도 아닌 문제로 티격태격하느라 소중한 시간을 낭비하다니. 아이가 생기면 그날부터 부부생활은 끝이라던 그 기사가 맞지 뭐야. 지금 우리가 딱 그 꼴이잖아. 내가 과연 혼자서 아이를 키울 수 있을까?

| **잘못된 결론** Consequence   정말이지 너무나 슬프고 절망적이야. 아니,

무서워. 도저히 식사를 할 수가 없어서 접시를 밀쳐냈지. 남편은 분위기를 바꿔보려고 애쓰는 모습이 역력했지만, 나는 남편을 바라보는 것조차 끔찍했어.

| **반박** Disputation  내가 지금 환상 속에서 살고 있는지 몰라. 지난 두 달 동안 단 3시간만이라도 편안하게 잠을 자본 적이 없는 내가 낭만적인 생각을 한다는 건 무리야. 게다가 난 지금 젖이 불어서 흘러내릴까봐 걱정하고 있잖아. 그래, 맞아. 이런 상황에서 낭만이 다 뭐야! 이성적으로 따져봐. 이번 외식을 망쳤다고 그게 이혼 사유가 될 순 없어. 우리 부부는 이보다 훨씬 더 힘든 시련도 이제껏 잘 이겨냈고, 그때마다 부부애가 더 깊어졌어. 그래, 이제부터 그런 쓸데없는 잡지 따위는 읽지 말자. 노아가 외가 쪽보다 친가 쪽을 닮았다는 남편의 말 하나 때문에 이혼을 생각하다니, 말도 안 돼. 좀더 여유를 갖고 우리 부부만의 오붓한 시간을 보낼 수 있도록 노력하는 게 중요해. 다음에는 훨씬 더 좋은 시간이 될 거야.

| **활력 얻기** Energization  기분이 한결 좋아지고 오로지 남편만 생각하기 시작했어. 그러니까 젖이 흘러내릴까 걱정된다는 말도 남편에게 솔직하게 털어놓고, 종업원의 태도에 대해서도 웃어넘길 수 있는 여유가 생겼잖아. 우리 부부는 이번 실수를 교훈 삼아 다음 주에는 근사한 저녁 데이트를 하기로 약속했지. 솔직히 털어놓으니까 남편도 나도 훨씬 더 즐겁고 사랑도 깊어진 것 같아.

여기서 중요한 것은 자신의 믿음은 그저 생각일 뿐이라는 사실을 깨닫는 것이다. 그 믿음은 사실일 수도 있고 아닐 수도 있다. 대부분의 사

람들은 다른 사람이 자신을 비난할 때 이를 무시해버리거나 대놓고 따지며 반박할 것이다. 그러나 하루에도 몇 번씩 자신을 책망하는 자기 내면의 소리는 결코 무심하게 넘기지 못한다. 결국 자기 내면에서 솟구치는 그 책망을 마치 사실인 것처럼 믿게 된다. 과연 그 내면의 소리는 옳은가?

아니, 그렇지 않다!

사람은 누구나 좌절감에 빠졌을 때, 근거 없이 몰아세우는 경쟁자의 중상모략 못지않게 자신을 매몰차게 닦아세운다. 하지만 그러한 판단과 믿음들은 왜곡된 것이기 마련이다. 다시 말해 유아기의 충동, 엄격한 부모, 조그마한 실수도 용납하지 않는 소년야구단의 감독, 언니나 형들의 질투심과 같은 과거의 불쾌한 경험에서 생긴 부정적인 사고방식의 산물이기 십상이다. 그런데 고약하게도 이것이 남이 아닌 자신의 생각이기 때문에 절대 진리인 양 받아들이는 것이다.

그러나 그것은 불확실한 믿음일 뿐이다. 자신은 해고될 거라는 둥, 사랑받지 못할 거라는 둥, 아무짝에도 쓸모없는 사람이라는 둥의 두려움은 그저 두려움일 뿐 사실은 아니라는 얘기다. 따라서 자기 자신에 대한 비관적인 생각에서 한 발 물러나 냉정하게 바라보는 태도가 중요하다. 적어도 진상을 정확하게 파악할 만큼 충분한 시간을 두고 이성적으로 판단해야 한다. 자신이 내린 반사적인 믿음의 진상을 정확하게 파악하려면 그 믿음을 철저하게 반박해야 한다. 그러려면 우선 자신의 터무니없는 믿음을 반박할 만한 정당한 근거를 찾고, 그 다음엔 반박한 내용을 실천에 옮겨야 한다.

## 비관적인 생각에 반박하는 방법

자기 자신을 설득력 있게 반박하는 방법에는 네 가지가 있다. 그 네 가지 방법에 대해 구체적으로 살펴보자.

### ① 명백한 증거 제시하기

부정적인 믿음을 반박할 수 있는 가장 확실한 방법은 그 믿음이 사실과 전혀 다르다는 것을 밝히는 일이다. 그러기 위해서는 충분한 시간을 두고 유리한 증거를 확보해야 한다. 불행한 사건에 대한 비관적인 태도는 과잉반응으로 나타나기 십상이다. 따라서 당신은 마치 사립탐정이라도 된 듯 주도면밀하게 자신의 믿음을 반박할 만한 증거를 찾아야 한다.

만일 학업 성적이 나빠서 자신이 '꼴등' 이라는 생각이 들 때는 반드시 그 증거를 찾아야 한다. 정말로 옆에 앉은 친구의 성적이 당신보다 확실히 더 좋은지 말이다. 또 다이어트에 '완전히 실패' 했다는 생각이 들 때면 자신이 먹은 피자, 닭 날개, 맥주의 칼로리를 계산해보라. 그러면 친구들과 함께 밖에서 사먹은 그 음식이 집에서 먹던 음식보다 칼로리가 아주 조금만 높을 뿐이라는 사실을 발견할지도 모른다.

그런데 이처럼 부정적인 생각을 반박할 명백한 증거를 찾는 일과 긍정적으로 생각하는 방식은 현저한 차이가 있다. 생각하는 방식이 긍정적인 사람은 증거가 없거나 심지어 불리한 증거를 찾았을 때조차 '나는 날마다 모든 면에서 점점 더 좋아지고 있다' 는 낙관적인 생각을 한다. 만일 당신이 이런 종류의 진술을 사실로 믿는다면 더 효과가 있을 것이다. 교육받은 많은 이들은 회의적 생각에 익숙해져 이런 종류의 긍정적 신념을 갖기 어렵다. 효과적인 논리와 반박 방법 중 한 가지는 자신의 파국적인 생각의 왜곡을 지적할 만한 명백한 증거를 찾는 일이다. 그러다 보면 현실성을 갖게 될 것이다.

### ② 대안 찾기

확실히 반박했는데도 소득이 없다면 그 이유는 한 가지뿐이다. 대부분의 일이 그렇듯이, 그건 바로 부정적인 믿음을 갖게 한 원인이 다양하기 때문이다. 만일 시험 결과가 나쁘다면 그 원인은 여러 가지가 있을 수 있다. 시험이 유난히 어려웠다거나, 시험공부를 열심히 하지 않았다거나, 교수의 평가가 공정하지 못했다거나, 상당히 피곤했다거나 등등.

그런데 비관적인 사람은 가장 지속적이고 가장 만연성이 큰 최악의 원인에 매달린다. 다시 말하지만, 자신에게 유리한 반박 증거는 있게 마련이다. 그렇다면 여러 가지 중에 하필 가장 치명적인 원인에 매달릴 필요가 있을까? 덜 파괴적인 원인에서 대안을 찾는 게 더 현명하지 않을까?

자신의 왜곡된 믿음을 반박하려면 그런 믿음이 생기게 한 모든 가능성들을 샅샅이 조사해야 한다. 바꿀 수 있는 원인(예 : 공부하는 데 많은 시간을 투자하지 않았다), 특수한 원인(예 : 이번 시험은 전례 없이 어려웠다), 자기 외적인 원인(예 : 교수의 평가가 불공정했다)에 먼저 초점을 맞추어야 한다. 때로는 확신이 서지 않는 사실을 부여잡고 억지로라도 자신의 왜곡된 믿음을 물리칠 수 있는 새로운 믿음을 만들어내야 할 경우도 있다. 이와는 정반대 현상인 비관적인 사고방식이 가장 치명적인 원인에 매달리는 것임을 감안할 때, 이것이 전혀 엉뚱한 발상은 아니다. 자기 파괴적인 습관에서 벗어나려면 대안을 찾아내기 위해 수완을 발휘해야 한다.

### ③ 숨은 진실 찾기

그러나 세상만사가 늘 그렇듯이, 당신이 찾아낸 반박 증거가 항상 당신에게 유리하지만은 않을 것이다. 어쩌면 그 왜곡된 믿음이 사실로 판명되어 도리어 당신에게 불리하게 작용하기도 한다. 이때는 자신을 그 불행의 구렁텅이에서 탈출시키는 게 상책이다.

설령 자신에 대한 왜곡된 믿음이 사실일지라도, 그 믿음 안에 깃들여 있는 의미가 무엇인지 따져볼 일이다. 그날 저녁 외식은 분명 낭만과는 거리가 멀었다. 그렇다면 그것은 무엇을 뜻하는가? 한 번의 불쾌한 외식이 곧 이혼을 의미하지는 않을 것이다.

한번 생각해보자. 당신은 최악의 시나리오를 얼마나 자주 쓰는가? 학업 성적이 나쁘다고 해서 영영 직업도 없이 전전한다는 것인가? 닭 날개 두 쪽과 칼로리 높은 음식 한 접시를 먹었다고 해서 영원히 뚱뚱할까? 이쯤에서 다시 왜곡된 믿음을 반박할 '증거'를 찾아보라. 앞서 소개한 예를 보자면, 남편과 자신의 오붓한 시간을 티격태격하다 망친 것보다 훨씬 더 힘들었던 시절들을 이겨냈다는 사실을 떠올린 여자의 경험은 참고할 만하다.

### ④ 실질적인 접근

때로는 왜곡된 믿음을 통해 내린 결론이 정확한 진상 파악보다 실질적인 도움이 되기도 한다. 왜곡된 믿음이 꼭 파괴적으로 작용하란 법도 없지 않은가. 다이어트에 실패한 사람이 "난 못 말리는 먹보야"라고 말하면, 그로써 다이어트의 노예에서 완전히 해방될 수 있다. 세상이 불공평하다는 사실에 몹시 절망하는 사람들이 있다. 그런 절망감에는 누구나 수긍할 테지만, 문제는 부정적인 믿음 자체가 그 절망을 확대해석하게 하는 데 있다. 따라서 이때는 공평한 세상이라는 믿음을 얻으려면 어떤 마음가짐으로 살아야 할지 생각해보는 게 실질적인 도움이 된다.

또 다른 방법은 공평한 미래가 되게끔 세상을 바꿀 수 있는 방법을 모색하는 것이다. 설령 지금은 세상이 불공평하다는 믿음이 사실일지라도 앞으로의 세상은 바꿀 수 있지 않은가. 그렇다면 당신은 자신의 삶을 어떻게 바꿀 것인지 생각해보라. 앞서 소개한 여자의 경우에는 이혼이라는 극단적인 기사를 다룬 잡지를 그만 보기로 결심했다.


## 반박 연습하기

실제로 반박하는 연습을 돕기 위해 여기에 두 가지 예를 싣는다. 첫 번째는 나쁜 일에 관한 일이고, 두 번째는 좋은 일에 관한 것이다. 일상생활에서 겪게 되는 사건에 대하여, 자신에게 생기는 믿음이 어떤 것인지 생각하고 그 결과를 관찰하여 자신의 믿음을 철저하게 반박한다. 그런 다음 반박에 성공했을 때 어떤 활력이 생기는지 살펴보고 그 결과를 적어보는 것이다. 자신의 왜곡된 믿음을 반박하는 위의 네 가지 방법을 활용하면 큰 도움이 될 것이다.

| **불행한 사건**　나는 트라우마에서 심리적 회복력에 관해 강의한 수업 평가서를 받았다. 그중 다음과 같은 평가가 있었다. '나는 이 수업에 몹시 실망했다. 인상 깊은 점이 있다면 그 교수는 어쩌면 그토록 시종일관 지루한 수업을 할 수 있을까 하는 것뿐이었다. 리치먼드 교수보다 차라리 시체가 더 활기찰 것 같은 생각이 들 정도였다. 다른 건 몰라도 이 수업만큼은 듣지 말기를!'

| **왜곡된 믿음**　이런 시건방진 놈 같으니. 요즘 학생들은 돌비 디지털 사운드 시스템을 갖춰놓고 수업하길 바라지. 그러니 화려한 멀티미디어가 없으면 따분할 수밖에. 만일 충실하게 자료를 준비해서 생각할 기회를 제공한다고 해도 그 애들은 감당할 능력이 없어. 그걸 당연한 것처럼 여기는 요즘 아이들에게 정말 신물이 나. 이따위 강평을 쓴 학생은 아예 무시해버리는 게 약이지.

| **잘못된 결론**　화가 나서 도저히 참을 수가 없었다. 아내에게 전화를 걸어 고래고래 고함을 치면서 강평을 읽어주었다. 너무나 건방지고 버릇없는 요즘 학생들이 괘씸해 늦은 밤까지 분을 삭이지 못했다.

| **반박**　그 학생이 무례한 건 사실이야. 하지만 내 강의라고 싫어하는 학생들이 왜 없겠어. 그러니 상심할 일은 아니야. 그건 수많은 평가서 중의 하나일 뿐이니까. 게다가 다른 학생들은 대부분 내 강의를 좋게 생각하는 것 같아. 그렇지만 솔직히 이번 강평 결과는 예전만 못한 것 같군. 슬라이드를 활용했다면 자료를 이해하는 데 큰 도움이 되었을 거

라고 지적한 학생들도 적지 않았지. 그들이 바라는 건 레이저쇼가 아니라 좀더 흥미롭고 이해를 도와줄 다양한 시청각 자료일 뿐이야. 내가 강의 준비에 소홀한 점도 없지 않았을 거야. 예전에 나는 학생들이 강의에 흥미를 느낄 수 있는 방법을 찾느라 훨씬 더 많이 고민했으니까. 내가 예전보다 강의에 열의가 떨어진 거야. 그러니 학생들이라고 못 느꼈을 리 없지. 이 혹독한 강평을 반성의 기회로 삼아야 해. 학습 교재를 준비하는 데도 좀더 노력해야지.

| **활력 얻기**  이렇게 정리하고 보니 화가 많이 누그러졌다. 그 학생의 표현방식에 대해서는 여전히 괘씸한 생각이 들지만, 전체적 시각으로 받아들일 수 있게 되었다. 강의 준비를 소홀히 해왔다는 사실을 인정하긴 싫지만, 강의 수준을 높이는 데 심혈을 기울일 수 있게 되었다. 아울러 새로운 학습도구 개발에도 더욱 신경을 쓰고 기존 강의안도 보안해야겠다는 생각도 했다.


다시 말하지만, 좋은 일을 비관적으로 해석하는 태도는 나쁜 일들을 비관적으로 해석하는 태도와 정반대이다. 비관적인 사람은 좋은 일이 생기면 일시적이고 일부적인 현상이라 생각하기 때문에 자신은 그 좋은 일과 아무런 관계가 없는 것으로 여긴다. 이처럼 좋은 일을 비관적인 태도로 받아들이면 자기에게 굴러들어온 복을 걷어차는 격이다.

다음의 예는 자신의 성공을 일시적이고 일부이며 자신과는 무관한 결과로 돌리는 태도를 반박함으로써 지속성과 만연성이 크고 성공의 원인을 자신에게서 찾는 긍정적인 태도로 바꾸는 방법을 보여준다. 이런 태도는 성공을 지속적으로 이어가는 데 꼭 필요하다.

| **불행한 사건**   상사는 내가 제시한 아이디어가 썩 마음에 든다고 말했다. 그러면서 중역 회의에 참석해서 그들 앞에서 프레젠테이션을 해보라고 했다.

| **왜곡된 믿음**   아냐, 그럴 리 없어. 상사가 내게 그렇게 중요한 회의에 참석해달라고 하다니 도무지 믿어지지 않아. 난 비웃음만 살 거야. 나는 직속 상사에게 칭찬받은 것으로 충분해. 내 운은 거기까지야. 그리고 그 아이디어가 순전히 내 것만도 아니잖아? 그건 우리 부서 사람들이 토론해서 얻은 결과야. 내가 결정적인 의견을 내놓긴 했지만, 솔직히 난 회사 중역들의 질문에 명쾌하게 답변할 만한 전문 지식도 없어. 그러니 결국 창피만 당하고 말 거야.

| **잘못된 결론**   나는 극도로 불안감을 느껴 아무것에도 집중하지 못했어. 난 최종 기획회의에 참석해서 최선을 다했어야 했는데 마음의 갈피를 잡지 못하고 갈등하다 일만 밀리고 말았어.

| **반박**   아냐, 잠깐 생각 좀 해보자. 이건 좋은 일이지 결코 나쁜 일이 아니잖아? 다른 사람들과 토론하긴 했지만 최종 아이디어를 얻기까지 내가 결정적인 공을 세운 게 사실이야. 그러니 그게 내 아이디어라고 해도 틀리진 않아. 아닌 게 아니라 내가 획기적인 의견을 내놓지 않았다면 마지막 회의는 무산되고 말았을 거야. 회사 중역들이 참석한 자리여서 모두들 긴장했지만, 난 그 긴장감을 떨쳐내려고 애썼어. 그리고 내가 도저히 감당하지 못할 일도 아냐. 난 그 사안에 대해 오랫동안 생각해왔으니까. 심지어 내가 적어놓은 아이디어를 부서원들이 돌려가며 읽기도 했지. 직속 상사가 나를 선택한 건 내가 적임자라고 판단했기 때문이야. 그는 망신당할 위험을 무릅쓰고 자기 상사들 앞에 아무나

내세울 사람이 아니니까. 그는 내가 잘할 수 있다고 확신한 거야. 나도 마땅히 그래야 해.

| **활력 얻기**  오랫동안 차분하게 내 자신을 돌아본 뒤 동료 몇 명을 모아놓고 프레젠테이션 연습을 해보기로 결심했다. 사실 그 도전에 마음이 설레기 시작했고, 연습하면 할수록 그만큼 자신감도 커졌다. 그러다 보니 프레젠테이션을 일목요연하게 진행할 요령도 터득했다.

# 현재의 긍정 정서 키우기

현재의 행복은 과거나 미래의 행복과는 아주 다른 상태로서, 사뭇 대조적인 정서인 쾌락pleasures과 만족gratification이 포함된다.

쾌락은 짜릿한 감각적 요소와 격렬한 정서적 요소를 지닌 기쁨으로, 철학자들은 이를 일러 '원초적 감정'이라고 한다. 황홀경, 전율, 오르가슴, 희열, 환희, 안락함이 여기에 속한다. 이런 감정들은 생각할 겨를도 없이 순식간에 일었다가 덧없이 사라진다.

만족은 자신이 몹시 좋아서 하는 활동이지만 반드시 원초적인 감정들을 자아내지는 않는다. 그보다는 자기가 하는 일에 푹 빠져서, 자기 존재마저 잃어버릴 정도로 몰입하게 한다. 토론에 참석하기, 암벽 타기, 좋아하는 책 읽기, 춤추기, 농구하기 등은 시간 가는 줄 모를 정도로 흠뻑 빠질 뿐만 아니라 남다른 기량을 연마하기 위해 노력하고, 자신의 강점으로 계발하고 싶은 활동을 통해 얻게 된다. 만족감은 쾌감보다 오래 지속되고, 진지한 사고 작용과 해석 과정이 따르며, 습관화되지도 않을뿐더러, 자신의 강점과 미덕을 발휘하여 얻는 것이다.


## 육체적 쾌락


육체적 쾌락은 감각기관을 통해 즉각적으로 느꼈다가 이내 사라진다. 그런 만큼 사고 작용이 거의 또는 전혀 개입하지 않는다. 감각기관이 진화한 것도 긍정 정서와 밀접하게 관련되어 있기 때문이다. 만지거나 맛을 보거나 냄새를 맡는 것, 몸을 움직이거나 보거나 듣는 것은 직접적으로 쾌락을 유발한다. 어린 아기도 생식기를 어루만져주면 웃음 짓는다. 생후 6개월 된 아이는 엄마의 젖과 바닐라 아이스크림을 먹을 때 똑같은 기분을 느낀다. 더러워진 몸을 따뜻한 물로 말끔히 씻어내면 기분이 상쾌해지는데, 이때의 상쾌함은 자신이 깨끗해지고 있다는 인식보다 앞서 일어난다. 쾌변을 보고 나서 안도감 섞인 기쁨을 누리는 사람도 있다. 시각과 청각은 후각이나 미각, 촉각보다는 조금 덜하긴 해도 순간적인 긍정 정서와 밀접한 관계가 있다. 화창한 봄날, 비틀즈의 노래 '헤이 주드Hey Jude', 아기들과 어린 양들이 함께 어울려 있는 그림, 눈 내리는 밤에 활활 타오르는 난로 앞에 앉아 있는 것은 모두 육체적 쾌락을 자아낸다.

좀더 고상한 취미생활을 예로 들자면, 여러 감각기관이 동시에 작동해 관능적 쾌락을 유발하기도 한다. 내 경우에는 사시사철 피는 티로즈 장미를 본다거나, 바흐가 작곡한 성모 찬가 '마그니피카트Magnificat'를 듣거나, 독일산 최고급 포도주 '트로켄베렌아우스레제Trockenbeerenauslese'를 처음 맛볼 때나, 프랑스 화가 조르주 쇠라의 이야기를 소재로 한 뮤지컬 〈공원에서 조르주와 함께한 일요일Sunday in the Park with George〉의 제1막 중 마지막 장면을 본다거나, 샬리마 향내를 맡거나, 아주 근사한 시 낭송을 듣거나, 태어난 지 2개월 된 내 아이가 조막만 한 손으로 내 손가락을 꼭 쥘 때 나는 짜릿한 쾌감을 느낀다.

이런 활동을 통해 기쁨을 얻는 건 분명하지만, 육체적인 쾌락으로는 삶을 이어가기 힘들다. 쾌락은 순간적이어서 외부 자극이 없으면 곧바로 사그라지기 때문이다. 게다가 우리는 쉽사리 타성에 젖기 때문에 최초에 받은 자극과 똑같은 효과를 얻으려면 더 큰 자극제가 필요하다. 당신에게 쾌감을 주는 것은 처음으로 맛본 프렌치 아이스크림 한 입, 최초로 마신 샬리마 한 모금, 활활 타오르는 난로 옆에서 처음에 잠깐 느낀 따스함일 뿐이다. 만일 이런 행동을 절제하지 못하면, 최초의 자극에서 얻는 쾌락을 느낄 기회를 영원히 잃게 될 것이다.


## 정신적 쾌락

정신적 쾌락은 육체적 쾌락과 공통점이 많다. 원초적인 긍정적 감정이라는 점, 순간적으로 일었다 이내 사라진다는 점, 쉽사리 습관화된다는 점에서 그렇다. 그러나 외부로 발산하는 방식이 훨씬 더 복잡하고 인지적이며, 훨씬 더 많고 다양하다는 점에서는 육체적 쾌락과 다르다.

정신적 쾌락을 체계적으로 분류하는 방법은 많다. 여기서 내가 소개하는 방법은 그중 하나일 뿐이다. 나는 먼저 긍정적인 정서에 속하는 하나의 낱말 '기쁨'을 정하고, 그와 비슷한 낱말들을 사전에서 찾았다. '기쁨'만이 아니라 이렇게 하나의 낱말을 정하고 비슷한 말을 지칠 때까지 계속 찾았다. 그런데 놀랍게도 육체적 쾌락과 정신적 쾌락에 속하는 긍정적인 단어가 100여 개나 되었다. 그 다음 오르가슴이나 따뜻함 따위의 육체적 쾌락에 속하는 낱말들을 모두 걸러낸 뒤, 정신적 쾌락에 속하는 낱말들을 그 강도에 따라 세 가지로 나누었다.

강렬한 정신적 쾌락으로는 도취, 무아지경, 황홀경, 전율, 환희, 열광, 희열, 광희狂喜, 흥분 등이 있다. 보통의 정신적 쾌락으로는 기쁨, 반가움, 유쾌함, 즐거움, 재미, 활기, 감격 등이 있다. 또 낮은 정신적 쾌락에는 편안함, 포만감, 안도감, 여유, 일체감, 위안 등이 속한다. 이처럼 정신적 쾌락을 분류하는 목적은 당신의 정신적 쾌락을 향상시키는 방법을 알려주기 위해서이므로, 분류 자체에는 큰 의미가 없다. 모든 정신적 쾌락을 향상시키는 방법은 한 가지이기 때문이다.


긍정 정서 키우는 방법


이것만은 미리 말해두어야겠다. 당신의 쾌락에 대해 전문가의 조언 따위는 필요 없다. 자신을 변화시킬 수 있는 방법에 대해서는 어느 심리학자보다 자기 자신이 더 잘 알기 때문이다. 그렇긴 해도 순간적인 행복의 양을 늘리는 데 도움이 될 만한 것으로, 긍정 정서에 대한 학문적 연구에서 얻은 세 가지 개념을 소개하려 한다. 습관화와 중독, 음미하기, 마음 챙김이 바로 그것이다. 이 세 가지를 잘 활용하면 긍정 정서를 키우는 데 많은 도움이 될 것이다.

### ① 습관화와 중독

쾌락은 육체적이든 정신적이든 행복을 지속시키는 요소로 활용하기에는 한계가 있는 매우 독특한 특성의 집합체이다. 쾌락은 물론 사전에 정의된 대로 덧없는 것이어서 순식간에 사라져버린다. 즐거운 일을 해보라는 과제를 내주었을 때, 학생들은 즐거운 일이 끝나면 그 일에서 얻은 즐거움도 끝이라는 사실을 깨달았다. 외부 자극이 없어지면 그 자극이 자아내는 긍정 정서는 아무런 흔적도 남기지 않은 채 사라진다. 물론 이러한 현상에도 예외는 있다. 〈반지의 제왕〉처럼 멋진 영화를 본 다음날에도 당시의 감동이 되살아나거나, 평생 네댓 번이나 맛볼까말까 한 부르고뉴 와인처럼 여운이 오래 남는 것들도 있다.

그런데 똑같은 쾌락에 탐닉하면 이런 효과를 얻지 못한다. 프렌치 아이스크림을 두 입째 먹을 때의 쾌감은 맨 처음 맛볼 때보다 덜하고, 네 번째 먹을 때는 그저 칼로리 높은 음식일 뿐이다. 이때쯤 되면 그 아이스크림은 밍밍한 물이나 다름없다. 습관화 혹은 적응이라 부르는 이 과정은 엄연한 신경학적 현상이다. 신경세포는 새로운 사건에는 서로 연합하여 반응하지만, 새로운 정보를 얻을 수 없는 사건에는 대응하지 않는다. 신경세포를 기준으로 보면 똑같은 자극에 대해 잠시 동안 반응을 보이지 않는 이른바 불응기不應期에 해당하며, 뇌 전체를 기준으로 보면 새로운 사건은 받아들이고 그렇지 않은 사건들은 무시하는 것이다. 이런 사건이 많을수록 반응할 필요가 없는 사건들은 폐기 처분해버린다.

쾌락은 아주 빨리 사라지기도 하지만, 부정적인 영향을 남기는 경우도 많다. 40여 년 전 쥐의 뇌에서 '쾌락 중추'라는 것이 발견되었다. 연구자들은 아주 가는 철사를 뇌의 대뇌피질 아래 부위에 이식한 다음, 쥐가 막대를 누를 때마다 약한 전기 자극을 가했다. 마침내 실험쥐들은 먹이나 섹스, 심지어 삶 자체보다 전기 자극을 훨씬 더 좋아하게 되었다. 연구자들은 이 실험에서 중요한 사실을 발견했는데, 그것은 본래 연구 목적이었던 쾌락이 아니라 중독에 관한 것이었다. 전기 자극은 결과적으로 아주 강렬한 열망을 일으킨 셈이다. 이 열망은 다음번 전기 자극으로 채워지지만, 고약한 것은 이 전기 자극이 또 다른 열망을 자아내는 식으로 끝없이 이어진다는 데 있다.

전기 자극을 갑자기 중단했을 때, 쥐가 그 고통을 견디며 끝끝내 막대를 누르지 않으면 그 열망은 얼마 뒤에 사라질 것이다. 그러나 열망이 너무나 큰 나머지 전기 자극의 여운이 채 사라지기 전에 막대를 누른다면, 그것은 쾌락을 얻기 위한 행동이 아니라 억제하기 힘든 격렬한 열망에 사로잡힌 행동의 결과이다. 이처럼 끝없는 열망은 그 자체로 부정적인 영향을 미치는 것으로, 쥐는 결국 전기 자극에 중독되고 만다.

등이 가려울 때 긁으면 시원해지지만, 긁기를 멈추는 순간 가려움증은 견디기 힘들 정도로 심해진다. 이를 악물고 참으면 가려움증은 사라지지만, 긁고 싶은 갈망이 워낙 큰 까닭에 웬만한 의지로는 떨쳐내기 힘들다. 흡연, 연거푸 터지는 기침, 일단 먹기 시작하면 끊임없이 손이 가는 땅콩, 먹어도 또 먹고 싶은 프렌치 아이스크림 등이 그런 경우다. 더더욱 심각한 문제는 이것이 약물중독의 과정과 같다는 사실이다.

당신의 긍정 정서를 향상시킬 필요성이 바로 여기에 있다. 특정 쾌락을 경험하는 시간 간격을 넓히는 일이 중요하다. 내 경험에 비추어볼 때, 긍정 정서를 향상시킬 수 있는 첫 번째 법칙은 일상생활에서 쾌락을 자아낼 수 있는 일들을 최대한 누리되, 되도록 시간 간격을 넓혀 틈틈이 경험하게 하는 것이다. 만일 쾌락을 자아내는 특정한 일을 아주 오랫동안 하지 않았을 때 그 일을 하고 싶다는 열망을 느끼는 사람은 중독의 위기에 처한 것이다.

이럴 때는 당신 스스로 깜짝 놀랄 일을 해보라. 또는 가족이나 친지끼리 서로 뜻밖의 기쁨을 주고받을 수 있도록 쾌락(즐거움)이라는 '선물'을 나눠보라. 한 아름의 장미꽃까지도 필요 없다. 한 잔의 커피만으로도 충분하다. 남편 혹은 아내, 자녀들, 직장 동료들에게 뜻밖의 기쁨을 선사하는 데는 하루 5분이면 충분하다. 퇴근해서 집에 도착하는 순간 남편이 좋아하는 음악을 틀어준다거나, 컴퓨터 작업을 하고 있는 아내의 어깨를 주물러준다거나, 직장 동료의 책상 위에 꽃을 가득 담은 꽃병을 놓아준다거나, 마음을 담은 짤막한 쪽지를 건네주는 등의 작은 정성은 베푸는 이나 받는 이가 기쁨을 함께 나눌 수 있다.

### ② 음미하기

속도와 미래지향성만을 중시하는 가치관이 우리 삶에 속속들이 스며들어 우리의 현재를 빈곤하게 한다. 휴대폰에서 인터넷에 이르기까지 현대의 첨단기술은 대부분 더 빨리 더 많은 일을 해내게 하는 것들이다. 시간 절약과 미래에 대한 설계 때문에 우리는 현재라는 광대한 터전을 잃고 있다.

로욜라 대학교의 브라이언트Bryant, Fred B.와 베로프Veroff, Joseph 교수는 얼마 전에 작은 농원을 만들고 이를 '음미하는 곳Savoring' 이라 이름 지었다. 이들은 '관심 기울이기' 와 함께 불교의 가르침을 떠올리게 하는 새로운 학문을 개척했다. 우리는 어쩌면 이 두 교수 덕분에 그동안 잃어버린 현재라는 우리의 터전을 되찾을 수 있을지도 모르겠다.

브라이언트와 베로프에게 '음미한다' 는 것은 곧 쾌락을 발견하고 쾌락을 느끼는 찰나를 포착하려는 의식적인 노력이다. 브라이언트는 산을 오르다가 틈틈이 쉬면서 이렇게 음미한다.

나는 차가운 공기를 깊이 들이마셨다가 천천히 내쉰다. 그때 어디선가 코를 찌르는 냄새가 풍겨 이리저리 둘러보니, 내가 딛고 선 바위 틈새에서 자라고 있는 라벤더 한 송이가 하늘거리고 있다. 나는 눈을 지그시 감고 저 아래 골짜기에서 불어오는 바람 소리를 듣는다. 높다란 바위에 걸터앉아 온몸으로 따뜻한 햇살을 받으며 황홀경에 빠져도 본다. 그리고 이 순간을 영원히 추억할 작은 돌멩이 하나를 주워온다. 까칠까칠한 것이 사포 같다. 문득 돌멩이의 냄새를 맡아보고 싶은 이상한 충동에 사로잡혀 코를 킁킁거린다. 케케묵은 냄새가 물씬 풍기는 것이 아득히 먼 옛날을 떠올리게 한다. 아마도 이 땅이 생긴 이래 그 자리를 죽 지켜왔으리라.

한편 베로프는 자기 아이들에게 받은 편지를 이렇게 음미한다.

내 아이들이 쓴 편지를 좀더 찬찬히 볼 수 있는 조용한 시간을 내어 차례차례 읽어간다. 따뜻하고 부드럽게 내 몸을 어루만져주는 샤워 물줄기처럼 편지속의 글들이 느릿느릿 굴러와 내 몸을 감싸도록 나는 한 줄 한 줄 천천히 읽어 간다. 눈물이 날 만큼 정겨운 대목도 있고, 자기 주변에서 일어나는 일을 날카롭게 꿰뚫은 자못 놀라운 대목도 있다. 마치 내가 편지를 읽고 있는 이 방에 함께 있기라도 하듯 아이들 모습이 생생하게 떠오른다.

브라이언트와 베로프 교수는 대학생 수천 명을 대상으로 실시한 검사 결과를 토대로 '음미하기'를 증진시킬 수 있는 다섯 가지 방법을 소개하고 있다.

| **다른 사람과 공유하기**  경험을 함께 나눌 수 있는 사람들을 찾아 자신이 그 순간을 얼마나 소중하게 여기는지 들려준다. 이것은 자신이 느낀 즐거움이 얼마나 큰지 측정할 수 있는 유일한 잣대이기도 하다.

| **추억 만들기**  사진으로 찍은 듯 그 순간을 마음에 새겨두거나, 기념할 만한 구체적인 물건을 보관해두고 훗날 그것을 보면서 다른 사람들과 함께 돌이켜본다. 등산길에서 작은 돌멩이를 주워와 컴퓨터 옆에 놓아둔 브라이언트처럼 말이다.

| **자축하기**  자기 자랑하기를 주저하지 말라. 다른 사람들을 감동시킨 자신을 대견하게 여기고, 학수고대했던 그간의 소원 성취를 한껏 뿌듯해하라.

| **집중하기**  자신이 하는 일에만 집중하고 나머지는 완전히 차단한다. 베로프 교수는 수프를 만들어 먹을 때의 경험을 이렇게 말한다. "수프가 깔끄러운 맛과 부드러운 맛이 나는 건 내가 딴 데 정신을 파는 통에 그만 수프가 눌었기 때문이다. 밑에 눌은 것이 섞이지 않도록 조심스럽

게 그릇에 따랐는데도 수프 전체에 탄 맛이 배어 있었다." 베로프 교수는 실내악을 들을 때면 오로지 음악에만 집중하기 위해 눈을 지그시 감는다.

┃ **심취하기** 자신이 하고 있는 일에 전념한 채, 생각하지 말고 오로지 느끼기만 한다. 다른 일을 떠올리거나, 현재 자신의 일이 어떻게 진척될지 궁금해하거나, 더 좋은 방법을 궁리하느라 마음을 흩트리지 않도록 한다.

이 방법은 네 가지의 음미하기, 즉 칭찬과 축하 받기, 은혜에 감사하기, 순간의 경이로움에 감탄하기, 만끽하기를 할 때도 도움이 된다. 이제는 지금까지 설명한 것들을 직접 체험해볼 차례다. 만일 이것을 그냥 건너뛸 생각이라면 여기서 아예 책을 덮기 바란다. 솔직히 말하면 기대하는 게 아니라 당신에게 '강요' 하는 것이다. 낱말 하나하나를 음미하면서 아래의 글을 찬찬히 읽어보라.

나는 이내 표백되어버릴 평화와 나를 아프게 쑤시는 희열이 있는
이 공허한 공간에서 내려가리라.
그러면 시간이 나를 조여오고, 내 영혼은 단조로운 일상에 갇히리라.
그러나 나는 알고 있다.
삶이 더는 나를 옥죄지 않으리라는 것을.
시간이 차츰차츰 나를 해방시켜주리라는 것을.
나는 이미
끊임없이 표백되고 한없이 공허한 공간에 서보았으므로.

### ③ 마음 챙김

3년간의 수행을 마친 승려가 스승의 암자에 도착한다. 문을 열고 안으로 들어서는 그 승려는 깊고 오묘한 부처의 가르침을 모두 깨달았다는 자신감에 차있다. 스승이 어떤 질문을 하든 문제없다는 듯한 자세다.

"꼭 하나만 묻겠다."

스승의 나직한 말에 승려가 대답한다.

"예, 스승님."

"꽃이 문간에 세워둔 우산 오른쪽에 있더냐, 왼쪽에 있더냐?"

이 질문에 입도 벙긋 못 하고 얼굴만 붉히던 승려는 그대로 물러나 3년간의 수행을 다시 시작한다.

'마음 챙김'은 무심함이 우리 삶에 만연해 있다는 사실을 깨닫는 데서 시작된다. 우리는 숱한 경험들을 눈여겨보지 못한다. 무심코 행동하고 무심하게 반응할 뿐 깊이 생각하지 않는다. '마음 챙김'에 대한 연구의 대가로 꼽히는 하버드 대학의 랭거<sup>Langer, Ellen</sup> 교수는 자료를 복사하기 위해 줄 서 있는 사무실 직원들 사이에 끼어드는 실험을 했다. 짐짓 새치기를 하려고 밑도 끝도 없이 "제가 당신 앞에 끼어도 되겠습니까?"라고 물었을 땐 거절당했다. 그런데 "중요한 자료를 복사해야 하는데 제가 당신 앞에 끼어도 되겠습니까?"라고 물었을 때는 허락을 받았다.

좀더 세심하게 관심을 기울이는 방법을 개발한 랭거 교수 덕분에 우리는 현재의 순간을 새롭게 인식할 수 있게 되었다. 이 방법의 핵심은 진부한 상황을 새롭게 인식하게 하는 관점 전환의 원칙이다.

앞만 보고 정신없이 달리기보다 느긋하고 여유 있는 자세를 취하면 우리는 현재라는 시간에 훨씬 더 마음을 쏟게 된다. 동양의 명상법은 여러 가지가 있지만 대부분 날마다 규칙적으로 수행하는 것이어서, 속도를 중시하는 서양인들의 조급한 마음을 차분히 가라앉히는 데 더없이 좋다. 명상법은 불안을 다스리는 데도 효과가 있다. 차분하고 여유가 있을 때에야 비로소 현재에 관심을 기울일 수 있기 때문에, 꽃이 문간에 세워둔 우산의 오른쪽에 있는지 왼쪽에 있는지 기억할 가능성이 훨씬 더 큰 것이다.

여러 학계에서 '음미하기' 와 '마음 챙김' 의 학문적 근원을 불교에서 찾는 것은 결코 우연이 아니다. 불교의 이 놀라운 가르침은 성숙해가는 과정에서 생기는 마음을 다스려 무념무상의 경지에 이르게 하는 데 초점을 맞춘다.

### 일상을 즐겨라

지금까지 숱한 쾌락과 기쁨을 소개하고, 아울러 그런 정서들을 향상시킬 수 있는 몇 가지 방법을 소개했다. 쾌락을 경험하는 시간을 적절히 조절하거나, 친구나 연인끼리 서로 뜻밖의 즐거움을 누릴 수 있는 작은 배려를 통해 쾌락의 습관화와 중독을 예방할 수 있다. 자신의 경험을 마음 깊이 새겨두었다가 다른 사람들에게 들려줌으로써 함께 나누고 자축하며, 현재 자신이 하고 있는 일에 집중하고 심취하면 한결 느긋하게 삶을 즐길 수 있을 것이다. 칭찬을 받아들이고 감사하며 감탄하고 만끽하는 것은 모두 삶의 기쁨을 증폭시킬 수 있는 방법이다. 이와 같은 방법들을 활용하여 '쾌락적인 삶' 을 누린다면 그야말로 큰 행운이 아닐 수 없다.

이런 방법들을 실천하고 효과를 얻으려면 무엇보다 즐겁게 생활하라. 한 달에 하루씩 쉬는 날을 정하여 자신이 가장 좋아하는 일에 흠뻑 빠져보라. 그날만큼은 하고 싶은 일을 맘껏 해보라. 일일계획표를 작성하여 앞서 소개한 방법들을 한껏 활용해보라. 번잡한 일상을 훌훌 털어버리고 오직 계획표대로만 실행해보라.


## 만족과 쾌락은 어떻게 다른가?

우리는 흔히 만족과 쾌락을 같은 뜻으로 사용한다. 사뭇 대조적인 삶의 중요한 요소를 한데 뭉뚱그리는 우리의 언어생활 때문에, 자칫 만족과 쾌락을 얻는 활동이 똑같다고 착각할 수 있다. 우리는 무심코 캐비어, 마사지, 지붕 위에 떨어지는 빗소리 등 우리에게 쾌감을 주는 것들도 좋아한다고 말하고, 배구, 영국 작가 토마스Thomas, Dylan의 고전소설, 불우이웃 돕기 등 우리가 만족을 느끼는 것들에 대해서도 좋아한다고 말한다. '좋아하다like' 라는 낱말을 잘못 사용함으로써 올바른 사고 작용을 방해하는 것이다. 이 단어는 본래 수많은 것들 중에서 자신이 선택한다는 의미를 담고 있다. 우리가 만족과 쾌락을 같은 뜻으로 쓰다 보니 자신이 선택하는 긍정 정서도 본질적으로 쾌락과 똑같은 것으로 여기게 되고, 따라서 무심결에 캐비어를 먹을 때나 고전소설을 읽을 때나 모두 쾌감을 느낀다고 말하는 것이다.

기초적인 긍정 정서라 함은 좋아하는 음식 먹기, 가려운 등 긁기, 좋아하는 향수 뿌리기, 더러워진 몸 씻기 등 원초적인 감정에 사로잡히는 활동들에서 얻는 것이다. 반면 노숙자들에게 따뜻한 차를 나눠준다거나, 자연과학자의 눈과 소설가의 상상력을 겸비했다고 평가받는 바레트Barrett, Andrea의 수준 높은 소설을 읽거나, 브리지 게임이나 암벽 등반을 할 때 느끼는 긍정 정서에 대해서 단정적으로 말하기는 어렵다. 똑같은 행동을 하더라도 대부분은 특별한 정서를 느끼지 못하는데 어떤 사람은 유독 특별한 정서를 느끼는 경우가 있기 때문이다.

내 경우를 예로 들자면, 다른 사람들은 소파에 웅크린 자세로 누워 책을 읽을 때 몹시 불편해하지만, 나는 아주 편안하다. 이런 활동을 할 때 좋아한다고 말하는 것은 완전한 심취, 의식의 부재, 몰입하게 하는 만족 때문이지 쾌락 때문이 아니다. 사실 완전한 심취란 의식 작용이 차단된 상태여서 감정이 전혀 없다.

만족과 쾌락의 차이는 곧 행복한 삶과 쾌락적인 삶의 차이와 같다. 긍정 정서가 아주 낮은 브리지 챔피언이자 최고경영자인 내 친구 렌의 경우를 다시 보자. 내가 그를 두고 행복한 삶을 영위한다고 말하는 핵심은 바로 렌의 만족 때문이다. 온갖 방법을 다 동원해도 그를 쾌활하고 신명나는 삶 속으로 끌어들일 수는 없지만, 그는 자신의 생활에 완전히 심취해 있다. 브리지 챔피언, 증권매매인, 열렬한 축구광으로서 말이다. 이처럼 만족과 쾌락을 엄격하게 구분하면 세계 인구의 절반이 긍정적 정서가 몹시 낮다고 할지라도 그들이 반드시 불행한 삶을 사는 것은 아니라는 희망적인 결과를 얻게 된다. 다시 말해, 긍정 정서가 낮은 사람도 얼마나 만족을 얻느냐에 따라 행복을 누릴 수 있다는 얘기다.

현대인들은 쾌락과 만족을 구분하지 않은 채 두루뭉술하게 사용하지만, 고대 아테네인들은 이를 엄밀히 구분했다. 아리스토텔레스는 행복과 육체적 쾌락을 구분하고, 행복eudaimonia을 춤출 때의 우아함에 비유한다. 우아함은 그 춤에 수반되는 어떤 독립된 동작도 아니며 춤이 끝난 다음에 얻는 결과물도 아니다. 우아한 동작은 아름다운 춤이 되기 위해 없어서는 안 될 중요한 요소이다. 명상의 '즐거움'에 대해 말한다는 것은 명상하는 행위 그 자체를 말할 뿐, 명상에 수반되는 어떤 정서를 의미하는 게 아니다.

아리스토텔레스의 에우다이모니아eudaimonia는 이 책에서 말하는 만족과 같은 의미로서, 올바른 행동의 핵심 요소이다. 이것은 육체적 쾌락으로는 얻을 수 없을뿐더러, 어떠한 쾌락적 도구로서도 자아낼 수 없는 정신 상태이다. 오직 숭고한 목적을 지닌 활동을 통해서만 얻을 수 있다. 앞서 소개했듯이 쾌락은 발견하고 다듬고 향상시킬 수 있지만, 만족은 그렇지 않다. 쾌락은 감각과 정서에 관한 것이지만, 만족은 개인의 강점과 미덕의 실행에 관한 것이다.

사회과학 분야의 한 대가 덕분에 우리는 이 만족을 학문적으로 고찰할 수 있게 되었다.


방명록을 거꾸로 읽어가던 나는 "여기 유명한 이름도 있네"라며 아내에게 귀엣말을 했다. 교수며 간호사, 의장들과는 늘 마주보고 있어야 했던 지난 몇 년 동안 나는 눈동자를 움직이지 않은 채 거꾸로 읽는 법을 터득했다. 우리가 가장 좋아하는 휴양지 빅 아일랜드 섬의 코나 빌리지 호텔에서 아침식사를 하려고 줄 서 있다가 투숙객 명단에 내 눈길이 닿았던 것이다. 심리학자들 사이에서는 꽤나 유명한 '칙센트미하이Csikszentmihalyi'라는 이름이 눈에 띄었지만, 그

때까지만 해도 나는 그 이름을 읽을 줄 몰랐다. "내키는 대로 읽어요"라며 아내가 놀렸다. 칙센트미하이는 클레어몬트 피터 드러커 경영대학원의 사회과학 교수로 유명한 사람이다. 그는 사람이 어떤 일에 완전히 심취할 때 느끼는 만족한 상태를 '몰입flow' 이라 명명하고 연구한 장본인이다. 20년 전 잠깐 만나 본 사이였지만 그의 인상조차 희미했다. 잠시 후 나는 파파야 씨앗을 발라내면서 식당을 두리번거리며 운동선수처럼 체격이 좋은 갈색 머리의 남자를 찾고 있었다. 그의 모습이 언뜻 떠올랐기 때문이다(가족끼리 시간을 보낼 때는 가족에게 최선을 다해야 한다는 것은 나중에 자세히 다루겠지만, 솔직히 고백하자면 가족 말고는 아는 사람이 거의 없는 휴양지에서 동료 심리학자를 만나 얘기를 나눈다는 것이 내게는 뜻밖의 행운처럼 여겨졌다). 아침식사를 마친 뒤, 우리 부부는 아이들과 함께 울퉁불퉁한 용암을 지나 화산 용암이 부서지면서 생긴 검은 모래 해변을 거닐었다. 하늘은 빠르게 밀려오는 먹구름으로 뒤덮였고, 파도는 수영할 엄두를 내지 못할 정도로 높았다. "아빠, 무슨 소리가 들리는데요." 유난히 귀가 밝은 로라가 바다를 가리키며 다급하게 소리쳤다. 아니나 다를까, 머리가 하얀 남자가 파도에 휩쓸려 면도날처럼 날선 조개껍데기가 다닥다닥 붙은 용암에 부딪혔다가 다시 튕겨져 나와 거친 파도 속에 묻혔다. 그는 마치 소설 『백경』에 등장하는 거대한 고래 모비딕Moby Dick보다 몸집이 훨씬 작고 바다 생활에 미숙한 고래 같았다. 가슴과 얼굴에서 피를 흘리고 지느러미라곤 왼쪽 발에서 달랑거리고 있는 것 하나뿐이라는 사실을 제외하면 말이다. 나는 부리나케 바다로 뛰어들었다. 두꺼운 고무 밑창이 달린 신발 덕분에 그 남자에게 다가가는 게 어렵지 않았지만, 체구가 어찌나 큰지 그 사람을 해변까지 끌고 오느라 된통 고생을 했다. 무사히 해변에 도착해 그가 숨을 가쁘게 몰아쉬며 말하는 소리를 들으니, 유럽 중부의 교양 있는 말씨였다. "칙센트미하이 씨?" 곧 숨넘어갈 듯한 기침이 가라앉자, 산타클로스 같은 그의 얼굴에 환한 미소가 번지더니 나를 부둥켜안았다. 그로부터 이틀 동안 우리는 이야기 나누는 재미에 푹 빠져 시간 가는 줄도 몰랐다.

옛 루마니아 지방 트란실바니아의 도시 칙의 '성 미카엘St. Michael of Csik'의 이름을 딴 칙센트미하이는 제2차 세계대전이 벌어지던 당시 이탈리아에서 성장했다. 헝가리 귀족인 그의 아버지는 이탈리아 주재 헝가리 대사였다. 화려했던 칙센트미하이의 어린 시절은 전쟁 때문에 엉망진창이 되었다. 1948년 스탈린이 집권하고 있던 구소련이 헝가리를 점령한 뒤, 그의 아버지는 대사직에서 물러났다. 이탈리아의 여느 외국인이나 다름없는 신세로 전락한 그의 아버지는 로마에서 식당을 차리고 그럭저럭 생계를 꾸려 나갔다. 그들이 쓰던 가구는 베오그라드나 자그레브에 있는 박물관에 전시되었다. 그 당시 칙센트미하이가 알고 있던 어른들 중에는 무기력과 절망감에 빠져 헤어나지 못하는 사람들이 있었다. "그들은 집도 절도 없이 완전히 빈털터리가 된 거요"라고 그는 회상했다. 한편 똑같이 전쟁의 시련을 겪었으면서도 예전과 다름없이 쾌활하게 열심히 살고, 목적의식을 잃지 않는 어른들도 있었다. 그들은 대개 숙련된 기술도 없고 존경받는 사람들도 아니었으며 전쟁 전까지 평범하게 살아온 사람들 같았다. 어른들의 이런 모습에 호기심이 생긴 칙센트미하이는 1950년대까지 이탈리아에서 철학, 역사, 종교에 관한 책들을 두루 읽으며 그 의구심을 풀기 위해 애썼다. 당시 이탈리아에서는 아직 심리학이 학문으로 정립되지 않았던 터라, 융Jung, Karl의 저술에 심취한 칙센트미하이는 심리학을 공부하기 위해 미국으로 이민했다.

그는 조각이나 그림을 팔기도 하고, 「뉴요커」의 자유기고가로 활동하면서 박사학위를 땄고, 그때부터 자신의 평생 과업에 매진했다. 그것은 전후 로마의 혼란기를 겪으면서 자신이 처음으로 의구심을 가졌던 것, 바로 잠재력을 최대한 발휘하게 하는 본질적 요소를 학문적으로 발견하는 것이었다. 내가 바다에서 허우적거리고 있는 그를 구해주었던 그 해변에서 태평양을 응시하며 그는 이렇게 말했었다. "나는 그것이 무엇이며, 무엇을 가능하게 하는지 알고 싶었소."

## 만족의 핵심은 감정이 아닌 몰입이다

심리학에서 칙센트미하이Csikszentmihalyi, Mihaly가 이룩한 탁월한 업적은 '몰입Flow'이라는 개념을 정립한 것이다. 시간 가는 줄도 모른 채 완전히 몰입할 때는 언제일까. 절대로 그만두고 싶지 않을 만큼 절실하게 하고 싶은 것이 무엇인지 정확하게 깨닫는 때는 언제일까. 그림 그리기? 사랑하기? 배구? 강연? 암벽 등반? 누군가의 고민을 귀 기울여 들어주기? 칙센트미하이는 이 문제를 제기하면서 여든이 된 자신의 형 이야기를 들려주었다.

얼마 전에 부다페스트에 계신 이복형님을 찾아갔거든요. 형님은 정년퇴임한 뒤로 일삼아 광물을 관찰하지요. 그런데 형님이 이런 말씀을 하시더군요. 며칠 전 아침을 먹고 나서 수정을 꺼내 현미경으로 살펴보고 있었는데, 내부 구조가 갈수록 어두워 보이길래 구름이 해를 가린 모양이라고 생각했다는 거예요. 그래서 고개를 들어 하늘을 보니 벌써 날이 저물어 있었다고 하시더군요.

그의 형은 시간 가는 줄도 몰랐던 것이다. 칙센트미하이는 이런 상태를 '무아도취enjoyment' 라고 부른다(이 용어는 자칫 만족의 정서적 요소를 지나치게 부각시킬 것 같아 내가 꺼리는 말이다). 그는 생리적 욕구를 만족시키는 데서 오는 쾌락과 무아도취를 이렇게 구분한다.

새로운 관점에서 사물을 바라보게 하는 독서나 미처 몰랐던 새로운 사상에 눈뜨게 해주는 대화처럼, 박빙의 테니스 경기에서 최선을 다하는 것도 무아도취에 빠지는 것이다. 타사와 경쟁하여 거래를 성사시키는 순간이나 공들인 작품을 훌륭하게 완성하는 순간에도 무아도취에 빠질 수 있다. 이런 경험은 그때 당시에 느끼는 쾌락과는 엄연히 달라서, 훗날 '그때 참 재미있었다'고 회상하며 다시 하고 싶은 생각이 들게 한다.

칙센트미하이는 전 세계 각계각층의 남녀노소 수천 명을 인터뷰하면서 가장 큰 만족을 얻었을 때의 기분이 어떤지 물었다. 그것은 칙센트미하이의 형의 경우처럼 정신적 만족으로 표현할 수 있을 것이다. 아니면 아래와 같이 일본 교토의 10대 오토바이족이 수백 대의 오토바이를 몰 때처럼 집단 활동에서 얻는 만족일 수도 있다.

우리가 오토바이를 몰 때 처음에는 완전히 난장판이에요. 그러다 오토바이가 순조롭게 달리기 시작하면서부터 공감대가 형성되거든요. 이것을 뭐라 표현하면 좋을까, 마음이 하나가 되고, 우리 모두가 한 몸이 되면서 무엇인가 알게 됩니다. 그러다 문득 깨닫죠. 우린 일심동체라는 것을. 우리가 한 몸이라는 것을 깨달을 때 희열을 느껴요. 그때부터 속도를 최대로 높이기 시작하는데, 이때야말로 지상 최고의 황홀경에 빠지게 되죠.

이처럼 정신 상태는 신체적 활동에서 비롯되기도 한다. 어느 발레리나는 이렇게 말한다.

일단 발레를 시작하면 둥둥 떠다니듯 즐기면서 내가 하는 몸짓을 느낀답니다. 그러면 몸이 한결 가벼워지죠. 모든 것이 내 뜻대로 잘 되면 무아지경에 빠져 온몸이 땀범벅이 될 정도로 혼신의 힘을 다하게 되고요. 당신도 몸짓으로 자신을 표현해보세요. 그게 바로 발레의 목적이거든요. 몸짓 언어로서 의사소통을 하는 것입니다. 나는 음악과 더불어 우아하게 발레를 함으로써 객석의 사람들에게 내 자신을 멋지게 표현하는 셈이에요.

명상가, 오토바이족, 체스 선수, 조각가, 공장 근로자, 발레리나 등 저마다 활동에는 엄청난 차이가 있지만, 그들이 만족을 느끼는 심리적 요소는 매우 비슷하다. 만족의 심리적 요소는 다음과 같다.

• 전문 기술을 필요로 하는 도전적인 일이다.
• 집중한다.
• 뚜렷한 목적이 있다.
• 즉각적인 피드백을 얻는다.
• 쉽사리 몰입한다.

- 주체적으로 행한다.
- 자의식이 사라진다.
- 시간 가는 줄 모른다.


## 즐거운 쾌락은 소비, 고통스러운 몰입은 투자

만족의 요소를 정리한 목록에 긍정 정서가 빠져 있다는 사실을 예사롭게 넘겨서는 안 된다. 앞서 자주 언급했던 즐거움, 환희, 황홀과 같은 긍정 정서들은 가만 돌이켜보면 흔히 느낄 수 있는 정서들이 아니다. 사실 몰입의 핵심은 의식과 정서가 전혀 없는 상태이다. 의식과 정서는 당신의 과거 행적을 고치는 데 필요한 것이다. 따라서 완전무결하게 행동할 때 당신에게는 의식과 정서가 필요 없게 되는 것이다.

이것을 경제학 용어를 빌려 설명하면 이해하기가 한결 쉽다. 자본의 정의는 소비 활동에서 얻은 수익을 더 큰 수익을 올리기 위한 미래에 투자하는 재원이다. 자본 형성이라는 개념은 경제학 분야에만 적용되는 것은 아니다. 이를테면 사회적 자본은 다른 사람들과 주고받음으로써 축적하는 재원이며, 문화적 자본은 박물관과 고전 작품처럼 대대로 물려받은 재원으로 개인의 삶을 풍요하게 해준다. 그렇다면 심리적 자본도 있을까? 만일 있다면 어떻게 얻을 수 있을까?

쾌락적인 활동을 할 때, 우리는 오로지 소비만 하는 셈이다. 향긋한 향수, 맛있는 딸기, 관능적인 몸짓은 모두 순간적으로 큰 기쁨을 주지만 미래를 위해 무언가를 형성하지는 않는다. 투자가 아니므로 아무것도 축적하지 못한다. 반대로 만족 혹은 몰입을 경험하는 활동을 할 때는 미래를 위한 투자로서 심리적 자산을 형성하는 것이다. 몰입은 심리적 성장을 나타내는 정신 상태이다. 전념, 무의식, 시간 가는 줄 모르는 상태는 미래의 심리적 자산을 축적하고 있음을 알려주는 진화의 방식일지도 모른다. 이런 맥락에서 본다면 쾌락은 생리적 포만감을 나타내는 특징인 데 비해 만족은 심리적 성장을 나타내는 특징이라고 할 수 있다.

칙센트미하이가 이끄는 연구진은 경험표집법ESM:experience sampling method을 활용하여 몰입의 빈도를 측정했다. 이 방법은 참가자들에게 무선호출기를 나눠주고 밤낮없이 무작위로 호출한 뒤, 호출을 받은 그 순간에 그들이 하는 생각, 느끼는 감정, 몰입의 정도를 기록하는 것이다. 이 연구진은 다양한 직종에 종사하는 수천 명을 대상으로 100만 가지가 넘는 데이터를 수집했다.

그중에는 몰입을 자주 경험하는 사람들도 있지만 거의 느끼지 못하는 사람들도 많다. 칙센트미하이가 한 연구 중에 몰입 정도가 높은 10대와 낮은 10대를 각각 250명씩 정하여 추적 조사한 것이 있다. 몰입 정도가 낮은 10대는 '쇼핑'을 주로 한다. 그들은 친구들과 몰려다니며 백화점 쇼핑을 즐기거나 텔레비전을 많이 본다. 몰입 정도가 높은 10대는 취미 활동이나 스포츠를 좋아하고, 숙제를 열심히 한다. 두 집단을 비교해본 결과, 단 한 가지를 제외한 모든 면에서 몰입 정도가 높은 10대들의 정신이 더 건강한 것으로 나타났다. 그러나 그 한 가지 예외에 주목해야 한다.

몰입 정도가 높은 10대들은 몰입 정도가 낮은 10대들을 훨씬 더 즐겁게 생활하는 사람들로 여기며 그들처럼 해보고 싶어 한다. 그러나 몰입 정도가 높은 10대들이 하는 모든 활동은 당장은 재미없게 느껴지지만, 훗날의 삶에서는 오히려 크게 보상받을 수 있는 것들이다. 몰입 정도가 높은 10대는 대학교에 진학할 확률이 높고, 원만한 대인관계를 이루기 쉬워 성공할 확률도 그만큼 높기 때문이다. 이는 몰입이 훗날 활용할 수 있는 심리적 자본을 형성하는 정신 상태라고 한 칙센트미하이의 이론과 일치한다. 칙센트미하이에 따르면 몰입을 경험하기 위한 조건은 명확한 목표, 신속한 피드백, 과제와 능력 사이의 균형 등이 있다.

몰입의 첫 번째 조건은 '명확한 목표' 다. 현재 하고 있는 일이 명확하고 짧은 시간 안에 결과를 만들어 낼 수 있는 일이 몰입이 잘 된다는 것이다.

둘째, 몰입 경험을 위해서는 즉각적인 피드백도 중요하다. 내가 하는 일을 왜 하는지, 어떠한 결과를 창출할 것인지 분명한 목표가 있고 그 일에 대한 즉각적이고 적절한 피드백이 있어야 몰입이 잘 된다.

셋째, 몰입을 경험하기 위해 과제와 능력 사이의 균형도 필요하다. 어떤 과제가 주어졌을 때 너무 어렵거나 쉬우면 몰입경험이 잘 일어나지 않는다. 높은 과제와 높은 능력이 결합했을 때 최고의 몰입을 경험할 수 있다.

## 쾌락이 우울증을 불리오는 이유

현재의 우울증 환자는 1960년대에 비해 10배나 많으며, 청소년층의 우울증이 두드러지게 증가하고 있다. 40년 전에는 처음으로 우울증 중세를 보인 나이의 중간값(최고 나이와 최저 나이의 중간치—옮긴이 주)이 29.5세였으나, 현재는 14.5세이다. 구매력, 교육 수준, 영양 상태 등의 객관적인 행복 지수는 선진국에서 꾸준히 올라가고 있는 반면, 주관적인 행복 지수는 후진국에서 꾸준히 올라가고 있다는 사실은 역설적이다. 이런 이상 현상을 어떻게 이해해야 할까?

이런 현상을 가능하게 하는 원인보다 불가능하게 하는 원인을 살펴보는 게 더욱 이해하기 쉬울 것이다. 우선 이 이상 현상은 생리적인 것이 아니다. 인간의 유전자나 호르몬은 40년 동안 거의 변하지 않았기 때문에 우울증 환자가 10배나 증가한 원인으로 보기 힘들다. 생태 환경 때문도 아니다. 우리 동네에서 약 60km 떨어진 곳에 현대 문명의 혜택을 전부 거부하고 마치 18세기 사람들처럼 사는 '아미시 교도Old Order Amish'들이 있는데, 이들은 필라델피아에 사는 사람들에 비해 우울증에 걸릴 확률이 10분의 1밖에 되지 않는다. 똑같은 물과 공기를 마시며 먹는 음식도 비슷한데 말이다. 물론 생활환경이 열악한 탓도 아니다. 이미 살펴보았듯이 우울증이 증가하는 이 역설적인 현상은 선진국에서만 나타나기 때문이다(실제로 주도면밀하게 수행한 우울증 진단 연구에서도 미국의 경우, 객관적인 생활환경이 백인에 비해 훨씬 나쁜 흑인이나 라틴아메리카계 사람들이 우울증에 걸리는 확률이 더 적은 것으로 나타났다).

우울증 확산이라는 이상 현상을 유발하는 원인으로는 행복을 얻기 위해 손쉬운 방법들에 지나치게 의존하는 자세를 꼽을 수 있다. 모든 선진국에서는 쾌락에 이르는 쉬운 방법들, 가령 텔레비전, 각종 약물, 쇼핑, 섹스 도구, 게임, 각종 초콜릿 제품 등을 점점 더 많이 개발하고 있다.

나는 지금 이 글을 쓰면서 버터와 블루베리 잼을 바른 토스트를 먹고 있다. 물론 내가 직접 식빵을 구운 것도 아니고, 버터를 만들지도 않았으며, 블루베리를 따지도 않았다. 글쓰기와 달리 내 아침식사는 기술도 노력도 필요 없이 손쉽게 구할 수 있는 식품들이다. 그런데 만일 삶 전체가 내 강점이나 도전정신을 전혀 발휘하지 않고도 쾌락을 손쉽게 얻을 수 있는 것들로 이루어졌다면 과연 어떻게 될까? 그렇다면 나는 분명 우울증에 걸리고 말 것이다. 만족을 얻기 위해 스스로 선택한 삶을 살기보다 쉽사리 쾌락을 얻을 수 있는 길을 택하는 동안 내 강점과 미덕은 사라질 것이다.

우울증의 주요 증상 가운데 하나는 자아도취이다. 우울증에 걸린 사람들은 자신의 느낌을 실제보다 과장한다. 자신이 슬픔을 느끼면 그 슬픔을 곰곰이 생각하고 미래의 삶과 모든 활동에 투사하여 결국 자신의 슬픔을 증폭시킨다.

감정에 충실한 것과는 달리, 만족을 규정하는 기준은 감정과 의식의 부재, 즉 완전 몰입이다. 만족은 자아도취에 빠지지 않게 하며, 만족을 자아내는 몰입을 많이 경험하는 사람일수록 덜 우울해진다. 바로 여기에서 청소년 우울증을 예방할 수 있는 효과적인 방법을 찾을 수 있다. 그것은 더 많은 만족을 얻기 위해 노력하는 한편, 쾌락을 추구하는 활동을 줄이는 것이다. 쾌락은 얻기 쉽지만, 자신의 강점을 발휘한 산물인 만족은 얻기 어렵다. 따라서 자신의 강점을 파악하고 계발하려는 굳은 의지는 훌륭한 우울증 완화제가 된다.

쾌락적인 삶을 멀리하고 더 많은 만족을 얻을 수 있는 활동을 시작한다는 것이 말처럼 쉽지 않다. 만족하면 자연스레 몰입하게 되지만, 그러기까지는 기술과 노력이 필요하다. 게다가 만족을 얻으려면 도전에 맞서야 하고, 때에 따라 실패할 가능성도 있기 때문에 더더욱 망설이게 된다. 테니스를 한다거나, 발전적 토론에 참여한다거나, 『엠파이어폴스Empire Falls』('제국의 몰락'을 뜻하는 엠파이어폴스라는 작은 마을에 사는 노동자들의 꿈과 좌절을 그린 소설―옮긴이 주)와 같은 리처드 루소Richard Russo의 작품을 읽는 등의 활동은 적어도 처음에는 굉장히 힘들다. 그러나 쾌락은 다르다. 시트콤을 보거나, 자위를 하거나, 비싼 향수를 뿌리는 등의 행동은 누구나 쉽사리 할 수 있다. 식빵에 버터나 잼을 발라 먹거나, 텔레비전에서 축구 중계를 보는 것도 아무런 노력이나 기술이 필요 없으며, 실패할 가능성도 전혀 없다.

쾌락은 강력한 동기유발 요소이지만 변화를 일으키지는 않는다. 그런 면에서 쾌락은 사람들에게 현재의 욕구에 만족한 채 편안함과 안정감을 찾게 하는 보수적인 힘이다. 그러나 무아도취는 항상 즐거운 것만도 아니고, 때로는 극심한 스트레스를 받기도 한다. 등산가에게는 탈진, 혹독한 추위로 온몸이 얼어붙는 듯한 고통, 추락 사고를 당할 위험이 으레 따르게 마련이지만, 그렇다고 해서 그들이 산에 오르는 일을 결코 그만두지는 않는다. 물결이 넘실거리는 청록빛 바다가 훤히 보이는 아름다운 해변의 야자수 아래 앉아 칵테일을 음미하는 것도 좋지만, 그건 살을 에는 듯한 바람이 부는 산마루에서 느끼는 환희와는 비교가 되지 않는다.

## 만족을 높이려면 강점을 파악하라

그렇다면 만족은 어떻게 향상시킬 수 있을까? 이것은 곧 '행복한 삶이란 무엇인가' 라는 아주 오래된 문제 제기와 한가지이다. 내 은사인 제인스<sup>Jaynes, Julian</sup>는 연구실에서 희귀한 아마존 도마뱀을 애완동물 삼아 키웠다. 처음 몇 주간 그 도마뱀은 아무것도 먹지 않았다. 제인스는 도마뱀이 굶어 죽을 것 같아 무엇이든 먹여보려고 온갖 방법을 다 써보았다. 상추, 망고, 다진 돼지고기도 주고, 파리도 잡아주었다. 살아 있는 곤충도 줘보고, 중국 요리를 사다 주기도 하고, 과일 주스도 만들어주었지만 도마뱀은 거들떠보지도 않은 채 잠만 잤던 것이다.

그러던 어느 날 제인스는 햄 샌드위치를 사 와 도마뱀에게 주었다. 역시 별 반응이 없었다. 늘 신문 읽기로 하루를 시작하는 제인스는 그 날도 역시 「뉴욕타임스」부터 읽었다. 정치면을 다 읽은 다음 신문지를 던져놓았는데, 그게 마침 햄 샌드위치 위에 떨어졌다. 그 순간 도마뱀은 살금살금 기어서 신문지 위로 뛰어오르더니, 그것을 갈가리 찢은 다음 눈 깜짝할 사이에 햄 샌드위치를 먹어치웠다.

도마뱀은 무엇을 먹기 전에 은밀히 기어가고, 와락 덤벼들어 갈가리 찢은 다음에야 먹도록 진화되어왔다. 그러니까 사냥은 도마뱀의 강점인 셈이다. 자신의 강점을 발휘하고 나서야 식욕을 느낄 정도로 도마뱀의 삶에서 사냥이라는 강점은 필수 요소였던 것이다. 도마뱀에게 행복에 이르는 지름길이란 없다. 인간은 이 아마존 도마뱀보다 엄청나게 복잡하고 고등한 동물이지만, 그 복잡함은 자연선택에 따라 수백만 년 동안 발달해온 뇌의 정서 작용에 바탕을 두고 있다. 인간이 느끼는 온갖 쾌락과 식욕도 갖가지 행동과 결부되어 있다. 이런 행동들은 은밀히 기거나 와락 덮치고 갈가리 찢는 것과 비교할 수 없을 만큼 정교하고 유연한 행동이지만, 이런 행동을 무시할 때는 상당한 희생이 따른다.

개인의 강점과 미덕을 발휘하지 않은 채 손쉽게 만족을 얻을 수 있다고 믿는 것은 어리석은 일이다. 그건 도마뱀을 굶어 죽게 할 뿐만 아니라, 막대한 부를 쌓고도 우울증에 시달리는 수많은 사람들을 정신적 허탈감에 빠지게 한다.

사람들은 "어떻게 하면 행복해질까요?"라고 묻는다. 그러나 이것은 잘못된 질문이다. 쾌락과 만족을 구분하지 않는다면 너무나 쉽사리 손쉬운 방법들에 의존하게 되고 숱한 쾌락에 빠지게 된다. 그렇다고 내가 쾌락을 반대하는 건 아니다. 실제로 이 장은 쾌락의 승화 방법에 대해 살펴보는 것으로 시작했다.

행복한 삶이란 무엇인가? 내가 이 책에서 쾌락과 만족을 엄격히 구분하려는 주된 목적은 바로 이 물음을 현대적으로 재조명해보고, 학문적으로 근거 있는 새로운 해답을 제공하는 데 있다. 지금보다 더 많은 만족을 얻고 향상시킬 수 있는 방법을 알고 싶은가? 그 답은 바로 다음의 제3부에서 다루게 될 자신의 대표 강점을 찾고 활용하는 것에 있다.

PART 3

# 만족에 이르게 하는 길
## 성격강점과 미덕

※

행복은 삶의 의미이며 목적이고
인간 존재의 목표이며 이유이다.

－ 아리스토텔레스

# 8장

# 강점과 미덕이
# 행복을 만든다

## 강점과 미덕 되살리기

북부와 남부 사람들이 미국 역사상 가장 야만스런 전쟁의 구렁텅이를 응시하고 있을 때, 링컨은 그 구렁텅이에 빠지려는 사람들의 손을 잡아 끌어내주기를 바라며 '우리의 본성에 깃들여 있는 선량한 천사들'에게 호소했다. 미국 대통령 취임사 중에서 백미로 꼽히는 링컨 대통령 첫 취임사의 맺음말은 우연히 씌어진 것이 아니었다. 이 맺음말에는 19세기 미국 최고의 지성들이 신봉한 다음과 같은 기본 전제들이 깔려 있다.

• 인간에게는 '본성'이 있다.

- 인간의 행동은 품성에서 비롯된다.
- 인간의 품성은 근본적으로 악하거나 선하거나 둘 중 하나다.

이런 전제들 모두 20세기 심리학계에서는 거의 자취를 감추었기 때문에, 나는 이 전제들이 나타났다 사라진 배경을 소개함으로써 긍정심리학의 핵심인 '인간의 본성은 선하다' 는 이론을 되살리고자 한다.

성선설性善說은 19세기의 수많은 사회제도의 사상적 엔진과도 같았다. 정신 이상을 도덕적으로 타락하거나 부족한 상태로 간주했기 때문에, 악한 품성을 선하게 바꾸려는 '도덕적' 치료가 심리치료의 주류를 이루었다. 금주 운동, 여성 참정권 운동, 아동의 노동을 제한하는 법률 제정, 급진적 노예제 폐지 운동은 치료 목적을 훨씬 뛰어넘는 효과였던 셈이다. 링컨 자신도 이처럼 어지러운 사회가 낳은 소산이어서, ('주님이 강림하는 영광을 내 눈으로 보았노라' 라는 북군 군가의 가사에서도 엿볼 수 있듯이) 미국 남북전쟁을 도덕적 치료의 가장 탁월한 성과로 보았다고 해도 결코 지나친 말은 아니다.

그렇다면 인간의 본성에 선량한 천사들이 깃들어 있다는 품성론에는 대체 어떤 변화가 일어났을까?

격동의 남북전쟁이 끝난 지 10여 년 만에 미국은 또다시 노동 분규의 혼란을 맞았다. 노동 파업과 가두 폭력 시위가 미국 전역으로 확산되었다. 1886년에는 노동자(주로 이민 노동자)와 사용자 간의 대립이 만연하더니, 급기야 시카고의 헤이마켓 광장에서 일어난 폭동으로 최악의 사태를 맞았다. 미국에서 파업자와 폭탄 테러범들이 생긴 까닭은 무엇일까? 왜 이 사람들은 불법 행위를 저질러야 했을까?

이러한 나쁜 행동들에 대한 진단은 '철저하게' 품성론으로 귀결되었다. 다시 말해 도덕성 부족, 죄, 사악함, 부정, 어리석음, 탐욕, 잔인함, 충동성, 파렴치 등 인간 본성에 깃들어 있는 천사들이 가장 사악한 것들로 완전 무장했다고 본 것이다. 나쁜 품성이 나쁜 행동을 일으킨 것이기 때문에, 사람은 저마다 자신의 행동에 대해 책임져야 한다는 것이다. 그러나 인간 행동을 해석하는 학설에 획기적인 변화가 일기 시작했고, 아울러 정치학계나 인간의 조건을 연구하는 학계에도 똑같은 변화가 일어났다.

불법 행위를 저지르고 폭력을 휘두르는 사람들은 모두 하층민 출신이라는 사실에 주목했던 것이다. 그들의 고용 조건이나 생활환경은 끔찍했다. 불볕더위나 혹한 속에서도 하루 16시간씩 주 6일을 근무하면서도 임금이라곤 고작 굶어죽지 않을 정도여서 온 가족이 단칸방에서 먹고 자야 했다. 그들은 교육도 받지 못한 문맹이었고, 굶기가 예사여서 지칠 대로 지쳐 있었다. 낮은 사회 계층, 열악한 근로 환경, 가난, 영양실조, 비위생적인 주거 환경 같은 요소들은 나쁜 품성이나 도덕성 부족에서 비롯된 것이 아니었다. 그들은 개인의 힘으로는 통제하기 힘든 환경과 조건들 속에서 살았다. 그런 만큼 불법적 폭력 행위의 원인을 환경의 결함에서 찾을 수도 있었다. 이것이 우리 현대인들에게는 명백한 사실처럼 보일지라도, 19세기 지성들로서는 열악한 환경이 나쁜 행동을 유발한다는 학설을 용인하기 힘들었다.

신학자, 철학자, 사회비평가들은 불결한 대중이 자신들의 나쁜 행동을 책임지지 않는다고 주장하며 목소리를 높이기 시작했다. 따라서 덕망 있는 성직자, 교수, 학자들은 개인이 책임질 것이 아니라 계층별로 책임지는 방안을 강구해야 한다고 주장했다. 그리하여 20세기가 열리면서 미국의 유수한 대학들에서는 '사회과학' 강의를 개설하기에 이르렀다. 사회과학의 학문적 목적은 개인의 행동이나 비행이 품성에서 비롯된 것이 아니라, 미약한 개인으로서는 극복하기 힘든 열악한 환경 때문이라는 것을 밝히는 것이었다. 이를테면 사회과학은 '적극적 환경주의'가 이룩한 소산이다. 만일 지저분한 도시 환경 때문에 범죄가 발생한다면, 사회과학자들은 도시 환경을 개선할 방법을 제시함으로써 범죄 발생률을 저하시킬 수 있을 것이다. 또 교육을 받지 못해 무지 때문에 어리석은 일을 저지른다면, 대학 교육의 활성화 방안을 강구함으로써 어리석은 행위를 근절할 수 있을 것이다.

19세기 말 후기 빅토리아 시대, 수많은 지성들은 마르크스와 프로이트, 심지어 다윈의 주장을 받아들이면서 품성론에 반대하는 움직임에 동참한 것으로 보인다. 마르크스는 역사가와 사회학자들에게 노동 분규에 얽힌 파업, 불법 행위, 사악한 행동들을 노동자 개인의 책임으로 돌려서는 안 된다고 주장한다. 그것을 직장에서의 노동 소외와 계급투쟁의 결과로 보았기 때문이다. 프로이트는 정신의학자나 심리학자들에게 파멸적이고 자기 파괴적인 행동을 정서장애를 겪고 있는 개인들 탓으로 돌려서는 안 된다고 충고하는 듯했다. 그것은 무의식적 갈등이라는 억제할 수 없는 힘으로부터 비롯됐기 때문이라는 것이다. 또한 한쪽에서는 탐욕의 죄와 필승불패의 악독함을 개인 탓으로 돌려서는 안 되는 까닭을 다윈의 주장에서 찾는다. 인간은 오로지 자연선택이라는 불가항력의 지배를 받기 때문이라는 것이 그 이유다.

사회과학은 19세기의 도덕주의자들을 정면으로 비판하고, 더욱이 만인 평등주의라는 위대한 원칙을 지지한다는 점에서 중요한 의미를 띤다. 이것은 열악한 환경이 나쁜 품성을 만들 수 있다는 학설을 인정하는 것에서 나쁜 환경이 좋은 품성을 해칠 수도 있다고 주장하는 작은 진전에 불과하다. 나아가 19세기의 대표적 소설가인 빅토르 위고나 찰스 디킨스가 많은 작품에서 주제로 삼은 것처럼, 선량한 사람들이 유해한 환경 때문에 타락할 수도 있음을 인정하게 된다.

이때부터 열악한 환경이 '항상' 선량한 품성을 타락시킨다는 학설이 확고부동한 자리를 굳히게 되었다. 그리하여 인간의 본성은 본래 선하다는 성선설은 자리를 잃게 되었고, 선하든 악하든 품성 그 자체는 오로지 환경의 산물이라고 확신하게 되었다. 따라서 사회과학은 선악의 가치, 책임 소재, 종교적 영향, 계층 억압적 개념이 포함되어 있는 품성 이론에서 탈피하여, 한결 건강한 '후천적' 환경을 조성한다는 기념비적 과업에 착수하게 된다.

## 지금, 품성을 부활해야 하는 이유

품성은 그것이 선하든 악하든, 20세기에 새로 출현한 미국 행동주의 심리학에는 아무런 영향을 미치지 않았으며, 인간 본성이라는 기본 개념을 혐오하게 된 것은 오로지 후천적 환경만 중시했기 때문이다. 20세기 심리학계의 한 귀퉁이에서 오직 성격 연구study of personality만이 품성과 인간 본성에 대한 이론의 명맥을 유지했을 뿐이다. 시간이나 환경이 바뀌어도 사람은 똑같은 행동 양식을 되풀이하는 경향이 있다고 보는 정치적 대세에도 불구하고, 비록 증명되지는 않았지만 개인의 행동 양식은 유전된다는 주장은 끊임없이 계속되었다.

현대 '성격 이론' 의 아버지로 불리는 올포트Allport, Gordon는 '품성과 미덕을 증진시킨다' 는 포부를 안고 사회사업가의 길을 걷기 시작했다. 그런데 '품성과 미덕' 이라는 말이 마치 빅토리아 시대 도덕주의자들의 유물처럼 느껴져 거부감이 일었던 올포트에게는 현대 과학에 더 적합하고 가치가 배제된 용어가 필요했다. 그런 면에서 '성격' 은 더욱 과학적이고 가치중립적인 용어로서 적합했다. 올포트와 그의 추종자들은 과학이란 '무엇이 되어야 하는가' 라고 규범을 제시한다기보다 '무엇이다' 라고 기술하는 데 그쳐야 했다. 성격은 사실을 객관적으로 기술하는 말인 데 비해, 품성은 행위의 기준을 밝히는 규범적인 말이다. 결국 도덕적 가치를 지닌 품성과 미덕이라는 개념은 훨씬 더 일반적인 개념인 성격으로 위장하여 심리학계에 침투한 셈이었다.

이처럼 실체를 잃어버린 품성이라는 유령이 끝끝내 사라지지 않은 것은, 그것 없이는 미국적 평등주의라는 이념이 있을 수 없기 때문이다. 올포트의 성격 이론, 프로이트의 무의식적 충동, 비교 행동학자들이 규정한 자유, 존엄성, 본능을 단박에 무시해버린 스키너의 강화 이론에서 볼 수 있듯이, 비록 20세기 심리학자들이 심리학에서 품성이라는 말을 몰아내려고 애썼지만, 인간 행동에 대한 일반적인 담화에서는 전혀 효과를 얻지 못했다. 법률, 정치학, 교육학 등 사람들이 행동의 이유에 대해 무언가를 이야기하고 생각하는 곳마다 품성은 굳게 뿌리를 내리고 있었던 것이다.

기본적으로 품성을 전제하지 않는 학문은 결코 인간 행동을 제대로 설명하는 이론으로 인정받지 못할 것이다. 나는 바야흐로 품성을 인간 행동을 연구하는 학문의 핵심 개념으로 부활시킬 때가 되었다고 믿는다. 그러자면 먼저 품성이라는 개념을 폐기해버린 이유를 짚어보고, 강점과 미덕이 성장할 수 있는 굳건한 터전을 마련할 필요가 있다.

품성 개념을 폐기한 이유는 기본적으로 다음과 같은 세 가지였다.

첫째, 품성은 전적으로 경험에서 추론한 것이다.

둘째, 과학은 가치를 배제하고, 반드시 사실만을 기술해야 한다.

셋째, 품성은 가치 개념으로서 빅토리아 시대의 기독교 윤리와 밀접한 관계가 있다.

위의 첫 번째 반론은 환경주의의 쇠퇴와 더불어 사라진다. 인간의 품성은 오직 경험을 통해 형성된다는 주장은 이후 80년 동안 행동주의자들의 표어이자 핵심 이론이 되었다. 이것은 촘스키Chomsky, Avram Noam가 어린애들이 한 번도 직접 해본 적이 없는 내용의 문장을 이해하고 말할 수 있는 것은, 인간은 굳이 경험하지 않아도 익힐 수 있는 언어습득 장치를 타고나기 때문이라고 주장하면서부터 사라지기 시작했다. 이러한 현상은 학습 이론가들이 동물과 인간은 자연선택적으로 어떤 관계에 대해서는 쉽게 배우도록 예정되어 있고(예 : 병적 공포증과 특정한 맛에 대한 혐오), 절대로 배우지 못하는 것도 있다(예 : 전기 충격으로 식물이 수정하는 그림)는 사실을 발견하면서 가속화되었다. 그러나 이 첫 번째 반론에 마지막으로 일격을 가한 것은 '성격의 유전성' 이론이었다. 이와 같은 사실에서 우리는 아무리 품성이 습득된다 할지라도 전적으로 환경의 영향만을 받지 않는다는 결론을 유추할 수 있다.

두 번째 반론은, 과학은 가치중립적이어야 하는데 '품성'은 가치평가적인 용어라는 것이다. 과학은 사실을 단순하게 기술하는 것이지 규범적이어서는 안 된다는 주장에 나도 전적으로 동의한다. 또한 긍정심리학은 반드시 낙관적이고, 고결하며, 친절하고, 활발해야 한다는 당위성을 주장하는 것도 아니다. 다만 이러한 특성들의 결과만을 기술할 뿐이다. 예컨대 낙관적인 사람이 우울증에 걸릴 확률이 적고, 훨씬 더 건강하며, 성취도가 높다는 사실을 알려주는 것이다. 이러한 지식을 바탕으로 어떻게 행동하느냐는 자신의 가치관과 목표에 따라 결정된다.

세 번째 반론은, 품성은 19세기 신교도들의 케케묵은 도덕론으로 포용성과 다양성의 시대인 21세기에는 적용할 수 없다는 주장이다. 이처럼 편협한 태도는 강점과 미덕을 연구하는 모든 학문으로서는 치명적인 결점이다. 이를테면 우리도 19세기 미국 신교도들이나 현대의 백인 중년 남성 학자들만의 미덕을 기준으로 삼을 수도 있었다. 그러나 그보다는 세계 어느 곳에나 존재하는, 사실상 모든 문화권에서 소중하게 여기는 강점과 미덕에서 출발하는 것이 훨씬 더 바람직한 태도이다.


## 세계 도처에 퍼져 있는 여섯 가지 미덕


포스트모더니즘과 윤리적 상대주의를 부르짖고 있는 오늘날, 미덕은 특정 시대와 특정 공간에서 살아가는 사람들의 사회적 관습일 뿐이라는 통념이 지배적이다. 21세기 미국에서는 자긍심, 미모, 단호함, 자율성, 독창성, 부, 경쟁력이 높게 평가받는 미덕이다. 그러나 토마스 아퀴나스, 공자, 부처, 아리스토텔레스와 같은 옛 성현들은 이러한 특성들을 미덕으로 꼽기는커녕 오히려 악덕이라고 비난했을 것이다. 한때 어느 곳에선가는 중요한 미덕이었을 순결, 묵종<sup>默從</sup>, 근엄함, 복수 등도 현대의 우리에게는 낯설고 부정적인 특성으로 보인다.

따라서 세계의 중요한 종교나 문화적 전통에서 공통적으로 중시하는 미덕이 여섯 가지나 된다는 사실이 우리에게는 자못 충격이었다. 여기서 '우리'는 누구이고, 무엇을 찾았던가?

신시내티의 마누엘 & 로다 메이어슨 재단의 이사장을 맡고 있는 닐 메이어슨은 "나는 선반에 얹혀 먼지만 뿌옇게 뒤집어쓰고 있는 연구 프로젝트들을 지원하는 데 신물이 난다"고 넋두리했다. 그는 1999년 11월 내가 쓴 긍정심리학 칼럼을 읽은 뒤 바로 전화를 걸어 프로젝트를 함께 진행하자고 제안했다. 그런데 어떤 프로젝트를 할 것인지가 관건이었다. 우리는 우선 가장 긍정적인 청소년 개입<sup>intervention</sup> 프로그램의 후원과 보급 사업을 하기로 결정했다. 그후 주말 내내 가장 효과적인 개입 방법에 관한 논문 몇 편을 신중하게 검토한 다음, 연구비 수혜자 심사 임무를 담당할 청소년 발달 연구 분야의 권위자 8명을 선정했다.

저녁을 먹으면서 계속 토론하다가, 우리는 놀랍게도 논문을 검토한 사람들의 의견이 모두 똑같다는 사실을 알게 되었다. 미국 교육부에서 무려 5억 달러나 지원하는 방과후 활동 담당자인 조 코내티가 먼저 입을 열었다.

"이 논문들은 모두 우수하니, 가장 중요한 사업부터 지원하도록 하죠. 청소년 품성 중에서 무엇을 계발해야 할지 좀더 정확하게 알아야 개입할 수 있지 않겠습니까. 그러니 우선 품성 분류체계와 측정 방법을 마련해야 합니다. 메이어슨, 훌륭한 품성 분류 연구를 지원하시죠."

이 문제와 관련된 아주 탁월한 전례가 있었다. 30년 전, 정신질환에 대한 연구비를 가장 많이 지원하던 정신건강국립연구원에서도 이와 비슷한 문제로 고심한 적이 있던 것이다. 연구 중이던 정신질환에 대해 미국과 영국 연구원들 사이의 견해 차이가 아주 컸기 때문이다. 예컨대 영국에서는 각각 정신분열증과 강박장애로 진단한 환자들을 미국에서는 반대로 진단했던 것이다.

나는 1975년 런던에서 개최된 20여 명의 전문 심리치료사와 심리학자들의 사례연구 모임에 참석했는데, 이때 소개된 환자는 머리를 산발한 채 종잡을 수 없는 행동을 하는 중년 여성이었다. 그녀의 문제는 변기 속을 파헤치는 것이었다. 이 중년 여성은 화장실에 갈 때마다 허리를 굽히고 변기 속을 샅샅이 살펴본 뒤에야 물을 내리곤 했다. 혹시나 자신이 실수로 뱃속의 태아를 쏟아버리지나 않았을까 두려워하며 변기 속에서 태아를 찾곤 했는데, 그런 행동을 몇 번이고 되풀이한 뒤에야 물을 내렸다.

그 가엾은 여인이 떠난 뒤, 우리는 서로 어떤 진단을 내렸는지 의견을 물었다. 미국인 방문 교수인 내가 첫 번째 발표자로 지목되었다. 두서없는 행동과 지각장애에 초점을 맞추었던 나는 정신분열증으로 본다고 말했다. 여기저기서 비웃음 소리가 터져나왔다. 이후 다른 사람들은 모두 그 여인이 샅샅이 뒤지는 의식과 태아를 쏟아버렸다는 데 역점을 두고 강박증이라고 진단한 것을 알고 나는 격분했다.

전문의들의 의견이 서로 다를 때, 그 진단은 신뢰도가 없는 것으로 간주한다. 위 사례에서도 보듯이, 똑같이 적용할 수 있는 진단 기준을 마련하지 않으면 정신질환의 이해와 치료 과정은 진보할 수 없다. 한 예로 정신분열증과 강박증의 생화학 작용이 다르다는 사실을 깨닫지 못하면 같은 환자라도 다른 범주로 분류하는 실수를 저지르게 된다. 이에 미국 정신건강국립연구원은 『심리장애의 진단 및 통계 편람 제3판<sup>DSM-III</sup>』을 마련하여, 진단의 신뢰도를 높이고 앞으로 개입 연구의 토대로 삼기로 결정했다. 이 작업이 성공한 덕분에 오늘날의 진단은 꽤 정확하며 신뢰도가 높아졌다. 현재 치료나 예방 교육을 할 때 모든 과정을 아주 정확하게 평가할 수 있게 된 것이다.

합의된 분류체계가 없다면, 긍정심리학도 이와 똑같은 문제에 직면할 게 뻔하다. 보이스카우트는 '돈독한 우정'을 쌓게 해준다고 하고, 부부문제 전문가들은 '원만한 부부애'를 형성해준다고 하고, 기독교 단체들은 '사랑이 깃든 친절'을 고양한다고 하고, 폭력예방 단체들은 '공감대'를 형성해준다며 저마다 교육 프로그램의 목적을 정할 것이다. 결국 모두 똑같은 목적을 내세우고 있는 그들은 무엇을 기준으로 교육 프로그램들의 성패를 판가름할 수 있을까? 메이어슨과 나는 DSM-III의 전례를 교훈 삼아, 건강한 정신에 대한 분류체계를 마련할 연구를 후원하고 그 결과를 긍정심리학의 기틀로 삼기로 결정했다. 학술위원장을 선정하는 일은 내가 맡았다.

"피터슨, 부디 내 말을 끝까지 들어주시오."

내가 제일 먼저 선택한 사람은 최고의 적임자였지만, 그가 내 제안을 무턱대고 거절할 것 같은 불안감이 컸다. 크리스토퍼 피터슨<sup>Peterson, Christopher</sup> 박사는 저명한 학자로서 성격에 관한 탁월한 저서의 필자이자,

희망과 낙관성 연구 분야에서 세계적인 권위자이기도 하며, 세계 최고로 평가받고 있는 미시간 대학 부설 임상심리학 연구소 소장이기도 했다.

"미시간 대학에 3년 휴직계를 내고 펜실베이니아 대학에서 인간의 강점에 관한 권위 있는 분류체계와 측정 방법을 개발하는 일을 맡아주셨으면 합니다."

나는 조바심 내며 다소 장황하게 설명했다.

그가 정중하게 거절하리라고 생각했던 내게 피터슨의 대답은 꿈만 같았다.

"참으로 묘한 일치로군요. 어제가 내 쉰 번째 생일이었는데, 처음으로 중년의 위기감을 느끼며 앞으로 무엇을 해야 할지 곰곰 생각했었지요…. 좋습니다, 그렇게 하지요."

피터슨이 가장 먼저 시작한 일은 연구원들에게 세계의 주요 종교와 철학에 관한 기본적인 저술들을 읽고 공통적인 미덕을 정리한 다음, 그 미덕이 세계 모든 문화권에서 인정하는 것인지 검토하게 한 것이었다. 우리가 분류한 개인의 강점이 빅토리아 신교도들의 도덕주의처럼 편협하다는 비판을 받지 않도록 애썼지만, 그럴 우려가 없었던 것은 우리는 미국 백인 남성 학자들의 가치관을 기준으로 삼지 않았기 때문이다. 한편으로는 '내가 연구한 종족은 친절하지 않았으니, 친절이라는 미덕은 만국 공통성이 없다'고 반박하는, 이른바 인류학적 거부anthropological veto에 부딪히지 않게끔 노력했다. 우리는 세계 보편적이지는 않을지라도 '세계 도처에 퍼져 있는' 미덕을 찾으려 애썼다. 만일 우리가 이처럼 세계 여러 문화권에 두루 존재하는 미덕을 찾지 못했다면, 우리는 어쩔 수 없이 현대 미국의 주류 계층의 미덕을 기준으로 분류했을 것이다.

달스가드<sup>Dahlsgaard, Katherine</sup>의 주도 아래, 우리는 아리스토텔레스, 플라톤, 아퀴나스, 아우구스티누스와 같은 철학자들의 저술과, 구약성서, 탈무드, 불경, 코란과 같은 경전, 공자, 노자, 벤저민 프랭클린의 저술, 일본의 사무라이 무사도, 고대 인도의 철학서인 우파니샤드 등을 두루 검토한 후 총 200여 가지의 미덕 목록을 작성했다. 그런데 놀랍게도 이 전통들은 대부분 3,000년 역사를 이어오면서 세상 도처에 다음과 같은 여섯 가지 미덕을 퍼트렸다.

- 지혜와 지식
- 용기
- 사랑과 인간애
- 정의감
- 절제력
- 영성과 초월성

물론 구체적인 내용은 저마다 다르다. 일본 사무라이들의 용기는 플라톤이 말한 용기와 다르고, 인간에 대한 사랑을 중시하는 공자의 인<sup>仁</sup>과 하나님의 사랑을 중심으로 하는 아퀴나스의 카리타스<sup>caritas</sup>가 서로 다르다. 더욱이 아리스토텔레스의 기지, 벤저민 프랭클린의 검소, 미국 보이스카우트의 청결함, 클링온족의 7대 자손에 대한 복수 등 전통마다 고유한 미덕을 지니고 있지만, 이 공통적인 미덕은 윤리적 상대주의자로 자라온 우리에게 실제적이면서도 대단히 주목할 만한 것이다. 이는 인간이 도덕적 동물이라는 주장을 절실하게 느끼게 해준다.

    그런 만큼 우리는 이 여섯 가지 미덕을 대부분의 종교나 철학의 핵심 덕목으로 간주하고, 아울러 여기에 선한 품성이라는 개념을 포함시켰다. 그러나 개인의 미덕을 계발하고 측정하기를 원하는 심리학자들에게 지혜와 지식, 용기, 사랑과 인간애, 정의감, 절제력, 영성과 초월성은 실현하기 힘든 추상적인 개념이다. 게다가 모든 미덕은 저마다 그 미덕을 함양하는 방법이 한 가지로 정해진 것도 아니어서, 우리는 이 사실을 감안하여 구체적인 몇 가지 방법들에 초점을 맞추기로 했다. 예컨대 인간애는 친절, 박애, 사랑, 희생, 동정심을 발휘함으로써 얻을 수 있다. 또 절제력은 겸손과 겸허함, 자기 통제, 신중함과 조심성 등을 통해 얻을 수 있다.

    다음 장에서는 우리가 미덕을 습득하고 강점을 찾고, 계발할 수 있는 방법을 살펴볼 것이다.

# 나의 대표 강점은
# 무엇인가?

## 강점과 재능은 다르다

정직, 용감성, 창의성, 친절 등의 강점은 절대음감, 미모, **빠른** 주력 등의 재능과는 다르다. 강점과 재능은 모두 긍정심리학의 주제이고 비슷한 점도 많지만, 한 가지 두드러진 차이가 있다. 강점은 도덕적 특성이지만, 재능에는 도덕적 개념이 없다는 사실이다. 게다가 **딱** 잘라 말하기는 어렵지만, 일반적으로 재능은 강점만큼 계발하는 것이 힘들다. 사실 100미터 달리기 준비 자세에서 엉덩이를 더 높이 쳐들면 시간을 단축할 수 있고, 화장을 하면 얼굴이 훨씬 예뻐 보이기도 하고, 고전음악을 많이 들으면 음감을 발달시킬 수도 있다. 그러나 이런 것들은 이미 타고난 재능을 조금 더 향상시키는 것에 지나지 않는다.

반면 용감성, 창의성, 공정성, 친절은 기초가 약해도 노력을 통해 얼마든지 계발할 수가 있다. 재능은 선천적인 특성이 훨씬 커서 사람들은 대개 재능이 있거나 없거나 둘 중 하나다. 만일 절대음감이나 장거리 달리기에 알맞은 폐활량을 타고나지 않았다면 그런 재능을 계발하는데 큰 한계가 있을 것이다. 당신이 습득하는 것은 타고난 재능의 표상일 뿐이다. 그러나 학구열이나 신중함, 겸손, 낙관성은 이와 다르다. 이런 강점들을 습득하면 그것이 곧 자신의 참모습이 된다.

재능은 기계적으로 습득하는 경우가 많지만(예 : 이것은 다장조다), 강점은 대개 자율 의지에 따라 결정된다(예 : 카운터 직원이 잘못 계산하여 50달러를 더 거슬러주었을 때 그것을 사실대로 말하는 데는 개인의 의지가 필요하다). 재능에도 몇 가지 선택이 필요하지만, 그건 계발과 활용을 어느 정도로 할 것이냐에 관한 것일 뿐이다. 즉, 그 재능을 지닐 것인지의 여부를 선택하는 것은 아니다. 예컨대 "제인은 아주 총명한데 좋은 머리를 썩히고 있다"라는 표현이 가능한 것은, 여기에는 제인의 의지력 부족이 드러나 있기 때문이다. 그녀가 높은 지능지수를 스스로 선택한 것은 아니지만, 우수한 두뇌의 계발과 활용이라는 면에서 잘못 선택함으로써 자신의 재능을 낭비하고 있는 것이다.

그러나 "제인은 아주 친절한 사람이지만, 자신의 친절을 썩히고 있다"는 표현은 있을 수 없다. 강점은 낭비할 수 없는 것이다. 강점은 언제 발휘하고 어떻게 지속적으로 계발하느냐를 선택하고, 처음으로 습득할 시기를 선택하는 것이다. 결단을 내리고 꾸준히 노력한다면 평범한 사람들도 얼마든지 강점들을 습득할 수 있다. 그러나 재능은 의지에 따라 습득할 수 있는 것이 아니다. '의지'와 '개인의 책임'이라는 개념은 성선설性善說과 마찬가지로 긍정심리학의 핵심 주제이다.

카운터 직원에게 50달러를 되돌려주면서 뿌듯함을 느끼는 것은 왜일까? 그것은 정직이라는 타고난 특성을 어느 날 갑자기 칭찬받았기 때문이 아니라, 올바른 일을 한 것에 대한 자부심을 느끼기 때문이다. 다시 말해 점원의 계산 착오로 수지맞았다며 그 돈을 슬그머니 자기 주머니에 넣는 것보다 사실을 밝히는 쪽을 선택하는 것이 훨씬 더 어렵기 때문이다. 그것이 누구나 쉽게 할 수 있는 일이라면 뿌듯함을 느낄 리 없다. 그러니까 심각한 내적 갈등을 극복할 때(예 : '여기는 대형 슈퍼마켓이니 괜찮겠지. 그렇지만 계산을 잘못한 그 점원은 50달러를 물어내야 할지도 몰라.') 자신에 대한 자부심이 더욱 커지는 것이다.

농구 황제 마이클 조던이 쉽게 덩크슛을 넣는 모습을 볼 때와, 그가 독감에 걸려 체온이 39도까지 오를 만큼 열이 심한 상태에서 고득점을 올리는 모습을 볼 때 우리가 느끼는 감정은 분명히 다르다. 별다른 어려움 없이 발휘하는 대가다운 면모는 전율, 숭배, 감탄, 경외감을 불러일으킨다. 그러나 그것은 우리가 아무리 노력해도 따라가기 어려운 것이기 때문에, 어떤 어려움이 있어도 꼭 해내고야 말겠다는 용기와 의욕을 불러일으키지는 않는다.

굳은 의지가 없이는 미덕을 발휘할 수 없는 까닭에, 미덕을 발휘한 사람들이 그만큼 더 우러러 보인다. 현대인들은 미덕이란 개인의 의지와 선택에 따라 크게 좌우된다고 믿지만, 그 이면을 들여다보면 외적 환경의 영향을 훨씬 더 많이 받는 게 사실이다.

긍정심리학의 개입이 기존 심리학의 개입과 다른 이유가 바로 여기에 있다. 기존 심리학은 일반적으로 정신장애 치료에 관한 것으로서 장애를 줄이는 데 초점을 맞춘다. 정신장애를 효과적으로 치료하기 위한 개입은 대단히 어렵기 때문에, 개인의 의지를 이끌어내기보다는 외적 영향을 활용하는 방식으로 쏠리게 마련이다. 그 결과 개인의 의지와는 전혀 무관한 약물 치료에 의존하게 된다. '훈련이 전혀 필요 없다' 는 약물 치료의 커다란 장점 때문이다.

심리치료법을 이따금 '위장' 이나 '조작' 이라는 말에 빗대기도 하는데, 이것은 정확한 비유이다. 폐쇄공포증 환자를 3시간 동안 벽장에 가두어두거나, 자폐아를 충격에서 벗어날 수 있게끔 더욱 꼭 껴안아준다거나, 우울증 환자에게 자신의 부정적인 생각을 반박할 증거를 정리해주는 등의 치료 과정에서는, 치료사가 적극적이고 환자가 고통을 참으며 시키는 대로 따라하면 제법 효과를 본다. 그러나 정신분석 치료법처럼 치료사가 수동적으로 환자의 말을 듣기만 하고 가만히 있으면 별 효과가 없다.

그러나 삶의 긍정적인 요소를 증가시키고 싶을 때 외부의 도움보다는 자신의 의지가 훨씬 더 중요하다. 강점과 미덕을 계발하고 일상생활에서 활용하는 것은 선택의 문제이다. 강점과 미덕의 계발이란 학습과 훈련을 통해 조건화하는 게 아니라 발견과 창조를 통해 자기화하는 것이다. 이 장을 통해 여러분은 자신의 대표 강점들을 확인하게 될 것이다. 아울러 대표 강점을 계발하여 일상생활에서 활용하는 방법들도 알아볼 것이다. 이것은 기대 이상으로 효과가 크다. 여러분은 자신의 대표 강점을 통해 행복한 삶을 누릴 수 있는 확실한 지름길을 발견할 수 있을 것이다.

## 24가지 강점의 기준

 덕이 있는 사람이 된다는 것은 세계에 두루 퍼져 있는 여섯 가지 미덕을 굳은 의지로써 발휘하는 것이다. 여기서 '여섯 가지 미덕' 이란 세계의 주요 종교나 철학에 관한 저술들에서 공통적인 미덕을 정리한 다음, 세계 모든 문화권에서 인정하는 공통적인 미덕을 정리한 것으로, 지혜와 지식, 용기, 사랑과 인간애, 정의감, 절제력, 영성과 초월성을 말한다. 이 여섯 가지 미덕은 저마다 그 미덕을 함양하는 확실한 방법들이 있다. 정의감을 예로 들자면, 훌륭한 팀워크(시민정신), 공정성, 성실함과 협동정신, 인간적인 리더십을 실천함으로써 함양할 수 있다. 나는 이런 실천을 '강점' 이라 부르는데, 추상적인 미덕과는 달리 강점은 측정하고 평가할 수 있다. 앞으로 세계 대부분의 문화권에 퍼져 있는 강점들을 간략하게 설명할 것이다. 이것을 토대로 당신 스스로 자신의 24가지 강점을 파악할 수 있다.

 우선 강점의 기준부터 살펴보자.

 첫째, 강점은 시간과 환경에 상관없이 계속 나타나는 심리적 '특성' 이다. 딱 한 번 어디에선가 친절을 베풀었다고 해서 인간애라는 미덕을 발휘하는 게 아니다.

 둘째, 강점은 '그 자체로서 가치' 가 있다. 강점은 대개 좋은 결과를 낳는다. 예컨대 리더십을 잘 발휘하면 신망을 얻고 승급과 승진을 하게 된다. 그러나 강점과 미덕이 바람직한 결과를 낳지 않더라도, 아니 확실한 이익을 얻지 못한다고 해도 강점은 그 자체로서 소중하다. 우리가 어떤 활동을 하는 것은 만족 그 자체를 얻기 위함이지, 꼭 긍정 정서를 만들어내기 위함이 아니듯이 말이다.

강점은 또한 부모가 새로 태어난 자기 자식에게 거는 희망에서도 엿볼 수 있다. "내 아이는 사랑스럽고, 용감하며, 신중한 사람이 되었으면 좋겠다" 처럼 말이다. 강점은 군이 그 정당성을 강조할 필요도 없이 우리가 갖추고 싶은 정신 상태이다.

한 사람이 강점을 발휘한다고 해서 주위 사람들이 자신의 강점을 발휘할 기회가 줄어드는 것도 아니다. 아니, 도리어 미덕을 베푸는 것을 보면 감동하고 용기를 얻는다. 지켜보는 사람들의 마음에 질투가 아닌 부러움이 가득 차오른다. 무릇 강점을 발휘하는 사람은 참된 긍정 정서-자부심, 만족감, 기쁨, 성취감 등-을 느끼게 된다. 강점과 미덕은 흔히 윈-윈 게임을 유도한다. 따라서 강점과 미덕에 따라 행동할 때 우리는 모두 승자가 될 수 있다.

문화계는 제도, 통과의례, 역할 모델, 우화, 격언, 동화 등 여러 장치를 이용해 강점을 강화시킨다. 제도와 통과의례는 어린이와 청소년들이 안전한 환경에서 지도를 받으며 사회에서 인정하는 미덕들을 계발하고 익히게끔 해주는 시운전인 셈이다. 고등학교는 시민 정신과 지도력을 육성하는 데 힘쓰고, 청소년 단체는 협동정신, 의무감, 성실성을 계발하는 데 주력하고, 교리문답 교실에서는 신앙에 대한 기초를 쌓도록 이끌어준다.

역할 모델이나 본보기는 강점과 미덕의 감동적인 실례를 제시해준다. 역할 모델은 인도적인 리더십을 펼쳤던 간디처럼 실존 인물일 수도 있고, 동화 속 정직한 소년 조지 워싱턴일 수도 있고, 영화 〈스타워즈〉에 등장하는 루크처럼 가공의 인물일 수도 있다. 야구계의 살아 있는 전설 칼 립켄이나 루 게릭은 불굴의 의지를, 헬렌 켈러는 시각장애라는 역경 속에서도 끊임없이 배우려고 애썼던 학구열을, 에디슨은 창의성을, 나이팅게일은 생명 존중과 사랑을, 마더 테레사는 자비를, 최초로 메이저리그에 진출한 흑인 선수 재키 로빈슨은 자기통제력을, 미얀마 민주화 운동의 등불 아웅산 수지는 정직을 몸소 보여줌으로써 본보기가 된 인물들이다.

어려서부터 각별한 능력을 발휘하는 신동의 천재성도 강점이 된다. 바로 얼마 전에 있었던 일이다. 긍정심리학을 강의하면서, 모든 학생들에게 '나는 경제학과 심리학을 복수 전공하는 3학년 ○○○입니다' 식의 진부한 말 대신 자신이 강점을 발휘했던 이야기를 통해 자기소개를 하도록 했다. 그러자 이상심리학을 강의할 때와는 다르게 화기애애하면서도 활기찬 수업 분위기가 조성되었는데, 그것은 학생들이 저마다 어린 시절의 실화를 발표해서 듣는 사람들의 마음을 흐뭇하게 했기 때문이다.

새라는 성격이 괄괄한 4학년 여학생으로, 자신이 열 살 때 있었던 일을 들려주었다. 그녀는 부모 사이에 싸늘한 냉기가 감돌고, 아버지는 일에만 파묻혀 지낸다는 것을 눈치 채면서 혹시 부모님이 이혼하지나 않을까 늘 걱정했단다. 그래서 몰래 근처 공립도서관에 가서 부부문제 해결에 관한 책들을 열심히 읽었다는 것이다. 그것만으로도 놀라운데 더욱 감동적인 것은 그 다음 이야기였다. 새라는 저녁을 먹은 뒤 가족을 모이게 한 뒤 부모가 각자의 생각을 털어놓고 좋은 점과 나쁜 점을 서로 지적하게 한 뒤 함께 해결점을 찾는 시간을 마련했다는 것이다. 겨우 열 살밖에 되지 않은 소녀의 행동을 볼 때 특별한 사회성 지능을 지닌 신동이라고밖에 달리 표현할 수가 없다. 새라의 부모는 지금까지 원만한 부부관계를 유지하며 살고 있다고 한다.

이와는 반대로, 다윈 상을 수상하고 과학자 명예의 전당에 이름을 남긴 사람들 중에는 사회성 지능이 '백치'인 사람도 있다. 『침묵의 봄Silent Spring』으로 신중함의 화신이라는 명성을 얻은 카슨Carson, Rachel과는 달리 다음 일화의 주인공은 신중함에 있어서 완전한 백치이다.

휴스턴에 사는 19살 청년 라샤드는 45구경 반자동 권총으로 러시안 룰렛 게임을 할 때 안전장치를 잠그는 법이 아주 간단하다는 것을 알았다. 그는 친구들을 찾아가 자기가 목숨을 건 러시안 룰렛 게임을 할 것이라며 큰소리쳤다. 그는 리볼버회전식 연발 권총와 달리 반자동 권총은 한 번 발사하면 탄창에 총알이 자동으로 장전된다는 사실을 몰랐던 게 분명했다. 그는 러시안 룰렛 게임 첫 번째 시도에서 자신이 살아남을 가능성은 0%라는 사실을 나중에야 알았다.

문제는 긍정적인 역할 모델이 많은데도 아이들이 하필이면 나쁜 역할 모델을 본받는다는 데 있다. 도대체 아이들이 에미넴Eminem(폭력적이고 특정인을 비방하는 노래를 불러 팝계의 문제아로 알려진 가수—옮긴이 주), 잔혹한 레슬링 선수 등을 본받고 싶어 하는 이유는 무엇일까?

강점의 마지막 기준은 세계 대부분의 문화권에 두루 퍼져 있는 편재성이다. 아주 드물긴 해도 예외가 없지는 않다. 예를 들어 이크족은 친절을 소중하게 여기지 않는 듯하다. 인류학적으로 거부당하는 미덕도 분명히 존재할 것이다. 이는 그 나름대로 존중해주어야 한다. 현대 미국인들이 인정하는 강점 중에도 우리가 정리한 목록에는 포함되지 않은 게 많다. 미모, 경제력, 경쟁성, 자긍심, 명성, 개성 등의 강점들도 연구할 가치는 있지만 이 책의 주제와는 거리가 멀다. 굳이 강점의 기준을 밝힌 목적은 내가 제시한 행복한 삶의 공식이 미국인은 물론 동양인이나 중동인 등 전 세계인에게도 적용되기를 바라기 때문이다.


## 내 안에 숨은 강점 찾기

24가지 강점에 대해 상세히 살펴보기에 앞서, 인터넷을 사용하는 독자라면 내 웹사이트www.authentichappiness.org에서 행동가치VIA : Values-In-Action 강점 검사를 받아보기를 권한다. 1위에서 24위까지의 자기 강점을 확인한 다음 다른 사람들의 것과 비교해보라. 검사를 끝내면 곧바로 자신의 강점에 대한 상세한 피드백을 받을 수 있다.

이 책에서 소개하는 검사는 약식이지만 자신의 강점을 파악하는 데는 별 지장이 없을 것이다. 24가지 강점들을 설명하고 묻는 문항에 딸린 빈칸에 스스로 매긴 점수를 써넣으면 된다. 이 책에서는 가장 변별력이 큰 문항 두 가지씩만 소개했다. 웹사이트에서와 마찬가지로 점수를 기준으로 당신의 강점 순위를 매기게 될 것이다.

참고로 이 질문지는 피터슨과 내가 주도하고 행동가치 연구소에서 제작한 것이다. 연구비는 마누엘&로다 메이어슨 재단에서 지원받았다.

### 지혜와 지식

● 더 나은 삶을 위해서 지식을 습득하고 활용하는 것과 관련된 인지적 강점들

첫 번째 덕목은 지혜이다. 가장 기본적인 발달 단계인 호기심부터 가장 성숙한 단계인 예견력까지 지혜를 발휘하는 데 거쳐야 할 여섯 단계를 정리했다.

### 1. 호기심, 세상에 대한 관심

세상에 대한 호기심은 새로운 경험에 대한 열린 마음과 자신의 생각과 다른 사안에 대한 융통성이 전제가 된다. 호기심이 많은 사람은 불분명한 것들을 그냥 지나치지 않는다. 불분명한 것을 해결해서 호기심을 충족시켜야 직성이 풀린다. 호기심은 꼭 어떤 구체적인 한 가지에만 국한되는 게 아니라 광범위한 것일 수도 있다. 호기심은 새로운 것에 대한 적극적인 관심이기 때문에 그저 텔레비전 앞에 앉아 리모컨만 누르는 것처럼 수동적으로 정보를 습득할 때는 이 강점을 제대로 익히지 못한다. 이때는 호기심과 정반대로 싫증을 느끼기 십상이다.

웹사이트에서 강점 검사를 받지 않을 독자들은 다음 두 가지 질문에 답해보라.

a) 언제나 세상에 대해 호기심이 많다.

| 1 | 2 | 3 | 4 | 5 |
|---|---|---|---|---|
| 나와 매우<br>다르다 | 나와 다르다 | 보통이다 | 나와 비슷하다 | 나와 매우<br>비슷하다 |

b) 쉽게 싫증을 낸다.

| 1 | 2 | 3 | 4 | 5 |
|---|---|---|---|---|
| 나와 매우<br>비슷하다 | 나와 비슷하다 | 보통이다 | 나와 다르다 | 나와 매우<br>다르다 |

위 두 문항의 답을 더하여 여기에 적어라. _____

이것이 당신의 호기심 점수이다.

## 2. 학구열

학구열이 높은 사람은 교실에 있을 때나 혼자 있을 때나 새로운 것을 알고 싶어 한다. 학교 공부, 독서, 박물관 견학 등 배울 기회만 있다면 어디든 찾아간다. 당신은 전문가적 식견을 갖춘 분야가 있는가? 그 식견을 친구들이나 많은 사람이 인정해주는가? 정신적이나 물질적으로 외적 보상이 없을 때에도 그 분야에 대한 학식을 쌓고 싶은가? 예를 들어 집배원은 모두 우편번호에 대한 남다른 지식을 갖고 있다. 하지만 직업상의 필요성 때문이 아니라 우편번호에 대한 순수한 관심에서 얻은 지식이라야 강점에 속한다.

a) 새로운 것을 배울 때 전율을 느낀다.

| 1 | 2 | 3 | 4 | 5 |
|---|---|---|---|---|
| 나와 매우 다르다 | 나와 다르다 | 보통이다 | 나와 비슷하다 | 나와 매우 비슷하다 |

b) 박물관이나 다른 교육적 장소에 한 번도 가본 적이 없다.

| 1 | 2 | 3 | 4 | 5 |
|---|---|---|---|---|
| 나와 매우 비슷하다 | 나와 비슷하다 | 보통이다 | 나와 다르다 | 나와 매우 다르다 |

위 두 문항의 답을 더하여 여기에 적어라. _____

이것은 당신의 학구열 점수이다.

### 3. 판단력, 비판적 사고, 개방성

판단력이 뛰어난 사람은 자신이 누구인지 다각적으로 생각하고 검토한다. 절대 성급한 판단하지 않고 확실한 증거를 기준으로 결정을 내린다. 또한 결단을 바꿀 능력도 있다.

여기서 말하는 판단력이란 자신과 다른 사람들에게 도움이 될 만한 정보를 객관적이고 이성적으로 가릴 줄 아는 능력이다. 판단력은 비판적 사고와 비슷하다. 그래서 현실을 정확하게 인식하기 때문에 숱한 우울증 환자들을 괴롭히는 논리적 오류 따위는 저지르지 않는다. 과도한 자책감(예: '모든 게 내 탓이야' 식의 태도)이나 단순한 이분법적 사고를 하지 않는다. 이 강점과 반대되는 사고는 자신이 믿고 있는 생각을 기정사실화하는 것이다. 판단력은 자기 자신의 희망이나 욕구를 사실과 혼동하지 않게끔 해주는 건강한 특성이다.


a) 판단력이 필요한 주제가 있을 때면 매우 이성적으로 사고한다.

| 1 | 2 | 3 | 4 | 5 |
|---|---|---|---|---|
| 나와 매우<br>다르다 | 나와<br>다르다 | 보통이다 | 나와<br>비슷하다 | 나와 매우<br>비슷하다 |


b) 성급하게 판단하는 경향이 있다.

| 1 | 2 | 3 | 4 | 5 |
|---|---|---|---|---|
| 나와 매우<br>비슷하다 | 나와<br>비슷하다 | 보통이다 | 나와<br>다르다 | 나와 매우<br>다르다 |


위 두 문항의 답을 더하여 여기에 적어라. _____
이것이 당신의 판단력 점수이다.


## 4. 창의성, 독창성, 실천성 지능, 세상을 보는 안목

무언가 하고 싶은 일이 있을 때, 그 목적을 달성하기 위해 새로우면서
도 타당한 방법을 찾는 데 남다른 능력이 있다면 당신은 창의성이 뛰어
난 사람이다. 이런 사람은 기존의 관습적인 방식에 만족하지 못한다.
여기서 말하는 창의성이란 꼭 예술가에게만 적용되는 말이 아니다. 세
상 이치에 밝은 실천적 지능과 상식도 여기에 포함된다.


a) 어떤 일을 하는 데 필요한 새로운 방법을 찾는 걸 좋아한다.

| 1 | 2 | 3 | 4 | 5 |
|---|---|---|---|---|
| 나와 매우<br>다르다 | 나와<br>다르다 | 보통이다 | 나와<br>비슷하다 | 나와 매우<br>비슷하다 |

b) 내 친구들은 대부분 나보다 상상력이 뛰어나다.

| 1 | 2 | 3 | 4 | 5 |
|---|---|---|---|---|
| 나와 매우<br>비슷하다 | 나와<br>비슷하다 | 보통이다 | 나와<br>다르다 | 나와 매우<br>다르다 |

위 두 문항의 답을 더하여 여기에 적어라. _____
이것이 당신의 창의성 점수이다.

### 5. 예견력, 통찰력, 지혜

내가 예견력을 지혜라는 덕목에서 가장 성숙한 강점으로 분류한 것은 이것이 지혜와 가장 가깝기 때문이다. 사람들은 이 강점이 탁월한 사람들의 경험을 참고해 자신들의 문제를 해결하려고 한다. 요컨대 이것은 너나없이 모두 수긍하는 세상의 이치를 정확히 아는 능력이다. 슬기로운 사람은 삶에서 가장 중요하고 복잡한 문제들을 잘 헤쳐나갈 줄 안다.

a) 항상 꼼꼼히 생각하고 더 큰 것을 볼 줄 안다

| 1 | 2 | 3 | 4 | 5 |
|---|---|---|---|---|
| 나와 매우<br>다르다 | 나와<br>다르다 | 보통이다 | 나와<br>비슷하다 | 나와 매우<br>비슷하다 |

b) 내게 조언을 구하러 오는 사람은 거의 없다.

| 1 | 2 | 3 | 4 | 5 |
|---|---|---|---|---|
| 나와 매우<br>비슷하다 | 나와<br>비슷하다 | 보통이다 | 나와<br>다르다 | 나와 매우<br>다르다 |

위 두 문항의 답을 더하여 여기에 적어라. _____

이것이 당신의 예견력 점수이다.

## 용기

● **내적, 외적 난관에 직면하더라도 추구하는 목표를 성취하고자 하는 의지를 실천하는 강점들**

이 강점은 성공할 확신이 없을지라도 가치 있는 목적을 위해 굳은 의지를 발휘하는 힘이다. 무릇 용기 있는 사람은 아무리 큰 시련이 닥쳐도 꿋꿋하게 실천한다. 용기는 세계 보편적으로 인정받는 미덕으로, 어떤 문화권이든 이 강점을 몸으로 보여준 영웅들이 있다. 여기에는 용감성, 끈기, 정직, 열정이 포함된다.

### 6. 용감성, 호연지기

용기 있는 사람은 위협, 도전, 고통, 시련을 당해도 물러서지 않는다. 용감성을 신체적으로 위협을 느끼는 싸움에서 발휘하는 용감함보다 그 뜻이 한층 넓다. 용감성은 어렵고 위험해서 다른 사람들이 꺼려하는 것에도 아랑곳하지 않는 지적·정서적 태도이다. 연구자들은 지난 몇 년 동안 용감성과 용감함을 엄격히 구분해왔다. 두려움의 유무를 용감성과 용감함을 가름하는 기준으로 삼은 것이다.

용감한 사람은 공포를 이루고 있는 정서적 요소와 행동적 요소를 구분하지 못한다. 그래서 불안감을 느끼면서도 도망하지 않고 두려운 상황에 맞선다. 이처럼 두려움을 느끼지 않고 대범하고 저돌적으로 행동하는 것은 용감성이 아니다.

용감성을 싸움터에서 보여주는 용기나 신체적 용기가 확대된 개념이다. 요컨대 도덕적 용기와 정신적 용기까지 모두 포함된다. 도덕적 용기는 사람들의 관심을 끌지 못해서 불운을 가져다줄 가능성이 큰 것도 마다하지 않는 자세이다. 로사 팍스Rosa Parks(버스 좌석마저도 흑인과 백인의 좌석이 엄격하게 분리되어 있던 1950년대 앨라배마 주에서, 백인 지정석에 앉았다가 끝내 구속까지 당했고, 이를 계기로 '버스 안 타기 운동'을 촉발시킨 흑인 여성―옮긴이 주)는 미국인들에게 용감성의 본보기가 되었다. 재계나 정계의 내부 고발도 용감성의 한 예다. 정신적 용기에는 커다란 시련이나 오랜 병고에도 인간의 존엄성을 잃지 않는 극기와 초연함도 포함된다.

a) 강력한 반대도 무릅쓰고 내 주장을 고수할 때가 많다.

| 1 | 2 | 3 | 4 | 5 |
|---|---|---|---|---|
| 나와 매우<br>다르다 | 나와<br>다르다 | 보통이다 | 나와<br>비슷하다 | 나와 매우<br>비슷하다 |

b) 고통과 좌절 때문에 내 의지를 굽힐 때가 많다.

| 1 | 2 | 3 | 4 | 5 |
|---|---|---|---|---|
| 나와 매우<br>비슷하다 | 나와<br>비슷하다 | 보통이다 | 나와<br>다르다 | 나와 매우<br>다르다 |

위 두 문항의 답을 더하여 여기에 적어라. _____
이것이 당신의 호연지기 점수이다.


## 7. 끈기, 성실성, 근면

이런 강점을 지닌 사람은 일단 시작한 일을 끝내 해낸다. 성실한 사람은 어려운 프로젝트를 맡겨도 큰 불평 없이 기꺼이 책임을 완수한다. 나아가 더 좋은 결실을 얻기 위해 노력한다. 그래서 자원한 일은 더 많이 했으면 했지 부족하게 하는 법이 없다. 또한 끈기는 이룰 수 없는 목적에 무모하게 집착하는 게 아니다. 참으로 성실한 사람은 융통성이 있고 현실적이어서 완벽주의자를 꿈꾸지는 않는다. 야망에는 긍정적인 의미와 부정적인 의미가 둘 다 포함되는데, 긍정적인 야망이 이 강점에 속한다.

a) 한번 시작한 일을 끝까지 해낸다.

| 1 | 2 | 3 | 4 | 5 |
|---|---|---|---|---|
| 나와 매우<br>다르다 | 나와<br>다르다 | 보통이다 | 나와<br>비슷하다 | 나와 매우<br>비슷하다 |

b) 일을 할 때면 딴전을 피운다.

| 1 | 2 | 3 | 4 | 5 |
|---|---|---|---|---|
| 나와 매우<br>비슷하다 | 나와<br>비슷하다 | 보통이다 | 나와<br>다르다 | 나와 매우<br>다르다 |

위 두 문항의 답을 더하여 여기에 적어라. _____
이것이 당신의 끈기 점수이다.


## 8. 정직, 지조, 진실

정직한 사람은 진실하게 말하고 참되게 행한다. 또한 진솔하고 위선을 부리지 않는 '신실한' 사람이다. 지조나 진실에는 다른 사람들에게 사실대로 말하는 것 이상의 의미가 담겨 있다. 말로든 행동으로든 자신의 의도와 목적을 자기 자신은 물론 다른 사람들에게 진지하게 알리는 것이다. "자기 자신에게 진실한 사람은 다른 누구에게도 거짓을 보이지 않는 법이다"라는 셰익스피어의 말처럼 행동한다.

a) 약속을 반드시 지킨다.

| 1 | 2 | 3 | 4 | 5 |
|---|---|---|---|---|
| 나와 매우<br>다르다 | 나와<br>다르다 | 보통이다 | 나와<br>비슷하다 | 나와 매우<br>비슷하다 |

b) 친구들은 내게 솔직하게 말하는 법이 없다.

| 1 | 2 | 3 | 4 | 5 |
|---|---|---|---|---|
| 나와 매우<br>비슷하다 | 나와<br>비슷하다 | 보통이다 | 나와<br>다르다 | 나와 매우<br>다르다 |

위 두 문항의 답을 더하여 여기에 적어라. _____
이것이 당신의 지조 점수이다.

## 사랑과 인간애

● 다른 사람을 보살피고 친밀해지는 것과 관련된 대인 관계적 강점들

이 강점은 다른 사람들, 즉 가족, 친구, 직장 동료들은 물론 낯선 사람들과도 따뜻한 마음을 나누는 것이다.

### 9. 열정, 신명, 열광

신명이 많은 사람은 활기가 넘치고 열정적이다. 당신은 자신이 하는 일에 몸과 마음을 다 바치는가? 새날에 할 일을 고대하며 아침에 눈뜨

는가? 열정적으로 일에 뛰어드는가? 그때 기운이 샘솟는가?

a) 무슨 일을 하든 전력투구한다.

| 1 | 2 | 3 | 4 | 5 |
|---|---|---|---|---|
| 나와 매우<br>다르다 | 나와<br>다르다 | 보통이다 | 나와<br>비슷하다 | 나와 매우<br>비슷하다 |

b) 의기소침할 때가 많다.

| 1 | 2 | 3 | 4 | 5 |
|---|---|---|---|---|
| 나와 매우<br>비슷하다 | 나와<br>비슷하다 | 보통이다 | 나와<br>다르다 | 나와 매우<br>다르다 |

위 두 문항의 답을 더하여 여기에 적어라. _____
이것이 당신의 열정 점수이다.

## 10. 사랑, 사랑할 능력과 사랑받을 줄 아는 능력

이 강점을 지닌 사람은 다른 사람들과의 밀접한 관계를 소중히 여긴다. 당신이 자신에게 느끼는 것과 똑같은 감정으로 당신을 대하는 사람이 있는가? 만일 있다면, 그것은 당신이 이 강점을 지니고 있다는 증거인 셈이다. 이것은 서양 사람들이 흔히 말하는 로맨스보다 한결 넓은 의미이다. 솔직히 전통적인 관례에 따라 결혼하는 것이 서양의 낭만적인 결혼보다 훨씬 더 매력적이다.

적어도 미국 사회, 그중에서도 남성들은 사랑할 능력에 비해 사랑받을 줄 아는 능력이 부족한 편이다. 1939년부터 1944년까지의 하버드 대학교 졸업생들을 대상으로 60년 동안 연구를 수행한 베일런트 교수는 최근의 인터뷰에서 충격적인 사실을 밝혔다. 은퇴한 어떤 의사가 베일런트 교수를 자신의 서재로 안내하더니 수북이 쌓여 있는 편지들을 보여주었단다. 그건 5년 전 그 의사가 퇴임할 때 환자들에게 받은 감사 편지였다는 것이다. 그 남자는 눈물을 줄줄 흘리며 이렇게 말했단다. "교수님, 저는 이 편지들을 한 통도 읽지 않았습니다." 이 의사는 평생 동안 다른 사람들에게 사랑을 베풀었지만 자신은 사랑받을 능력이 전혀 없었던 것이다.

a) 본인의 기분과 행복 못지않게 내 기분과 행복에 관심을 기울이는 사람이 있다.

| 1 | 2 | 3 | 4 | 5 |
|---|---|---|---|---|
| 나와 매우 다르다 | 나와 다르다 | 보통이다 | 나와 비슷하다 | 나와 매우 비슷하다 |

b) 다른 사람들이 베푸는 사랑을 제대로 받아들이지 못한다.

| 1 | 2 | 3 | 4 | 5 |
|---|---|---|---|---|
| 나와 매우 비슷하다 | 나와 비슷하다 | 보통이다 | 나와 다르다 | 나와 매우 다르다 |

위 두 문항의 답을 더하여 여기에 적어라. _____
이것은 당신의 사랑 점수이다.

## 정의감

● **건강한 공동체 생활과 관련된 사회적 강점들**

이 강점은 시민으로서 행동할 때 드러난다. 이것은 일대일 인간관계를 넘어서서 가족, 지역, 나라, 세상과 같은 아주 큰 사회와의 관계에서 발휘된다.

### 11. 친절과 아량

다른 사람에게 친절과 아량을 베푸는 사람은 절대 자기의 이익만을 좇지 않는다. 다른 사람들에게 선행을 베푸는 일을 즐겨 한다. 전혀 모르는 사람이라도 상관없다. 당신은 자신에게 기울이는 마음 못지않게 다른 사람들에게 관심을 기울이는가? 여기에 포함되는 모든 강점의 핵심은 다른 사람의 존재를 인정하는 것이다. 친절은 나 아닌 다른 사람들의 최대 관심사를 잣대로 상대방과 관계를 맺는 다양한 방식을 아우른다. 설령 그런 방식들 때문에 자신의 희망이나 욕구가 좌절되더라도 말이다.

당신은 가족, 친구, 직장 동료, 심지어 낯선 사람들에게 책임감을 느끼는가? 배려와 동정심은 이 강점에서 큰 도움이 되는 요소이다. 테일러Taylor, Shelly는 시련에 대한 남성들의 일반적인 반응을 맞대결과 도망이라고 설명하면서, 여성들의 반응은 '보살피기와 친구 삼기'로 규정하고 있다.

a) 자발적으로 이웃을 도와준다.

| 1 | 2 | 3 | 4 | 5 |
|---|---|---|---|---|
| 나와 매우 다르다 | 나와 다르다 | 보통이다 | 나와 비슷하다 | 나와 매우 비슷하다 |

b) 다른 사람들의 행운을 내 일처럼 좋아한 적이 거의 없다.

| 1 | 2 | 3 | 4 | 5 |
|---|---|---|---|---|
| 나와 매우<br>비슷하다 | 나와<br>비슷하다 | 보통이다 | 나와<br>다르다 | 나와 매우<br>다르다 |

위 두 문항의 답을 더하여 여기에 적어라. _____
이것은 당신의 친절 점수이다.

### 12. 사회성 지능, 대인관계 지능, 정서 지능

사회성 지능과 대인관계 지능은 자신과 다른 사람들에 대한 지식이다. 이 지능이 뛰어나면 다른 사람들의 동기와 감정을 금방 알아채고 그에 맞게 반응할 줄 안다. 또한 기분, 체질, 동기, 의도 등 사람들의 차이점을 쉽게 식별하고 그에 걸맞게 행동한다. 이 강점을 자아성찰이나 신중한 사고와 혼동해서는 안 된다. 사회성 지능은 성숙한 사회 활동을 할 때 발휘하는 특성이기 때문이다.

대인관계 지능은 자신의 감정을 잘 다스리고, 스스로의 행동을 이해하고 바로잡을 줄 아는 능력으로 이루어진다. 다이엘 골먼<sup>Goleman, Daniel</sup> 박사는 이 둘을 하나로 묶어 '정서 지능' 이라 부른다. 이 강점들은 친절이나 리더십 같은 다른 강점의 토대가 된다.

이 강점은 또한 자신에게 알맞은 직업을 정확하게 파악하는 데도 도움이 된다. 다시 말해 자신의 적성과 능력을 최대로 발현할 수 있는 일을 찾게 해준다. 당신은 가장 탁월한 능력을 일상생활 속에서 한껏 발휘할 수 있는 일과 조직, 취미 활동을 선택할 줄 아는 사람인가? 최선을 다한 일에 대해 그만한 보상을 받고 있는가? 갤럽세계 최대의 여론조사 기관에

서 직업 만족도가 가장 큰 사람들은 '당신은 날마다 최선을 다해 일할
수 있는 직업에 종사하는가?' 라는 질문에 흔쾌히 그렇다고 대답했다
는 조사 결과를 발표한 적이 있었다. 야구선수로서는 성공하지 못한 마
이클 조던이 농구 황제로 거듭났다는 사실은 되새겨볼 만하다.

a) 어떤 성격의 단체에 가도 잘 적응할 수 있다.

| 1 | 2 | 3 | 4 | 5 |
|---|---|---|---|---|
| 나와 매우<br>다르다 | 나와<br>다르다 | 보통이다 | 나와<br>비슷하다 | 나와 매우<br>비슷하다 |

b) 다른 사람들의 감정에 아주 둔하다.

| 1 | 2 | 3 | 4 | 5 |
|---|---|---|---|---|
| 나와 매우<br>비슷하다 | 나와<br>비슷하다 | 보통이다 | 나와<br>다르다 | 나와 매우<br>다르다 |

위 두 문항의 답을 더하여 여기에 적어라. _____
이것이 당신의 사회성 지능 점수이다.

### 13. 팀워크(시민 정신), 의무감, 협동심, 충성심

이 강점을 지닌 사람은 한 집단의 탁월한 구성원이다. 헌신적이고 충
실해서 언제나 자기가 해야 할 몫을 다하고 집단의 성공을 위해 열심히
노력한다. 집단의 한 구성원으로서 자신의 몫을 다했는지, 설령 자기
개인의 목적과는 다를지라도 집단의 목적과 목표를 얼마나 중요하게
생각하는지, 교사나 감독처럼 지도자의 위치에 있는 사람들을 존경하
는지, 집단의 정체성과 자신의 정체성이 일치하는지 등을 따져보면 당

신의 강점을 파악할 수 있을 것이다. 이 강점은 무조건적인 복종을 뜻하는 게 아니다. 지도자에 대한 온당한 존경과, 많은 부모들이 자녀가 성장할 때 지니기를 바라는 강점들도 여기에 속한다.

a) 어떤 단체에 가입하면 최선을 다한다.

| 1 | 2 | 3 | 4 | 5 |
|---|---|---|---|---|
| 나와 매우 다르다 | 나와 다르다 | 보통이다 | 나와 비슷하다 | 나와 매우 비슷하다 |

b) 소속 집단의 이익을 위해 개인적인 이익을 희생시킬 생각은 없다.

| 1 | 2 | 3 | 4 | 5 |
|---|---|---|---|---|
| 나와 매우 비슷하다 | 나와 비슷하다 | 보통이다 | 나와 다르다 | 나와 매우 다르다 |

위 두 문항의 답을 더하여 여기에 적어라. _____
이것은 당신의 시민 정신 점수이다.

## 14. 공정성, 평등

공정한 사람은 자신의 개인적인 감정에 따라 다른 사람들에 대한 결정을 편파적으로 하지 않는다. 또한 모든 사람에게 똑같은 기회를 준다. 당신은 가치 있는 도덕률에 따라 행동하는가? 전혀 모르는 사람일지라도 자신의 문제처럼 다른 사람들의 복지에 대해 생각하는가? 같은 행동에 대해서는 똑같게 처리해야 한다고 믿는가? 자신의 편견을 쉽사리 버릴 수 있는가?

a) 어떤 사람에게든 똑같이 대한다.

| 1 | 2 | 3 | 4 | 5 |
|---|---|---|---|---|
| 나와 매우<br>다르다 | 나와<br>다르다 | 보통이다 | 나와<br>비슷하다 | 나와 매우<br>비슷하다 |

b) 내가 싫어하는 사람을 공정하게 대하기가 힘들다.

| 1 | 2 | 3 | 4 | 5 |
|---|---|---|---|---|
| 나와 매우<br>비슷하다 | 나와<br>비슷하다 | 보통이다 | 나와<br>다르다 | 나와 매우<br>다르다 |

위 두 문항의 답을 더하여 여기에 적어라. _____

이것은 당신의 공정성 점수이다.

## 15. 리더십

리더십이 뛰어난 사람은 단체를 조직하고 관리하는 능력이 남다르다. 인간적인 지도자가 되려면 먼저 유능한 지도자가 되어야 한다. 조직의 임무를 효율적으로 수행하도록 이끌어주고 구성원들이 원만한 관계를 유지하도록 지도해야 하는 것이다. 아울러 유능한 지도자는 조직 간 문제를 다룰 때에는 '누구에게도 원한을 품지 않고, 모든 사람들에게 관대하며, 옳은 일은 단호하게 추진하는' 인도주의 정신을 겸비해야한다. 예컨대 인도적 국가 지도자는 적을 관대하게 용서하고 자신의 지지자들과 똑같이 대해야 한다(앞서 소개했던 넬슨 만델라와 슬로보단 밀로세비치를 다시 한 번 생각해보라). 인도적인 지도자는 역사적 부채를 청산하고, 잘못에 대한 책임을 인정하며, 평화를 지키기 위해 힘쓴다. 이는 세계의 국가수반들뿐만 아니라 군대 지휘관, 최고경영자, 노조위원장,

경찰 총장, 교장, 보이스카우트 단장, 학생회 회장, 각종 조직의 지도자에게도 적용된다.

a) 일일이 참견하지 않고도 사람들이 단합해 일하도록 이끌어준다

| 1 | 2 | 3 | 4 | 5 |
| --- | --- | --- | --- | --- |
| 나와 매우 다르다 | 나와 다르다 | 보통이다 | 나와 비슷하다 | 나와 매우 비슷하다 |

b) 단체 활동을 조직하는 데는 소질이 없다.

| 1 | 2 | 3 | 4 | 5 |
| --- | --- | --- | --- | --- |
| 나와 매우 비슷하다 | 나와 비슷하다 | 보통이다 | 나와 다르다 | 나와 매우 다르다 |

위 두 문항의 답을 더하여 여기에 적어라. _____
이것은 당신의 지도력 점수이다.

### 16. 용서, 연민

이 강점을 지닌 사람은 자신에게 잘못한 사람을 용서하고 항상 잘못을 만회할 기회를 준다. 가련하고 불쌍히 여겨 복수심을 버리는 것이다. 용서는 누군가에게 정신적으로나 신체적으로 상처 입은 개인의 내면에서 일어나는 유익한 변화가 표출되는 것이다. 용서하면 가해자에 대한 기본적인 동기나 행동이 대체로 훨씬 긍정적으로 바뀐다. 따라서 앙심을 품거나 가해자와 마주치는 일을 애써 피하지 않고 너그러운 마음으로 친절하게 대하는 경우가 많다.

a) 과거의 것을 문제 삼지 않는다.

| 1 | 2 | 3 | 4 | 5 |
|---|---|---|---|---|
| 나와 매우 다르다 | 나와 다르다 | 보통이다 | 나와 비슷하다 | 나와 매우 비슷하다 |

b) 기어코 복수하려고 애쓴다.

| 1 | 2 | 3 | 4 | 5 |
|---|---|---|---|---|
| 나와 매우 비슷하다 | 나와 비슷하다 | 보통이다 | 나와 다르다 | 나와 매우 다르다 |

위 두 문항의 답을 더하여 여기에 적어라. _____

이것이 당신의 용서 점수이다.

## 17. 겸손과 겸양

겸손한 사람은 뭇 사람들의 시선을 받으려 하기보다 자신이 맡은 일을 훌륭히 완수하는 데 힘쓴다. 스스로 돋보이려 애쓰지 않으니, 다른 사람들은 그 겸손함을 귀하게 여긴다. 또한 자신을 낮출 줄 알며 자만하지 않는다. 자신이 이룩한 성공과 업적을 누구나 할 수 있는 일처럼 대수롭지 않게 생각한다. 중대한 프로젝트에 자신이 이바지하고 노력한 것쯤이야 당연한 일로 받아들인다. 그런 마음이 고스란히 묻어난 겸손은 짐짓 보이기 위한 행동이 아니라, 자신의 존재 가치를 투영해주는 창이다.

a) 다른 사람들이 나를 칭찬할 때면 슬그머니 화제를 돌린다.

| 1 | 2 | 3 | 4 | 5 |
|---|---|---|---|---|
| 나와 매우<br>다르다 | 나와<br>다르다 | 보통이다 | 나와<br>비슷하다 | 나와 매우<br>비슷하다 |

b) 스스로 한 일을 치켜세우는 편이다.

| 1 | 2 | 3 | 4 | 5 |
|---|---|---|---|---|
| 나와 매우<br>비슷하다 | 나와<br>비슷하다 | 보통이다 | 나와<br>다르다 | 나와 매우<br>다르다 |

위 두 문항의 답을 더하여 여기에 적어라. _____
이것은 당신의 겸손 점수이다.


## 영성과 초월성

● **현상과 행위에 대해 의미를 부여하고 우주와 연결성을 추구하는 초월적, 영성 강점들**

강점 덕목의 마지막으로 소개하는 이 '초월성'이란 말은 역사 속에서 그리 널리 사용되는 것은 아니다. 사실 '영성'도 개인이 선택할 문제이다. 그러나 영성이라는 이 특별한 강점과, 열정이나 감사 같은 비종교적인 강점을 혼동하지 않기를 바란다. 여기서 말하는 초월성이란 더 크고 더 영원한 것에 가 닿는 정서적 강점을 의미한다. 다른 사람들, 미래, 진화, 신 또는 우주에 닿아 있는 것이다.


### 18. 신중함, 사려, 조심성
사려 깊은 사람은 나중에 후회할 말이나 행동을 하지 않는다. 모든 결정 사항들을 충분히 검토한 뒤에야 비로소 행동으로 옮긴다. 또한 멀리 보고 깊이 생각한다. 더 큰 성공을 위해 눈앞의 이익을 좇으려는 충동을 억제할 줄 안다. 특히 숱한 위험이 도사리고 있는 세상에서 조심성은 부모가 자기의 아이들이 지니기를 바라는 강점이다. 부모는 자식이 운동장에서 놀 때, 자동차를 타고 있을 때, 연애를 할 때, 직업을 선택할 때 등 어려서나 어엿한 성인이 되어서도 늘 다치지 않도록 조심하기를 바란다.

a) 다칠 위험이 있는 일은 하지 않는다.

| 1 | 2 | 3 | 4 | 5 |
|---|---|---|---|---|
| 나와 매우<br>다르다 | 나와<br>다르다 | 보통이다 | 나와<br>비슷하다 | 나와 매우<br>비슷하다 |

b) 나쁜 친구를 사귀거나 나쁜 사람들을 만나는 경우가 있다.

| 1 | 2 | 3 | 4 | 5 |
|---|---|---|---|---|
| 나와 매우<br>비슷하다 | 나와<br>비슷하다 | 보통이다 | 나와<br>다르다 | 나와 매우<br>다르다 |

위 두 문항의 답을 더하여 여기에 적어라. _____
이것은 당신의 신중성 점수이다.

### 19. 자기통제력

이 강점을 지닌 사람은 적절한 시기가 올 때까지 자신의 욕망, 욕구, 충동을 자제한다. 기다려야 한다는 사실을 아는 것만으로는 부족하다. 참아야 한다는 것을 아는 만큼 반드시 행동으로 옮겨야 한다. 기분 나

쁜 일이 생겼을 때 당신은 자신의 감정을 다스릴 수 있는가? 부정적인
감정을 다스려 평온한 상태로 만들 수 있는가? 힘든 상황에서도 쾌활
함을 유지할 수 있는가?

a) 내 정서를 다스릴 줄 안다.

| 1 | 2 | 3 | 4 | 5 |
|---|---|---|---|---|
| 나와 매우<br>다르다 | 나와<br>다르다 | 보통이다 | 나와<br>비슷하다 | 나와 매우<br>비슷하다 |

b) 다이어트나 운동을 오래 하지 못한다.

| 1 | 2 | 3 | 4 | 5 |
|---|---|---|---|---|
| 나와 매우<br>비슷하다 | 나와<br>비슷하다 | 보통이다 | 나와<br>다르다 | 나와 매우<br>다르다 |

위 두 문항의 답을 더하여 여기에 적어라. _____
이것은 당신의 자기통제력 점수이다.

## 20. 감상력

이 강점을 지닌 사람은 장미를 보면 가던 길을 멈추고 그 향기를 음
미한다. 모든 분야의 미, 빼어난 작품과 기교를 감상할 줄 안다. 자연과
예술, 수학과 과학을 비롯한 세상 모든 것에서 아름다움을 발견한다.
경외감과 경이로움을 느끼기조차 한다. 스포츠 스타의 묘기나 인간미
가 넘치는 아름다운 행동을 목격할 때면 그 고결함에 깊이 감동한다.

a) 음악, 미술, 연극, 영화, 스포츠, 과학, 수학의 아름다움과 경이로움을 보고 전율한 적이 있다.

| 1 | 2 | 3 | 4 | 5 |
|---|---|---|---|---|
| 나와 매우 다르다 | 나와 다르다 | 보통이다 | 나와 비슷하다 | 나와 매우 비슷하다 |

b) 평소에 아름다움과는 전혀 무관하게 지낸다.

| 1 | 2 | 3 | 4 | 5 |
|---|---|---|---|---|
| 나와 매우 비슷하다 | 나와 비슷하다 | 보통이다 | 나와 다르다 | 나와 매우 다르다 |

위 두 문항의 답을 더하여 여기에 적어라. _____
이것은 당신의 감상력 점수이다.

## 21. 감사

고마움을 아는 사람은 자신에게 일어난 일을 늘 기쁘게 생각하며, 절대 당연한 것으로 받아들이지 않는다. 그래서 항상 고마움을 전할 시간을 마련한다. 감사는 남달리 돋보이는 어떤 사람의 도덕적 품성을 감상하는 것이다. 감사는 하나의 정서로서, 경이로움과 고마움을 느끼며 삶 자체를 감상하는 정신 상태이다. 자신으로 말미암아 사람들이 행복하다면 그 또한 고마운 일이지만, 우리는 흔히 선행과 선한 사람들에게 더 깊이 감사한다. 또한 감사하는 마음은 신, 자연, 동물들처럼 비인격적인 존재에게 향하기는 해도 자기 자신에게 향하지는 않는다. 이 감사라는 말은 은혜를 뜻하는 라틴어 그라티아$^{gratia}$에서 유래된 말임을 생각해보면 더 쉽게 이해할 수 있을 것이다.

a) 아무리 하찮은 일이라도 항상 고맙다고 말한다.

| 1 | 2 | 3 | 4 | 5 |
|---|---|---|---|---|
| 나와 매우 다르다 | 나와 다르다 | 보통이다 | 나와 비슷하다 | 나와 매우 비슷하다 |

b) 내가 받은 은혜에 대해 거의 생각하지 않는다.

| 1 | 2 | 3 | 4 | 5 |
|---|---|---|---|---|
| 나와 매우 비슷하다 | 나와 비슷하다 | 보통이다 | 나와 다르다 | 나와 매우 다르다 |

위 두 문항의 답을 더하여 여기에 적어라. _____
이것은 당신의 감사 점수이다.


## 22. 희망, 낙관성, 미래지향성

낙관적인 사람은 자신이 최고가 될 날을 기대하며 계획을 세우고 그
계획대로 실천한다. 희망, 낙관성, 미래지향성은 미래에 대한 긍정적인
자세를 드러내주는 강점들이다. 열심히 노력하면 좋은 일들이 꼭 일어
날 것을 기대하고 미래를 설계하는 한편, 현재 자신이 있는 곳에서 즐
겁게 생활하고 목표를 향해 힘차게 나아간다.

a) 항상 긍정적인 면만 보려고 한다.

| 1 | 2 | 3 | 4 | 5 |
|---|---|---|---|---|
| 나와 매우 다르다 | 나와 다르다 | 보통이다 | 나와 비슷하다 | 나와 매우 비슷하다 |

b) 내가 하고 싶은 일을 하기 위해 철저하게 계획한 적이 거의 없다.

| 1 | 2 | 3 | 4 | 5 |
|---|---|---|---|---|
| 나와 매우<br>비슷하다 | 나와<br>비슷하다 | 보통이다 | 나와<br>다르다 | 나와 매우<br>다르다 |

위 두 문항의 답을 더하여 여기에 적어라. _____

이것이 당신의 낙관주의 점수이다.

### 23. 유머 감각, 명랑함

명랑한 사람은 잘 웃거나 다른 사람들에게도 웃음을 선사한다. 또한 삶을 긍정적으로 보는 경향이 크다. 지금까지 소개한 강점들이 아주 올곧은 마음이었다면, 나머지 두 가지는 대단히 재미있는 것이다. 당신은 어떤가. 우스갯소리를 잘 하는가?

a) 되도록 일과 놀이를 잘 배합한다.

| 1 | 2 | 3 | 4 | 5 |
|---|---|---|---|---|
| 나와 매우<br>다르다 | 나와<br>다르다 | 보통이다 | 나와<br>비슷하다 | 나와 매우<br>비슷하다 |

b) 우스갯소리를 거의 할 줄 모른다.

| 1 | 2 | 3 | 4 | 5 |
|---|---|---|---|---|
| 나와 매우<br>비슷하다 | 나와<br>비슷하다 | 보통이다 | 나와<br>다르다 | 나와 매우<br>다르다 |

위 두 문항의 답을 더하여 여기에 적어라. _____

이것이 당신의 유머 감각 점수이다.

## 24. 영성, 목적의식, 신념, 신앙심

이 강점을 지닌 사람은 우주의 더 큰 목적과 의미에 대한 믿음이 크다. 그래서 더 큰 계획에서 자신의 쓰임새가 있을 것이라고 생각한다. 그런 믿음을 밑거름 삼아 행동하고 편안함을 얻는다. 종교를 믿든 안 믿든, 당신은 더 큰 우주에 자신이 속해 있다고 확신하는가? 자신보다 훨씬 더 큰 무엇에 귀속되어 있기 때문에 자신의 삶이 의미 있다고 믿는가?

a) 삶의 목적이 뚜렷하다.

| 1 | 2 | 3 | 4 | 5 |
|---|---|---|---|---|
| 나와 매우 다르다 | 나와 다르다 | 보통이다 | 나와 비슷하다 | 나와 매우 비슷하다 |

b) 사명감이 없다.

| 1 | 2 | 3 | 4 | 5 |
|---|---|---|---|---|
| 나와 매우 비슷하다 | 나와 비슷하다 | 보통이다 | 나와 다르다 | 나와 매우 다르다 |

위 두 문항의 답을 더하여 여기에 적어라. _____
이것이 당신의 영성 점수이다.

**요약**

이제 당신은 웹사이트나 책에서 자신의 24가지 강점의 의미를 알고 점수도 매겼을 것이다. 웹사이트를 이용하지 않은 사람이라면, 아래 강점들의 점수를 쓴 다음 1위에서 24위까지의 순위를 매겨보라.

**지혜와 지식**

1. 호기심 _____

2. 학구열 _____

3. 판단력(개방성) _____

4. 창의성 _____

5. 예견력(통찰력) _____

**용기**

6. 용감성 _____

7. 끈기 _____

8. 정직 _____

9. 열정 _____

**사랑과 인간애**

10. 사랑 _____

11. 친절 _____

12. 사회성 지능 _____

**정의감**

13. 팀워크(시민 정신) _____

14. 공정성 _____

15. 리더십 _____


**절제력**

16. 용서 _____

17. 겸손 _____

18. 신중함 _____

19. 자기통제력 _____


**영성과 초월성**

20. 감상력 _____

21. 감사 _____

22. 희망(낙관성) _____

23. 유머 감각 _____

24. 영성 _____


대체로 9점에서 10점을 받은 강점이 보통 다섯 개 정도인데, 이것이 당신의 상위 강점Highest personal strengths 즉 개인 강점이다. 이것을 표시해두라. 4점에서 6점 정도의 낮은 점수는 약점에 속한다.

## 당신의 대표 강점은 무엇인가?

당신의 상위 다섯 가지를 눈여겨보라. 대부분 가장 나다운 모습을 지켜주는 강점일 테지만, 아니다 싶은 것도 한두 가지 있을 것이다.

참고로 이 검사를 통해 확인한 내 강점은 학구열, 끈기, 리더십, 창의성, 영성이었다. 이중 네 가지는 수긍이 갔지만 리더십만은 아니었다. 어쩔 수 없이 해야 할 경우에는 시늉이야 내겠지만, 그건 참다운 내 강점이 아니다. 리더십을 발휘해야 할 때면 나는 기진맥진해져서 끝날 시간만 손꼽아 기다린다. 이윽고 시간이 다 되어 가족이 있는 집으로 돌아갈 때에야 비로소 기분이 좋아진다.

사람은 저마다 몇개의의 대표 강점Signature Strengths을 지니고 있다. 이러한 강점은 본인이 스스로 인정하고, 자부심을 느끼며, 일·사랑·자녀양육에서 날마다 발휘하는 탁월한 특성인 셈이다. 대표강점의 특성은 다음과 같다.

- 내 강점에 대해서 '진정한 내 모습'이라고 할 수 있는 정체성을 확인하고 소유감과 자신감이 생긴다("이게 진짜 나야.").
- 내 강점을 드러낼 때, 특히 처음으로 드러낼 때 큰 기쁨을 느낀다.
- 내 강점을 활용하여 주제를 배우거나 일을 할 때 학습과 일의 속도가 매우 빠르다.
- 내 강점을 활용할 새로운 방법을 아주 열심히 찾아낸다.
- 내 강점에 따라 행동하기를 열망한다("나 좀 그만두게 해줘.").
- 내 강점을 활용할 때 피곤하기는커녕 오히려 기운이 난다.

- 통찰과 직관으로 강점을 발견한다.
- 내 강점을 주로 활용할 수 있는 개인적인 일(프로젝트, 창업)을 스스로 고안하고 추구한다.
- 그 강점을 활용할 때 황홀경에 빠지기까지 한다.
- 강점을 사용하고자 하는 내적 동기를 가진다.

자신의 상위 강점들 중에서 이러한 특성이 나타나는 강점이 바로 당신의 대표 강점들이다. 이 강점들을 되도록 많이 사용하라. 내가 착안한 행복한 삶의 공식은 자신의 대표 강점들을 주요 일상의 활동 속에서 날마다 발휘하여 큰 만족과 참된 행복을 자아내는 것이다. 이제부터 구체적인 활용 방법들에 대해 살펴보기로 하자.

제4부에서는 일, 사랑, 자녀 양육에 대해 짚어보고, 자신의 강점을 일상생활 속에서 발휘한다는 것이 '행복한 삶'을 누리는 데 얼마나 중요한지 살펴볼 것이다. 당신의 강점을 연마하여 필요한 곳에서 발휘한다면, 당신의 약점이나 약점 때문에 비롯되는 시련을 이겨낼 수 있는 힘을 얻게 될 것이다.


## 대표 강점 연마하기

대표 강점을 찾았는가? 당신이 찾은 대표 강점은 현재 당신의 모습이자 정체성이라 할 수 있다.

대표 강점을 찾았다면 활용하기 전에 먼저 대표 강점을 연마해라.

그렇다면 강점들을 어떻게 연마할 수 있을까? 직장이나 집, 여가활동 중에 대표 강점을 활용하기 위해서는 연습이 필요하다. 성격 강점 검사에서 당신의 최상위 점수를 확인했다면 그 중 어떤 강점들이 실제 자신의 모습에서 대표 강점으로 드러날 지 확인해보자. 그런 다음 대표 강점 중 한두 개를 선택하고, 이 강점을 매일 새로운 방법으로 사용해 보면 행복이 지속적으로 유지되는 효과를 경험할 수 있다.  대표 강점을 연습하는 것은 자아실현에 기여하고, 어떤 일에서 탁월한 결과와 성취를 이루게 하는 역량이며 의욕과 열정을 느끼게 동기부여를 하고, 자신의 대표 강점을 파악하여 그 중 한두 가지를 일주일 동안 일상 속에서 활용하면 더 행복해 진다.

　대표 강점을 연마할 때는 가장 쉽게 할 수 있는 것부터 시작하고, 가능한 한 새로운 방법으로 사용해보는 것이 좋다. 아래 강점 연마 방법에서 당신의 대표 강점 연마 방법을 찾아보고 당신만의 새로운 방법을 고안해 보자. 이 강점 연마 방법은 24가지 강점을 바탕으로 조너선 헤이트와 타얍 라쉬드, 아프로즈 안줌이 만든 목록을 보완한 것이다.

## 1. 지혜와 지식과 관련된 강점 연마방법

| 구분 | 강점 | 연마방법 |
|---|---|---|
| 1 | 호기심 | • 내가 모르는 주제에 대한 강의를 듣는다.<br>• 익숙하지 않은 음식을 하는 식당을 방문한다.<br>• 우리 동네에 새로운 곳을 발견하고, 그곳의 역사에 대해 배운다. |
| 2 | 학구열 | • 학생이라면, 필독서가 아니라 권장도서까지도 읽는다.<br>• 새로운 어휘를 매일 배우고 사용한다.<br>• 비소설류의 책을 읽거나 강의를 듣는다. |
| 3 | 판단력 | • 내가 강력한 의견을 가지고 있는 사안에 대해  그와 반대되는<br>  입장을 펼쳐보라.<br>• 다문화적 행사에 참석해서 그 행사가 열리는 동안 그리고 행사가 끝난 후에<br>  그 행사에 대한 나의 관점을 비판적으로 평가해보라.<br>• 매일 나의 독선적인 의견이 무엇이며 어떤 점에서 잘못되었는지 생각한다. |
| 4 | 창의성 | • 도예, 사진, 조각, 그리기, 채색하기 수업에 참여한다.<br>• 운동용 자전거를 옷을 담는 선반으로 사용하는 것처럼 집에 있는 물건을 정해<br>  서 그것을 전형적인 쓰임이 아니라 다른 용도로 사용하는 방법을 찾아낸다.<br>• 내가 쓴 글이나 시를 담은 카드를 친구에게 보내거나 인터넷에 올린다. |
| 5 | 예견력 | • 내가 아는 가장 현명한 사람에 대해 생각하고 그 사람처럼 하루를 살아 본다.<br>• 누군가 요청했을 때에만 조언을 주거나, 할 수 있는 한 심사숙고하여 행동한다.<br>• 친구들, 가족 구성원, 동료들 간에 논쟁을 해결한다. |

## 2. 용기와 관련된 강점 연마방법

| 구분 | 강점 | 연마방법 |
|---|---|---|
| 6 | 용감성 | • 집단에서 대중적으로 호응을 받지 못하는 아이디어도 당당하게 말한다.<br>• 명백히 부당한 행위를 하는 권력 집단을 목격할 경우, 반드시 이의를 제기한다.<br>• 평소 두려움 때문에 잘하지 못했던 일을 한다. |
| 7 | 끈기 | • 해야 할 일의 목록을 만들고, 매일 목록에 있는 일 한 가지씩을 한다.<br>• 일정에 앞서 중요한 일을 마친다.<br>• 텔레비전을 틀거나, 핸드폰 전화, 간식, 이메일 체크 같은 것에 마음이 흐트러지지 않고 몇 시간 동안 일에 집중한다. |
| 8 | 정직 | • 마음에서 우러나오지 않는 칭찬을 포함해 친구들에게 선의의 거짓말조차도 하지 않는다.<br>• 내가 가장 가치 있게 생각하는 것이 무엇인지 생각하고, 그것과 관련된 일을 매일 한다.<br>• 내가 어떤 일을 하고자 하는 동기를 다른 사람에게 말할 때, 진실하고 정직하게 설명한다. |
| 9 | 열정 | • 적어도 일주일 동안 매일 알람을 맞출 필요가 없을 만큼 일찍 잠을 자고, 일어나서 영양이 풍부한 아침식사를 한다.<br>• "왜 해야 하는데?"라고 말하기보다 "해보는 게 어때?"라고 말하는 것을 세 배만큼 늘인다.<br>• 매일 나에게 필요한 일보다는 하고 싶은 일을 한다. |

## 3. 사랑과 인간애와 관련된 강점 연마방법

| 구분 | 강점 | 연마방법 |
|---|---|---|
| 10 | 사랑 | • 부끄러워하지 않고 칭찬을 수용하며 고맙다고 말한다.<br>• 사랑하는 사람에게 짧은 편지를 쓰고 그날 그 사람이 쉽게 발견할 수 있는 곳에 둔다.<br>• 가장 친한 친구가 정말로 좋아하는 무언가를 함께 해 준다. |
| 11 | 친절 | • 나에게 있는 것들을 다른 사람들에게 빌려주라<br>• 내가 알고 있는 사람들을 위해 일주일에 세 번 무엇이든 세 가지 친절한 행동을 하라(친구들이나 이웃들에게 작은 호의를 베풀기, 슬픈 일을 겪고 있거나 또는 아픈 친구에게 전화걸기, 시험 때문에 바쁜 친구를 위해 대신 시장 봐주기, 아기 돌봐주기 등)<br>• 운전 중 보행자에게 양보하고, 보행할 때는 운전자에게 양보한다. |
| 12 | 사회성 지능 | • 친구나 가족이 어려운 일을 한다는 것을 알아주고 그들에게 격려의 말을 한다.<br>• 누군가 나를 귀찮게 하더라도, 보복하기보다 그들의 동기를 이해한다.<br>• 분위기가 불편한 사람들의 모임에 일부러 참석해서 관찰자의 입장이 되어보라. 그리고 아무 것도 판단하려 하지 말고 단지 내가 관찰한 것만을 묘사해보라. |

## 4. 정의감과 관련된 강점 연마방법

| 구분 | 강점 | 연마방법 |
|---|---|---|
| 13 | 팀워크<br>(시민정신) | • 내가 할 수 있는 가장 멋진 팀 구성원이 되어 준다.<br>• 친구 또는 이웃을 위해 맛있는 식사를 준비해보라<br>• 이사 가는 이웃에게 작별을 고하기 위해 또는 새로운 이사 온 이웃을<br>환영하기 위해 사람들이 함께 하는 자리를 만든다. |
| 14 | 공정성 | • 적어도 하루에 한 번 정도는 내 실수를 인정하고 그에 대한 책임을 진다.<br>• 적어도 하루에 한 번은 내가 썩 좋아하지 않는 사람에게도 응당의<br>신임을 보인다.<br>• 사람들의 이야기를 방해하지 않고 잘 듣는다. |
| 15 | 리더십 | • 친구들을 위해 사교 모임을 만든다.<br>• 직장에서 즐겁지 않은 일을 도맡아 하고 그것을 완수한다.<br>• 처음 만난 사람이 편안하게 느끼도록 행동한다. |

## 5. 절제력과 관련된 강점 연마방법

| 구분 | 강점 | 연마방법 |
|---|---|---|
| 16 | 용서 | • 내가 다른 사람에게 용서 받은 것을 기억하고 그 선물을 다른 사람들에게도<br>베풀라<br>• 원망을 품고 있는 사람들의 명단을 작성해보라. 그 사람들을 만나서 그<br>문제에 대한 얘기를 나누어 보든지 아니면 '나는 용서했다'고 마음 먹을 수<br>있는지 생각해보라.<br>• 용서의 편지를 쓰되, 그것을 보내지 말고 일주일 동안 매일 그것을 반드시 읽<br>는다. |
| 17 | 겸손 | • 하루 종일 나에 대한 얘기를 전혀 하지 않는다.<br>• 너무 눈에 띄는 옷을 입지 않는다.<br>• 나보다 친구들이 더 뛰어난 점이 무엇인지 생각하고 그 점에 대해 칭찬한다. |
| 18 | 신중함 | • "부탁합니다." 또는 "고맙습니다."라는 말 외에 다른 것들을 말하기 전에<br>두 번 생각한다.<br>• 운전할 때, 속도 제한에서 시속 5마일을 낮추어 달린다.<br>• 간식을 먹기 전에, "이것은 살이 찌더라도 꼭 먹어야 되는가?"라고 자문한다. |
| 19 | 자기통제력 | • 운동 프로그램을 시작하여 일주일 동안 매일 꾸준히 실천한다.<br>• 타인에 대해 뒷담이나 비열한 이야기를 하지 않는다.<br>• 이성을 잃으려고 할 때, 열을 세고 그것이 정말 필요한지 반추한다. |

## 6. 영성과 초월성과 관련된 강점 연마방법

| 구분 | 강점 | 연마방법 |
|------|------|---------|
| 20 | 감상력 | • 자연 경치나 사랑하는 사람들을 사진에 담고 그것을 컴퓨터 바탕화면으로 삼아보라.<br>• 매일 내가 보았던 가장 아름다운 것에 대해 일기를 쓴다.<br>• 적어도 하루에 한 번은 멈춰 서서 일출이나 꽃, 새의 노래 소리와 같이 자연의 아름다움을 느낀다. |
| 21 | 감사 | • 하루 동안 내가 얼마나 "감사합니다."라고 말하는지 세어 보고, 일주일 동안 그 횟수를 늘여 간다.<br>• 매일 하루를 마감하고, 잘 되었던 일 세 가지를 쓰고 왜 잘 되었는지 이유를 쓴다.<br>• 한 달에 한 번씩 감사의 편지를 써서 감사 방문을 한다. |
| 22 | 희망 | • 과거에 실망했던 것에 대해 생각하고 그것을 가능하게 하는 기회를 찾는다.<br>• 다음 주, 다음 달, 내년의 목표를 쓰고 이 목표를 성취할 수 있는 구체적인 계획을 세운다.<br>• 나의 비관적인 생각을 반박한다. |
| 23 | 유머 | • 친구들에게 재미있는 이메일을 보내라<br>• 일주일에 세 번씩 새로운 조크를 배우고 그것을 친구들에게 써먹으라.<br>• 시트콤, 웃기는 쇼/웃기는 영화를 보거나 유머책을 매일 읽으라. |
| 24 | 영성 | • 내 삶의 목표에 대해서 매일 생각한다.<br>• 매일 하루 일과를 시작할 때 기도하거나 명상한다.<br>• 친숙하지 않은 종교 의식에 참가한다. |

당신의 대표 강점 연마 방법을 찾아낸 다음에는 한 주 동안 강점을 연마하는 연습 시간을 따로 배정해 보자. 예를 들어, 대표 강점이 창의성이라면 기존의 관습적인 방식 대신 본인만의 새로운 방식을 창조해 내는 능력이 뛰어난 사람이다. 이런 사람은 도예, 사진, 조각, 그리기, 채색하기 수업에 참여할 수 있으며, 저녁에 한두 시간을 할애해 디자인 공모전을 준비하거나 시나리오를 쓸 수 있다.

대표 강점이 유머라면 친구들에게 재미있는 이메일을 보내길 권한다. 그리고 일주일에 세 번씩 새로운 조크를 배우고 그것을 친구들에게 써먹어 보고, 시트콤, 웃기는 쇼/웃기는 영화를 보거나 유머책을 매일 읽는 것도 좋다. 대표 강점이 자기 통제력이라면 욕구나 충동을 자제하는 능력이 뛰어나기 때문에 저녁에 TV를 보는 대신 헬스클럽이나 공원에서 운동을 할 수 있다. 또 대표 강점이 감상력이라면 적어도 하루에 한 번은 멈춰 서서 일출이나 꽃, 새의 노래 소리와 같이 자연의 아름다움을 느껴보고 매일 보았던 가장 아름다운 것에 대해 일기를 써도 좋다. 매일 다니는 익숙한 길 대신 새로운 길을 따라 출퇴근하거나 매일 저녁 버스에서 한 두 정거장 미리 내려서 걸어올 수도 있다. 가능한 당신의 창의성을 발휘해 다양한 방법을 찾아보자. 대표 강점이 리더십이라면 친구들을 위해 사교 모임을 만든다. 직장에서 즐겁지 않은 일을 도맡아 하고 그것을 완수한다. 그리고 처음 만난 사람이 편안하게 느끼도록 행동한다.

대표 강점을 연마하는 연습을 쉽게 할 수 있는 사람이 있는가하면 힘들다고 느끼는 사람도 있을 것이다. 또 몰입을 경험하면서 시간이 쏜살같이 흘러가는 사람도 있고 더디게 흘러가는 사람도 있을 것이다. 이 연습 경험을 글로 적어 보자. 연습을 하기 전, 연습을 하는 동안, 연습이 끝난 후 어떤 느낌이었는지를 종합해서 연습을 계속할 것인지, 아니면 더 효과적인 방법을 찾을 것인지 판단

을 내리면 된다. 중요한 건 당신의 대표 강점을 믿고 일상생활에서 자주 활용
해야 한다는 것이다.

연습이 끝났다면 개인적인 일이나 직장, 사업장에서 당신의 대표 강점을 활
용할 계획을 세우고 실천해보자.

PART 4

# 대표 강점을 활용하여
# 행복한 삶 만들기

※
인생에 주어진 의무는 다른 아무것도 없다네.
그저 행복하라는 한 가지 의무뿐.
우리는 행복하기 위해 이 세상에 왔지.

－헤르만 헤세

# 직업
## 물질적 보상보다
## 몰입(관여)의 경험을 추구하라

당신은 현재의 직업에 만족하는가?

선진국에서의 직장생활 풍속도는 빠른 속도로 변하고 있다. 특히 놀라운 것은 돈이 그 위력을 잃고 있다는 사실이다. 선진국 국민들의 생활 만족도는 차츰 낮아지고 있다. 미국의 경우 지난 30년 동안 실질 소득은 16% 증가한 반면, '아주 행복하다'고 응답한 사람은 36%에서 29%로 감소했다. 급기야 「뉴욕타임스」는 '돈으로 행복을 살 수 없다'라는 기사까지 실었다.

그러나 이 기사를 접한 직장인들이 승급, 승진, 초과근무 수당이 많아져도 생활 만족도에는 전혀 보탬이 되지 않는다는 것을 알았을 때, 그 다음에는 어떻게 할 것인가? 왜 사람들은 다른 직업들을 마다하고 한 가지 전문직에 종사하려 하는가? 직장인들이 자기 회사에서 착실하게 근무하는 까닭은 무엇일까? 최고 품질의 제품을 만들기 위해 몸과 마음을 다 바치는 근로자들은 과연 무엇을 바라고 그렇게 하는 것일까?

이제 우리의 경제는 '돈의 경제'에서 '만족도 경제'로 급변하고 있다. 이러한 추세는 때에 따라 증가와 감소를 되풀이하지만(취업이 힘들 때는 개인 만족도의 비중이 더 낮고, 일자리가 많을 때는 개인 만족도의 비중이 더 크다), 지난 20여 년 동안의 추이로 볼 때 개인 만족도가 더 크게 작용하고 있음을 알 수 있다. 현재 미국에서 최고소득 분야는 법조계로서, 1990년대의 최고소득 직종이었던 의약계를 능가했다. 그러나 뉴욕의 대형 법률회사에서는 현재 신규 채용이 어려워 기존 인력을 활용하는 대책 마련에 부심하고 있다. 법조계에 막 들어온 신참들, 심지어 경력자들까지도 새로운 직장을 찾아 줄줄이 떠나고 있기 때문이다. 주 80시간의 근무를 두어 해 동안만 꾹 참고 견디면 평생 갑부로 살 수 있다는 유혹이 신참들에게는 더 이상 통하지 않는 것이다.

이런 풍토에서 새롭게 등장한 말이 바로 '생활 만족도'이다. "내 직업이 불만족스럽다면 어떻게 해야 할까?" 하고 진지하게 자문하는 사람들이 많다. 내게 묻는다면 나는 이렇게 대답하고 싶다. "현재 느끼는 것보다 당신의 직업에 훨씬 큰 만족을 얻을 수 있다"고 말이다. 직장생활을 할 때 자신의 강점을 되도록 많이 활용하고 재교육현직교육現職敎育을 꾸준히 받는다면 충분히 더 큰 만족을 얻을 수 있다.

이 장에서는 직업 만족도를 최대화하기 위해 직장에서 자신의 대표 강점을 활용하는 방법에 대해 초점을 맞추고 있다. 이것은 비서, 변호사, 간호사, 최고경영자 등 모든 직종에 적용된다. 자신의 강점과 미덕을 날마다 필요한 곳에 활용하기 위해 재교육을 받는다면, 매너리즘에 빠져 귀찮기만 했던 일에 재미를 느끼고 이를 자신의 천직처럼 여기게 될 것이다. 천직이란 나에게 가장 만족스러운 직업을 말하는데, 만족을 얻는 만큼 물질적 보상보다는 일 자체에서 큰 보람을 얻는다. 나는 머지않아 직장을 선택하는 기준이 물질적 보상보다는 일에서 경험하는 몰입(관여)으로 바뀔 것으로 전망한다. 직원의 몰입을 촉진시키는 기업이 금전적 보상에 의존하는 기업보다 인기를 얻을 것이다. 이보다 더욱 중요한 것은, 최소한의 자유를 누릴 수 있는 현재의 직업 풍토에서 인간으로서의 기본적인 생활을 보장하는 사회안전망 이상의 정책이 실시되고 진정한 행복을 추구하게 되리라는 사실이다.


## 생업, 전문직, 천직의 차이

천직, 즉 일에 대한 높은 몰입도는 돈보다 생산성을 더욱 향상시킬 수 있는 확실한 방법이다.

———

나는 지난 25년 동안 수요일 밤마다 밥과 포커 게임을 했다. 밥은 달리기 선수였다. 역사교사였던 그는 퇴임한 뒤 1년 동안 달리기로 세계 일주를 했다. 81세의 고령임에도 테니스광으로 매우 활동적인 생활을 즐겼다.

그는 에이디론댁스 산맥을 가로질러 고어 산의 봉우리까지 올라갔다가 수요일 저녁 7시 30분이면 어김없이 필라델피아로 돌아왔고, 다음날 아침 동트기 전에 다시 울긋불긋 단풍 든 산을 향해 달려가곤 했다. 그런데 8월의 기다리던 수요일에 우리는 포커 게임을 할 수 없었다. 이른 아침에 펜실베이니아 랭카스터 마을에서 트럭에 치여 혼수상태에 빠진 것이다. 그의 혼수상태는 사흘 동안 계속되었다.

"환자의 산소호흡기를 떼는 데 선생님께서 동의해주셨으면 합니다."

밥의 담당의사가 내게 말했다.

"환자 변호사 말로는 선생님께서 환자와 가장 절친한 친구시라기에 드리는 부탁입니다. 현재로선 친지에게 연락할 길이 없거든요."

여의사가 그 무시무시한 말을 천천히 입 밖에 내고 있을 때, 나는 하얀 가운을 입은 우람한 사내를 곁눈질하고 있었다. 그는 환자용 변기를 치운 다음, 다른 사람들의 신경에 거슬릴까 조심하며 벽에 약간 비딱하게 걸려 있는 액자를 바로잡기 시작했다. 그는 하얀 설경雪景이 그려진 그림을 꼼꼼히 살피더니, 액자를 똑바로 세워놓고는 몇 발짝 뒤로 물러나 살펴보았다. 어딘가 못마땅한 기색이었다. 나는 그제도 그 사내가 똑같은 일을 하는 것을 보았었다. 말없이 누워만 있는 친구를 지켜보던 내게 잠시나마 눈요기가 되어준 그 희한한 청소부에게 새삼 고마움을 느꼈다.

"잘 생각해보십시오."

멍해 있는 나에게 이 말을 던지고 여의사는 자리를 떴다. 나는 의자에 주저앉아 그 청소부를 바라보았다. 그는 설경이 그려진 그림을 내리고 그 자리에 달력을 걸었다. 달력을 찬찬히 살피더니 아무래도 안 되겠던지 다시 달력을 내려 커다란 종이봉투에 집어넣었다. 그가 달력 대신 꺼낸 건 모네의 수련 그림이었다. 그는 그 그림을 원래 액자가 있던 자리에 걸었다. 그러더니 윈슬로 호머Hormer, Winslow의 바다 풍경화 두 점을 꺼내 밥의 침대 맞은편 벽에 걸었다.

다시 밤의 침대 오른쪽 벽으로 가서 아래는 샌프란시스코 흑백 사진을, 위에는 화사한 장미를 찍은 컬러 사진을 걸었다.

"무엇을 하시는 분인지 여쭤봐도 되겠습니까?"

나는 조심스레 물었다.

"제 직업이요? 저는 이 층을 담당하고 있는 청소부입니다. 매주 새로운 그림과 사진들을 가져오지요. 저는 이 층에 있는 모든 환자들의 건강을 책임지고 있는 사람이니까요. 선생님 친구분은 병원에 온 뒤로 아직까지 깨어나지 못하시지만, 의식이 돌아오는 순간 이 아름다운 그림들을 볼 거라고 믿습니다."

코테스빌 병원에서 근무하는 그 청소부(나는 미처 그의 이름을 묻지 못했다)는 자신의 직업을 환자용 변기를 비우거나 바닥을 쓸고 닦는 일로만 여기지 않고, 환자의 건강을 지키고, 병마와 다투고 있는 시간을 아름답게 채워줄 그림들을 가져오는 것이라고 믿었다. 다른 사람들이 보기엔 하잘것없는 청소부였을지 모르지만, 그 스스로 자신의 직업을 숭고한 천직으로 바꾼 것이다.

사람은 자신의 삶과 직업의 관계를 어떻게 규정지을까? 학자들은 '직업 정체성'을 생업, 전문직, 천직으로 구분한다. 생업은 사는 데 필요한 돈을 벌기 위한 직업이다. 때문에 그 직업을 통해 다른 보상을 얻으려 하지 않는다. 생업은 여가 활동이나 가족 부양 등을 위한 수단일 뿐이며, 따라서 급료를 받지 못하면 당연히 일을 그만둔다. 전문직은 직업에 따른 개인적 투자를 많이 한다. 이것은 돈으로 성공을 평가하기도 하지만, 출세도 중요하게 여긴다. 승진하면 승급은 물론 명예와 권력이 함께 따른다. 법률회사에 근무하는 변호사는 동업자를 만나 개업

하고, 교수는 조교수에서 부교수로 승진하고, 중간관리자는 부사장으로 출세하기를 꿈꾼다. 하지만 더 이상 올라갈 자리가 없을 때 상실감과 소외감이 밀려들기 시작하고, 그때부터 만족과 의미를 얻을 수 있는 일을 찾아 나선다.

천직은 일 자체에 모든 정열을 쏟는 직업이다. 자기 직업을 천직으로 여기는 사람은 더 많은 사람의 행복과 더 중요하고 큰 것을 추구하기 때문에 종교적인 의미가 함축되어 있다. 천직은 부와 명예를 얻지 않아도 그 일을 하는 것만으로도 자아를 실현하는 것이다. 그런 만큼 물질적 보상이나 명예가 보장되지 않아도 일을 계속한다. 전통적인 의미로서의 천직은 성직자, 법관, 의사, 과학자 등 전문성이 뛰어나고 사회적으로 인정받은 일에 속하는 것이었다. 그러나 나는 어떤 생업이든 천직이 될 수 있으며, 아무리 존귀한 직업이라도 생업에 지나지 않는 경우가 있다는 중요한 사실을 깨달았다. 자신이 하는 일을 생업으로 여기며 소득에만 관심을 기울이는 의사의 직업은 천직이 아니며, 쓰레기를 치우는 청소부일지라도 자신은 세상을 한결 깨끗하고 위생적인 곳으로 만드는 사람이라고 자부하면 그의 직업은 천직이다.

이처럼 중대한 사실을 발견한 사람은 뉴욕 대학의 경영학 교수인 리즈네스키Wrzesniewski, Amy가 이끄는 연구진이었다. 그들은 정식으로 채용된 병원 청소부 28명을 대상으로 조사한 결과, 자신의 일을 천직으로 여기는 청소부는 자기 일을 의미 있는 직업으로 만들기 위해 애쓴다는 사실을 알게 되었다. 이러한 청소부들은 스스로를 환자의 쾌유에 중요한 존재라고 여기는가 하면, 시간을 효율적으로 배분하고, 의사나 간호사들이 요청하기 전에 스스로 알아서 일을 처리함으로써 의료진이 환자 진료에 전념하게끔 해주며, 앞서 소개한 코테스빌 병원의 청소부처럼 환자들이 입원해 있는 동안 밝게 지낼 수 있도록 도와주는 일을 스스로 찾아서 했다. 물론 개중에는 자신의 일을 병실 청소로만 보는 청소부도 있었다.

이제 당신의 직업 정체성은 어떤지 알아보자.

### 직업 만족도 검사

아래 세 개의 글을 읽고 물음에 답하라.

- A씨가 직장에 다니는 목적은 생활에 필요한 돈을 벌기 위해서이다. 만약 경제적으로 안정되어 있다면 지금 하고 있는 일을 그만두고 다른 일을 선택했을 것이다. 그에게 직업이란 숨쉬기나 잠자기와 같은 생존 활동이다. 이 사람은 직장에서 근무할 때면 퇴근 시간이 빨리 오기만을 기다릴 때도 적지 않다. 게다가 주말이나 휴일을 손꼽아 기다린다. 다시 태어난다면 그는 현재의 직업을 택하지 않을 것이고, 친구들이나 자녀들이 그 일을 하겠다고 하면 말릴 것이다. 그는 하루빨리 이 직업을 그만두고 싶어 한다.

- B씨는 기본적으로 현재의 일을 좋아하지만, 5년 후까지 계속 머물러 있지는 않을 생각이다. 대신 더 품위 있고 높은 지위로 올라갈 계획을 세우고 있다. 그가 최종 목표로 삼고 있는 직위는 서너 개쯤 있다. 때로는 지금 자신이 시간을 낭비하고 있다는 생각도 들지만, 더 나은 지위를 얻기 위해서는 현재 위치에서 최선을 다해야 한다는 사실도 잘 알고 있다. 그는 빨리 승진하고 싶다. 승진한다는 것은 곧 자신의 업무 능력을 인정받는 것이며 동료 직원들과의 경쟁에서 이겼다는 증거이기 때문이다.

- C씨는 현재 자신의 삶에서 가장 중요한 일을 하고 있다. 그런 만큼 자신의 직업이 아주 마음에 든다. 직업은 곧 현재의 자신을 규정하는 중요한 요소이고, 자기 자신을 다른 사람들에게 알릴 수 있는 첫 번째 조건이기 때문

이다. 그는 일거리를 집으로 가져와 공휴일에도 일을 하는 게 좋다. 직장 동료들과도 친구처럼 친밀한 관계를 유지하고, 직업과 관련된 단체나 동아리 활동도 활발하게 하는 편이다. 그는 자신의 일을 사랑하고, 그 일을 함으로써 사회에 기여하고 있다고 생각한다. 친구들이나 자녀들에게도 이 일을 하도록 권할 생각이다. 또한 본의 아니게 그만두어야 하는 불행한 사태만 벌어지지 않는다면 이 일에 자신의 평생을 바치고 싶다.

**당신은 A씨와 얼마나 비슷한가?**

매우 _____ 조금 _____ 별로 _____ 전혀 _____

**당신은 B씨와 얼마나 비슷한가?**

매우 _____ 조금 _____ 별로 _____ 전혀 _____

**당신은 C씨와 얼마나 비슷한가?**

매우 _____ 조금 _____ 별로 _____ 전혀 _____

**(매우=3, 조금=2, 별로=1, 전혀=0)**

직업 만족도를 1에서 7까지로 나누었을 때(1=아주 불만족, 2=불만족, 3=조금 불만족, 4=보통, 5=조금 만족, 6=만족, 7=아주 만족), 당신의 만족도는 얼마인가?

C씨와 조금 혹은 아주 많이 비슷하고 직업 만족도가 5 이상이라면, 당신은 C씨처럼 자신의 직업을 천직으로 여기며 현재의 직업에 아주 만족하는 사람이다. 여기에 속하지 않는 사람이라면 재교육을 받는 게 좋다. 청소부 중에도 자기 직업을 생업으로 여기는 사람과 천직으로 여기는 사람이 있듯이 비서, 기술자, 간호사, 요리사, 미용사 등 모든 직종도 이와 마찬가지다. 중요한 것은 자신이 바라는 직업을 찾는 게 아니

라, 자신이 바라는 직업이 되도록 열심히 노력하는 자세이다. 몇 개 직종의 예를 들어보자

| **미용사**  다른 사람의 머리를 자르고 치장해주는 미용사에게 필요한 것은 미용 기술만이 아니다. 지난 20여 년간 미국의 대도시에서 활동하는 미용사들은 친밀한 인간관계를 맺기 위해 최선을 다해왔다. 자기 신상에 관한 이야기들을 먼저 털어놓고 인간관계의 벽을 허물려고 노력하는 것이다. 그런데 쌀쌀맞은 고객들에게 사적인 질문을 하면 대답을 하지 않는 경우가 많다. 그래도 이런 고객들을 불쾌하게 하는 미용사는 '해고' 된다. 따라서 대인관계 기술이나 사교성을 계발하기 위해 애쓰는 미용사는 훨씬 즐겁게 일할 수 있다.

| **간호사**  최근 병원들이 수익성에 초점을 맞추다 보니 간호사들은 획일적이고 기계적으로 일을 처리해야 하는 처지에 놓여 있다. 이것은 전통적으로 볼 때 비난받아 마땅한 일이다. 어떤 간호사는 환자의 고충들을 해결해주기 위해 애쓴다. 어찌 보면 하찮은 일까지 꼼꼼하게 살펴서 동료 간호사나 의사들에게 알려줌으로써 환자 진료에 도움을 준다. 환자 가족들에게 환자의 생활에 대해 묻기도 하고, 환자가 빨리 회복하도록 여러모로 관심을 기울이고, 환자의 의욕을 북돋아주기도 한다.

| **요리사**  단순히 음식을 만드는 것이 아니라 예술가다운 요리사가 되기를 꿈꾸는 사람들이 갈수록 많아지고 있다. 이들은 음식을 최대한 아름답게 장식하기 위해 노력한다. 한편으로 갖가지 음식을 선보이기 위해 개발하고, 한 가지 요리를 전문적으로 연구하기도 한다. 그들은 요리법을 익히는 기능사에서 시각적 아름다움을 더하는 예술가가 되기

위해 자기계발에 힘쓴다.

특정 전문직 종사자들보다 위에 예를 든 분야에 종사하는 사람들이
자신의 직업을 단순 기능직에서 시각적 아름다움과 전체적인 조화를
이룰 수 있는 직업으로 변모시키기 위해 훨씬 많은 노력을 기울인다.
자신의 직업을 재창조하는 핵심은 바로 천직으로 승화시키는 것이라고
생각한다. 자신의 대표 강점을 발휘할 수 있는 것이어야 비로소 천직으
로 삼을 수 있는 것이다. 우표 수집이나 춤추기 등의 열정적인 일은 자
신의 대표 강점을 발휘할 수 있을지언정 천직으로 여겨지는 않는다. 천
직이란 열정 이외에 더 많은 사람들의 행복에 기여하는 것이다.

## 대표 강점이 몰입을 가능케 하는 열쇠다

직장에서 자신의 대표 강점을 활용할 수 있는 방법을 찾고 그 일을
통해 더 많은 사람들의 행복에 기여한다면, 직업을 고달픈 생계 수단에
서 만족을 얻을 수 있는 천직으로 바꿀 수 있을 것이다. 일하는 동안 누
릴 수 있는 가장 큰 행복은 몰입하는 것인데, 이것은 일을 할 때 그 일에
완전히 심취하는 것이다.

앞서 말했듯이 몰입이란 의식적인 사고나 아무런 감정이 없이 현재
에 대해 갖는 긍정 정서이다. 칙센트미하이는 몰입을 경험하는 상태를
만족한 일과 연결시켰다. 몰입은 하루 8시간 근무하는 내내 유지될 수
는 없다. 최적의 상태일 때 두세 차례 몇 분간 일어나는 것이다. 몰입은

당신이 하는 일과 그 일을 할 수 있는 능력이 완벽하게 맞물릴 때 일어난다. 자신의 능력이 재능은 물론 강점과 미덕까지 포함한다는 사실을 깨달을 때, 어떤 직업을 선택하고 그 직업을 어떻게 발전시켜야 할지 명확해진다.

업무 시간이 몰입을 경험하기에 가장 적절한 것은 여가 활동과 달리 직장에서 일을 하는 것 자체가 몰입할 수 있는 조건들을 많이 형성하기 때문이다. 일반적으로 대인관계에는 뚜렷한 목적과 원칙들이 있다. 게다가 업무 능력에 대한 피드백이 수시로 이루어진다. 업무 시간에는 대개 자신이 맡은 일에 집중해야 하기 때문에 산만해질 우려가 적다. 주위가 산만해지면 재능은 물론 강점까지도 제대로 발휘하기 힘들다. 따라서 사람들은 흔히 집보다 일터에서 일하고 싶어 한다.

발명가이자 수백 종의 특허권 보유자이기도 한 래비노<sup>Rabinow, Jacob</sup>는 83세에 칙센트미하이에게 이렇게 말했다.

"당신이 기꺼이 그 이론을 주창한 것은 당신이 그것에 관심이 있기 때문이지요. 나처럼 발명하는 사람들도 그런 걸 좋아합니다. 새로운 아이디어 제안 자체가 재미있으니, 아무도 그 아이디어를 인정해주지 않아도 개의치 않지요. 뭔가 낯설고 색다른 것을 제안한다는 그 자체만으로도 충분하니까요."

발명가, 조각가, 대법원 판사, 역사가 등 위대한 일을 하는 사람들이 일을 할 때 몰입을 많이 경험한다는 사실은 그다지 놀라운 일이 아니다. 물론 우리처럼 평범한 사람들도 몰입을 경험할 수 있으며, 오히려 일상적인 일들에 전념할 때 더 많이 느낄 수 있다.

칙센트미하이는 몰입의 양을 측정하기 위해 지금은 전 세계적으로 사용하고 있는 경험표집법ᴱˢᴹ을 처음으로 고안했다. 경험표집법은 피험자에게 무선호출기를 나눠주고 밤낮없이(2시간 간격으로) 무작위로 호출한 다음, 호출 소리가 울리는 순간 피험자에게 어디에서 누구와 무엇을 하고 있는지 기록하고 아울러 자신의 의식의 합을 수로 평가하게 하는 것이다. 이를테면 얼마나 행복한지, 얼마나 집중하고 있는지, 자긍심은 얼마나 높은지 등을 평가한다. 이 연구 조사의 핵심은 몰입이 일어나는 상황을 파악하는 것이다.

놀랍게도 미국인들은 여가 활동을 할 때보다 직장에 있을 때 몰입을 훨씬 더 많이 경험하는 것으로 나타났다. 미국 청소년 824명을 대상으로 실시한 연구에서, 칙센트미하이는 여가 활동 시간을 적극적 활동 시간과 소극적 활동 시간으로 나누었다. 게임이나 취미 활동 등 적극적으로 활동하는 시간에는 정해진 시간의 39% 동안 몰입한 반면, 부정 감정을 일으킨 것은 17%였다. 한편 텔레비전을 보거나 음악을 듣는 등 소극적으로 활동하는 시간에는 14% 동안 몰입을, 37%의 시간 동안 부정 감정을 경험했다. 일반적으로 사람들이 텔레비전을 볼 때는 다소 우울해진다는 조사 결과도 있다. 그렇다면 여가 활동 시간을 어떻게 활용하느냐에 따라 몰입을 경험하는 시간이 많이 달라진다고 할 수 있다. 다음과 같은 칙센트미하이의 충고를 되새겨봄직하다.

멘델의 저 유명한 유전 실험은 그의 취미 활동에서 얻은 결과이다. 그런가 하면 벤저민 프랭클린이 렌즈를 갈아 이중초점 안경을 고안하고 피뢰침을 발명한 것도 일로서가 아니라 흥미 때문이었고, 19세기 미국의 여류 시인 에밀리 디킨슨이 후세에 길이 남을 명시를 남긴 것도 은둔 생활을 하면서 삶의 질서를 찾기 위해 노력했기 때문이다.

실직자가 거의 없는 잉여 경제 환경에서는 급여 수준보다는 몰입을 경험하는 정도가 직업을 선택하는 기준으로 작용할 것이다. 더 많이 몰입하기 위해 직업과 자기계발 방법을 선택하는 데는 특별한 비법이 필요한 것이 아니다. 몰입은 일상적인 활동이든 원대한 야망이든, 자신의 능력에 걸맞은 일을 할 때 일어나기 때문이다. 몰입할 수 있는 요령을 덧붙이자면 아래와 같다.

- 자신의 대표 강점을 확인한다.
- 대표 강점을 날마다 발휘할 수 있는 직업을 택한다.
- 대표 강점을 더욱 많이 활용할 수 있도록 재교육을 받는다.
- 고용주라면 업무에 걸맞은 대표 강점을 지닌 직원을 채용하고, 관리자라면 업무에 지장이 없는 한 직원에게 재교육을 받을 수 있는 기회를 제공한다.


## 변호사가 자기 직업에 만족하지 못하는 이유

잠재된 당신의 몰입 능력을 이끌어내고 만족할 만한 직업을 구하는 방법을 알아보는 데 법조인들의 사례가 좋은 길잡이가 될 것이다.

법조인은 명예와 부를 한꺼번에 거머쥐는 전문직이다. 때문에 법학대학원은 언제나 신입생들로 북적거린다. 그러나 최근 여론조사에서 개업 변호사들 중 52%가 자신의 직업이 불만족스럽다고 밝혔다. 경제적인 문제 때문이 아니라는 것은 굳이 말할 필요도 없다. 1999년 일류 법률회사에 근무하는 변호사의 초임 연봉은 최고 20만 달러로서, 전문 직 종사자들 중 최고소득을 기록했던 의사를 능가한 지 이미 오래되었 다. 변호사는 자기 직업에 환멸을 느끼는 것 말고도, 일반 사무직에 종 사하는 사람들에 비해 우울증에 걸릴 위험이 훨씬 높다.

존스홉킨스 대학교 연구진은 조사 대상 104개 직종 중에서 심각한 우 울증 환자가 현저하게 증가한 직종을 조사한 결과 1위가 변호사였다. 변호사가 우울증에 걸릴 확률은 일반 사무직 종사자들보다 3.6배나 높 았다. 뿐만 아니라 변호사들은 다른 업종 종사자들보다 알코올에 중독 되거나 불법 약물을 사용하는 비율이 훨씬 높은 것으로 나타났다. 변호 사들, 특히 여성 변호사는 이혼율도 상대적으로 높아 보인다. 변호사 중에서 조기 퇴직하거나 전업하는 사람들이 많다. 변호사는 전문직 종 사자 중에서 소득이 가장 많은데도 불구하고 불행하며 건강하지도 않 다는 조사 결과가 이를 시사한다.

긍정심리학에서는 변호사들의 사기가 저하되는 주원인을 세 가지로 꼽는다. 첫째는 비관성이다. 부정적인 사건이 일어났을 때, 비관적인 사람은 흔히 지속적이고 전부인 것에서 그 원인을 찾는다. 비관적인 사 람은 불행한 사건을 지속적이고, 삶 전체를 송두리째 파괴하고, 자기 힘으로는 통제할 수 없는 것으로 여기는 반면, 낙관적인 사람은 일시적 이고 일부이며 극복할 수 있는 것으로 받아들인다. 그런 만큼 비관적인 사람은 어떤 일을 하든 쉽게 적응하지 못한다.

요컨대 비관적인 사람은 여러 직업 전선에서 패배자가 되기 십상이 다. 그런데 한 가지 두드러진 예외가 있다. 법조계에서는 비관적인 사

람이 더 탁월한 능력을 발휘한다. 우리는 버지니아 법학대학원의 1990
년도 신입생 전체를 대상으로, 5장에서 해본 것과 비슷한 낙관성—비
관성 검사를 실시했다. 그런 다음 3년 동안 그 학생들을 추적 조사했
다. 그런데 다른 영역을 사전 조사한 결과와는 대조적으로, 법학대학원
생들은 낙관적인 사람보다 비관적인 사람이 실력이 더 뛰어났다. 구체
적으로 말하면, 법학대학원의 비관적인 학생들이 평균 성적이 높고 법
률 학술지에 논문이 실리는 등, 전통적인 학업 성취도 평가에서 훨씬
우수했던 것이다.

비관성이 변호사들에게 유리하게 작용한다고 보는 데는 그럴 만한
이유가 있다. 문제점을 지속적이고 만연적인 삶 속에서 파악하는 태도
가 바로 법조인이 갖추어야 할 신중함의 요소이기 때문이다. 신중한 예
견력이야말로 온갖 함정이나 모든 업무처리 과정에서 일어날 수 있는
불행한 사태를 내다볼 수 있는 훌륭한 변호사가 갖추어야 할 조건이다.
일반인들은 전혀 생각지도 못할 총체적인 문제나 속임수를 예측하는
능력을 갖추면, 자신의 의뢰인이 돌발적인 사태에 대비하게끔 도와줄
수 있는 변호사로서 인정받게 될 것이다. 만일 본래 이런 신중한 예견
력이 없는 사람이라면 더욱 많은 노력을 들여서 익혀 배워야 할 것이
다. 그러나 안타깝게도 유능한 직업인이 되게 해주는 개인의 특성이 그
사람을 꼭 행복하게 해주는 것은 아니다.

변호사는 사무실 밖에서 직무와 무관한 일을 할 때도 신중한 예견력
(혹은 비관성)에서 벗어나기가 힘들다. 불행한 일들이 자신의 의뢰인들
에게 어떻게 작용할 것인지 정확하게 예측할 줄 아는 변호사는 자기 자
신의 불행에 대해서도 그런 예측력이 작용한다. 비관적인 변호사는 낙

관적인 변호사에 비해 동업을 부정적으로 생각하고, 자기 직업에 대한 환멸이 크며, 배우자를 더 불신하는가 하면, 자신의 경제 활동이 파국으로 치달을 것이라고 생각하는 경향이 크다. 이처럼 자기 직업에 대한 비관성은 삶 전체로 파급되어 우울증에 걸릴 위험이 매우 큰 것이다.

특히 젊은 변호사들의 사기를 저하시키는 두 번째 요소는 중압감이 큰 상황에서 자유재량권이 적다는 사실이다. 자유재량권이란 담당자가 갖는, 혹은 가지는 게 마땅하다고 여겨지는 선택 결정권이다. 근무 조건과 우울증 및 심장병의 상관관계에 대한 연구에서 업무량과 자유재량권이 어느 정도인지 측정했다. 그 결과 업무량이 많고 자유재량권이 낮은 직업일수록 건강을 해치고 사기를 저하시키는 것으로 나타났다. 이런 직업에 종사하는 사람들이 우울증과 심장병에 걸린 사례가 상대적으로 훨씬 많았던 것이다.

간호사와 비서는 흔히 건강에 불리한 직종으로 분류되는데, 대형 법률회사의 젊은 변호사들 또한 이에 속한다고 볼 수 있다. 이들은 자유재량권이 낮고 중압감이 높은 직종에 종사하는 것뿐만 아니라 업무적 특성상 부정적인 일에 매달리는 직업적 자괴감에 시달린다. 뿐만 아니라 젊은 변호사는 대개 직속상관과 접촉할 뿐 의뢰인과는 전혀 만날 기회가 없기 때문에 업무에 대한 발언권이 사실상 없는 셈이다. 그래서 법률회사에 취직한 처음 몇 년 동안은 도서관에 틀어박혀 상관이 지시한 자료를 수집하거나 변론서 초안을 작성해야 한다.

변호사들이 자기 직업에 만족하지 못하는 세 번째 요인은 승자와 패자를 엄격하게 가려야 하는 직업적 특성 때문이다. 미국 법조계는 점점 제로섬 게임이 많아지고 있다. 자신이 혜택을 누리는 만큼 다른 사람들에게 손실을 입히는 직무를 수행하는 사람들은 그만큼 정서적 상처를 입게 된다.

2장에서 긍정 정서는 윈-윈 게임을 촉진시키는 계기가 되는 반면, 분노, 불안, 슬픔 따위의 부정 정서는 제로섬 게임에서 불거진다는 것을 살펴보았다. 오늘날처럼 변호사업이 제로섬 게임에 치중할 때, 변호사는 일상생활에서 부정 정서를 더 많이 느낄 수밖에 없다.

그렇다고 해서 법조계에서 제로섬 게임을 완전히 제거하기는 힘들다. 미국의 사법제도 자체에 적대적인 경쟁이 내재해 있기 때문이다. 법률제도가 진실을 가릴 수 있는 왕도라고 생각하지만, 사실은 한쪽이 얻는 만큼 다른 한쪽은 잃을 수밖에 없는 전형적인 제로섬 게임이다. 사법제도의 극치를 이루는 것이 바로 경쟁이다. 그런 만큼 변호사들은 공격성, 판단력, 분석력, 냉정함을 갖추도록 교육받는다. 이로써 법조인들의 정서 상태를 예측할 수 있다. 그들은 우울하고, 불안하며, 분노하는 시간이 많을 수밖에 없는 것이다.

### 변호사의 직업 만족도 향상시키기

긍정심리학을 잣대로 변호사의 사기 저하를 진단해보자면 비관성이 강하고, 자유재량권이 낮으며, 적대적 경쟁을 치르는 거대한 사업체의 일원이라는 세 가지 요소를 꼽을 수 있다. 앞의 두 가지는 해결할 방법이 있다. 이 책 5장에서도 부분적으로 다루었거니와, 내 저서 『낙관성 학습』에도 지속적이고 효과적으로 비관성을 극복할 수 있는 방법이 자세히 소개되어 있다. 변호사에게 더 큰 문제는 비관성이 직장생활을 넘어서 생활 전체로 일반화될 수 있는 만연성이다.

이처럼 비관성을 자신의 삶 전체로 파급시켜 적용하는 태도를 고칠 수 있는 방법은 믿을 만한 증거를 제시하여 반박하는 것이다. 이를테면 '나는 절대로 동업은 안 할 거야' 라거나 '내 남편은 부도덕해' 같은 부정적인 생각이 떠오르면, 그것이 마치 당신을 망치려고 작정한 누군가가 비난하는 소리처럼 생각하고, 그 비난을 반박할 증거를 정리하는 것이다. 이 방법은 일상생활에 대한 비관성을 극복하는 데는 효과가 있지만 직장생활에서는 그렇지 못하다. 법률회사나 학교처럼 집단적인 환경에서는 낙관성을 좀더 융통성 있게 익힐 수 있다. 만일 법률회사나 법학대학원 강의에서 이 방법을 활용한다면, 신참 변호사들의 업무수행 능력과 사기를 높이는 데 큰 효과를 얻게 될 것이다.

중압감은 큰 반면 자유재량권이 낮은 데서 비롯되는 사기 저하도 해결할 방법이 있다. 변호사의 업무량이 과도한 것은 불가피한 현실이다. 그러나 자유재량권을 좀더 허용한다면 신참 변호사들은 더 큰 만족을 얻고 업무 능력도 향상될 것이다. 그 한 가지 방법은 변호사들의 일과를 조절하여 업무에 대한 개인의 권한을 늘려주는 것이다. 이 방법을 효과적으로 활용한 예로 '볼보' 를 들 수 있다.

이 회사에서는 1960년대 조립 라인에서 일하는 근로자들을 똑같은 부품만 하루 종일 조립하는 단순노동에서 해방시켜, 조별로 자동차 완제품 한 대를 조립하게 함으로써 업무 권한을 높여주었다. 이와 마찬가지로 법률회사에서도 신참 변호사들에게 의뢰인을 직접 만나고, 상사들의 지도를 받으며 협상 과정에 참여하여 전체적인 업무를 파악할 수 있는 기회를 부여한다면 큰 효과를 얻게 될 것이다. 많은 신참 변호사들이 사직하는 전례 없는 사태에 직면한 법률회사에서 이런 방법을 활용하는 사례가 늘고 있다.

변호사업계를 지배하고 있는 제로섬 게임을 완전히 없애기는 쉽지 않다. 좋든 나쁘든 자신의 의뢰인을 위해 적대적인 경쟁 속으로 뛰어들어 최선을 다할 때 자신의 입지를 굳힐 수 있기 때문이다. 활발한 무료 변론 활동, 재판보다는 중재와 타협으로 해결하려는 노력, 재발 방지를 위한 '치료 중심의 판결' 등은 모두 적대적인 경쟁을 예방하는 데 큰 도움이 되지만, 이것은 임시방편에 불과하다. 그러나 대표 강점을 활용하면 적대적인 경쟁의 장점도 살리고 직업 만족도까지 높여서 일석이조의 효과를 얻을 수 있다.

변호사가 법률회사에 처음 입사하면 변호사로서 갖추어야 할 신중한 판단력과 뛰어난 화술을 계발할 수 있으며, 아울러 그간 활용하지 못한 자신의 대표 강점들, 예컨대 리더십, 창의성, 공정성, 열정, 끈기, 사회성 지능 등을 발휘할 수 있다. 현재 변호사로서의 기량을 충분히 발휘하고 있는 사람이라면 이러한 강점들이 별로 도움이 되지 않을 것이다. 설령 이런 강점들이 필요한 상황일지라도, 이미 적응력이 뛰어난 변호사는 굳이 이런 강점들을 계발할 필요가 없을 것이다.

모든 법률회사에서는 신참 변호사들이 저마다 지니고 있는 대표 강점이 무엇인지 분명하게 파악할 수 있다. 아울러 사기가 저하된 직원, 의욕적인 직원, 생산적인 직원의 차이도 쉽게 알 수 있다. 하루 1시간씩 '대표 강점 계발' 시간을 마련하여 평소와는 다른 업무를 경험하고 강점을 발휘할 기회를 준다면 직원들은 회사 발전에 크게 기여할 것이다.

• 사만다의 강점은 열정이다. 이것은 변호사 업무에서는 거의 발휘되지 않

는다. 사만다는 법원 도서관에서 의료 사고에 관한 변론서를 작성하는 한편, 자신의 탁월한 언어 능력을 발휘하여 홍보 담당 직원과 함께 회사 홍보 자료도 작성한다.

- 마크의 강점은 용감성이다. 이것은 법정 변호사에게 유리한 강점인데, 그간 신참 변호사들의 변론을 작성하는 업무를 맡아서 이 강점을 제대로 살리지 못했다. 다가오는 재판에서는 꽤 유명한 변호사와 맞서기 위해 유능한 동료 변호사와 함께 결정적으로 공박할 계획을 세웠다.

- 새라는 창의성이 남다르다. 이 강점은 판례를 주도면밀하게 분석하는 데는 별 도움이 되지 않지만, 자신의 또 다른 강점인 끈기를 발휘한다. 창의성과 끈기가 결합되면 사정은 완전히 달라진다. 예일대 법학대학원 교수가 되기 전에 법률회사 소속 변호사로 활동했던 라이히Reich, Charles 교수는, 복지 사업은 정부가 베푸는 특혜가 아니라 국민의 고유 재산이라는 사실을 주장하기 위해 케케묵은 판례를 꼼꼼히 분석했다. 그 결과 법조계에서 전통적인 '재산' 개념보다 그가 명명한 '새로운 재산' 이라는 용어를 채택하는 계기를 마련했다. 이것은 곧 복지비용은 지불해야 마땅한 것이지, 공무원들이 마음 내킬 때 선심을 쓰는 게 아니라는 뜻이다. 새라도 특정 판례에 대한 새로운 이론을 모색하는 업무를 할 수 있을 것이다. 판례를 꼼꼼히 분석한다는 것은 유전을 탐사하는 것과 같다. 유전을 발견할 확률은 아주 희박하지만 찾아낼 경우에는 대단한 업적을 세우게 될 것이다.

- 조슈아는 사회성 지능이 뛰어나다. 이 강점 또한 도서관에서 저작권법에

대한 판에 박힌 업무를 담당하는 변호사에게는 좀처럼 활용할 기회가 없는 특성이다. 조슈아의 대표 강점은 연예인이나 자신이 서명한 계약서 내용조차 제대로 모르는 골치 아픈 의뢰인들을 상대할 때 빛을 발할 것이다. 고객을 관리하는 데는 소송 절차를 밟는 것보다 좋은 인간관계를 맺기 위한 노력이 필요하기 때문이다.

• 스테이시는 리더십이 탁월해서 근무 환경 개선을 위한 신참 변호사 단체의 대표를 맡고 있다. 그녀는 익명으로 쓴 건의사항을 모아 회사 대표에게 제출하고 동료들의 복지 향상을 도울 수 있을 것이다.

위에 소개한 '직업을 재창조하는 방법'은 법조인에게만 적용되는 것이 아니다. 기본적으로 두 가지 사실만 염두에 둔다면, 이 책에서 살펴본 사례들을 자신의 업무 환경에 응용할 수 있을 것이다.

첫째, 대표 강점은 거의 대부분 윈-윈 게임에서만 효과를 얻을 수 있다는 점이다. 스테이시가 건의사항을 모으고 동료들의 불만을 해결하려고 노력할 때, 동료들은 그녀를 더욱 존경할 것이다. 또한 동료들의 건의사항을 회사 대표에게 제출하면 그 대표는 직원들의 사기를 진작시킬 수 있는 방법들을 더욱 잘 알게 될 것이며, 아울러 스테이시는 자신의 강점을 발휘함으로써 긍정 정서를 유발하게 된다.

둘째, 직장에서 긍정 정서를 많이 느낄수록 생산성이 높고, 이직률이 낮으며, 회사에 대한 충성도가 높다는 사실이다. 강점을 발휘하면 긍정 정서를 얻는다. 무엇보다 중요한 것은 스테이시와 그 동료들은 저마다 강점을 인정받고 활용할 기회가 주어질 때 회사에 오래 근무할 가능성이 높다. 설령 그들이 주 5시간 동안 소송 절차와 무관한 일을 할지라도 마침내 소송 과정에 직접 참여할 날이 올 것이기 때문이다.

위에서 예로 든 법조인이라는 직업은 회사가 직원의 업무 능력을 계 발하도록 독려하는 방법, 그리고 주어진 근무 환경 속에서 직원들이 저 마다 만족을 얻기 위해 자기 직업을 재창조하는 방법을 알려주기 위한 한 가지 예일 뿐이다. 어떤 일이 궁극적으로 적대적 경쟁을 치러야 목 표를 달성할 수 있다고 해서 그것이 꼭 윈-윈 게임이 될 수 없다는 뜻은 아니다. 스포츠와 전쟁은 가장 대표적인 적대적인 경쟁이지만, 둘 다 윈-윈 전략을 세울 수 있다. 기업체나 운동선수들의 경쟁이나 심지어 전쟁조차도 한 사람의 영웅이나 단결된 조직으로 승리할 수 있다. 강점 을 발휘함으로써 윈-윈 전략으로 공략하면 분명히 성공할 방법이 있 다. 이러한 윈-윈 전략으로 접근할 때 업무를 훨씬 더 재미있게 수행할 수 있으며, 생업이나 전문직을 천직으로 전환시킬 수 있고, 몰입을 경 험할 기회가 많을뿐더러 생산성도 더욱 향상될 수 있다. 게다가 커다란 만족까지 얻을 수 있으니, 이것이야말로 행복한 삶으로 성큼 다가서는 길이다.

# 사랑
## 상대방의 강점과 미덕이
## 사랑을 느끼게 한다

인간이 이기적이지 않은 건 사랑 때문이다

우리 인간은 일련의 불안한 사업들에 열광적으로 빠져드는 경향이 있다. 브리티시 컬럼비아 대학 경영학과 교수인 반 보벤Van Boven, Leaf은 이성을 잃을 정도로 푹 빠져드는 일들이 얼마나 흔한지 증명해 보였다. 반 보벤 교수는 대학 로고를 새긴 맥주 컵을 학생들에게 주었다. 이 컵을 5달러를 받고 교내 상점에 팔아도 좋다고 했다. 원할 경우 자신이 가져도 좋고 아니면 경매에 붙여 팔 수도 있게 했다. 또한 경매에 참여하여 대학 로고가 새겨진 펜이나 배지 등 비슷한 가격대의 물건과 맞바꿀 수도 있었다.

그런데 이상한 현상이 일어났다. 평균적으로 입찰 가격이 7달러 이

하일 때는 자신이 받은 선물을 내놓으려 하지 않은 반면, 똑같은 물건인데도 다른 사람 것일 때는 평균 4달러로 낙찰되어도 좋다는 반응을 보였던 것이다. 단순히 자기 것이라는 사실 때문에 그 물건을 아주 가치 있다고 생각하며 강한 집착을 보이는 것이다. 이로써 우리 인간<sup>homo</sup>

sapiens은 경제 '원칙'을 따라 오로지 합리적인 방식으로만 거래하는 호모 에코노미쿠스<sup>homo economicus</sup>가 아님을 미루어 짐작할 수 있다.

9장의 핵심 주제가 직업이란 노동을 그에 합당한 임금과 교환하는 것 이상으로 큰 의미가 있는 것이라고 한다면, 이 장의 핵심 주제는 사랑이란 우리가 얻기를 바라는 대가로서의 애정보다 훨씬 더 큰 의미가 담겨 있다는 것이다. 이것은 낭만적인 연애를 추구하는 사람들에게는 전혀 놀랄 일이 아니지만 사회과학자들에게는 큰 충격이 아닐 수 없다. 직업은 노동 대가로서의 임금을 초월한 만족의 원천이 될 수 있으며, 그 결과 직업이 천직으로 승화되면 전력투구하여 자기만의 놀라운 능력을 발휘할 수 있다. 사랑은 이보다 한 단계 더 나아간다.

인간을 경제 논리로만 해석하는 호모 에코노미쿠스의 원리로 보자면, 인간은 근본적으로 이기적이다. 인간의 사회생활도 시장경쟁에서처럼 실리에 바탕을 둔 여러 경제 원칙의 지배를 받는 것으로 파악한다. 그런 만큼 구매를 할 때나 주식 투자를 할 때면 "이것이 과연 어떤 도움이 될까?" 하고 묻곤 한다. 또한 기대가 클수록 다른 사람에게 더 많은 것을 투자한다. 그러나 사랑은 이러한 법칙을 거부하는 가장 숭고한 진화 방식이다.

'은행가의 역설'을 생각해보자. 월리라는 사람이 은행가에게 대출을 부탁하러 왔다. 월리는 신용 상태가 흠잡을 데 없이 좋고, 담보물도 훌

룡하고, 비전도 있어 보이기 때문에 그에게 대출을 해줄 것이다. 이번에는 호레이스라는 사람이 대출을 받으러 왔다. 호레이스는 지난 대출금도 상환하지 못했고, 담보물도 거의 없으며, 늙고 병든 그의 앞날은 먹구름만 짙게 깔린 듯 보인다. 그래서 그의 대출 신청은 거부된다. 여기서 대출금이 그다지 필요하지 않는 윌리는 쉽게 대출을 받고, 대출금이 절박한 호레이스는 대출을 받지 못하는 역설이 발생한다. 이처럼 호모 에코노미쿠스가 지배하는 세상에서는, 경제적 위기에 처해 정말로 도움이 필요한 사람들은 대개 파산하게 될 것이다. 합리적인 사람이라면 그런 사람들에게 기회를 주지 않는 게 당연하다. 이와는 달리 더 큰 부를 쌓을 만한 사람들은 끊임없이 기회를 얻을 것이다. 마침내 그들이 늙어 위기에 빠지지 않는 한은 말이다.

　사람은 너나없이 좌절감에 빠질 때가 있다. 늙고 병들어 추레하기 짝이 없고, 재력도 권력도 잃고 만다. 요컨대 회수할 가능성이 전혀 없는 투자 부적격자인 셈이다. 우리는 왜 그 즉시, 옛말처럼 성엣장流氷을 타고 죽을 곳을 찾아 떠나지 않는 것일까? 이렇게 암담한 현실 속에서도 기력을 회복하고 더 오래 삶을 즐길 수 있는 까닭은 어디에 있을까? 그것은 바로 사랑과 우정이라는 이타적인 힘을 가진 타인들이 도와주기 때문이다.

　이처럼 사랑은 은행가의 역설에 대한 '자연선택'이 주는 해답이다. 사랑은 다른 무언가로 대치할 수 없는 정서이다. 사랑은 자신이 받은 것에 상관없이 지극한 마음을 쏟는 인간의 능력으로, '인간은 이기적인 동물'이라는 보편적 이론을 비웃는다. 이를 단적으로 상징하는 것이 있다. 바로 "오늘 이 시간부터, 행복할 때나 불행할 때나, 부유할 때나 가난할 때나, 아플 때나 건강할 때나, 죽음이 우리를 갈라놓을 때까지 사랑하고 아끼겠습니다"라고 하는 결혼 서약이다.


## 결혼한 사람이 더 행복하다

긍정심리학에서 볼 때 결혼, 동거, 연애(지면과 언어의 경제성을 살리기 위해 앞으로는 이 세 가지를 '결혼'으로 대신한다)는 아주 놀라운 효과를 발휘한다. 디너와 내가 공동으로 수행한 '가장 행복한 사람들에 대한 연구'에서, 행복한 사람 상위 10%에 속하는 사람들 가운데 한 명을 제외한 모두가 사랑하는 사람이 있다고 대답했다.

많은 연구를 통해 확인할 수 있는 한 가지 분명한 사실은 결혼한 사람이 그렇지 않은 사람보다 더 행복하다는 것이다. 결혼한 사람들 중 40%가 '아주 행복하다'고 한 반면, 결혼을 하지 않은 사람들 중 이와 같이 응답한 사람은 23%였다. 이것은 심리학자들이 조사한 모든 민족과 17개 국가에도 예외 없이 적용되는 사실이다. 결혼은 직업 만족도, 경제력, 공동체 생활보다 더 강력한 행복 요소이다. 「미국의 역설 American Paradox」이라는 탁월한 논문에서 마이어스Myers, David는 "동등한 입장에서 서로 이끌어주고 평생 허물없이 지낼 수 있는 가장 친한 친구보다 행복을 예측할 수 있는 강력한 잣대는 없다"라고 했다.

우울증은 이와는 정반대 상황에서 나타난다. 다시 말해 우울증이 가장 적은 사람은 결혼한 사람이고, 그 다음으로는 미혼자, 한 번 이혼한 사람, 동거하는 사람, 두 번 이혼한 사람 순이었다. 아울러 사람들이 상심하는 주원인은 중요한 인간관계의 단절이다. 미국인을 대상으로 실시한 대규모 설문조사에서 '자신에게 일어난 가장 나쁜 일'이 무엇이냐는 질문에 절반 이상이 이혼이나 사별이라고 응답했다. 결혼이 감소하고 이혼은 증가하면서 우울증 환자 또한 급속도로 많아지고 있다.

엘더Elder, Glen 박사는 가족사회학의 대가로서, 샌프란시스코에서 3대째 살아온 사람들을 대상으로 설문조사를 실시했다. 그 결과, 그는 결혼이 시련의 완충제 역할을 한다는 사실을 알게 되었다. 농촌의 빈곤, 1930년대 미국의 대공황, 전쟁의 참혹함을 가장 잘 견딘 사람들도 바로 결혼한 사람들이다. 3장에서 이미 설정되어 있는 개인의 행복 범위 내에서 최대한 행복을 누릴 수 있는 방법에 대해 살펴보았듯이, 실제로 결혼은 행복한 삶을 누리게 해주는 외적 요소라는 사실이 입증된 셈이다.

그 이유는 무엇일까? 먼 옛날부터 지금까지 대부분의 문화권에서 결혼제도를 만들고 유지해온 까닭은 무엇일까? 어쩌면 이런 질문이 하나마나한 소리로 들릴 테지만, 사실은 그렇지 않다. 사랑을 연구 주제로 다루는 사회심리학자들은 이 질문에 대해 심오한 답변들을 제공했다. 코넬 대학 심리학과의 헤이잔Hazan, Cindy 교수는 사랑에는 세 가지가 있다고 말한다. 첫째는 상대방을 인정하고, 편안하게 해주고 도와주며, 자신감을 심어주고 이끌어주는 사람들의 사랑이다. 그 좋은 본보기가 자식에 대한 부모의 사랑이다. 둘째는 물질적·정신적 양식을 제공해주고 의지할 수 있는 사람들에 대한 사랑이다. 부모에 대한 자식의 사랑이 바로 여기에 속한다. 마지막으로 남녀 간의 사랑이다. 이것은 셋 중 가장 이상적인 사랑으로, 상대방의 강점과 미덕을 가장 이상적으로 여기며 약점과 단점에는 개의치 않는다. 결혼은 한 울타리 안에서 이 세 가지 사랑 모두를 누리게 해주는 남녀의 결합이다. 이것이 바로 결혼을 커다란 행복의 요인으로 꼽게 하는 특성이기도 하다.

많은 사회과학자들이 환경주의를 고스란히 인정했다면, 우리는 결혼이 사회의 인습에 따라 만든 제도라고 믿었을 것이다. 신부 들러리, 종교나 민속에 따른 풍습, 신혼여행은 사회적 산물이겠지만, 결혼의 기본 구조는 훨씬 더 의미심장한 데 근거하고 있다. 진화는 번식의 성공에 아주 관심이 크고, 따라서 결혼제도를 상당히 중요하게 여긴다. 인간의 성공적인 번식이라 함은 다산多產을 의미하는 게 아니다. 인간은 부모에게 많은 교육을 받아야 하는, 머리가 큰 미성숙한 상태로 태어난다. 그런데 이 교육은 부모가 둘 다 있을 때에만 효과가 있다. 늘 곁에서 보호해주고 가르쳐주며 안전한 울타리가 되어주는 부모를 둔 아이는 부모에게 외면당한 아이보다 훨씬 더 많은 것을 배운다. 따라서 서로 지극한 관심을 주었던 조상의 자손들은 생존경쟁력이 클 가능성이 높았고, 그런 만큼 그들의 유전자가 유전될 가능성도 높았다. 이처럼 결혼은 문명사회가 아닌 자연선택의 '발명품'이었던 것이다.

이것은 공상하면서 지어낸 진화에 얽힌 추리소설이 아니다. 안정적인 성관계를 맺는 여성은 규칙적으로 배란하고, 불안정한 성생활을 하는 여성보다 폐경기가 훨씬 늦게 찾아온다. 부부관계가 원만한 부모 밑에서 자란 아이들이 그렇지 못한 아이들보다 모든 면에서 능력이 뛰어나다. 예컨대 아버지와 어머니가 모두 친부모인 가정에서 자란 아이들은 3분의 1만 낙제 점수를 받은 반면, 이혼이나 재혼한 가정에서 자란 아이들은 2분의 1이 낙제 점수를 받았다. 또한 정서불안으로 치료를 받은 비율은 친부모와 함께 사는 아이들이 4분의 1인 데 비해, 그렇지 않은 아이들은 3분의 1이다. 이보다 훨씬 더 충격적인 사실은 안정적인 결혼생활을 하는 부모의 아이들이 이혼한 부모의 아이들에 비해 혼전 성관계를 맺는 시기가 훨씬 늦고, 결혼 상대에 대해 훨씬 긍정적인 태도를 보이며, 연애 기간 또한 훨씬 긴 것으로 나타났다는 것이다.


## 사랑할 능력과 사랑받을 능력의 차이

사랑할 능력과 사랑받을 능력은 엄연히 다르다. 내가 이런 사실을 깨달은 것은 다양한 집단들을 조사하면서 강점과 미덕 목록을 작성하고, 8장에서 소개한 24가지 강점을 정리하면서였다. 1999년 겨울부터 우리 연구진은 강점 목록에서 '친밀한 이성관계'나 '사랑'을 중요하게 여겼지만, 자신이 '강점의 여왕'이라고 부르는 강점을 빠뜨렸다는 베일런트 교수의 신랄한 비판을 받고서야 비로소 사랑할 능력과 사랑받을 능력의 차이를 확실하게 깨달았다.

———

베일런트 교수가 사랑받을 능력의 중요성에 대해 설명할 때, 나는 바비 네일을 떠올렸다. 10년 전 캔자스 위치타에서, 나는 브리지 게임 입문 10년 동안 브리지계의 살아 있는 전설로 유명한 바비 네일과 한 조가 되어 일주일 동안 게임을 하는 행운을 누렸다. 물론 그가 브리지의 명인일뿐더러 이야기꾼 소질도 남다르다는 사실은 익히 알고 있었다. 그를 직접 만나고 나서야 알게 된 사실은 그가 중증 장애인이라는 점이었다. 네일의 키는 140cm쯤 되어 보였지만,

뼈가 점점 퇴화되는 병에 걸려 허리가 거의 반으로 굽은 탓에 실제보다 훨씬 더 작아 보였다. 내가 승용차에서 그를 안아 게임 장소로 옮기는 동안 네일은 도박꾼과 카드놀이 사기꾼에 얽힌 재미있는 일화들을 끊임없이 들려주었다. 그는 새털처럼 가벼웠다.

내게 가장 인상 깊었던 것은 그가 들려준 우스운 이야기도, 그날 게임을 우승으로 이끈 브리지 솜씨도 아니었다. 그보다는 내가 자신을 도와준 일에 대해 나로 하여금 굉장한 자부심을 갖게 했다는 사실이었다. 지난 50여 년 동안 길을 건너는 시각장애인을 돕고, 구걸하는 사람들에게 동정을 베풀고, 휠체어에 앉아 있는 여자들을 위해 문을 열어주는 등 보이스카우트 정신을 실천했던 나는, 그들의 형식적인 감사나 심지어 진심으로 도우려는 사람들에 대한 적개심에 익숙했다. 그런데 네일은 이와는 사뭇 다른 특별한 마력을 발휘했다. 다른 사람의 도움을 마냥 기쁘게 받아들이는 것은 물론 무언의 깊은 감사를 보내는 것이었다. 그는 도움을 청하면서도 전혀 위축되는 기색이 없었을 뿐만 아니라, 자신을 도와주는 내가 대단한 일을 하는 것처럼 느끼게 하는 묘한 힘이 있었다.

베일런트 교수가 말하는 동안, 나는 다시 서너 달 전 가까스로 용기를 내어 휴스턴에 있는 네일에게 전화를 했던 일을 떠올렸다. 바로 이 장을 쓸 준비를 하면서, 나는 그에게 독자들이 활용할 수 있도록 자신을 도와주는 사람들을 기분 좋게 해주는 비법에 대해 써달라고 부탁할 생각이었다. 그런데 네일이 죽었다는 소식을 들었다. 이제 그의 마력은 더 이상 볼 수 없지만, 네일에게서는 사랑받을 능력이 샘물처럼 솟아났으며, 이로써 그의 삶, 특히 노년의 삶이 훌륭하게 빛났다.

### 유아기의 사랑하는 방식과 사랑받는 방식

본론에 앞서 당신이 사랑하고 사랑받는 방식에 대한 신뢰할 만한 검사를 해보기 바란다. 인터넷 사용자는 웹사이트 www.authentichappiness.com에 소개되어 있는 프레일리Fraley, Chris와 쉐이버Shaver, Phillip가 공동 제작한 '친밀성' 검사를 해보기를 당부한다. 애인이 있는 사람은 둘이 함께 하면 도움이 될 것이다. 인터넷을 이용하면 자신의 사랑 방식에 대한 상세하고 즉각적인 피드백을 받을 수 있다. 만약 인터넷을 사용하지 않는 독자라면, 아래 세 개의 글을 읽고 자신이 어디에 속하는지 대략 파악해보라.

사랑하는 사람과의 관계를 묘사한 아래 세 개의 글 중에서 자신의 경우와 가장 가까운 것이 무엇인지 생각해보라.

**친밀성 검사**

1. 나는 비교적 사람들과 쉽게 친해지며, 서로가 서로에게 의지하는 것에 편안함을 느낀다. 혹시 버림받을지도 모른다는 생각은 해보지도 않았고, 내게 각별히 가까이 다가오는 사람에 대한 거부감도 없다.

2. 나는 사람들과 친해지는 게 조금 불안하다. 그들을 완전히 믿는다거나 그들에게 의지하기가 힘들다. 누군가 내게 특별한 관심을 나타내며 다가오면 불안해진다. 내 애인은 내게 그저 편안한 사이보다는 더 친밀한 사람이 되어주기를 바란다.

3. 나는 가까워지기를 바라는데 사람들은 내게 다가오기를 꺼린다. 나는 이따금 애인이 나를 진심으로 사랑하지 않는다거나 나와 함께 있기 싫어할지도 모른다는 걱정을 한다. 나는 다른 사람과 완전히 하나가 되고 싶은데, 나의 이런 바람을 부담스러워하며 피하는 사람들도 있다.

위의 친밀성 검사는 성인기에 사랑을 주고받는 세 가지 방식을 설명한 것으로, 이것은 어린 시절의 경험에서 비롯된다는 유력한 증거가 있다. 위의 1번은 안전한 사랑, 2번은 회피적 사랑, 3번은 불안한 사랑을 나타낸다.

이런 사랑 방식을 정리하는 데 얽힌 아주 흥미로운 심리학 이야기가 있다. 제2차 세계대전이 끝난 직후, 유럽에서는 전쟁통에 부모를 잃어 국가 시설에서 임시 보호하고 있는 수많은 아이들에 대한 관심이 고조되었다. 환경이 동물의 행동에 미치는 영향에 대한 연구, 즉 비교행동학에 관심이 많았던 영국의 정신분석학자 보울비Bowlby, John는 이 불행한 아이들에게 누구보다 관심을 쏟았다. 지금도 그렇지만, 그 당시 사회복지사들 사이에 만연한 통념은 당대의 정치적 현실을 반영한 것이었다. 이를테면 한 사람이 아닌 여러 보모가 아이들을 두루 먹여주고 보살펴주는 것을 바람직하게 여겼다. 이것은 아이의 건강한 발육과 발달에 특별한 의미가 없는 양육 방법이다.

하지만 이러한 독단을 굳게 믿은 당시 사회복지사들은 아이의 친부모, 특히 지독히 가난하거나 남편이 없는 어머니에게서 되도록 많은 아이들을 떼어놓을 자격을 얻었다. 이런 아이들이 성장한 모습을 면밀히 조사한 보울비 박사는 그들이 몹시 궁핍한 생활을 하며 대개 절도 전과가 있다는 사실을 발견했다. 절도를 저지른 아이들 중에서 유아기에 부모와 헤어지는 고통을 겪은 아이들이 굉장히 많았는데, 보울비 박사는 이 아이들을 "피상적인 인간관계 속에서 애정이 결핍되고 무감각해져 쉽게 분노하고 반사회적 행동을 한다"고 진단했다.

보울비 박사가 부모와 자식 간의 강렬한 유대감은 그 무엇으로도 대신할 수 없다고 주장하자 학계와 사회복지 기관들은 강력하게 반발했다. 프로이트의 영향을 받은 심리학자들은 아이들의 문제는 현실의 궁핍이 아니라 해결되지 못한 내적 충동에서 비롯되었다고 맞섰고, 아동복지 시설에서는 자신들이 보호하고 있는 아이들의 신체적 욕구만 해결해주면 충분하다고 주장했다. 이 논쟁의 소득이라면 부모와 격리된 아이들의 행동 발달을 학문적으로 연구 실험할 계기가 되었다는 점이다.

실험 기간 동안, 아이가 아파 병원에 입원해 있을 때 주 1회 1시간에 한하여 부모의 병문안을 허락했다. 보울비 박사는 이 과정을 사진으로 찍고 아이의 행동을 기록했다. 이 실험 결과, 아이의 행동은 3단계로 나타났다. 처음에는 울음을 터뜨리거나, 악을 쓰거나, 문을 요란스럽게 두드리거나, 침대를 마구 흔드는 식으로 저항했다. 이것은 짧게는 몇 시간에서 길게는 며칠 동안 계속되었다. 그 다음에는 절망이었는데, 이때는 흐느껴 울거나 마지못해 반응하는 소극적인 태도를 보였다. 그리고 마침내는 단절이었다. 이때는 부모를 외면하되, 다른 어른이나 아이들과 새로운 관계를 맺고 새로운 보모를 받아들였다. 가장 놀라운 사실은 아이가 단절 단계에 이르면 엄마가 다시 찾아와도 전혀 기뻐하지 않았다는 점이다.

존스홉킨스 대학교 유아교육학과 에인스워스Ainsworth, Mary 교수는 보울비의 이론을 바탕으로 실험을 실시했다. 에인스워스 교수가 명명한 '낯선 상황', 즉 아이들이 장난감을 이리저리 살펴보며 놀고 있는 동안 엄마는 뒤에 가만히 앉아 있는 놀이방 안에, 여러 쌍의 엄마와 아이를 함께 있게 했다. 얼마 뒤 낯선 사람이 들어오고 엄마가 방을 나가는데,

그 낯선 사람은 아이가 장난감을 가지고 놀도록 구슬린다. 엄마가 다시 돌아와 뒤에 가만히 앉아 있다 나가고, 낯선 사람은 들어와서 구슬리기를 몇 차례 반복한다. 이 '잠깐의 격리' 실험을 통해 유아의 반응을 자세히 살펴본 에인스워스 교수는 앞서 언급한 세 가지 사랑 방식이 나타난다는 사실을 발견했다.

'안정된 유아'는 엄마가 마치 자신의 안전을 확실히 지켜주는 '안전기지'라도 되는 듯 놀이방을 탐색하며 잘 논다. 엄마가 방을 나가면 유아는 하던 행동을 멈춘다. 그러나 대개 낯선 사람과 친해지면 다시 놀기도 한다. 다시 엄마가 방으로 들어오면, 한동안 엄마에게 꼭 매달려 있다가도 쉽게 떨어져 다시 놀기 시작한다.

'회피적인 유아'는 엄마가 함께 있을 때는 놀지만, 안정된 유아와는 달리 잘 웃지도 않고 엄마에게 장난감을 보여주며 재롱을 부리지도 않는다. 또한 엄마가 방을 나가도 크게 위축되지 않고 낯선 사람을 자기 엄마인 양 대하는데, 이따금 엄마보다 더 잘 따를 때도 있다. 다시 엄마가 방으로 들어오면 유아는 엄마를 무시하거나 아예 눈조차 마주치지 않는다. 엄마가 안아주면 유아는 안기기는 하지만 스스로 매달리지는 않는다.

'불안한 유아(에인스워스는 '반항적인 유아'라고 부른다)'는 엄마를 '안전기지' 삼아 놀이방을 탐색하면서 노는 행동을 전혀 하지 않는다. 격리되기 전까지 엄마에게 꼭 매달려 있으며, 엄마가 방을 나가면 어쩔 줄 몰라 한다. 또한 낯선 사람에게도 편안함을 느끼지 못하고, 엄마가 다시 돌아오면 부리나케 뛰어가 안겼다가도 화를 내고 돌아선다.

유아행동 연구의 선구자 격인 보울비와 에인스워스는 행동과학이라는 말 그대로 객관적 학문의 주제가 되기를 바라며 이를 '애착attachment'이라 불렀다. 그러나 1980년대 심리학계의 자유정신에 영향을 받은 헤이잔과 쉐이버는 보울비와 에인스워스가 연구한 것은 애착이라는 행동이 아니라 사랑이라는 정서였으며, 그것은 유아기뿐만 아니라 인간이 '태어나서 죽을 때까지' 평생 동안 적용된다고 밝혔다. 아울러 그들은 걸음마를 시작하는 아이였을 때 부모를 대하는 방식이 평생을 통해 맺는 친밀한 관계에서도 똑같이 작동한다고 주장한다. 이를테면 어머니라는 '작동 모델'은 아동기에 형제자매나 가장 친한 친구를 대할 때도 사용되고, 청년기에 첫사랑을 만날 때도 고스란히 나타나며, 심지어는 결혼생활을 할 때도 사용된다는 얘기다. 그러나 이런 작동 모델은 불변하는 것이 아니라, 살아가는 동안 부정적인 경험이나 긍정적인 경험에 따라 달라질 수 있다. 그럼에도 다양한 인간관계를 맺는 과정에서 사랑 방식을 선택하는 데 작동 모델의 영향을 받는 것은 사실이다.

| 기억   안정된 성인은 필요할 때마다 부모가 늘 곁에 있어주었고, 따뜻하고, 애정이 넘치는 사람이었음을 기억한다. 회피적인 성인의 기억에 남아 있는 어머니는 차갑고, 거부하고, 필요할 때 옆에 없는 사람이다. 불안한 성인은 아버지를 불공평한 사람으로 기억한다.

| 태도   안정된 성인은 자긍심이 높고 자기 불신은 거의 없다. 다른 사람이 자신을 좋아한다고 믿는 만큼, 자신의 믿음을 깨뜨리는 불행한 일을 겪지 않는 한 다른 사람들을 신뢰하고 의지하며, 착하고 이로운 사람들이라고 여긴다. 회피적인 성인은 결백하다는 사실이 입증될 때

까지 다른 사람들을 불신하고 의심하며, 거짓된 사람으로 여긴다. 이들은 특히 대인관계에서 자신감이 부족하다. 불안한 성인은 자신의 삶에 대한 주도권이 없다고 느끼며, 다른 사람들의 행동을 이해하거나 예상하지 못하기 때문에 어쩔 줄 몰라 한다.

| **목적**   안정된 사람은 자신이 사랑하는 사람들과 친밀한 관계를 맺으려 노력하며, 의존하면서도 독립성을 유지하기 위해 애쓴다. 회피적인 사람은 사랑하는 사람들과 일정한 거리를 유지하려 애쓰고, 친밀함보다 목적 달성에 더 큰 비중을 둔다. 불안한 사람은 집착한다. 이들은 끊임없이 버림받을까 걱정하기 때문에, 사랑하는 사람의 자율성과 독립성을 해친다.

| **고민 해결**   안정된 사람은 마음이 혼란스러울 때 사람들에게 솔직히 고민을 털어놓고 건설적으로 해결하기 위해 노력한다. 회피적인 사람은 속내를 드러내지 않는다. 고민이 생겨도 다른 사람에게 털어놓지 않고 숨기거나, 말을 하면서도 화를 낸다. 불안한 사람은 고민과 분노를 크게 떠들어대며, 위기감을 느낄 때는 지나치게 상대의 비위를 맞추려 애쓴다.

안정된 사람은 자신의 사랑 이야기를 다음과 같이 말한다.

우린 정말 좋은 친구였어요. 정식으로 데이트를 시작하기 훨씬 전부터 서로 잘 알았거든요. 그래서 취향도 비슷해요. 또 한 가지 그 사람이 맘에 드는 건 내 친한 친구들과도 잘 지낸다는 거죠. 우린 항상 대화를 많이 해서 싸울 때조차도 대화로 해결할 정도니까요. 그 사람은 도리에 어긋나는 일을 하지 않아요. 게다가 우린 서로의 존재를 존중합니다. 종속적 관계가 아니라 동등한 관계인 셈이죠. 우린 서로를 굳게 믿어요.

반면 회피적인 사람의 경우를 보자.

내 애인은 나와 가장 친한 친구입니다. 나는 그를 그 어떤 친구보다도 내게 각별한 존재라고 생각해요. 그는 결혼을 한다거나, 한 여자와 오랫동안 사귀겠다는 생각을 하지 않는 사람이에요. 나 역시 결혼 생각은 하지 않으니까 그게 편해요. 그가 지나치게 가까워지는 것도, 서로에게 지나치게 기대는 걸 싫어한다는 것도 알아요. 그 점도 제 맘에 듭니다. 어떤 사람이 당신과 가까워지고, 당신의 삶에 깊숙이 개입하려 든다면 이따금 귀찮지 않겠어요?

마지막으로 불안한 사람의 생각은 다음과 같다.

어느 날 그곳에 갔더니 그 사람이 벤치에 앉아 있더군요. 나는 한눈에 반해 버렸어요. 그는 지금까지 내가 본 사람 중에 가장 멋있었거든요. 첫인상이 그랬답니다. 그래서 공원을 거닐다가 점심을 먹었죠. 우린 아무 말 없이 그냥 앉아 있었어요. 그래도 어색하지 않던걸요. 뭐랄까, 처음 만난 사람끼리 무슨 말을 할지 몰라 할 때 쑥스럽고 어색하잖아요. 그런데 우린 달랐거든요. 처음 만나 그냥 앉아 있기만 했는데 아주 오래된 연인처럼 느껴지는 거예요. 채 10초도 안 돼서 말이죠. 첫눈에 반한 겁니다.

## 안정된 애착이 부부관계에 미치는 영향

이들 연구자들은 일단 안정적인 태도, 회피적인 태도, 불안한 태도를 지닌 성인들을 파악한 다음, 부부생활이 어떻게 이루어지는지 조사했다. 이들이 수행한 실험 연구와 실생활 설문조사 결과 보울비가 처음에 제기했던 것처럼 안정된 애착이 원만한 부부생활에 긍정적인 요소로 작용한다는 사실이 확인되었다.

사랑 방식이 서로 다른 부부의 생활을 기록한 일지를 연구하는 과정에서 두 가지 중대한 사실이 드러났다.

첫째, 안정된 사람들은 친해지는 것을 아주 자연스럽게 받아들이고, 관계에 대한 불안감이 훨씬 적다.

둘째, 결혼생활에 대한 만족감이 훨씬 크다. 이것은 첫째 사실보다 더 중요한 것으로 지적되고 있는데, 원만한 결혼생활을 지속하기에 가장 알맞은 남녀의 결합은 둘 다 안정적인 애착을 형성한 사람들이다. 그러나 실제로는 한 사람만 안정된 태도를 지닌 부부가 많다. 이런 부부의 결혼생활은 과연 어떨까? 설령 부부 중 한 사람만 안정적이라고 해도, 회피적이거나 불안한 태도를 보이는 그 배우자는 덜 안정적인 배우자와 함께 사는 사람들보다 결혼생활에 대한 만족도가 훨씬 높다.

안정된 사람들이 원만한 결혼생활을 지속할 수 있는 이로운 조건은 상대에 대한 배려, 성생활, 불행에 대한 대처 능력 등 세 가지이다. 안정된 사람은 배우자에 대한 사려가 깊고, 상대적으로 훨씬 친밀한 관계를 형성할 뿐만 아니라, 관심을 필요로 할 때와 필요로 하지 않을 때가 언제인지 잘 알고 그에 걸맞게 행동한다. 따라서 이들은 배우자가 원하든 원치 않든 아랑곳없이 관심을 쏟아야 한다는 '강박'에 사로잡힌 불안한 사람들이나, 어느 정도 거리를 두고 배우자가 관심 받기를 바랄 때 조차 냉담한 반응을 보이는 회피적인 사람들과는 대조적이다.

성생활도 사랑 방식에 따라 다르다. 안정된 사람은 외도를 하지 않으며 사랑 없는 섹스를 불쾌하게 여긴다. 회피적인 사람은 실제 횟수는 많지 않지만 섹스를 거부하지 않으며, 사랑 없는 섹스를 상대적으로 많이 즐긴다. 불안한 여성은 노출증이나 관음증 등 성도착적 행동을 하는 반면, 불안한 남성은 섹스를 훨씬 적게 한다.

걸프전 중에 부부를 대상으로 이루어진 두 가지 연구를 통해 결혼이 위기에 처했을 때 안정된 사람, 회피적인 사람, 불안한 사람의 반응이 서로 다르다는 사실이 드러났다. 이스라엘에서 실시한 한 연구에서 이라크의 미사일 공격이 시작되자 안정적인 부부는 배우자에게 위안을 얻으려 애썼다. 한편 회피적인 사람들은 위안을 얻으려 하지 않았으며, 불안한 부부는 자기 자신의 안전만 걱정했다. 이로써 불안한 사람과 회피적인 사람은 심신증心身症(정신적인 원인에서 비롯되는 신체 질환 증상－옮긴이 주)이나 적대감이 상당히 높다는 사실을 알 수 있다.

미국인의 입장에서 보면, 걸프전에 나간 군인들은 자신의 배우자와 헤어져야 했다. 이들을 조사한 연구자들은 사랑하는 방식이 서로 다른 사람들이 이별과 재회에 대해 어떤 반응을 보이는지 파악할 수 있었다. 에인스워스의 유아행동 관찰 연구에서처럼, 안정적인 애착을 형성한 사람들은 결혼 만족도가 아주 높았으며, 남편이 제대한 후에도 부부 갈등이 훨씬 적었다.

요컨대 거의 모든 기준에서 볼 때, 안정적인 애착을 형성한 사람들이 이성교제나 결혼생활을 훨씬 더 성공적으로 한다는 것을 알 수 있다.

그런 만큼 친밀한 관계가 안정적인 애착을 형성하는 데 어떤 작용을 하는지 연구하는 것이 긍정심리학의 과제라고 할 수 있다.


## 원만한 부부관계를 한층 발전시키는 방법

나는 심리치료사이면서 동시에 심리치료사를 양성하는 교수이지만 부부 문제 전문가는 아니다. 따라서 이 장을 위해 결혼 문제에 관한 수많은 지침서들을 참고했다. 하지만 결혼 문제를 다루고 있는 책들 대부분이 불행한 결혼을 잘 참고 극복하는 방법에 관한 것이었기 때문에 울적한 마음을 떨치기 어려웠다. 여기에는 아내를 폭행하는 남편, 원한만 쌓이는 아내, 고약한 시어머니 등 서로가 서로를 탓하며 관계가 악화되는 이야기들뿐이었다.

이 장의 목적은 파탄 직전에 있는 결혼의 문제점을 해결하는 데 있는 게 아니라, 원만한 부부관계를 한층 발전시킬 수 있는 방법을 알아보는 데 있다. 따라서 나는 이미 충실한 부부의 관계를 강화시키는 비결을 모색하는 데 초점을 맞추었다. 물론 완벽한 해결책은 아니지만, 여기에서 결혼생활을 향상시킬 만한 좋은 정보들을 소개하려고 한다.

### 강점과 미덕을 발휘하라

결혼이 자신의 대표 강점을 발휘하는 일상 수단이 될 때 부부는 더 행복해진다. 사실 결혼은 날마다 감사를 전할 수 있는 일상 수단이기도 하다. 남자가 여자에게, 여자가 남자에게 사랑을 느끼는 것은 바로 상대방이 지닌 강점과 미덕 때문이다. 그러나 첫눈에 반하게 한 장밋빛 사랑은 퇴색하기 마련이어서, 제아무리 소문난 잉꼬부부라 해도 결혼 생활에 대한 만족도는 10여 년 동안 차차 낮아진다. 처음에는 자신의 마음을 사로잡았던 배우자의 강점이 어느새 당연하게 생각되고, 감탄의 눈길로 바라보던 배우자의 행동은 보기 싫어지고 경멸스럽기까지 한다. 어디 그뿐인가. 처음에는 마냥 좋기만 하던 착실함과 극진함이 이젠 답답하게만 보이고, 한결같은 모습은 심지어 짜증스럽기까지 하다. 발랄한 말솜씨는 쓸데없는 수다로만 들리고, 지조는 고집불통으로, 끈기는 독기로, 친절함은 경박함으로 보인다.

시애틀 워싱턴 대학교 교수이자 고트먼 연구소 소장인 고트먼 박사는 내가 가장 존경하는 결혼생활 전문가이다. 그는 이혼할 부부와 원만한 부부관계를 지속할 부부를 예측한 다음, 이 예측 자료를 토대로 더 행복한 결혼생활을 꾸리기 위한 프로그램을 개발했다. 자신의 '사랑 실험실(자기 집처럼 아늑함과 편안함을 느끼게끔 꾸미고, 밖에서만 볼 수 있는 일방 투시경을 설치한 방)'에서 주말 내내 하루 12시간씩 수백 쌍의 부부가 생활하는 모습을 지켜본 고트먼은 90%의 정확도로 이혼 부부를 예측한다. 그는 이혼으로 이어지게 하는 부부 갈등의 요인을 다음과 같이 꼽는다.

- 신랄하고 모진 말다툼
- 배우자에 대한 비난
- 경멸감 표시
- 자기방어적인 과민한 대응

• 무조건 배우자의 의견을 무시하는 태도

• 거부하는 몸짓


　고트먼은 또한 세월이 흐를수록 행복해질 부부들도 정확하게 예측한다. 이런 부부는 하루 평균 1시간씩 배우자를 위해 투자한다. 고트먼이 발견한, 행복한 결혼을 유지하기 위한 비결을 여기 소개한다.


　| **아침에 헤어질 때**　아침에 출근하기 전에 서로 배우자가 해야 할 하루 일과 중에서 한 가지를 알아둔다(2분×5일=10분).

　| **저녁에 다시 만날 때, 하루 일과를 마친 뒤**　서로 가볍고 편안한 이야기를 나눈다(20분×5일=1시간 40분).

　| **애정 표시**　쓰다듬기, 포옹, 키스 등으로 다정하고 포용할 수 있는 분위기를 조성한다(5분×7일=35분).

　| **주말 데이트**　부부만의 오붓한 시간을 보내면 정이 깊어진다(주 1회 2시간).

　| **칭찬과 감사**　적어도 하루 한 번씩 칭찬하고 감사하는 마음을 전한다(5분×7일=35분).

다음에서 당신의 배우자가 지닌 대표적인 강점 세 가지를 표시해보라.

**지혜와 지식**

   1. 호기심 _____

   2. 학구열 _____

   3. 판단력 _____

   4. 창의성 _____

   5. 예견력(통찰력) _____

**용기**

   6. 용감성 _____

   7. 끈기 _____

   8. 정직 _____

   9. 열정 _____

**사랑과 인간애**

   10. 친절 _____

   11. 사랑 _____

   12. 사회성 지능 _____

**정의감**

   13. 팀워크(시민 정신) _____

   14. 공정성 _____

   15. 리더십 _____

**절제력**

   16. 용서 _____

   17. 겸손 _____

   18. 신중함 _____

19. 자기 통제력 _____

**영성과 초월성**
20. 감상력 _____
21. 감사 _____
22. 희망 _____
23. 유머 감각 _____
24. 영성 _____

당신이 고른 배우자의 세 가지 강점에 대해, 최근 배우자가 그 강점을 발휘한 사건을 적어보라. 당신이 쓴 글을 배우자에게 보여주고 배우자도 직접 이 검사를 해보도록 권해보라.

강점 _____
사건 _____
_____
_____
_____

강점 _____
사건 _____
_____
_____
_____

강점 _____
사건 _____
_____
_____
_____

위와 같이 적는 방법에서는 자기 자신과 배우자가 생각하는 '이상적인 자아$^{ideal\ self}$'가 중요하다. 이상적인 자아란 강점을 최대한 발휘하여 자신의 최고 목표를 실현할 능력이 있다고 스스로 믿는 자아상이다. 사람은 자신이 가장 소중하게 여기는 최고의 이상을 실현하며 살고 있다고 느낄 때 만족을 얻으며, 자신의 강점을 발휘하면 만족감이 한층 커진다. 배우자가 이런 사실을 알아줄 때 인정받았다는 자부심을 느끼게 되고, 배우자의 믿음을 저버리거나 실망시키지 않으려고 더욱 노력한다. 이 놀라운 각성을 발전시킨 것이 바로 내가 '환상 간직하기'라고 부르는 결혼생활의 원칙이다.

뉴욕 주립대학의 머레이$^{Murray,\ Sandra}$ 교수는 사랑을 학문적으로 연구하는 사랑학 전문가로서, 사랑의 환상을 객관적으로 연구한다. 머레이 교수는 사랑에 영향을 주는 환상의 효과를 측정하는 방법을 개발했다. 다시 말하면 많은 부부와 연인에게 실제 자신의 배우자$^{또는\ 애인}$와 상상 속의 이상적인 배우자를 다양한 강점과 약점을 기준으로 평가하도록 했다. 아울러 그들의 친구들에게 남편과 아내에 대해 따로따로 평가하도록 했다. 여기서 중요한 척도는 배우자의 평가와 친구의 평가에서 나타난 차이였다. 긍정적인 부분에서 차이가 클수록 배우자가 당신에게 갖고 있는 사랑의 '환상'이 큰 것이다.

주목할 만한 사실은 그 환상이 큰 부부일수록 행복하고 안정된 결혼생활을 한다는 점이다. 결혼생활에 만족한 부부는, 친한 친구들은 전혀 미덕으로 여기지 않는 것조차 서로 미덕으로 본다. 이처럼 배우자의 약점도 호의적으로 미화시키는 부부들과는 달리, 결혼생활에 만족하지 못하는 부부는 서로에 대한 '일그러진 이미지'를 갖고 있다. 이들은 친구들이 평가한 것보다 배우자의 미덕을 훨씬 더 적게 보는 것이다. 가장 행복한 부부는 배우자를 긍정적으로 대하며, 약점보다는 강점을 부각시키면서 불행한 일도 함께 극복할 수 있다고 믿는다. 이런 부부는 실제로 불행한 일을 겪을 때조차 배우자를 긍정적으로 보는 경향이 크며, 이러한 경향은 서로에 대한 환상의 강도에 비례한다.

머레이 교수가 지적하듯이, 긍정적인 환상을 통해 자기를 실현하는 것은 자신을 이상형으로 여기는 배우자의 믿음을 저버리지 않게끔 노력하기 때문이다. 또한 긍정적인 환상은 부부간의 불화나 갈등에 대한 완충제 역할을 하는데, 이는 일상의 피곤함을 다소 도발적으로 표출해도 서로가 너그러이 받아주는가 하면, 실수를 눈감아주고 약점을 강점으로 계발할 수 있도록 격려해주기 때문이다.

행복한 부부는 먼저 상대방의 의견을 존중해주는 '공감적' 대화법을 재치 있게 활용할 줄 안다. 의견 충돌이 있을 때마다 사소한 것에 병적으로 집착하는 남편의 '어처구니없는' 단점을 가벼이 받아넘기는 아내는 이렇게 말했다.

"나는 이런 방법이 효과가 있다고 믿어요. 우린 이제껏 사소한 의견 충돌로 큰 싸움을 벌인 적이 없었으니까요."

또 어떤 아내는 자신감이 부족한 남편에 대해 이렇게 말했다.

"남편을 더욱 따뜻하게 대해야겠다는 생각이 들어요."

집요하고 완고한 배우자에 대해 이렇게 말하는 아내도 있다.

"난 남편의 굳은 신념을 존중해요. 그래야 부부관계가 돈독해질 수 있다고 믿거든요."

그런가 하면 남편의 질투심을 '자기 존재를 소중하게 여기는' 징표라고 이해하는 아내도 있다. 너무 쉽게 결정하는 아내에 대해 이렇게 생각하는 남편도 있다.

"처음에는 아내가 경솔하게 보였는데, 만일 아내가 그런 태도를 고친다면 우리의 부부관계가 힘들어질 것 같아요."

또한 숫기가 없는 아내를 두고 "내가 밝히고 싶지 않은 나만의 비밀을 억지로 캐내려 하지 않아요. 외려 아내의 그런 점이 저는 좋습니다"라고 말하는 남편도 있다.

이처럼 부정 정서를 교묘하게 미화시키는 것은 결혼생활을 낙관적으로 해석하는 태도와 관계가 깊다. 5장에서 이미 행복, 직업적 성공, 신체적 건강, 우울증 극복에 대해 낙관적으로 설명하는 태도가 얼마나 중요한지 살펴보았다. 사랑도 이와 마찬가지다. 거듭 말하지만 낙관적인 사람은 불행한 사건을 일시적이고 일부인 경우라고 여기며, 좋은 일은 지속적이고 만연성이 큰 것으로 받아들인다. 핀첨Fincham, Frank 뉴욕 주립대학 교수와 브래드버리Bradbury, Thomas 캘리포니아 주립대학 교수는 10여 년간 낙관성이 결혼생활에 미치는 영향에 대해 조사했다. 그 결과 낙관적인 사람과 비관적인 사람이 결합한 부부 유형 중에서 단 한 가지 유형 말고는 모두 결혼생활을 지속한다는 사실을 알게 되었다. 그 한 가지 예외가 바로 비관적인 사람끼리 결혼한 부부이다.

둘 다 비관적인 부부에게 불행한 일이 생기면 비관성이 급속히 악화되는 '나선형 하강'이 작용한다. 한 예로 아내가 늦게 퇴근한 경우를 보사. 늘 비관적으로 생각하는 남편은 "나보다 일이 더 중요하다는 거지?"라며 억지를 부린다. 역시 비관적인 사람의 아내는 그런 남편을 보고 "식구 먹여 살리려고 하루 종일 힘들게 일하고 온 사람에게 염치없이 그게 할 말이냐?"며 몰아세운다. 남편은 발끈해서 다시 "당신이란 사람은 잘못을 일러줘도 좋게 듣는 법이 없어"라며 대응한다. 그러면 아내는 "당신은 무턱대고 떼쓰는 어린애랑 다를 게 하나 없어"라고 맞선다. 이런 말다툼은 끝없이 계속된다. 이 지경이 되기 전에 좀더 일찍 어느 쪽이든 낙관적으로 대응했더라면 서로 헐뜯고 상처 입히는 비극을 막을 수 있었을 것이다. 남편을 몰염치한 사람으로 몰아세우는 대신 "일찍 퇴근해서 당신이 지어준 맛있는 저녁 먹고 싶었는데, 중요한 고객이 5시에 느닷없이 찾아왔지 뭐예요"라고 말했다면 어땠을까. 아니면 염치없다고 면박당한 남편은 "당신이 일찍 귀가하는 게 내겐 그만큼 중요하단 얘기야"라고 말할 수도 있었을 것이다.

결국 이 연구는 부부가 모두 비관적인 사람일 때 그 결혼생활이 위태롭다는 것을 보여준 셈이다. 만일 당신과 당신의 배우자가 5장에 소개한 검사에서 조금 비관적이거나 아주 비관적이라는 평가가 나왔다면, 비관성을 극복할 수 있는 적극적인 조치를 취해야 한다. 두 사람이 같이 이 책 5장에 있는 낙관성 검사를 일주일에 한 번씩 해보기 바란다. 평균 이상의 점수를 받을 때까지 꾸준히 해야 한다.

낙관성과 비관성이 결혼에 미치는 영향에 대한 연구로, 54쌍의 신혼부부를 4년 동안 추적 조사한 것이 있다. 긍정 태도가 결혼 만족도를 높여주고, 이 만족도가 다시 긍정 태도를 높여주듯이, 결혼 만족도와 비관성의 관계도 마찬가지다. 54쌍의 부부 중에서 연구를 수행한 4년 동안 이혼하거나 별거한 부부가 16쌍이었으며, 긍정적인 부부일수록 결혼생활을 지속할 가능성이 큰 것으로 나타났다.

이 연구 결과를 단적으로 말하면 낙관성이 결혼생활에 도움이 된다는 것이다. 배우자가 불쾌한 행동을 할 때는 그 행동의 원인을 일시적이고 일부인 것에서 찾도록 노력하라. 예를 들면 '그는 늘 무심해', '그는 신경질쟁이야', '그는 술주정뱅이야' 라고 하기보다 '남편이 피곤한 모양이야', 혹은 '기분이 안 좋은 모양이야', '숙취 때문이야' 라고 받아들이는 게 바람직하다. 이와 반대로 배우자가 기분 좋은 일을 할 때는 지속적이고 만연성이 큰 것에서 원인을 찾아라. '반대에 굴복한 거야' 라거나 '오늘은 운이 좋았던 거야' 라기보다 '아내는 현명해' 또는 '아내는 그 게임의 일인자야' 라는 식으로 받아들여라.

### 공감적 경청을 습관화하라

링컨 대통령은 다른 사람의 말을 경청하기로 유명했다. 링컨은 남달리 섬세하면서도, 정치를 하는 동안 끊임없이 자신에게 쏟아진 비난과 불만에 대해 귀 기울여 들었음을 엿볼 수 있는 사료가 많다. 이를테면 그는 "그게 당신 탓은 아니다" 또는 "그게 당연하다" 처럼 상대방의 입장을 이해하고 동정하는 말을 곧잘 사용했다. 내가 특히 링컨을 존경하는 것도 바로 이렇게 경청하는 태도 때문이다.

옛날에 동양의 한 군주가 지혜로운 신하들에게 좌우명으로 삼을 만한 문장을 지으라는 명령을 내렸다고 한다. 그 문장은 시공을 초월해 언제 어디서나 진리로 통하는 것이어야 했다. 이에 신하들은 이런 문장을 지었다. '그리고 이것 또한 멸망하리라.' 이 문장에는 얼마나 많은 의미가 담겨 있는가. 교만할 때는 그 마음을 스스로 경계할 것이요, 고통의 나락에서 헤맬 때는 얼마나 큰 위안이 될 것인가.

혼히 대화란 말하기와 말할 차례 기다리기로 이루어진다. 그러나 말하고 기다리기 식의 대화는 결혼생활을 비롯한 모든 관계에서 원만한 의사소통을 하기에는 부족하다. 바람직한 의사소통 방법을 연구하는 사람들은 공감적 듣기를 분석하고 개발했다. 이것이 원만한 결혼생활을 더욱 향상시키는 데 도움이 될 것이다.

바람직한 듣기의 기본 원칙은 '정당성의 인정'이다. 화자語者에게 가장 궁금한 것은 자신이 한 말을 상대방이 이해했느냐 하는 것이다. 그러니까 상대방에게 "이해해", "무슨 말인지 알아", "설마 그럴 리가" 등의 반응을 듣고 싶어 하는 것이다. 아울러 청자聽者가 동의하는지, 아니면 적어도 동정하는지 알고 싶어 한다. 고개를 끄덕이거나 "물론이지", "맞아", "그렇고말고" 등의 맞장구를 쳐준다거나, 하다못해 "그게 당신 탓은 아니죠"라는 최소한의 동정을 받고 싶어 한다. 배우자가 하는 말을 제멋대로 무시해서는 곤란하다. 심각한 문제일수록 배우자의 의견을 존중하는 자세를 보여야 한다. 설령 자신이 말할 차례가 되어도 반대 의견은 되도록 삼가는 것이 좋다.

상대방의 말을 경청하지 못하는 외적인 이유는 단순한 부주의 때문이다. 아이 울음소리, 듣기에 방해되는 소음, 텔레비전 소리, 전화 통화 등의 외적 방해 요소는 미리 제거해야 한다. 또한 이런 환경에서는 되도록 대화를 하지 않는 게 좋다.

상대방의 말에 주의를 기울이지 못하게 하는 내적 요인도 있다. 예를 들면 피곤하다거나, 딴생각을 한다거나, 이야기가 지루하다거나, 반박할 거리를 생각하거나 등이다. 만일 당신이 이런 내적 요인 때문에 자칫 배우자에게 무시당한다는 느낌을 줄 우려가 있을 경우에는 대화를 중단할 방법을 찾아야 한다. 피곤하거나 지루해서 상대방의 말에 집중하기가 어려울 때는 솔직하게 말하는 게 좋다. "당신과 얘기를 나누면 좋겠는데, 내가 지금 너무 피곤해요"라거나, "소득세 문제 때문에 내 머리가 너무 복잡해요"라거나, "오늘 메이지에게 모욕당한 일이 자꾸만 떠올라 당신 말이 귀에 들어오지가 않네요. 우리 조금 뒤에 얘기하면 안 될까요?"라는 식으로 말이다.

배우자가 말하는 동안 반박할 거리만 찾는 것은 쉽게 고치기 힘든 나쁜 습관이다. 한 가지 방법이 있다면 배우자가 한 말을 정리하여 되묻는 식으로 짧게 대꾸하는 것이다. 이것을 제대로 하자면 상대방의 말에 주의를 기울여야 한다.

경청을 방해하는 또 한 가지는 당신의 정서 상태이다. 사람은 누구나 기분이 좋을 때는 다소 모호한 말을 해도 말하는 사람에게 호의적인 반응을 보인다. 그러나 기분이 좋지 않을 때는, 응어리진 마음에 동정심은 온데간데없이 야멸스런 말들만 떠오르고, 상대방의 진의를 나쁘게 받아들이기 십상이다. 이때도 "오늘은 되는 일이 하나도 없었어요"라거나, "심술부려서 미안해요"라거나, "저녁 먹은 뒤에 얘기하면 안 될까요?"처럼 솔직하게 털어놓는 게 상책이다.

이런 방법들을 익히면 일상적인 대화에는 효과적이지만, 감정이 격해지기 쉬운 문제를 논의할 때는 별로 도움이 되지 않는다. 부부관계가 위태로울 때는 감정적으로 날카롭게 대립하기 십상이어서 큰 싸움이 되는 경우가 많을 뿐 아니라, 원만한 부부 사이에도 민감한 문제는 있게 마련이다. 마크먼, 스탠리, 블룸버그는 이처럼 민감한 문제를 원만하게 해결하는 방법을 원자로 운전에 비유한다. 말하자면 날카로운 대립에서 발생한 격렬한 감정을 건설적으로 이용하거나, 깨끗이 마무리 짓기 힘들 만큼 얽히고설킨 문제라면 아예 폭발시켜버리는 게 낫다는 얘기다. 그러나 원자로에는 연쇄반응을 조절하는 제어봉制御棒이 있듯이, 당신에게도 격렬한 감정을 다스릴 도구가 있다. 이것은 바로 말하는 사람과 듣는 사람이 지키도록 정해져 있는 '화자와 청자의 의식'이다.

만일 감정이 격해지기 쉬운 문제, 예컨대 돈, 섹스, 시댁 혹은 처갓집 문제로 의견이 충돌할 때는 바로 '화자와 청자의 의식'을 따르려고 노력하는 게 좋다. 의식을 시작할 때, 발언권이 화자에게 있음을 상징하는 의사봉을 준비한다. 명심할 것은 의사봉이 없는 사람은 상대방의 발언을 들어야 하는 청자라는 사실이다. 할 말을 다한 화자는 발언권을 넘겨줄 것이다. 그때 성급하게 해결책을 제시하려고 해서는 곤란하다. 문제를 해결하기에 앞서 감정적 대립을 해소하려고 노력해야 한다. 이를테면 상대방의 질의에 응답하는 시간인 셈이다.

발언권을 가진 사람은 오직 자신의 생각과 감정만을 말해야 하며, 자신이 판단한 상대방의 생각이나 감정을 언급해서는 안 된다. 그러려면 '당신' 보다는 '나'를 중심으로 말하는 게 좋다. "당신이 끔찍하게 느껴져"라는 식의 말보다 "당신이 내내 그 여자와 이야기를 할 때 나는 정말이지 혼란스러웠어" 처럼 자신의 기분이나 감정을 상대방에게 전하도록 말해야 한다. 두서없이 장황하게 말하지 말고, 충분한 시간을 갖고 조리 있게 말하는 자세도 중요하다. 이따금 호흡을 가다듬으면서 듣는 사람에게 대꾸할 기회를 주는 것도 좋다.

듣는 사람은 말하는 사람이 요청할 때 자기가 들은 내용을 나름대로 정리해서 상대방의 말을 되짚듯이 말하되, 반박하거나 해결책을 제시해서는 안 된다. 물론 거부의 몸짓을 하거나 표정을 지어서도 곤란하다. 상대방이 한 말을 이해했다는 표시만 해야 한다. 반박은 자신에게 발언권이 있을 때 하면 된다.

한 가지 구체적인 사례를 보자. 테시와 피터는 아들 제레미의 유치원 입학 문제로 감정이 격해 있다. 그 동안 대화를 회피했던 남편 피터가 텔레비전 앞에 서 있자 아내 테시가 억지로 발언권을 준다.

> 피터(화자) : 나도 제레미를 어느 유치원에 보내야 할지, 또 꼭 올해 보내야 하는지 생각 많이 했소.
>
> 테시(청자) : 생각을 많이 했는데, 아직 유치원에 보내기엔 이를지도 모르겠다 이거예요?
>
> 피터(화자) : 그래요. 제레미가 나이에 비해 철이 덜 들어서, 제대로 된 환경이 아니면 그 애가 어떻게 행동할지 확신이 안 선단 말이오.

피터가 다른 말을 꺼내기 전에 자신의 생각을 되묻는 아내의 말을 인정했다는 사실을 주목하라.

> 테시(청자) : 제레미가 나이에 비해 성숙한 아이들 속에서 잘 해낼지 걱정된단 말이죠, 그래요?

남편의 핵심을 정확히 이해했는지 확신이 서지 않는 테시가 다시 남편의 말을 요약해서 묻는다.

피터(화자) : 글쎄, 그보다도 그 애가 그렇게 오랫동안 당신이랑 떨어져 지낼 준비가 되었는지 모르겠단 거요. 물론 지나치게 의존적인 아이가 되기를 바라지도 않고, 또….

이쯤에서 피터는 발언권을 아내에게 넘긴다.

테시(화자) : 아무튼 당신이 그렇게 말해주니 고마워요. 난 사실 당신이 이 문제에 대해 그토록 진지하게 생각하는 줄 몰랐거든요. 당신이 아이 문제에 전혀 신경 쓰지 않는 것 같아 내심 속상했어요.

테시가 발언권을 넘겨받자, 남편이 한 말의 정당성을 인정한다.

피터(청자) : 내가 걱정하는 게 반갑단 소리 같군.

테시(화자) : 그럼요. 이게 어디 쉽게 결정할 문제예요? 만일 제레미를 올해 유치원에 보내야 한다면 애한테 적합한 유치원을 골라야 해요.

피터(청자) : 그럼 아이에게 알맞은 유치원을 찾으면 올해 보내는 게 좋겠단 거요?

테시(화자) : 그렇죠. 아주 좋은 유치원만 찾으면 한번 시도해볼 만도 해요.

남편이 자신의 말을 귀담아듣는 데 기분 좋아진 테시는 그런 자신의 기분을 남편에게 전한다.

피터(청자) : 좋은 유치원을 찾기만 하면 보내겠단 얘기로군.

테시(화자) : 해보면 좋겠다는 거지, 아직 결심한 건 아니에요.

피터(청자) : 그러니까 맘에 쏙 드는 유치원이 있어도 선뜻 결정하기 힘들다,
이거요?

테시(화자) : 맞아요. 당신 생각은 어때요?


지금까지 살펴보았듯이, 원만한 부부관계를 더욱 발전시킬 수 있는 두 가지 원칙은 배우자에 대한 배려와 어느 누구도 자신을 대신하지 못하는 대리 불가능성이다. 사랑하는 사람을 배려하는 데 인색해서는 안 된다. 위에 소개한 부부간의 대화 기술을 활용하면 상대방을 배려하는 마음을 키울 수 있다. 배우자가 지닌 강점을 칭찬하는 것도 상대방을 배려하는 좋은 방법이다.

그러나 잘하는 것 못지않게 자주 하는 것도 중요하다. 나는 사랑에 관한 한 '효과적인 시간 활용'이라는 편리한 개념을 적용해서는 안 된다고 믿는다. 사랑하고 사랑받는 사람들끼리 상대방의 말을 얼마나 '잘' 들어주느냐 못지않게 얼마나 '자주' 들어주느냐도 중요하기 때문이다. 직장이나 학교에서 받는 스트레스나 끊임없는 일상의 괴로움 때문에 상대방을 따뜻이 배려하지 못할 때에도 사랑은 절대 희석되지 않는다. 대리 불가능성은 부부관계의 반석이다.


사랑할 능력과 사랑받을 능력을 대표 강점으로 가진 복 받은 사람들이 있다. 그러나 많은 사람들이 이 강점을 지니고 있지 않기 때문에, 사랑할 능력과 사랑받을 능력을 열심히 계발해야 한다. 남다른 언어 지능과 능력을 지닌 사람은 작가가 되기에 유리하다. 그러나 평범한 사람도

꾸준히만 노력하면 작가가 될 수 있다. 원만한 부부관계도 이와 마찬가지다. 친절, 감사, 용서, 사회성 지능, 정직, 유머 감각, 열정, 공정성, 자기통제력, 겸손 등 모든 강점들이 행복한 결혼생활로 이끌어주는 징검다리가 될 수 있다.

# 자녀 양육
## 자녀의 강점이
## 행복한 아이를 만드는 열쇠

### 긍정 정서가 행복한 아이를 만든다

투정부리고 칭얼대며 짜증내는 어린아이를 돌봐야 하는 부모로서는, 그 어린아이에게 긍정 정서가 많다는 사실을 간과하기 십상이다. 갓난아이는 해맑고, 깨물어주고 싶을 만큼 귀엽다. 목석처럼 무뚝뚝하고, 쌀쌀맞고, 정서적 혼란을 겪는 것은 10대 초반에 시작된다. 강아지나 아기가 어른들에게 귀엽게 보이는 것은, 진화 측면에서 보면 귀염성이 어른의 사랑을 불러일으켜 아기의 생존과 귀염성을 촉진시키는 유전자를 물려주게끔 돕고 싶게 만들기 때문이다. 그렇다면 왜 태어난 지 얼마 안 된 아기는 그토록 귀엽고 해맑고 재롱을 부리는 것일까?

프레드릭슨 교수의 연구를 중심으로 2장에서 살펴보았듯이, 긍정 정서는 지속적으로 확장하고 구축시킨 산물이다. 눈앞에 닥친 위협에 맞서는 행동에만 제한된 부정 정서와 달리, 긍정 정서는 성장의 가능성을 널리 알리는 역할을 한다. 어린아이가 발산하는 긍정 정서는 아이와 부모 모두가 윈-윈 게임을 하고 있다는 사실을 알려주는 네온사인과 같다. 양육의 세 가지 원칙 중 첫 번째는 훗날 필요할 때 인출할 수 있는 아이의 예금통장에 지적·사회적·신체적 자산을 저축하도록 긍정 정서를 계발해주는 것이다. 그렇기 때문에 진화는 유아 성장의 중대한 요소를 긍정 정서로 삼은 것이다.

아기, 강아지, 새끼 고양이 등의 어린 생명체가 부정 정서를 겪을 때는 안전한 곳으로 도망하고, 만일 안전하고 익숙한 은신처가 없을 때는 그 자리에서 숨을 죽이고 죽은 듯이 꼼짝하지 않는다. 일단 안전하다고 느끼면, 다시 은신처에서 나와 세상 모험을 시작한다. 어린 생명체는 안전함을 느낄 때 긍정 정서를 일으키고, 더 멀리 나아가 탐색하고 놀면서 자산을 축적하게끔 진화한다. 흥미로운 장난감들이 여기저기 놓여 있는 담요 위에 생후 10개월 된 아기를 앉혀놓으면, 처음에는 몹시 경계하거나 아예 꼼짝도 하지 않는다. 그러다 자기 뒤에 조용히 앉아 있는 엄마를 몇 초마다 어깨 너머로 힐끔힐끔 쳐다보기 시작한다. 안전하다는 것을 확인하고 나서야 아기는 비로소 몸을 움직여 장난감이 있는 곳으로 가서 놀기 시작한다.

이것이 바로 앞서 설명한 안정적인 애착이 얼마나 중요한지를 보여주는 대목이다. 안정적인 애착이 형성된 아이는 애착 관계가 불안한 아이보다 탐색 활동을 먼저 시작하고 능력을 빨리 습득한다. 그러나 언제든 위험이 닥치면 몸을 사리고, 엄마가 보이지 않으면 부정 정서에 휩쓸리기 때문에, 아무리 안정적인 애착을 형성한 아이일지라도 자신의 안전을 지키는 제한된 행동을 하게 마련이다. 따라서 모험을 피하고, 불확실한 사람이나 대상에게서 등을 돌리며, 흐느끼거나 울음을 터트린다. 그리고 엄마의 모습이 보이면 다시 기뻐하며 안정을 찾고 탐색활동을 열심히 한다.

유아기에는 긍정 정서가 많기 때문에 지적·사회적·신체적 자산을 형성하고 축적할 수 있는 토대가 된다는 게 내 생각이다. 긍정 정서는 몇 가지 방법으로 이 역할을 수행한다. 첫째, 긍정적 정서는 직접적으로 호기심을 자아내고, 이 호기심은 다시 능력을 숙달하게 한다. 능력의 숙달은 그 자체로서 '나선형 상승'을 일으켜 더 많은 긍정 정서를 유발하고, 이것은 또다시 더욱 많은 능력의 숙달과 더더욱 많은 긍정 정서의 유발로 이어진다. 그러고 나면 유아는 참된 능력을 저절로 확장하고 구축하게 되어, 처음에는 얼마 안 되던 아이의 자산이 어마어마하게 늘어나게 된다. 반대로 부정 정서를 경험할 때, 유아는 스스로 난공불락의 요새를 만들어 자원을 확충할 기회를 차단해버린다.

지금으로부터 35년 전, 인지 심리치료사들은 우울증 환자를 치료하는 과정에서 부정 정서의 '나선형 하강'을 직접 경험했다.

조이스는 새벽 4시에 잠에서 깨어 오늘 끝마쳐야 할 보고서에 대해 생각했다. 3/4분기 수익 분석 보고서는 이미 제출 기한을 하루 넘겼다. 침대에 누운 채, 마감 기한을 어기는 것을 끔찍하게 싫어하는 상사를 생각하면서 조이스는 암담해졌다. 그리곤 생각했다. '내 보고서 내용이 아무리 훌륭해도 하루 늦게 제출하면 상사가 못마땅해할 거야.' 보고서를 받으면서 얼굴을 험악하게 찌푸리는 상사를 떠올리자 조이스는 정말이지 막막해져 '이것 때문에 해고될지도 몰라'라고 생각했다. 뒤이어 그런 생각을 하는 자신이 몹시 처량하게 느껴지고, '엄마가 일자리를 잃어서 너희를 여름 캠프에 못 보낼지도 몰라' 하고 쌍둥이에게 말하는 자신을 상상하면서 급기야 울음을 터뜨렸다. 이제 헤어날 수 없이 깊은 절망감에 빠진 조이스는 어쩌면 이쯤에서 모든 것을 끝내는 게 좋을지도 모른다고 생각하기에 이르렀다. 그녀의 침실에는 수면제가 있었다.

우울증이 급속히 악화되기 쉬운 것은, 기분이 우울할 때는 부정적인 기억들이 다른 때보다 훨씬 더 쉽게 떠오르기 때문이다. 이런 부정적인 생각은 더 우울하게 만들고, 한층 우울해진 기분은 더더욱 부정적인 생각들을 떠올리게 하는 식으로 계속 이어진다. 따라서 우울증 환자는 나선형 하강을 차단할 방법을 배워야 한다.

그렇다면 긍정 정서의 나선형 상승은 어떻게 이루어질까? 사람은 긍정 정서를 느낄 때 그간 구축해온 지식을 바탕으로 새로운 사고와 행동을 한다. 따라서 창의적이고 폭넓은 사고를 하며, 도전적이고 탐색적인 활동을 하게 된다. 그 결과 더욱더 많은 능력을 터득하게 되어 긍정 정서가 더 많이 확장되고, 더욱더 많아진 긍정 정서는 또다시 한층 다양한 사고와 행동을 이끌어내는 식으로 계속 이어진다. 정말로 긍정 정서의 나선형 상승이 존재하고, 그래서 그 작용을 활용할 수 있다면 매우 행복한 삶을 누릴 수 있을 것이다. 양육의 두 번째 원칙은 바로 더 많은 긍정 정서의 나선형 상승이 일어나도록 유아기의 긍정 정서를 증대하는 것이다.

우리 부부가 채택한 세 번째 양육 원칙은 아이의 부정 정서 못지않게 긍정 정서도 신중하게 받아들이고, 약점 못지않게 강점에도 큰 관심을 기울여야 한다는 것이다. 부정적인 동기가 인간 본성의 근본이며 긍정 정서는 부정적인 동기에서 파생된다고 주장하는 사람들이 있지만, 나는 이 주장을 뒷받침할 만한 근거를 전혀 찾지 못했다. 오히려 나는 진화의 특성이 살인, 강도, 이기심, 사악함을 지속시키는 특성과 도덕성, 협동심, 이타주의, 선량함을 지속시키는 특성, 이렇게 두 가지라고 믿는다. 긍정 특성과 부정 특성이 둘 다 참되고 근본적이라고 여기는 이 양면적 견해가 바로 긍정심리학에서 다루는 동기의 기본 전제이다.

투정부리거나 칭얼거리는 아이를 달래야 하고, 서로 다투는 형제 때문에 속상한 부모에게는 이런 말들이 귀에 들리지 않을 것이다. 그러나 그런 부모도 긍정심리학에서 도출한 자녀 양육의 세 가지 원칙을 적용할 수 있다.

- 긍정 정서는 아이가 살아가면서 훗날 활용할 수 있는 지적 · 사회적 · 신체적 자산을 확장하고 구축해준다.
- 유아기에 자녀의 긍정 정서를 증대시키면 긍정 정서가 나선형으로 상승할 수 있다.
- 자녀가 보여주는 긍정 정서도 부정 정서처럼 아이 본연의 특성이다.

부모의 역할 중에 가장 보람된 일은 자녀의 긍정 정서와 특성을 계발하는 것이지, 부정 정서와 특성을 줄이거나 완전히 제거하는 것이 아니다. 생후 3개월 된 아이가 활짝 웃는 모습이야 굳이 애쓰지 않아도 눈에 띄지만, 그 갓난아이가 친절한지 신중한지는 누구도 파악하기 힘들다.

혼히 긍정 정서는 강점과 미덕보다 먼저 나타나는데, 이것이 바로 강점과 미덕을 계발할 수 있다는 생생한 증거인 셈이다. 이제 유아의 긍정 정서를 계발하는 방법에 대해 살펴보자.


## 아이의 긍정 정서를 계발하는 8가지 방법


### ① 아기와 함께 자기

우리 부부는 라라가 태어났을 때부터 데리고 자기로 했다. 모유를 먹이는 아내로서는 아기를 따로 재우는 것보다 한결 편하고 조금이나마 더 잘 수 있었다. 아내가 처음 이 제안을 했을 때 나는 기가 막혔다.

"내가 며칠 전에 영화를 봤는데, 아이를 데리고 자던 어떤 뚱뚱한 여자가 잠결에 뒤척이다가 아이를 깔아뭉개 죽인 장면이 나오더군. 만에 하나 그런 일이 생기면 우리 결혼생활은 어떻게 되겠소?"라며 반대했다. 그러나 아이를 키우는 문제에서만큼은 대부분 아내가 이겼다. 한 예로 아내는 4명을 낳자고 했고 나는 아이를 전혀 원하지 않았지만 결국 4명을 낳았다. 아이와 한 침대에서 자다보니 좋은 점이 한두 가지가 아니어서 우리는 아이가 태어날 때마다 데리고 잤다. 첫돌을 앞둔 막내 칼리는 지금도 우리 부부와 한 침대에서 잔다.

이 관습이 예부터 전해오는 데는 그만한 이유가 있다.


| 아마이あまい    갓난아이와 부모 사이에는 강렬한 사랑의 유대감, 즉 안정적인 애착이 형성된다. 눈을 뜰 때마다 부모가 어김없이 자기 옆에

있다는 사실을 알면, 아이에게는 버림받을지도 모른다는 두려움이 사라지고 안정감이 싹튼다. 과중한 업무 때문에 하루 종일 떨어져 지낸 부모 입장에서 보자면 아이와 접촉할 수 있는 소중한 시간이 훨씬 더 많아진다. 설령 시간의 효과적인 활용, 이른바 양질의 시간을 보내는 것이 더 중요하다고 믿는 사람일지라도 아이와 함께 있는 시간이 많을수록 서로에게 도움이 된다는 사실을 부인하지 않을 것이다.

부모와 아이가 함께 자면 아이가 잠들 때, 한밤중에 잠에서 깰 때, 아침에 일어날 때 서로 영향을 미친다. 더욱이 한밤중에 깬 아이가 젖을 달라고 오래 울지 않아도 되기 때문에 울음 끝이 긴 나쁜 습성이 생기지 않는다. 이것이 바로 일본의 '아마이', 즉 아이에게 아낌받는다는 믿음을 심어주는 풍습의 핵심으로, 아이는 점차 자라면서 자신이 사랑받는 것이 당연하다는 기대감을 품게 된다. 부모라면 누구나 자신의 아이가 아낌받고 있다는 믿음과 사랑받을 것이라는 기대감으로 살아가기를 바란다. 설령 그 믿음이 잘못된 것일지라도 그런 기대감의 성과는 무엇보다 크다.

| **안정감**  많은 부모가 그렇듯 우리 부부도 자식에 대해 지나치게 걱정이 많은 편이다. 신생아 때 돌연사나 호흡 정지를 일으키지 않을까 우려하는가 하면, 강도, 화재, 홍수, 벌떼 등 쓸데없는 걱정을 하기도 한다. 설령 그런 엉뚱한 걱정이 실제로 일어난다고 해도 부모가 아이를 데리고 잘 경우에는 아이를 구할 가능성이 훨씬 크다. 갓난아이가 잠자던 부모에게 깔려 죽은 사례를 육아 문헌에서는 찾아보기 힘들다.

| **아빠와의 모험**  우리 문화에서 아이를 돌보는 일은 대부분 엄마의 몫이다. 그러다 보니 아이는 엄마와 정서적으로 밀착하게 되고, 아빠는

그 사이에 쉽게 끼어들지 못해 소외감을 느끼게 된다. 아이와 함께 자면 이런 문제를 해결하는 데도 큰 도움이 된다. 아이와 함께 자는 것이 중요한 이유는 신속하고 지속적인 관심을 보임으로써 안정적인 애착을 형성시켜주기 때문이다. 배우자 못지않게 아이에게도 사랑이 깃든 관심을 베푸는 것이 중요하다. 아이가 눈을 뜰 때마다 부모가 옆에 있으면, 부모에 대한 신뢰감을 형성하고, 자신이 부모에게 소중한 존재라는 사실을 인식하게 된다.

### 아이를 데리고 자는 것의 단점

울고 짜증 부리며 고집을 부리는데도 아이를 따로 재워야 할지 우리 부부는 고민했다. 부모와 함께 자면서 온갖 관심과 사랑을 받는 데 익숙해진 아이가 따로 떨어져 혼자 자야 할 때 큰 상처를 입지는 않을까? 그런 한편 어쩌면 아마이, 즉 강렬한 사랑의 유대감, 부모에게 절대 버림받지 않을 것이라는 자신감 같은 안정적인 애착의 토대가 부모로서 지극정성을 쏟은 그 몇 개월 동안 형성될 수도 있다. 이론으로는 어느 한 쪽이 옳다고 할 수 있겠지만, 아주 오랜 옛날부터 아이를 데리고 자던 인류의 습성에서 비롯된 부정적인 결과를 진화가 용인했다고 생각하기는 어렵다.

### ② 동작 따라하기 놀이

우리 부부는 아이들이 첫돌이 될 때까지 온 식구가 동작 따라하기 놀이를 했다. 이 놀이는 무기력에 관한 연구를 하면서 고안한 것이다. 30여 년 전 '무기력 학습' 실험을 할 때, 우리는 피할 수 없는 충격을 받은 동물이 자신이 무슨 일을 해도 아무 소용없다는 사실을 알게 되면 수동적으로 변하고 우울해진다는 사실을 발견했다. 심지어 일찍 죽는 동물도 있었다. 한편 똑같은 충격을 받되 스스로 충격을 통제할 수 있을 때는 동물이든 사람이든 정반대의 결과가 나타났다. 적극적이고 쾌활해지며 건강도 좋아졌던 것이다. 여기서 결정적인 변수는 자신의 행동이 중요하고 그 중요한 결과를 스스로 통제할 수 있다는 사실에 대한 파악, 즉 결과의 가변성이다. 이것은 육아와 직접적인 관련이 있다. 중요한 결과를 스스로 통제할 능력을 익히면 더없이 좋은 결과를 얻지만, 이와 정반대로 자신의 행동과 무관하게 결과가 나타날 때는 수동성, 우울증, 건강 악화를 유발하게 된다.

동작 따라하기 놀이는 아주 쉬워서 언제라도 할 수 있다. 우리 가족은 주로 식사시간이나 차 안에서 이 놀이를 한다. 칼리가 시리얼을 충분히 먹고 난 뒤 식탁을 쿵 칠 때까지 우리는 점심을 먹으면서 기다린다. 칼리가 식탁을 쿵 치면 식구들이 똑같이 따라한다. 그러면 칼리는 다시 식탁을 세 번 친다. 이번에도 온 식구가 칼리의 동작을 그대로 따라한다. 칼리가 웃으며 이번에는 두 손으로 식탁을 한 번 친다. 우리도 똑같이 따라한다. 아이가 소리 내어 웃는다. 잠시 뒤 온 가족이 한바탕 웃음꽃을 피운다. 아울러 칼리는 자신의 행동이 사랑하는 사람들의 행동에 영향을 미칠 수 있다는 사실을 알게 된다. 또한 자신이 중요한 존재라는 점도 깨닫는다.

장난감

우리는 장난감을 고를 때, 동작 따라하기의 원리를 이용하고 몰입을 유발할 수 있는가를 기준으로 삼는다.

첫째, 아이가 하는 행동에 따라 반응하는 장난감을 고른다. 어린아이가 딸랑이를 좋아하는 것은 요란한 소리 때문이 아니라, 자신이 그 요란한 소리를 나게 하기 때문이다. 요즘은 아이의 행동에 따라 반응하는 장난감이 다양해서 나이에 맞게 고를 수도 있다. 그래서 장난감 가게에 가면 아이가 누르면 누르는 대로, 찌르면 찌르는 대로, 잡아당기면 잡아당기는 대로, 소리치면 소리치는 대로 저마다 반응을 나타내는 장난감이 얼마든지 많다.

둘째, 아이의 최고 능력에 맞는 장난감을 골라야 만족과 몰입을 자아낼 수 있다. 그런 만큼 아이의 능력이 일주일마다 성장한다고 할 정도로 발달 속도가 빠르다는 사실을 감안해야 한다. 요즘이야 이런 장난감들이 많으니 여기서는 놓치기 쉬운 장난감 몇 가지만 소개하고자 한다.

| **높이 쌓기 블록**   당신이 블록을 높이 쌓으면 아이가 그 블록을 무너뜨리며 놀 수 있다. 그리고 아이가 조금 더 크면 스스로 블록을 쌓을 수 있다.

| **책과 잡지**   아이들이 찢고 놀기에는 안성맞춤인 장난감이다. 예전의 나는 책을 찢는 걸 절대 용납하지 않았지만, 요즘에는 불필요한 광고 책자가 넘쳐서 그것들을 칼리의 찢기 놀이 장난감으로 활용한다.

| **상자**   아이가 들어가 놀 수 있는 대형 상자를 마련하려고 세탁기나 컴퓨터 같은 물건이 도착하기를 기다리며 시간을 허비할 필요가 없다. 문이나 창문 한쪽을 도려내고, 아장아장 걷는 아이를 그 안으로 들어오게 하면 된다.

놀이란 만족의 원형이다. 나이에 상관없이 놀이를 통해 아이들은 다양한 능력을 익히고 몰입을 경험한다. 이 책에서 굳이 여가 활동이나 놀이를 다룰 필요를 느끼지 않는 것은 어디서든 '전문가'의 조언을 쉽게 얻을 수 있기 때문이다. 따라서 아이를 방해하지 않는 것이면 무엇이든 좋다. 성장 과정에서 되도록 아이를 다그치는 일은 삼가야 한다. 아이가 말을 하고 싶어 할 때는 하고 싶은 말을 다 할 때까지 들어주라. 아이가 놀이에 열중해 있을 때는 무턱대고 그만두게 하기보다 "시간이 다 됐네. 이제 그만하자"라고 말하라. 시간 제한을 두려거든 10분쯤 전에 미리 "이제 10분 남았다"고 알려주는 게 바람직하다.

### 동작 따라하기 놀이의 단점

이 놀이를 너무 일찍, 지나치게 많이 하다가 아이를 응석받이로 키우는 게 아니냐는 우려도 없지 않다. 아이는 실패도 겪어보아야 한다. 슬픈 일, 불안한 일, 화나는 일도 경험할 필요가 있다. 아이가 실패할까 걱정스러운 마음에 부모가 충동적으로 나서면, 아이에게 능력을 습득할 기회를 뺏는 셈이다. 또 아이가 장애물을 만날 때 자긍심을 길러준다는 둥, 충격을 완화시킨다는 둥, 사기를 북돋워준다는 둥의 이유를 내세워 부모가 그 장애물을 뛰어넘도록 도와주면, 결국 아이의 발달을 방해하는 꼴이다. 그리고 이런 능력을 습득할 기회를 박탈하는 것은 부모가 때마다 아이를 무시하고, 수치감을 주고, 신체적 발육을 저해하는 것 못지않게 자긍심을 약화시키는 결과를 초래한다.

따라서 나는 무조건 아이의 기를 살려주어야 한다는 식의 양육 태도가 오히려 자긍심을 저해하는 불행한 결과를 낳는다고 생각한다. 지금까지 부모가 불행을 완화시켜주었기 때문에 아이는 좀처럼 만족과 몰입을 경험하기 힘들었다. 패배감을 맛보지 못하게 함으로써 아이는 승리감을 제대로 누리지 못했다. 적절한 슬픔과 불안을 둔화시켜주었기 때문에, 아이가 걷잡을 수 없는 우울증에 빠질 위험이 컸다. 하찮은 성공을 치켜세움으로써 값비싼 실패를 겪는 세대를 양산했다.

현실 세계는 갓난아기가 지니고 있는 소중한 것을 실현시켜주지 않을 것이니, 유아기라는 보호막을 벗어나면 자신이 실제로 통제할 만한 것이 전혀 없다는 사실에 큰 충격을 받을지도 모른다. 그렇다면 능력 계발에 힘쓰기보다 실패에 대처하는 법을 가르쳐야 하는 것이 아닐까? 이에 대한 내 대답은 두 가지다. 첫째, 아무리 동작 따라하기 놀이를 많이 한다고 해도, 고통이 제거된 작은 세상에서도 아이가 배울 수 있는 실패와 스스로 통제하기 어려운 일들이 굉장히 많다. 전화벨 소리에 놀라 오줌을 싸는가 하면, 엄마가 장 보러 간 사이에 배가 아프다. 유아는 이런 일들을 스스로 처리할 능력이 없다. 둘째, 동작 따라하기 놀이는 기초적인 것이다. 삶의 결정적인 이 시기에 무기력을 가중시킬 것이냐 아니면 동작 따라하기를 더 추가할 것이냐 중에서 선택하라면, 나는 실패를 무릅쓰고 더 많은 능력과 긍정적인 태도를 익힐 수 있는 쪽을 고를 것이다. 이런 꼬투리를 잡는 것 말고 나로서는 다른 단점을 생각하기 힘들다. 동작 따라하기 놀이는 모든 참가자가 쉽게 할 수 있고, 언제 어디서나 할 수 있으며, 긍정적 정서를 증폭시킨다.

### ③ 예스와 노

칼리가 할 수 있는 네 개의 말은 "아아부우(맘마)", "마마(엄마)", "다다(아빠)", 그리고 "굿"이다. 첫돌이 다 된 지금까지 "노"라는 말은 해본 적이 없다. 이 사실이 우리 부부에게는 놀라웠는데, 어린아이들은 긍정적인 말보다 부정적인 말을 훨씬 더 빨리 배우기 때문이다. 아마도 우리가 부정적인 말을 쓰지 않으려고 의식적으로 노력한 덕분일지도 모르겠다. "안 돼"라는 말은 아이의 삶에서 굉장히 중요한 말인데, 이 말에는 제한과 위험이라는 의미가 내포되어 있기 때문이다. 그러나 이 말을 분별없이 사용하다가는 도리어 아이의 발달을 해치는 결과를 낳는다.

부모는 자신을 불편하게 하는 것과, 아이에게 위험하거나 제한해야 할 상황을 혼동하는 경우가 많다. 가령 내가 라라를 얻고 아빠 노릇을 하던 초기에, 그 애가 내가 마시던 냉차 쪽으로 손을 뻗을 때마다 나는 "안 돼!" 하고 고함을 지르곤 했다. 이것은 단지 내가 불편한 상황일 뿐이지, 아이의 행동을 제한해야 할 상황도 아니고 위험한 상황은 더더욱 아니었다. 물컵을 아이의 손이 닿지 않는 곳으로 옮겨놓기만 하면 될 터였다. 나는 이제 의식적으로 더 좋은 방법을 찾는다. 칼리가 내 가슴에 난 털을 잡아당기려 할 때나 집에서 키우는 거북이를 찌를라치면 "안 돼"라는 말 대신 "살짝 당기렴"이나 "살살 하거라"라고 부드럽게 타이른다.

그렇다면 부모가 "안 돼"라는 말을 함부로 쓰지 말아야 할 이유는 무엇일까? 캐나다의 한 여자대학교에서 졸업 축사를 하면서 데이비스 Davies, Robertson는 이렇게 물었다. "당신이 이 앞에 나와 학위 증서를 받는 순간, 당신의 마음에 있는 낱말은 무엇인가요? '노'입니까, '예스'입니까?" 지난 20년 동안 해온 내 작업도 이 질문으로 요약되는 셈이다.

나는 당신의 마음에 하나의 낱말이 담겨 있으며, 그 낱말은 감상적으로 지어낸 말이 아니라고 생각한다. 이 말이 어떻게 생겨났는지 전혀 알 길은 없으나, 짐작하기로는 부모에게 들은 말들이 방울방울 떨어져 맺힌 게 아닐까 싶다. 무슨 일을 할 때마다 분노가 담긴 "안 돼"라는 말을 들은 아이는 새로운 환경에 다가설 때마다 "안 돼"라는 말이 먼저 떠올라 위축되고 자신감을 잃는다.

### '노'를 전혀 사용하지 않을 때의 단점

한 가지 확실한 단점은 절제력이 없고, 예의범절도 모르며, 위험 따위에도 아랑곳없는 영국의 유명한 대안학교 '서머힐Summerhill' 학생에게서 찾을 수 있다. "안 돼"는 엄연히 존재하는 말이다. 뜨거운 물, 칼, 옻나무, 찻길 등에 도사리고 있는 위험을 알릴 때나, 귀한 가구를 긁거나, 음식을 뱉거나, 거짓말을 하거나, 다른 사람에게 해를 입히거나, 개를 못살게 구는 등의 행위를 제약할 때 우리 부부는 단호하게 "안 돼!"라고 말한다. 그러나 단지 아내나 나에게 불편함을 끼치는 정도의 것이라면 되도록 긍정적인 다른 말로 대신한다.

쇼핑할 때 아이들은 "저거 저거 사줘!" 하며 막무가내로 떼쓰기 십상이다. 이런 경우 "안 돼! 절대 안 돼!"라는 말을 하지 않고도 아이의 행동을 제한할 수 있는 좋은 방법이 있다. 비눗방울 한 통을 사려고 장난감 가게에 가면, 아이들은 저마다 갖고 싶은 장난감을 사달라고 조르기 시작한다. 그러면 우리 부부는 이렇게 말한다. "대릴, 네 생일이 두 달 남았구나. 집에 가거든 받고 싶은 선물 목록에 이 비디오 게임기를 써넣자꾸나." 이 방법은 제법 잘 통할뿐더러, 충동적인 요구를 미래지향성으로 바꾸어줄 수 있는 계기도 된다.

### ④ 칭찬과 벌

우리 부부는 선택적으로 칭찬한다. 이를테면 나는 '무조건적인 긍정적 배려'와 '긍정적 배려'를 반반씩 섞는 편이다. 무조건적인 긍정적 배려란 행동의 옳고 그름에 상관없이 무조건 애정 어린 관심을 쏟는 것을 뜻한다. 긍정적 배려는 대개 자녀에게 긍정 정서를 자아내고, 이 긍정 정서는 다시 탐구심과 능력 배양의 밑거름이 된다. 이것은 더없이 좋은 결과이다. 무조건적인 긍정적 배려는 아이가 무엇을 하든 상관없다. 이와는 반대로 제어制御는 조건적인 배려이다. 이 말은 곧 아이의 행동에 따라 결과가 엄격하게 달라진다는 뜻이다. 이 둘의 차이는 판이하게 다르다. 무기력 학습은 불행한 일을 통제할 수 없을 때는 물론, 안타깝게도 좋은 일을 통제할 수 없을 때도 나타난다.

아이가 무슨 일을 하든 상관없이 무조건 칭찬하는 데는 두 가지 위험이 도사리고 있다. 첫째, 어떤 일을 해도 칭찬받을 줄 알기 때문에 아이가 소극성을 띨 가능성이 크다. 둘째, 훗날 정말로 잘했을 때 부모가 진심으로 칭찬을 해도 아이는 그 진가를 모르기 쉽다. 자녀가 좋은 의미에서 다이어트를 꾸준히 할지라도, 부모가 무조건적인 긍정적 배려를 하면 실패와 성공을 통해 스스로 배울 수 있는 아이의 기회를 박탈하는 격이다.

사랑, 온정, 정성은 무조건적으로 베풀어야 한다. 많이 베풀수록 더욱 긍정적인 분위기를 조성하고, 따라서 아이가 더욱더 안정되기 때문이다. 안정감이 클수록 아이는 호기심이 강해져서 새로운 능력을 익히고 싶어 한다. 그러나 칭찬은 다르다. 칭찬은 아이가 잘했을 때만 해야지, 아이의 기를 살려준다고 무턱대고 해서는 곤란하다. 또한 아이가 한 행동에 걸맞게 칭찬해야 한다. 아이가 장난감 자동차에 부품 하나를 끼워 넣으면 박수를 쳐주되, 마치 엄청난 일을 해낸 것처럼 호들갑스런 칭찬은 삼가야 한다. 처음으로 누나의 이름을 말한다거나 야구공을 처음 받는 등 정말로 굉장한 일을 했을 때를 대비하여 극찬은 아껴두는 게 좋다.

벌은 긍정 정서의 유발을 방해하는데, 이는 벌이 자아내는 고통과 두려움 때문이다. 또한 벌은 결국 아이가 눈치를 살피며 맘껏 행동하지 못하게 함으로써 능력 계발을 방해하는 작용도 한다. 그러나 벌은 무조건적인 긍정적 배려만큼 문제가 심각하지는 않다. 행동주의 심리학자 스키너는 벌이 비효과적이라고 주장했지만, 이것은 옳지 않다. 바람직하지 않은 행동을 할 때 불쾌한 일을 겪게 하는 벌은 그러한 행동을 제거하는 데 매우 효과적이라는 사실이 숱한 실험을 통해 입증되고 있다. 잘못된 행동을 고치는 데 벌만큼 효과적인 방법도 없을 것이다. 그런데 문제는 무엇 때문에 자신이 벌을 받고 있는지 아이가 모르는 경우가 많아서, 벌을 받을 때의 두려움과 고통을 벌주는 사람과 전체 상황에 연결시킨다는 데 있다. 이렇게 되면 아이는 모든 일에 두려움을 갖게 되어 위축되고, 벌로 내려진 구체적인 행위는 물론 벌을 주는 부모까지 회피하게 된다.

아이가 자신이 벌을 받고 있는 이유를 분명하게 인식하지 못하는 까닭은 쥐를 실험할 때 사용한 '안전 신호'로 설명할 수 있다. 이 실험에서는 전기 충격과 같은 회피해야 할 사건이 일어나기 직전에 시끄러운 음악소리로 쥐에게 신호를 보냈다. 이 음악소리 뒤에는 영락없이 위험한 일이 생겨서, 그 음악소리를 들은 쥐는 두려워하는 행동을 보인다. 여기서 주목할 것은 음악소리가 들리지 않을 때는 절대로 전기 충격을 가하지 않는다는 사실이다. 따라서 음악소리가 들리지 않을 때는 언제나 안전하다는 것을 의미하기 때문에, 이때 쥐는 편안하게 활동한다. 위험 신호의 존재 가치는 안전 신호도 있음을 의미하는 데 있다. 확실한 위험 신호가 없다면 확실한 안전 신호도 있을 수 없기 때문에 쥐는 항상 두려움에 떨게 된다. 1분간 음악소리를 들려주는 것과 거의 동시에 전기 충격을 가하면, 쥐는 그 음악소리가 들리는 동안 두려움에 사로잡히지만 나머지 시간에는 정상적으로 활동한다.

벌이 효과가 없을 때는 아이에게 보내는 안전 신호가 불분명하기 때문이다. 아이를 벌할 때는 위험 신호를 명확하게 알려줌으로써 안전 신호도 있다는 사실을 아이에게 인식시켜야 한다. 그러려면 자신이 어떤 행동 때문에 벌을 받고 있는지 아이에게 정확하게 알려주어야 한다. 이때는 잘못된 행동만 지적해서 나무라야 한다.

우리 부부는 적어도 다른 효과적인 방법이 있을 때는 벌을 주지 않는 편이다. 부모가 벌주고 싶은 맘이 굴뚝같을 때는 아이가 계속 징징대거나 심통을 부릴 때다. 그러나 네 살이 넘은 아이에게는 다른 좋은 방법이 있다. 우리가 '웃는 얼굴'이라고 부르는 방법을 여기 소개한다.

---

네 살인 대릴이 사나흘 동안 내내 징징거리며 심통을 부렸다. 10분 더 놀다가 자겠다는 것이었다. 다음날 아침, 아내가 대릴을 앉혀놓고 종이에 입이 없

는 얼굴 하나를 그리며 묻는다.

"대릴, 잠잘 때 어떤 표정을 지었지?"

그러자 대릴이 아내가 그려둔 그 입 없는 얼굴에 잔뜩 일그러진 입을 그려 넣는다.

"왜 그렇게 입을 일그러뜨리고 잤는데?"

"잠 안 자고 계속 놀고 싶어서요."

"그래서 입을 일그러뜨리고, 징징거리고, 엄마에게 심술부린 거네. 내 말이 맞지, 대릴?"

"네…."

"우리 아들이 바라는 게 뭘까? 네가 징징거리고 심술부리면 엄마가 10분 더 놀게 해주는 거니?"

"아니에요."

아내가 입 없는 얼굴을 또 하나 그리며 묻는다.

"네가 잘 시간에 안 자고 더 오래 놀도록 허락해줄 때 엄마 표정은 어떨까?"

"웃는 표정이요?"

그러길 바란다는 듯, 대릴은 환히 웃는 입을 그린다.

"정말? 그래, 노력해볼게. 늘 그런 것처럼 이 그림대로 될 거야."

그리고 아내는 정말 그림대로 한다.


따뜻하고 활기 넘치는 분위기, 확실한 안전 신호, 무조건적인 사랑, 조건부 칭찬, 웃는 얼굴, 그리고 다양한 즐거운 일은 모두 자녀의 긍정적 정서를 싹틔울 밑거름이다.

### 선택적 칭찬과 벌의 단점

이것의 단점은 자기 아이들이 항상 행복하게 느끼게끔 해주려는 부모의 자연스런 욕망이 충족되지 않는다는 점이다. 아이는 부모가 꾸짖거나 칭찬이 부족할 때 절망할 것이다. 이것은 큰 손실이다. 그러나 자칫 버릇없는 아이로 자라게 할지도 모르는 '좋은 일에 대한 무기력 학습'을 방지하고 부모에 대한 신뢰감을 아이에게 심어주는 것이 이러한 손실보다 훨씬 더 중요하다. 확실한 안전 신호가 있는 벌의 단점도 이와 마찬가지다. 어느 부모가 자식이 불행해하기를 바라겠는가. 그렇지만 잘못된 행동과 위험한 행동은 미리 제거하는 것이 훨씬 더 중요하다.

### ⑤ 형제간 경쟁심리

큰애가 갓 태어난 동생 때문에 위기감을 느끼고 동생을 미워하는 것이 당연하다는 통념으로 본다면 어른이 되어도 형제 관계가 불편할 수 있다는 유추가 가능하다. 이 근거 없는 주장은 긍정심리학과 일반 심리학의 차이를 단적으로 보여주는 더없이 좋은 예이다. '부정적' 심리학에서는 인간의 비열함을 보편적이라고 주장하지만, 사실 이런 주장은 전쟁 시나 사회적으로 혼란을 겪을 때, 또 가난에 허덕일 때 존재했던 연구단체나, 심리장애로 고통 받는 사람들의 치료법을 찾기 위해 고심한 단체에서 제기되었을지 모른다.

사랑과 배려가 부족한 가정에서 부모의 사랑을 차지하기 위해 제로섬 게임을 할 때 형제끼리 치열한 경쟁을 벌이는 것은 전혀 놀랄 일이 아니다. 젖먹이 동생이 더 많은 사랑을 차지하면 큰애 몫의 사랑은 그만큼 적어지기 때문이다. 사랑, 배려, 우선순위를 차지하기 위한 경쟁은 갖가지 부정 정서─죽이고 싶은 증오, 터무니없는 질투, 잃어버릴 것만 같은 슬픔, 버림받을지도 모른다는 두려움 등─를 자아낸다. 프로이트와 프로이트 학파는 이런 환경에서 형제간 경쟁심리를 연구한 게 분명하다.

그러나 사랑과 배려가 아주 적지만 않다면, 형제간 경쟁심리는 훨씬 적을 것이라는 사실을 사람들이 미처 모르고 있는 듯하다. 때때로 불편함을 감수해야 할지라도, 사랑과 배려가 넘치는 가정에서는 형제간 경쟁은 절대 불가항력이 아니다. 큰애에게 자기 존재의 소중함을 일깨워 줄 수 있는 효과적인 방법도 있다.

---

이렇게 말하는 나도 정작, 병원 신생아실에서 갓 태어난 니키를 데리고 집에 도착한 직후 5분 동안 아내가 치르는 의식을 걱정스런 눈으로 바라보고 있었다. 아내는 2년 6개월 된 라라를 침대 위에 앉힌 다음 베개로 아이 주위를 에워 쌌다. 그제야 안심한 아내는 태어난 지 36시간 된 니키를 무릎 위에 앉히며 말했다. "라라, 네 두 팔을 뻗어봐." 아내는 그 후로 대릴, 칼리가 태어날 때도 큰아이에게 갓 태어난 동생을 안아보게 하는 의식을 어김없이 치렀다.

이 의식은 언제나 효과가 있었다. 우리 집 큰아이들은 환하게 웃으며 갓 태어난 동생을 안아주었다. 내가 걱정한 것처럼 뭉개거나 떨어뜨리는 일은 없었다.

아내가 이런 의식을 치르는 것은, 모든 아이는 자신을 소중한 존재로 인정하고 믿어주며, 누구와도 바꿀 수 없는 특별한 사람으로 대우받기를 바란다고 믿기 때문이다. 아이의 이런 기대감이 어긋날 때 경쟁심리는 쉽게 뿌리내린다. 니키가 태어난 직후 우리 부부는 라라에게서 그런 경쟁심리의 씨앗이 싹트는 것을 보았다.

―――

니키가 태어난 뒤 처음으로 포커를 하던 날 밤, 우리 집에 들어선 사람들은 저마다 갓난아이를 내려다보며 의례적인 찬사를 보냈다. 자기가 동생 옆에 앉아 있는데도 아무도 거들떠보지 않자 라라는 풀이 죽어 있었다.

그 다음날 아침, 라라가 방에 들어와 동생에게 젖을 물리고 있는 엄마에게 휴지 한 장을 달라고 했다. 그걸 본 나는 "라라, 그런 건 혼자서도 할 수 있잖니. 엄만 지금 동생 젖을 주고 계시잖아"라며 나무라는 투로 말했다. 라라는 울음을 터뜨리며 뛰쳐나갔다. 그날 오후 아내가 니키의 기저귀를 갈고 있는데 라라가 들어와서 "나, 니키 미워" 하더니 제 엄마의 다리를 꽉 깨물었다.

이건 심리학자의 이론이나 아내가 치른 의식을 언급할 필요도 없이, 형제간 경쟁심리가 발동한 것이었다. 그날 저녁 니키의 기저귀를 갈기 전에 아내는 라라를 옆으로 불러 앉히며 이렇게 말했다.

"니키는 정말로 네 도움이 필요하단다. 엄마도 그렇고 말이야."

아내와 라라는 이내 한 팀이 되어 기저귀 갈아주기를 시작했다. 아내가 젖은 기저귀를 벗기는 동안 라라는 니키의 밑을 닦아줄 깨끗한 수건을 가져왔다. 그런 다음 아내가 니키의 엉덩이를 닦아주는 동안, 라라는 젖은 기저귀를 버리고 새 기저귀를 가져왔다. 아내가 새 기저귀를 채운 다음, 아내와 라라는 함께 손을 씻었다. 처음에는 아내 혼자 할 때보다 시간이 두 배나 더 걸렸다. 그러나 그깟 시간이 대수랴.

프로이트 학파는 채 세 살도 되지 않은 라라를 이런 식으로 대하는 것이 더 큰 모욕이라고 가슴 아파할지 모르겠다. 새로운 경쟁자에게 봉사하는 성가신 일을 하나 더 맡긴 셈이라고 말이다. 그러나 라라가 새로운 책임을 맡으면서 자신이 얼마나 중요하며 신뢰받는 존재인지 느끼게 될 것이며, 그로써 라라는 안정감과 자기 존재의 소중함을 알게 될 것이라고 우리는 믿었다.

———

그로부터 7년쯤 지난 뒤 라라가 롤러스케이트를 타다가 팔이 부러졌다. 이제 니키가 언니에게 보답할 차례가 온 것이었다. 니키는 테니스도 잘하고 공부도 잘하는 언니 그늘에 가려 늘 기죽어 지냈다. 그러나 니키의 대표 강점을 꼽자면 다른 사람을 따뜻이 보살펴주는 마음과 친절함이었다. 니키는 대릴에게 색칠하기와 알파벳을 열심히 가르쳐주었다. 그래서 아내는 니키의 이런 대표 강점들을 질투심을 없애는 데 활용했다. 니키는 라라의 보모 노릇을 했다. 언니에게 치약을 짜주는가 하면, 신발 끈도 묶어주고, 머리까지 빗겨주었다. 온 가족이 수영장에 갔을 때, 니키는 서툰 솜씨나마 헤엄쳐 가서, 라라가 수영할 때 깁스가 물에 닿지 않도록 잡고 있었다.

긍정 정서는 나선형 상승뿐만 아니라 나선형 파급도 일으킨다. 이처럼 지극 정성을 다해 언니의 보모 노릇을 하면서 니키의 기분은 전체적으로 좋아졌을 뿐만 아니라, 자신도 할 수 있다는 자신감이 다양한 활동에도 영향을 미쳤다. 이후 니키의 성적이 두드러지게 좋아졌고, 한 번도 해본 적이 없는 근사한 테니스 타법을 어느 날 갑자기 선보이기도 했다.

열 살 전후가 되면 아이마다 특별한 강점이 뚜렷이 드러나는데, 이러한 강점을 발휘하게 하면 형제간 경쟁심리를 완화시킬 수 있다. 우리 부부는 아이들의 강점을 기준으로 집안일을 맡긴다. 집안일이라니 좀 엉뚱하게 들릴 수 있지만, 1939년부터 1944년까지 하버드를 졸업한 사람들과 소머빌에 사는 도시 빈민을 대상으로 각각 젊은 시절부터 죽을 때까지의 삶을 추적하여 대규모 조사를 벌였다. 베일런트 교수는 이 조사를 통해 유아기에 집안일을 돕는 경험이 성인기의 성공을 정확히 예측할 수 있는 잣대라는 결론을 내렸다. 어려서 집안일을 돕는 것은 성인기의 긍정적인 정신건강을 일찍 예측할 수 있는 잣대가 된다. 따라서 아이에게 집안일을 돕게 하는 것이 중요하다.

그러나 누구에게 어떤 일을 맡기느냐가 관건이다.

———

친절하고 남을 잘 돕는 니키는 애완동물을 맡는다. 덩치 큰 잉글랜드산 개 바니와 로지에게 사료를 주고, 빗질도 해주고, 비타민도 먹인다. 게다가 러시아산 거북이 에이브를 데리고 산책하기도 하고, 어항 청소도 한다. 무엇이든 완벽하게 해야 직성이 풀리는 부지런한 라라는 아주 반듯하게 침대를 정리한다. 대릴은 설거지 담당인데, 어찌나 장난이 심한지 사방에 물을 흩뿌리고 음식을 쓰레기통에 던져 넣으며 신나한다.

이렇듯 우리 부부는 베일런트 교수의 현명한 조언에 따라 아이마다 고유한 강점을 살릴 수 있는 집안일을 맡기는 것으로 형제간 경쟁심리를 방지했다.

### 형제간 경쟁심리를 방지할 때의 단점

형제간에 경쟁심리가 작용하는 건 사실이다. 사랑과 배려가 부족한 가정환경에서는 특히 심하다. 좋은 육아 서적에서도 권하듯이, 이를 예방하기 위한 가장 좋은 방법은 사랑과 배려가 넘치는 단란한 가정을 일구는 것이다. 내 포커 친구들이 스포크Spock 박사나 리치Leach, Penelope가 쓴 육아 서적을 읽었더라면, 갓 태어난 니키에게뿐 아니라 옆에 앉아 있던 라라에게도 관심을 기울였을 것이다. 그러나 사랑과 관심은 현실적으로 시간과 자녀수에 따라 제한된다. 일 욕심이 유난히 많았던 나로서는 다른 사람들에게 일하는 시간을 줄이고 아이들과 더 많은 시간을 보내라고 충고할 염치는 없다. 대신 다른 방법이 있다. 내가 보기에 형제간 경쟁심리를 일으키는 주원인은 부모에게 관심을 받지 못할 것이라는 아이의 두려움이다. 동생을 돌본다는 것은 사실 큰아이들에게 책임감을 길러주고 신뢰감을 쌓을 수 있는 계기가 될 수 있다.

이런 해결 방식에 잠재해 있는 위험은 큰아이가 자신에게 주어진 책임을 자칫 강요로 받아들일 수 있으며, 그럴 경우 더욱 큰 앙심을 품을 수 있다는 이론적 가능성이다. 나는 우리 아이들에게 이런 경우를 본 적이 없지만, 큰아이에게 맡긴 책임이 상징적인 것이 아니라 정말로 성가시고 버거운 일일 때는 이런 일이 일어날 수도 있다.

### ⑥ 잠자리 활동

아이가 잠들기 직전의 몇 분은 하루 중 가장 소중한 시간이다. 그런데 형식적인 키스, 짤막한 기도 등 의례적인 행동으로 이 시간을 낭비하는 부모가 많다. 우리 집에서는 아이들이 잠들기 전 15분을 '잠자리 활동'으로 이용하는데, 이것은 텔레비전을 보거나 이런저런 집안일을 하는 것과는 비교도 안 될 만큼 소중하다. 우리 집의 경우 '가장 즐거웠던 일 생각하기'와 '꿈나라 여행 준비'를 한다.

### 가장 즐거웠던 일 생각하기

장난감 가게에서 원하는 것이라면 무엇이든 가질 수 있는데도 아이의 정신세계는 여전히 어둡다. 결국 정말로 중요한 것은 그 작은 머리에 긍정적인 생각이 얼마나 많이 들어 있느냐이다. 아이들은 하루를 지내면서 좋은 생각과 나쁜 생각을 얼마나 할까? 긍정적인 기억, 기대, 믿음이 많을 때 부정적인 기분을 느끼기 힘든 것처럼, 부정적인 생각들이 가득한데 긍정적인 기분을 유지하기란 불가능하다. 그렇다면 아이가 하루에 갖게 되는 긍정적인 생각과 부정적인 생각은 정확히 몇 가지나 될까?

피츠버그 대학의 심리학 교수인 개러모니Garamoni, Gerg와 슈워츠Schwartz, Robert는 사람들이 갖고 있는 좋은 생각과 나쁜 생각의 수를 헤아려보고 그 비율을 계산해보는 실험을 한 적이 있었다. 두 연구자는 기억, 환상, 설명 등 다양한 방법으로 '생각'의 수를 헤아렸다. 27가지의 연구를 다각적으로 실시한 결과 우울한 사람은 좋은 생각과 나쁜 생각의 비율이 1 대 1이라는 사실을 알아냈다. 우울하지 않은 사람들은 좋은 생각이 나쁜 생각의 두 배 정도였다. 이런 주장이 언뜻 보기에는 단순한 것 같지만 그 의미는 매우 중요하다. 이를 뒷받침해주는 임상실험 결과도 있다. 치료를 받은 우울증 환자는 원래의 1 대 1에서 2 대 1로 좋은 생각이 늘어난 반면, 치료를 받지 않은 사람은 1 대 1 수준에 머물러 있다.

우리 부부는 아이들이 자라면서 스스로 내면화하기를 바라며 '가장 즐거웠던 일 생각하기' 시간을 긍정적인 마음자세를 형성하는 데 활용한다.

아내는 불을 끈 뒤 라라, 니키와 나란히 잠자리에 눕는다.

———

아내 : "사랑하는 라라, 오늘 어떤 일이 즐거웠니?"

라라 : "리아랑 안드레아랑 공원에 가서 논 것, 장난감 집에서 과자 먹은 것, 수영장에 가서 아빠랑 다이빙한 것이 즐거웠어요. 또 점심 먹을 때 내 손으로 직접 접시를 들고 온 것도 좋았어요."

니키 : "난 딸기 아이스크림 먹을 때 신났어요."

라라 : "대릴과 장난감 차 가지고 놀 때, 옷 벗고 팬티만 입고 있을 때요."

니키 : "저도요."

라라 : "낱말 읽기, 강에서 노 젓는 사람 구경한 거랑 길에서 롤러블레이드 타는 사람들 구경한 것, 또 아빠랑 영화관에 가서 표를 살 때 내가 돈을 낸 것."

아내 : "그리고 또?"

라라 : "저녁에 대릴이랑 까꿍 놀이한 것, 니키와 욕조에서 인어공주 놀이한 것, 아빠랑 아주 큰 기계에서 논 것, 바니가 하는 행동을 지켜본 거요."

니키 : "저도 그래요. 전 바니가 좋아요."

아내 : "그럼 나빴던 일은 뭐였지?"

라라 : "대릴이 내 등을 물었어요."

아내 : "저런, 아팠겠구나."

라라 : "굉장히 많이요."

아내 : "그래, 대릴이 아기여서 그랬을 거야. 깨무는 건 안 된다는 걸 우리가 가르쳐줘야겠다. 내일 아침부터 시작하자꾸나, 알겠지?"

라라 : "네, 엄마. 그리고 또 나빴던 건 리아의 토끼가 죽은 거랑요, 니키가 우리 레디(개 이름)가 잡아먹으려고 자꾸 괴롭혀서 바니가 죽었다고 말했을 때요."

아내 : "저런, 정말 싫었겠구나."

라라 : "너무너무 끔찍했어요."

아내 : "엄마도 니키가 한 말은 맘에 들지 않지만, 니키가 어려서 그냥 지어낸 이야기겠지. 토끼가 죽은 건 슬프지만, 그 토낀 너무 늙고 병들었잖아. 리아 아버지께서 예쁘고 건강한 다른 토끼를 사주실 거야."

라라 : "그럴지도 몰라요."

아내 : 오늘은 좋은 일이 아주 많았던 것 같구나."

라라 : "좋은 일이 몇 가지예요, 엄마?"

아내 : "어디 보자, 한 열다섯 가지쯤?"

라라 : "그럼 나쁜 일은요?"

아내 : "두 가지쯤 될 것 같은데?"

라라 : "와, 하루에 좋은 일이 열다섯 가지나 있었다니. 엄마, 우리 내일은 뭐 할까요?"

아이들이 어느 정도 자라자, 그날 한 일을 정리하고 내일 할 일을 계획하는 활동을 추가했다. "내일은 뭐 하고 싶은데? 리아네 토끼 구경할 거니?"라는 식으로 내일 할 일을 미리 생각해보게 하려고 노력했지만,

서너 살 때는 시기상조였던 모양이다. 이때는 내일 할 일을 생각하며 너무 들떠서 잠을 제대로 못 잤다. 만 5세부터는 이 방법이 효과를 보이기 시작하는데, 이것은 미래지향성을 길러주는 데도 좋다.

### 꿈나라 여행 준비

잠에 빠져들기 직전에 아이가 한 마지막 생각이 선명한 영상과 정서로 이어지면, 이것이 곧 꿈을 잣는 실이 된다. 꿈과 감정의 상관관계를 밝힌 과학적인 문헌들이 많다. 꿈의 내용은 우울증과 관계가 깊다. 우울증에 걸린 어른이나 아이는 상실, 패배, 거부 등으로 가득 찬 꿈을 꾼다. 흥미로운 사실은 모든 우울증 치료제에는 꿈꾸기를 차단하는 성분이 들어 있다는 것이다. 내가 이 '꿈나라 여행 준비' 놀이를 하는 것은 '행복한 꿈'을 꾸기를 바라는 마음과 아울러 긍정적인 마음자세를 형성할 수 있는 토대를 마련해주고 싶기 때문이다.

먼저 나는 우리 아이들에게 각자 아주 행복한 그림을 상상해보라고 한다. 아이들은 하나같이 금세 떠올리는데, 특히 '가장 즐거웠던 일 생각하기'를 한 다음에는 더욱 잘한다. 한 명씩 돌아가며 자신이 상상한 그림을 설명하고 나면, 나는 각자 자신이 상상한 그림에 정신을 집중하고 그림의 제목을 정하게 한다.

―――――

대릴은 동생 칼리가 멀리서 뛰어와 자신의 배를 머리로 들이받는 놀이를 상상한다. 자신이 뒤로 넘어지는 모습을 보고 칼리가 깔깔대며 좋아하는 상상. 대릴은 자신이 상상한 그림에 '머리 들이받기'라는 제목을 붙인다.

그러면 나는 최면을 거는 듯한 목소리로 지시한다. "이제 너희가 잠 속으로 빠져들 때, 이 세 가지를 하거라. 첫째, 아까 상상한 그림을 계속 떠올릴 것. 둘째, 잠이 들 때까지 그림의 제목을 되뇔 것. 셋째, 그 그림에 관한 꿈을 꾸도록 노력할 것."

나는 이렇게 하면 아이들이 잠자기 전에 상상했던 것과 관련된 행복한 꿈을 꿀 가능성이 높다는 것을 알았다. 이따금 대규모 워크숍에서도 이 방법을 활용하는데, 정말 효과가 크다.

### 잠자리 활동의 단점

딱 한 가지 단점이라면 자기 혼자만의 시간으로 이용할 수 있는 잠자기 전 15분을 포기해야 한다는 것이다. 그러나 과연 아이들과 잠들기 전 활동을 하는 것보다 더 소중한 혼자만의 시간을 가질 수 있을지는 의문이다.

### ⑦ 거래하기

나는 아이들에게 긍정적 태도를 확실하게 강화시킬 수 있는 정말 좋은 방법을 딱 한 가지 발견했다. 그건 바로 찌푸린 얼굴을 웃는 얼굴로 바꿔주는 것이다. 우리 아이들은 모두 "저거 갖고 싶어"나 "이거 사줘"라며 떼쓰다가 나중에는 마지못해 "사주세요, 네?"라고 간청하던 시기를 거쳤다. 그러나 그 간청도 대개 인상을 쓰거나 투덜거리면서 했다. 그래서 우리 부부는 얼굴을 찌푸린 채 사달라고 할 때는 절대 안 들어주고, 대신 밝게 웃으며 할 때는 승낙할 수도 있다는 인식을 아이들에게 심어주었다.

그러나 실제 생활에서 긍정 강화를 적용하려면 엄청난 시간을 투자해야 하는데다 보상을 주는 사람도 상당한 능력을 갖추어야 하기 때문에 사실상 효과를 거두기 힘들다. 이 사실을 감안하면, 라라가 한 살 때 "아빠"라는 말을 처음 했을 때 그 보상으로 아이에게 키스 세례를 퍼붓자 언뜻 즐거워하는 것처럼 보이면서도 어리둥절해하는 모습이 내게는 작은 충격이었다. 아이는 계속 즐거워했지만 "아빠"라는 말은 다시 하지 않았던 것이다. 이러한 경험에도 아랑곳없이, 육아 세계에서는 강화 이론을 주장한 스키너가 옳으며, 바람직한 행동을 긍정적으로 강화하는 것이 아이를 키우는 방법이라고 굳게 믿었다.

아내 맨디는 소신을 굽히지 않는다. 심리학을 전공한 사람이면서도 긍정적 강화 이론의 타당성을 부정하는 것이다.

"이건 아이들에게 아무런 효과도 없어요. 애들은 과거에 받은 보상을 또 받고 싶어 하지 않으니까요. 아장아장 걸어다니는 두어 살 된 어린 애들조차 앞날을 내다본다니까요. 적어도 우리 애들은 그래요. 정작 아이들의 머릿속에는 자신들이 원하는 것을 얻을 생각뿐이라고요."

부모라면 누구나 아이가 대여섯 살 무렵에는 도저히 참기도 힘들고, 그렇다고 억지로 그만두게 할 수도 없는 퇴행적 행동을 한다는 것을 겪어보았을 것이다.

─────

니키에게는 그것이 숨기였는데, 이 퇴행적 행동이 거의 일주일 동안이나 계속되었다. 하루에도 서너 번씩 니키는 허름하기 짝이 없는 커다란 우리 집 어딘가에 꽁꽁 숨곤 했다. 젖먹이 대릴을 돌보고 있던 아내는 니키를 목청껏 부르며 "아빠 모시러 갈 시간이야"라고 말하는 게 일이었다. 그래도 니키는 대답도 없고 나오는 법도 없었다. 라라에게 대릴을 맡긴 채 아내는 악을 쓰고 니키를 부르며 집 안이며 정원을 뒤지고 다녔다.

마침내 그런 일이 반복되면서 날이 갈수록 분노와 좌절감이 커진 아내는 니키를 찾으면 모질게 꾸짖었다. 온갖 수단을 동원해도 소용없었다. 니키에게 더 애틋한 관심을 베풀어도 보고, 모른 척 외면도 해보고, 고함도 쳐보고, 자기 방에 혼자 있게 하는 벌도 줘보고, 찾아내자마자 엉덩이를 때려도 보고, 꽁꽁 숨어 있는 것이 얼마나 엄마를 힘들게 하고 위험한 짓인지 타일러도 보았지만 아무 소용이 없었다. 이를테면 스키너의 '정적 강화positive reinforcement' 와 '부적 강화negative reinforcement' 가 전혀 효과가 없었던 것이다. 니키의 숨는 행동은 갈수록 심해졌고, 스스로 자신의 행동이 잘못되었다는 걸 알면서도 계속했다.

"이젠 더는 못 참겠어요"라며 아내는 내게 넋두리했다. 아침식사를 하면서 아내는 니키에게 차분히 물었다.

"니키, 엄마랑 거래할까?"

니키는 반 년 동안이나 보피프 바비 인형을 사달라고 졸랐다. 이 인형은 꽤 나 비싸서 니키의 생일 선물 목록 1호로 적어놓긴 했지만, 생일이 되려면 아직도 5개월이나 남아 있었다. 궁금한 얼굴로 바라보는 니키에게 아내는 이렇게 제안했다.

"오늘 아침에 보피프 바비 인형을 사러 갈 거야. 그렇지만 먼저 네가 약속할 게 두 가지가 있어. 하나는 숨지 않기. 또 하나는 엄마가 널 부르면 곧장 달려오기. 할 수 있겠니?"

"우와, 그럼요!"

니키가 좋아라 하며 동의했다. 그러자 아내가 다시 못 박듯 말했다.

"그런데 다짐해둘 게 있어. 만일 엄마가 부르는 즉시 오기로 한 약속을 한 번 어기면 일주일 동안 바비 인형을 갖고 놀지 못해. 두 번 어기면 그땐 영원히 바비 인형을 다른 데로 보내버릴 거야."

그 뒤로 니키는 다시는 숨지 않았다. 3달러짜리 구피 인형을 사달라며 끝없이 징징거리던 대릴에게도 이 방법을 썼더니 역시 효과 만점이었다. 그리고 이 방법을 두 번 더 썼다. 그러나 '거래하기'는 평범한 보상이나 벌로는 도무지 해결하지 못할 때만 사용하는 최후 수단이었다. '거래하기'는 아이가 좋아서 펄쩍 뛸 만큼 예기치 않은 선물을 제안함으로써 퇴행적 행동의 나선형 하강을 차단한 다음, 갈망하던 선물을 잃게 될지도 모른다고 위협함으로써 바람직한 행동을 강화하는 것이다. 여기서 무엇보다 중요한 것은 퇴행적 행동을 차단할 만한 긍정 정서를 유발하는 것이다. 만일 약속을 어길 경우 일주일 동안 바비 인형을 갖고 놀 수 없노라고 니키에게 다짐을 해둔 것도 이런 이유 때문이다.

네 살배기와 거래하는 행위에는 몇 가지 중요한 의미가 함축되어 있다. 부모도 아주 어린 자녀와 계약을 할 수 있다는 것, 보상은 문제의 행동이 긍정적으로 강화된 다음이 아니라 먼저 줄 수도 있다는 것, 아이도 만일 자신이 잘못하면 스스로 한 약속도 지키지 못하고 새로 얻은 값진 선물도 잃게 될 거라며 앞날을 생각할 수 있다는 것이다. 요컨대 거래하기를 통해 아이의 미래지향성이 크게 향상될 것이다.

### 거래하기의 단점

이것은 함부로 사용해서는 절대 안 되는 조심스런 방법이다. 자칫 아이에게, 결코 얻을 수 없는 것을 부모에게 얻어내는 가장 확실한 방법이라고 믿게 하는 역효과를 초래할 수 있기 때문이다. 아내와 나의 경우에는 그야말로 속수무책일 때만 사용하고, 한 아이에게 두 번 이상 사용하지 않는다. 먹기, 잠자기, 청소하기 등 하찮은 일들로 '거래'해서는 안 된다. 또한 거래 조건은 철저히 이행해야 한다. 만일 니키가 약속을 어겼다면 그 보피프 바비 인형은 지금쯤 구세군 회관에서 잠자고 있을 것이다.

### ⑧ 새해 각오

우리는 해마다 아이들과 함께 새해의 각오를 정하고, 여름 중순에는 이에 대한 중간 평가까지 한다. 지금까지 새해 각오 중 그럭저럭 절반 정도는 실천한 셈이다. 그러나 긍정심리학 작업에 착수하면서, 나는 우리 가족의 새해 각오가 자못 의례적이라는 사실을 깨달았다. 자신의 결점을 고치겠다거나 새해에는 절대로 하지 않겠다는 식의 결단으로 일관되어 있었던 것이다. 나는 동생들을 괴롭히지 않겠다, 엄마 말씀을 더 잘 듣겠다, 커피에 설탕을 네 스푼 이상은 넣지 않겠다, 징징거리지 않겠다 등등.

금지사항은 삶의 걸림돌이다. 아침에 일어나서 사탕 금지, 장난 금지, 도박 금지, 술 금지 등 금지사항 목록을 훑어보는 것은 긍정적인 태도를 함양하는 데 전혀 도움이 되지 않는다. 약점의 개선이나 삼가야 할 행동들로 이루어진 새해 각오도 이와 마찬가지로 활기찬 한 해를 시작하는 데 방해가 될 뿐이다. 따라서 올해는 우리 가족의 새해 각오를 강점을 축적할 수 있는 긍정적인 목표로 정하기로 했다.

———

대릴 : 나는 올해 피아노를 배울 것이다.

엄마 : 나는 현악기 이론을 배워서 아이들에게 가르치겠다.

니키 : 나는 발레를 열심히 연습해서 장학생이 되겠다.

라라 : 나는 「스톤 수프Stone Soup」 지에 동화 원고를 보낼 것이다.

아빠 : 나는 긍정심리학에 관한 책을 써서 생애 최고의 해로 만들겠다.

우리는 다음 주에 중간 평가를 하기로 했는데, 이 중 네 가지는 계획대로 진행된 듯하다.

## 내 아이의 강점 찾기

지금까지 유아의 긍정적 정서를 높이는 방법에 대해 살펴보았다. 그 근거로 긍정 정서는 호기심을 낳고, 호기심이 커지면 다양한 능력을 익히게 되고, 그 능력이 숙달되면 더 많은 긍정 정서를 자아내며, 아울러 부모는 자녀의 대표 강점을 발견할 수 있게 된다. 그런 만큼 7세 이하의 자녀를 긍정적으로 키우기 위해 부모가 해야 할 중요한 일은 긍정 정서를 증가시키는 것이다. 7세쯤 되면 아이의 대표 강점이 두드러지게 나타나기 시작한다.

다음 아동의 강점 검사는 자녀의 강점을 계발하는 데 큰 도움이 될 것이다.

웹사이트에서 직접 검사를 받는 것이 가장 좋다. 검사가 끝나는 즉시 자세한 피드백을 받을 수 있기 때문이다. 웹사이트 www.authentichappiness.org 를 방문하여 자녀의 강점 검사를 해보라.

인터넷을 사용하지 않는 독자를 위해 약식 검사를 여기에 소개한다. 자녀가 10세 이하일 경우에는 큰 소리로 읽어주고, 그 이상일 때는 아이가 직접 하게 하라. 이 검사는 웹사이트에 소개된 검사지에서 강점별로 가장 변별력이 큰 문항을 두 개씩 고른 것이다. 이 검사 결과에 따라 자녀의 강점 순위를 매기는 것은 웹사이트에서 할 때와 비슷하다.

### 1. 호기심

a) 혼자 있을 때도 전혀 심심하지 않다.

| 1 | 2 | 3 | 4 | 5 |
|---|---|---|---|---|
| 나와 매우 다르다 | 나와 다르다 | 보통이다 | 나와 비슷하다 | 나와 매우 비슷하다 |

b) 알고 싶은 것이 있을 때는, 대부분의 내 또래 아이들보다 책이나 컴퓨터를 더 열심히 찾아본다.

| 1 | 2 | 3 | 4 | 5 |
|---|---|---|---|---|
| 나와 매우 다르다 | 나와 다르다 | 보통이다 | 나와 비슷하다 | 나와 매우 비슷하다 |

두 점수를 더하여 여기에 써라. _____

이것이 당신 자녀의 호기심 점수이다.

## 2. 학구열

a) 새로운 것을 배우면 무척 기쁘다.

| 1 | 2 | 3 | 4 | 5 |
|---|---|---|---|---|
| 나와 매우<br>다르다 | 나와<br>다르다 | 보통이다 | 나와<br>비슷하다 | 나와 매우<br>비슷하다 |

b) 박물관이나 도서관에 가는 게 정말 싫다.

| 1 | 2 | 3 | 4 | 5 |
|---|---|---|---|---|
| 나와 매우<br>비슷하다 | 나와<br>비슷하다 | 보통이다 | 나와<br>다르다 | 나와 매우<br>다르다 |

두 점수를 더하여 여기에 써라. _____

이것이 당신 자녀의 학구열 점수이다.

## 3. 판단력(개방성)

a) 친구들과 게임이나 놀이를 하는 도중에 문제가 생기면 그 원인을 금방 알아낸다.

| 1 | 2 | 3 | 4 | 5 |
|---|---|---|---|---|
| 나와 매우<br>다르다 | 나와<br>다르다 | 보통이다 | 나와<br>비슷하다 | 나와 매우<br>비슷하다 |

b) 부모님은 언제나 내 판단이 틀렸다고 지적하신다.

| 1 | 2 | 3 | 4 | 5 |
|---|---|---|---|---|
| 나와 매우<br>비슷하다 | 나와<br>비슷하다 | 보통이다 | 나와<br>다르다 | 나와 매우<br>다르다 |

두 점수를 더하여 여기에 써라. _____

이것이 당신 자녀의 판단력 점수이다.


### 4. 창의성

a) 언제나 재미있는 새로운 아이디어를 제안한다.

| 1 | 2 | 3 | 4 | 5 |
|---|---|---|---|---|
| 나와 매우<br>다르다 | 나와<br>다르다 | 보통이다 | 나와<br>비슷하다 | 나와 매우<br>비슷하다 |

b) 내 또래 아이들보다 상상력이 훨씬 더 뛰어나다.

| 1 | 2 | 3 | 4 | 5 |
|---|---|---|---|---|
| 나와 매우<br>다르다 | 나와<br>다르다 | 보통이다 | 나와<br>비슷하다 | 나와 매우<br>비슷하다 |

이 두 점수를 더하여 여기에 써라. _____

이것이 당신 자녀의 창의력 점수이다.


### 5. 예견력(통찰력)

a) 어른들은 내가 나이에 비해 아주 어른스럽다고 말씀하신다.

| 1 | 2 | 3 | 4 | 5 |
|---|---|---|---|---|
| 나와 매우<br>다르다 | 나와<br>다르다 | 보통이다 | 나와<br>비슷하다 | 나와 매우<br>비슷하다 |

b) 사람이 살아가는 데 정말로 중요한 것이 무엇인지 알고 있다.

| 1 | 2 | 3 | 4 | 5 |
|---|---|---|---|---|
| 나와 매우<br>다르다 | 나와<br>다르다 | 보통이다 | 나와<br>비슷하다 | 나와 매우<br>비슷하다 |

이 두 점수를 더하여 여기에 써라. _____

이것이 당신 자녀의 예견력 점수이다.


### 6. 용감성

a) 아무리 두려워도 내가 한 말을 끝까지 지킨다.

| 1 | 2 | 3 | 4 | 5 |
|---|---|---|---|---|
| 나와 매우<br>다르다 | 나와<br>다르다 | 보통이다 | 나와<br>비슷하다 | 나와 매우<br>비슷하다 |

b) 설령 놀림감이 되더라도 옳다고 생각한 대로 한다.

| 1 | 2 | 3 | 4 | 5 |
|---|---|---|---|---|
| 나와 매우<br>다르다 | 나와<br>다르다 | 보통이다 | 나와<br>비슷하다 | 나와 매우<br>비슷하다 |

이 두 점수를 더하여 여기에 써라. _____

이것이 당신 자녀의 호연지기 점수이다.


### 7. 끈기

a) 부모님은 언제나 내가 끝까지 잘했다고 칭찬하신다.

| 1 | 2 | 3 | 4 | 5 |
|---|---|---|---|---|
| 나와 매우<br>다르다 | 나와<br>다르다 | 보통이다 | 나와<br>비슷하다 | 나와 매우<br>비슷하다 |

b) 목표를 이룩한 것은 내가 열심히 했기 때문이다.

| 1 | 2 | 3 | 4 | 5 |
|---|---|---|---|---|
| 나와 매우<br>다르다 | 나와<br>다르다 | 보통이다 | 나와<br>비슷하다 | 나와 매우<br>비슷하다 |

이 두 점수를 더하여 여기에 써라. _____

이것이 당신 자녀의 끈기 점수이다.

## 8. 정직

a) 다른 사람의 일기나 편지는 절대로 훔쳐보지 않는다.

| 1 | 2 | 3 | 4 | 5 |
|---|---|---|---|---|
| 나와 매우<br>다르다 | 나와<br>다르다 | 보통이다 | 나와<br>비슷하다 | 나와 매우<br>비슷하다 |

b) 곤경에서 **빠져나올** 수 있다면 거짓말이라도 할 것이다.

| 1 | 2 | 3 | 4 | 5 |
|---|---|---|---|---|
| 나와 매우<br>비슷하다 | 나와<br>비슷하다 | 보통이다 | 나와<br>다르다 | 나와 매우<br>다르다 |

이 두 점수를 더하여 여기에 써라. _____

이것이 당신 자녀의 지조 점수이다.

## 9. 열정

a) 내 삶을 사랑한다.

| 1 | 2 | 3 | 4 | 5 |
|---|---|---|---|---|
| 나와 매우<br>다르다 | 나와<br>다르다 | 보통이다 | 나와<br>비슷하다 | 나와 매우<br>비슷하다 |

b) 아침에 눈을 뜰 때마다 새로운 하루를 시작한다고 생각하면 흥분된다.

| 1 | 2 | 3 | 4 | 5 |
|---|---|---|---|---|
| 나와 매우<br>다르다 | 나와<br>다르다 | 보통이다 | 나와<br>비슷하다 | 나와 매우<br>비슷하다 |

이 두 점수를 더하여 여기에 써라. _____

이것이 당신 자녀의 열정 점수이다.

## 10. 사랑

a) 내가 누군가의 삶에서 가장 중요한 사람이라는 것을 알고 있다.

| 1 | 2 | 3 | 4 | 5 |
|---|---|---|---|---|
| 나와 매우<br>다르다 | 나와<br>다르다 | 보통이다 | 나와<br>비슷하다 | 나와 매우<br>비슷하다 |

b) 형이나 누나, 사촌 형제와 심하게 싸우더라도, 나는 여전히 그들을 진심으로 사랑한다.

| 1 | 2 | 3 | 4 | 5 |
|---|---|---|---|---|
| 나와 매우<br>다르다 | 나와<br>다르다 | 보통이다 | 나와<br>비슷하다 | 나와 매우<br>비슷하다 |

이 두 점수를 더하여 여기에 써라. _____

이것이 당신 자녀의 사랑 점수이다.

## 11. 친절

a) 새로 전학이나 이사 온 친구에게 잘해주려고 노력한다.

| 1 | 2 | 3 | 4 | 5 |
|---|---|---|---|---|
| 나와 매우 다르다 | 나와 다르다 | 보통이다 | 나와 비슷하다 | 나와 매우 비슷하다 |

b) 부탁을 받지 않고도 자진해서 이웃이나 부모님을 도와드린 적이 있다.

| 1 | 2 | 3 | 4 | 5 |
|---|---|---|---|---|
| 나와 매우 다르다 | 나와 다르다 | 보통이다 | 나와 비슷하다 | 나와 매우 비슷하다 |

이 두 점수를 더하여 여기에 써라. _____

이것이 당신 자녀의 친절 점수이다.

## 12. 사회성 지능

a) 어떤 단체에 가입해도 그 회원들과 잘 어울린다.

| 1 | 2 | 3 | 4 | 5 |
|---|---|---|---|---|
| 나와 매우 다르다 | 나와 다르다 | 보통이다 | 나와 비슷하다 | 나와 매우 비슷하다 |

b) 즐거울 때든 슬플 때든 화날 때든, 대부분 그 이유를 알고 있다.

| 1 | 2 | 3 | 4 | 5 |
|---|---|---|---|---|
| 나와 매우 다르다 | 나와 다르다 | 보통이다 | 나와 비슷하다 | 나와 매우 비슷하다 |

이 두 점수를 더하여 여기에 써라. _____

이것이 당신 자녀의 사회성 지능 점수이다.

## 13. 팀워크(시민 정신)

a) 동아리 활동이나 방과 후 활동을 하는 것이 정말 즐겁다.

| 1 | 2 | 3 | 4 | 5 |
|---|---|---|---|---|
| 나와 매우<br>다르다 | 나와<br>다르다 | 보통이다 | 나와<br>비슷하다 | 나와 매우<br>비슷하다 |

b) 학교에서 실시하는 단체 활동을 정말 잘할 수 있다.

| 1 | 2 | 3 | 4 | 5 |
|---|---|---|---|---|
| 나와 매우<br>다르다 | 나와<br>다르다 | 보통이다 | 나와<br>비슷하다 | 나와 매우<br>비슷하다 |

이 두 점수를 더하여 여기에 써라. _____

이것은 당신 자녀의 시민 정신 점수이다.


## 14. 공정성

a) 설령 내가 싫어하는 사람이라도 그 사람을 공정하게 대한다.

| 1 | 2 | 3 | 4 | 5 |
|---|---|---|---|---|
| 나와 매우<br>다르다 | 나와<br>다르다 | 보통이다 | 나와<br>비슷하다 | 나와 매우<br>비슷하다 |

b) 나는 잘못하면 언제나 그 사실을 시인한다.

| 1 | 2 | 3 | 4 | 5 |
|---|---|---|---|---|
| 나와 매우<br>다르다 | 나와<br>다르다 | 보통이다 | 나와<br>비슷하다 | 나와 매우<br>비슷하다 |

이 두 점수를 더하여 여기에 써라. _____

이것이 당신 자녀의 공정성 점수이다.

## 15. 리더십

a) 다른 아이들과 게임이나 운동을 할 때면, 아이들은 언제나 내가 주장이 되기를 바란다.

| 1 | 2 | 3 | 4 | 5 |
|---|---|---|---|---|
| 나와 매우 다르다 | 나와 다르다 | 보통이다 | 나와 비슷하다 | 나와 매우 비슷하다 |

b) 친구들이나 우리 팀에 속한 아이들은 나를 주장으로서 신뢰하고 존경했다.

| 1 | 2 | 3 | 4 | 5 |
|---|---|---|---|---|
| 나와 매우 다르다 | 나와 다르다 | 보통이다 | 나와 비슷하다 | 나와 매우 비슷하다 |

## 16. 용서

a) 누군가 내 기분을 상하게 하더라도, 절대로 그 사람에게 앙갚음하려고 하지 않는다.

| 1 | 2 | 3 | 4 | 5 |
|---|---|---|---|---|
| 나와 매우 다르다 | 나와 다르다 | 보통이다 | 나와 비슷하다 | 나와 매우 비슷하다 |

b) 사람들이 잘못했을 때 용서한다.

| 1 | 2 | 3 | 4 | 5 |
|---|---|---|---|---|
| 나와 매우 다르다 | 나와 다르다 | 보통이다 | 나와 비슷하다 | 나와 매우 비슷하다 |

이 두 점수를 더하여 여기에 써라. _____

이것이 당신 자녀의 용서 점수이다.


## 17. 겸손

a) 내가 말하기보다는 다른 사람들에게 말할 기회를 더 많이 준다.

| 1 | 2 | 3 | 4 | 5 |
|---|---|---|---|---|
| 나와 매우<br>다르다 | 나와<br>다르다 | 보통이다 | 나와<br>비슷하다 | 나와 매우<br>비슷하다 |


b) 사람들은 나에게 잘난 척한다고 말한다.

| 1 | 2 | 3 | 4 | 5 |
|---|---|---|---|---|
| 나와 매우<br>비슷하다 | 나와<br>비슷하다 | 보통이다 | 나와<br>다르다 | 나와 매우<br>다르다 |


이 두 점수를 더하여 여기에 써라. _____

이것이 당신 자녀의 겸손 점수이다.


## 18. 신중함

a) 나를 위험에 빠뜨릴 것 같은 상황이나 친구들은 피한다.

| 1 | 2 | 3 | 4 | 5 |
|---|---|---|---|---|
| 나와 매우<br>다르다 | 나와<br>다르다 | 보통이다 | 나와<br>비슷하다 | 나와 매우<br>비슷하다 |


b) 어른들은 내가 말이나 행동을 할 때 현명하게 선택한다고 말씀하신다.

| 1 | 2 | 3 | 4 | 5 |
|---|---|---|---|---|
| 나와 매우<br>다르다 | 나와<br>다르다 | 보통이다 | 나와<br>비슷하다 | 나와 매우<br>비슷하다 |

이 두 점수를 더하여 여기에 써라. _____

이것이 당신 자녀의 신중성 점수이다.


### 19. 자기통제력

a) 필요하다면 비디오게임이나 텔레비전 시청을 당장에 그만둘 수 있다.

| 1 | 2 | 3 | 4 | 5 |
|---|---|---|---|---|
| 나와 매우 다르다 | 나와 다르다 | 보통이다 | 나와 비슷하다 | 나와 매우 비슷하다 |


b) 항상 일을 늦게 한다.

| 1 | 2 | 3 | 4 | 5 |
|---|---|---|---|---|
| 나와 매우 비슷하다 | 나와 비슷하다 | 보통이다 | 나와 다르다 | 나와 매우 다르다 |


이 두 점수를 더하여 여기에 써라. _____

이것이 당신 자녀의 자기통제력 점수이다.


### 20. 감상력

a) 대부분의 내 또래보다 음악이나 영화 감상, 춤추기를 훨씬 더 좋아한다.

| 1 | 2 | 3 | 4 | 5 |
|---|---|---|---|---|
| 나와 매우 다르다 | 나와 다르다 | 보통이다 | 나와 비슷하다 | 나와 매우 비슷하다 |

b) 가을에 나뭇잎 색깔이 변해가는 모습을 보는 게 기쁘다.

| 1 | 2 | 3 | 4 | 5 |
|---|---|---|---|---|
| 나와 매우<br>다르다 | 나와<br>다르다 | 보통이다 | 나와<br>비슷하다 | 나와 매우<br>비슷하다 |

이 두 점수를 더하여 여기에 써라. _____

이것은 당신 자녀의 감상력 점수이다.

### 21. 감사

a) 내 생활을 생각할 때 고마워할 것이 많다.

| 1 | 2 | 3 | 4 | 5 |
|---|---|---|---|---|
| 나와 매우<br>다르다 | 나와<br>다르다 | 보통이다 | 나와<br>비슷하다 | 나와 매우<br>비슷하다 |

b) 선생님께서 나를 도와주실 때 "고맙습니다"라고 말하는 것을 잊어 버린다.

| 1 | 2 | 3 | 4 | 5 |
|---|---|---|---|---|
| 나와 매우<br>비슷하다 | 나와<br>비슷하다 | 보통이다 | 나와<br>다르다 | 나와 매우<br>다르다 |

이 두 점수를 더하여 여기에 써라. _____

이것이 당신 자녀의 감사 점수이다.

### 22. 희망

a) 학교 성적이 나쁘게 나오면, 항상 다음에는 더 잘 나올 것이라고 생각한다.

| 1 | 2 | 3 | 4 | 5 |
|---|---|---|---|---|
| 나와 매우 다르다 | 나와 다르다 | 보통이다 | 나와 비슷하다 | 나와 매우 비슷하다 |

b) 이다음에 아주 행복한 어른이 될 것 같다.

| 1 | 2 | 3 | 4 | 5 |
|---|---|---|---|---|
| 나와 매우 다르다 | 나와 다르다 | 보통이다 | 나와 비슷하다 | 나와 매우 비슷하다 |

이 두 점수를 더하여 여기에 써라. _____

이것이 당신 자녀의 희망 점수이다.

### 23. 유머 감각

a) 아이들은 대부분 나랑 같이 놀 때 정말 재미있어한다.

| 1 | 2 | 3 | 4 | 5 |
|---|---|---|---|---|
| 나와 매우 다르다 | 나와 다르다 | 보통이다 | 나와 비슷하다 | 나와 매우 비슷하다 |

b) 친구가 우울해 보이거나 내 기분이 좋지 않을 때, 더 즐거운 분위기를 만들려고 일부러 재미있는 행동을 하거나 우스갯소리를 한다.

| 1 | 2 | 3 | 4 | 5 |
|---|---|---|---|---|
| 나와 매우 다르다 | 나와 다르다 | 보통이다 | 나와 비슷하다 | 나와 매우 비슷하다 |

이 두 점수를 더하여 여기에 써라.  두 점수를 더하여 여기에 써라

이것이 당신 자녀의 유머감각 점수이다.

## 24. 영성

a) 사람은 저마다 특별한 존재이며 중요한 삶의 목적이 있다고 믿는다.

| 1 | 2 | 3 | 4 | 5 |
|---|---|---|---|---|
| 나와 매우 다르다 | 나와 다르다 | 보통이다 | 나와 비슷하다 | 나와 매우 비슷하다 |

b) 불행한 일이 생기면 신앙심으로 극복할 수 있다.

| 1 | 2 | 3 | 4 | 5 |
|---|---|---|---|---|
| 나와 매우 다르다 | 나와 다르다 | 보통이다 | 나와 비슷하다 | 나와 매우 비슷하다 |

이 두 점수를 더하여 여기에 써라. _____

이것은 당신 자녀의 영성 점수이다.

이제 당신은 웹사이트의 기준에 따라 자녀의 점수를 확인하거나, 이 책에서 24가지 강점의 점수를 매겼을 것이다. 웹사이트를 이용하지 않는다면, 자녀의 24가지 강점 점수를 다음 빈칸에 쓴 다음 가장 높은 점수 순서로 순위를 매겨보라.

**지혜와 지식**

1. 호기심 _____

2. 학구열 _____

3. 판단력(개방성) _____

4. 창의성 _____

5. 예견력(통찰력) _____


**용기**

6. 용감성 _____

7. 끈기 _____

8. 정직 _____

9. 열정 _____


**사랑과 인간애**

10. 사랑 _____

11. 친절 _____

12. 사회성 지능 _____


**정의감**

13. 팀워크(시민 정신) _____

14. 공정성 _____

15. 리더십 _____

**절제력**

16. 용서 _____

17. 겸손 _____

18. 신중함 _____

19. 자기통제력 _____


**영성과 초월성**

20. 감상력 _____

21. 감사 _____

22. 희망 _____

23. 유머 감각 _____

24. 영성 _____


대개 9점에서 10점을 받은 항목이 모두 5개 정도인데, 이것은 바로 당신 자녀의 강점이다. 이것을 표시해두라. 4점에서 6점을 받은 것은 약점에 속한다.

## 유아의 강점 형성

강점 발달은 언어 능력 발달과 비슷하다. 건강하게 태어난 신생아는 누구나 인간의 모든 언어에 대한 능력을 타고나며, 청각이 발달해서 옹알이를 할 때부터 모든 언어의 기본적인 음성을 식별하게 된다. 그러나 그 다음부터 일정한 방향으로 움직이기 시작하는 이른바 '옹알이의 정향定向 변화'가 시작된다(나는 이 정향 변화를 위험에 처한 심리학을 구할 수 있는 최고의 해결책으로 꼽는다). 신생아의 옹알이는 자기 주위 사람들이 말하는 언어 쪽에 점점 더 가까워지게 된다. 생후 1년쯤 되면, 아이의 발성은 장차 모국어가 될 음성과 아주 비슷해진다.

나는 여기서 이에 대한 증거를 제시하기보다, 건강하게 태어난 신생아는 이러한 언어 능력 못지않게 24가지 강점을 모두 발달시킬 수 있는 능력을 타고난다는 점에 초점을 맞추고 싶다. '강점의 정향 변화'는 생후 6년 이후부터 일어난다. 칭찬, 사랑, 관심을 받을 특정한 성품이나 행동을 알아내면, 그때부터 유아는 자신의 강점을 조각하기 시작한다. 아이는 조각칼을 들고 재능, 흥미, 강점 사이를 오락가락하며 조각하면서 자신이 성공한 것과 실패한 것이 무엇인지 깨닫는 즉시, 몇 가지 강점의 모양새를 공들여 다듬기 시작할 것이다. 아울러 실패한 것들은 작업실 바닥에 수북하게 깎아낼 것이다.

아내와 나는 이 낙관적인 강점 이론을 전제로 하여 우리 아이들이 다양한 강점들을 발휘할 때마다 인정해주고, 이름을 붙여주고, 보상을 준다. 그러다 보면 강점들의 틀이 잡히고, 아이들은 저마다 지닌 독특한 강점을 자꾸 발휘하게 된다.

라라는 늘 공정성을 지키려고 노력했다. 누가 시키지도 않았는데 라라가 스스로 자기 블록을 니키와 똑같이 나눠 갖는 것을 처음 보았을 때, 우리 부부는 호들갑을 떨면서 흐뭇해했다. 내가 루카스<sup>Lucas, Anthony</sup>의 마지막 걸작, 20세기 초 어느 노동조합 위원장이 아이다호의 전 주지사를 살해한 사건을 다루고 있는 흥미진진한 책 『커다란 고난<sup>Big Trouble</sup>』을 읽었을 때, 저녁을 먹으며 아내에게 그 줄거리를 들려주는 동안 라라가 사회주의의 도덕률에 굉장히 흥미로워한다는 사실을 발견했다. 만 일곱 살 된 딸과 공산주의와 자본주의, 독점과 독점금지법에 대해 꽤나 오랫동안 이야기를 나누었다. 물론 "만일 네 장난감을 하나만 남기고 장난감이 없는 아이들에게 전부 나눠준다면 어떻게 될까?" 하는 식으로 아이 수준에 맞춰 이야기를 했다.

니키는 언제 보아도 친절하고 참을성이 많았다. 니키는 어린 대릴에게 색칠하기와 알파벳을 가르쳐주었는데, 늦은 밤까지 가르치고 있는 모습이 눈에 띄곤 했다. 대릴은 워낙 고집이 센데다 열심이어서 무언가에 재미를 붙이면 끝낼 줄을 몰랐기 때문이다.

자녀의 강점을 계발하려면 첫째, 어떤 것이든 강점을 발휘할 때마다 반드시 보상을 주어야 한다. 그러면 어느 순간 자녀가 몇 가지 강점에 가까워지는 모습을 발견하게 될 것이다. 그 몇 가지가 바로 자녀의 대표 강점을 싹틔울 잘 여문 씨앗이다. 아동 강점 검사를 활용하면 자녀의 대표 강점을 파악하고 계발해주는 데 큰 도움이 될 것이다.

둘째, 새싹이 돋은 자녀의 대표 강점을 정상적인 가정생활 속에서 발휘할 수 있게끔 최선을 다해야 한다. 아이가 대표 강점을 발휘하거든 이름을 붙여주고 칭찬해주는 것이 좋다.

―――

라라에게 몹시 충격적인 사건이 벌어진 건 바로 지난 주였다. 5년 동안 플루트와 리코더를 배워온 라라는 완벽한 기량을 갖추기 위해 새로운 강사에게 배우기로 했다. 레슨 첫날, 새로운 강사는 라라에게 이제껏 배운 것이 모두 틀렸다고 말했다. 서 있는 자세부터 호흡법, 손가락 사용법까지 하나같이 잘못되었다는 것이다. 라라는 충격과 절망을 느끼면서도 포기하지 않고 연습 시간을 두 배로 늘렸다. 우리는 이것을 라라의 끈기로 이름 지었다.

니키는 어린 칼리와 음악학원에 꾸준히 다니고 있다. 니키는 수업하기 전에 교실에 있는 인형과 유아용 악기들을 가지런히 정리한 다음, 동요를 틀고 율동을 하면서 칼리가 박자에 맞춰 박수를 치도록 가르쳐준다. 우리는 이것을 니키의 참을성, 친절, 보살피는 마음이라 이름 붙이고 칭찬한다.

우리 아이들은 정규 학교에 다니지 않고 가정에서 학습하기 때문에 아이들의 대표 강점에 맞춰 교육 활동 계획을 세울 수 있다. 나는 정규 교육과 동떨어진 홈스쿨링home-schooling이 되지 않게끔 여러 공립학교나 사립학교 교사와 함께 계획을 세운다. 우리가 홈스쿨링을 선택한 이유는 세 가지다. 첫째, 우리는 가족 여행을 아주 많이 하는 편이어서 여행을 하는 동안에도 아이들을 교육할 수 있기 때문이고, 둘째, 아내나 내가 모두 자녀 교육에 헌신적이기 때문이며, 셋째, 아이들이 성장하는 모습을 지켜보는 기쁨을 우리 스스로 누리고 싶기 때문이다. 자녀의 대표 강점을 계발하는 데 도움이 될 만한 우리 가족의 올해 교육 활동 한 가지를 소개하자면 이렇다.

아내는 올해 지질학을 가르치기로 결정했다. 아이들이 모두 암석에 흥미가 많은데다, 지질학은 화학, 고생물학, 경제학까지 공부하기에 아주 좋은 과목이기 때문이다. 아이들은 저마다 호기심을 느끼는 광물이 달라서 아이들의 대표 강점에 걸맞은 특별 과제를 따로따로 내준다. 사회성 지능과 감상력이 남다른 니키는 원석原石과 보석에 대해 공부한다. 니키의 특별 과제는 광물이 의상이나 사회생활에서 어떻게 아름다움을 창조하느냐에 관한 것이다. 공정성이 강점인 라라는 록펠러Rochefeller, John D.를 포함한 석유 독점과 록펠러의 자선사업에 대해 알고 싶어 한다. 이미 광물 수집을 시작한 대릴은 아마추어 광물학자인 우리 집 배관공 스티브에게 현장 답사에 자신도 데려가 달라고 졸라온 참이다. 지금까지 모은 광물 표본만 해도 엄청난데다, 강한 근성과 열정이 현장 답사에서 큰 빛을 발할 것이다.

몇 시간째 광물을 수집하다가 지루해진 스티브가 대릴에게 그만 차로 돌아가자고 재촉하자, 건축 현장에 산더미처럼 쌓인 암석 꼭대기에 서서 땀과 먼지로 뒤범벅이 된 대릴이 이렇게 소리쳤다.

"광물학자는 쉴 틈이 없어요!"

# 요약
# 진정한 행복에
# 이르는 길

## 행복도 재검사

당신은 이미 1장에서 순간적인 행복 검사를 받은데다 이 책도 거의 다 읽은 만큼 곳곳에서 행복을 증진시킬 수 있는 조언도 얻고 실전 연습도 해본 셈이다. 그렇다면 이쯤에서 현재 당신의 행복도가 어느 정도인지 다시 한 번 살펴보자. 웹사이트에서 이 검사를 받으면 앞에서 받았던 자신의 행복도 점수와 비교하기가 한결 편할뿐더러, 총검사자의 평균 점수와도 견주어볼 수 있다.

# 포다이스의 행복도 검사

당신은 스스로 얼마나 행복하고 얼마나 불행하다고 느끼는가? 평소에 느끼는 행복을 가장 잘 설명해주는 항목 하나를 골라 ∨표를 하라.

- ☐ 10. 극도로 행복하다 (말할 수 없이 황홀하고 기쁜 느낌).
- ☐ 9. 아주 행복하다 (상당히 기분이 좋고 의기양양한 느낌).
- ☐ 8. 꽤 행복하다 (의욕이 솟고 기분이 좋은 느낌).
- ☐ 7. 조금 행복하다 (다소 기분이 좋고 활기에 차 있는 느낌).
- ☐ 6. 행복한 편이다 (여느 때보다 약간 기분 좋을 때).
- ☐ 5. 보통이다 (특별히 행복하지도 불행하지도 않은 느낌).
- ☐ 4. 약간 불행한 편이다 (여느 때보다 약간 우울한 느낌).
- ☐ 3. 조금 불행하다 (다소 가라앉은 느낌).
- ☐ 2. 꽤 불행하다 (우울하고 기운이 없는 느낌).
- ☐ 1. 매우 불행하다 (대단히 우울하고 의욕이 없는 느낌).
- ☐ 0. 극도로 불행하다 (우울증이 극심하고 전혀 의욕이 없는 느낌).

이제 감정을 느끼는 시간에 대해 생각해보라. 평균적으로 당신은 하루 중 얼마 동안이나 행복하다고 느끼는가? 또 얼마 동안이나 불행하다고 느끼는가? 행복하지도 불행하지도 않은 보통 상태는 어느 정도인가? 당신이 생각하는 시간을 아래 빈칸에 %로 적어라. 세 가지의 합계는 100%가 되어야 한다.

**평균적으로**

행복하다고 느끼는 시간 _____ %
불행하다고 느끼는 시간 _____ %
보통이라고 느끼는 시간 _____ %

이 검사를 받은 미국 성인 3,050명의 평균 점수는 10점 만점 가운데 6.92였다. 시간으로 보면 행복한 시간 54%, 불행한 시간 20%, 보통 26%로 나타났다.

내가 여기서 강조하고 싶은 것은 사람마다 누릴 수 있는 진정한 행복이 다르고, 진정한 행복에 이르는 길도 다양하다는 사실이다. 1부와 2부에서는 긍정 정서가 무엇이며, 자신의 긍정 정서를 높일 수 있는 방법이 무엇인지 살펴보았다. 긍정 정서에는 크게 세 가지, 즉 과거·미래·현재에 대한 긍정 정서가 있다. 이 세 가지 정서는 따로따로 함양할 수 있다. 과거에 대한 긍정 정서를 증가시키는 방법은 감사와 용서, 그리고 결정론적 사고에서 벗어나는 것이다. 미래의 긍정 정서를 배양하려면 저절로 떠오르는 비관적 사고를 정확하게 인식하고 반박할 능력을 길러야 한다.

현재의 긍정 정서는 아주 대조적인 쾌락과 만족으로 나뉘는데, 이것이야말로 행복에 이르는 길이 전혀 다를 수 있다는 것을 보여주는 가장 좋은 예이다. 쾌락은 순간적이며 앞서 경험한 정서에 따라 규정된다. 사고 작용을 마비시키는 습관을 극복하고, 현실을 느긋하게 음미하며 관심을 기울일 때 이 쾌락을 승화시킬 수 있다.

만족은 쾌락보다 훨씬 오래 지속된다. 만족의 특징은 심취, 전념, 몰입이다. 만족에는 이제까지 경험한 긍정 정서나 자의식이 없다는 데 큰 의의가 있다. 만족은 자기 자신의 강점과 미덕을 발휘할 때 얻는 것이니만큼 3부에서 제시한 24가지 강점 검사를 통해 자신의 대표 강점을 확인한다면 큰 도움이 될 것이다.

4부에서는 가장 중요한 세 가지 삶, 즉 직업, 사랑, 자녀 양육에서 대표 강점을 적절하게 활용하는 방법에 대해 살펴보았다. 이 세 가지 삶의 현장에서 대표 강점을 제대로 활용하는 것이 행복한 삶을 만드는 길이며, 행복한 삶이란 자신의 대표 강점을 한껏 발휘하여 진정한 행복과 만족을 누리는 것이다.

　다시 말하지만 쾌락적인 삶은 오로지 긍정 정서를 되도록 많이 느끼는 데 열중하는 것이다. 이와 달리 행복한 삶은 자신의 대표 강점을 잘 발휘하여 참되고 풍요한 만족을 얻는 데 열중하는 것이다. 의미 있는 삶은 행복한 삶보다 한 가지 특징이 더 있다. 바로 자신의 대표 강점을 자신의 존재보다 더 큰 무엇에 이바지하는 데 활용하는 것이다. 이 세 가지를 아우를 때 진정한 삶이 된다.

　당신의 행복도와 만족도가 향상되었기를 바라며, 다음 장에서 이 책의 마지막 주제인 삶의 의미와 목적에 대해 짚어보고자 한다.

# 행복 넘어에 있는 삶
# 의미와 목적을 찾아서

"프린스턴 대학교 신입생 때 아이비 클럽에서 저녁식사를 했던 때를 제외하고 이렇게 어색함을 느껴본 적은 없었어요."

나는 머리를 기울여 장인의 귀에다 속삭였다.

디즈니랜드에 있는 요트 클럽에 그것도 딱 한 번 가본 것이 전부인 내가 아이들, 장인, 장모, 아내와 함께 진짜 요트 클럽에서 저녁을 먹고 있는 것이다. 우리를 시중드는 웨이터가 '코모도르Commodore(선임 선장─옮긴이 주)' 라고 부르는 옆 테이블에 앉은 남자는 알고 보니 진짜 선임 선장이고, 창 밖에 둥둥 떠 있는 배도 덩치만 큰 범선이 아니라 바다를 누비고 다니는 진짜 별장 호화선이었다.

템플턴 경Templeton, Sir John이 라이포드 케이 클럽에 나를 초대했다. 어디든 함께 가야 한다는 약속에 따라 아내와 아이들이 동반한 것이고, 아내의 청으로 장인, 장모까지 모시고 온 것이다. 라이포드 케이 클럽은 바하마의 뉴프로비던스 섬의 북서부 전체를 차지하고 있는 사유지이다. 이곳은 보드라운 상아빛 모래가 드넓게 펼쳐진 해변, 크로케 경기장, 카리브 해 연안 특유의 영어를 하는 유니폼 입은 종업원, 유명한 영화배우나 유럽 왕족 또는 바하마의 관대한 세금제도의 혜택을 노리는 전 세계 억만장자들이 소유한 으리으리한 별장들로 유명하다. 삶의 의미에 대해 논하자고 내가 찾아온 곳이 바로 이런 별천지라니 어쩐지 걸맞지 않은 느낌이었다.

이 모임은 '진화에 목적과 방향이 있는가'를 주제로 토론하기 위해 과학자와 철학자와 신학자 등 모두 10명만이 초대된 특별한 자리였다. 몇 해 전까지만 하더라도 인간이 창조의 극치라는 창조론을 부정한 다윈의 진화론을 반박하고 나선 근본주의자들의 주장이 좀 과장된 의견이라고 생각했다. 그러나 진화심리학을 다룬 『넌제로Nonzero』를 읽은 이후, 깜짝 놀랄 만큼 독창적이면서도 철저하게 과학적인 이 책이 삶의 의미와 목적이라는 화두에 골몰해 있던 내게 발상 전환의 계기가 되었다. 내가 라이포드 케이 클럽에 온 한 가지 이유도 바로 이 책의 저자 라이트Wright, Robert를 만나기 위해서였다.

그의 핵심 사상은 긍정 정서, 긍정 특성, 긍정 제도가 과학으로서 확고한 이론에 뿌리를 두지 않는 한 자기계발이라는 시류에 편승하는 꼴이라는 내 우려와 딱 맞아떨어졌다. 긍정심리학은 기본적으로는 긍정생물학에서부터 보나 높은 차원의 긍정철학, 심지어 긍정신학까지도 이론적 기반으로 삼아야 한다. 나는 『넌제로』에 담긴 라이트의 견해를 그로부터 직접, 더 상세하게 듣고, 보통 사람이건 뛰어난 사람이건 모두가 삶의 의미와 목적을 찾을 수 있다는 가설을 제시하고 싶었다.

우리는 청록색 커튼이 드리워지고, 환하게 불이 켜진 회의실에 모였다. 대형 회의용 탁자 끝에 템플턴 경이 앉아 있다. 그는 몇 해 전 세계에서 손꼽히는 뮤추얼펀드 회사인 템플턴 펀드에서 손을 떼고 여생을 자선사업에 헌신하기로 결심했다. 그가 설립한 재단은 별로 관심 갖는 사람도 없는 신학과 과학 분야에 정진하는 학자들을 후원하기 위해 1년에 수천만 달러를 지원하고 있었다. 비취색 상의를 입은 그는 87세라고는 믿기 어려울 만큼 정정했다. 지적인 면에서도 결코 뒤지지 않는 그는 예일 대학교를 수석으로 졸업했고, 로즈Rhodes 장학생으로 선발되어 옥스퍼드 대학에 유학했으며, 독서광이자 왕성한 작품 활동을 하는 작가이기도 했다.

"인간의 삶이 숭고한 목적을 가질 수 있을까요? 인간이 단지 자기 자신을 초월하는 삶을 추구할 수 있겠습니까? 과연 자연선택은 우리 앞에 이런 길을 마련해놓았을까요? 또 하나님의 목적이 있느냐 없느냐를 과학으로 규명할 수 있을까요?"

템플턴 경이 도량이 넓은 자선사업가라는 것을 알지만, 이런 노골적인 개회사에 사람들은 잔뜩 불안하고 불편한 얼굴로 긴장하고 있었다. 오늘 참석자들은 대부분 이미 템플턴 경에게 후한 연구비를 지원받고 있었다. 행여나 말을 잘못하거나 기증자의 심기를 건드렸다간 수년간 받아온 연구지원금은 물론 재단 이사들과의 친분이 물거품이 될지도 모를 일이었다.

템플턴 경은 지난 20여 년간 지극히 개인적인 목표를 추구해왔다. 전통적인 기독교 환경에서 자라온 만큼 기독교 교리와 동떨어진 길을 갈 수는 없어도, 사실 그는 전통적인 신학에 불만이 많았다. 그가 생각하기에, 신학은 미처 과학의 발전에 발맞추지 못했을뿐더러 경험이라는 화려한 꽃들이 만발한 현실 풍경에서 일어난 화산 폭발과도 같은 급격한 변화에도 적응하지 못하고 있다는 것이다.

템플턴 경도 윌슨과 칙센트미하이, 그리고 나와 같이 형이상학에 대해 많은 회의를 품고 있다. 그는 막 87세의 생일을 맞고 앞으로 어떤 삶이 자신을 기다리고 있는지 알고 싶어 했다. 개인적으로 절박한 바람이기도 하겠지만, 그보다는 더 나은 인류의 미래에 기여하고 싶은 소망 때문이었다. 템플턴 경이 정말로 원하는 것은 '우리가 지금 왜 여기에 있는가'와 '우리는 어디로 가고 있는가' 같은 근원적인 물음을 밝히는 데 도움이 될 만한 솔직하고 독창적인 생각이다. 공교롭게도 이런 난해한 문제를 내 나름대로 접근하고 있던 초창기에 나는 라이트의 사상에 영향을 받았다. 만일 내가 정립한 삶의 의미가 타당하다면, 이것이 바로 긍정심리학의 가장 탄탄한 버팀목이 되어줄 것이다.

저명한 진화생물학자 윌슨<sup>Wilson, David Sloan</sup>이 과감하게 발언권을 청했다. 그는 솔직하고 자유롭게 의견을 발표할 수 있는 회의가 되기를 바란다며 말문을 열었다.

"템플턴 경이 참석한 이 자리에서 나는 무신론자임을 분명하게 밝힙니다. 진화에는 목적이 없으며, 신이 예정한 목적은 더더욱 없다고 생각합니다."

그때 라이트가 슬그머니 연단으로 올라갔다. 그는 주최자인 템플턴 경을 제외하고는, 여러 학계를 대표하는 사람들이 모인 이 자리에서 유일하게 학자가 아닌 사람이었다. 지조 있는 학자들이 경멸하는 그런 유의 저널리스트인 것이다.

그는 보수 성향이 강한 「뉴 리퍼블릭New Republic」의 TRB 칼럼니스트로 활동해왔는데, 이 직함은 100여 년간 정치적인 학자들에게 대물림으로 붙여진 것이다. 1990년대 초 그는 인간 도덕성의 중대한 토대는 진화라고 주장한 『도덕적 동물The Moral Animal』을 출간했다. 인간의 도덕은 개인의 뜻대로 이루어지는 것도 아니며 사회화의 산물은 더더욱 아니라는 것이다. 그 책이 출간되기 10년 전, 그가 프린스턴 대학교를 졸업한 지 얼마 안 되었을 때 그는 거의 모든 현대 유럽어의 조상어로 추측되는 인도유럽어의 기원에 관한 논문을 「애틀랜틱Atlantic」에 발표하기도 했다.

정치학, 생물학, 언어학, 심리학을 넘나들며 글을 쓰는 사람이라면 아마추어 평론가쯤으로 인식하기 십상이다. 그러나 라이트는 절대 아마추어가 아니다. 내가 라이트를 직접 만나보기 전, 우리 대학교의 학장이자 세계적인 인류통계학자로 손꼽히는 프레스톤Preston, Sam은 자신이 이제까지 읽은 과학 서적 중에서 『도덕적 동물』을 으뜸으로 꼽았다. 영국의 과학자 스미슨Smithson, James(과학 증진을 바라며 미국 스미소니언 박물관 설립을 유언하고 막대한 재산을 투자한 인물—옮긴이 주)과 다윈의 전통을 이어받은 라이트는 현존하는 극소수의 위대한 아마추어 과학자 중 한 사람으로 꼽힌다.

라이트의 저서 『넌제로』가 출간되기 일주일 전, 「뉴욕타임스 북리뷰 New York Times Book Review」는 이 책을 커버스토리로 소개하면서 격찬했다.

그래서인지 그를 은근히 부러워하던 학자들은 내 우려와는 달리 노골적으로 경멸감을 드러내지는 않았다. 그후 1시간 동안 계속된 라이트의 발표가 어쩌나 치밀하고 깊이가 있던지 모든 사람들의 탄성을 자아냈다.

그는 생명의 신비는 DNA가 아니라 두 분자생물학자 왓슨Watson, James D.과 크릭Crick, Fransis이 발견한 DNA의 분자구조에 있으며, '비제로섬 게임' 이론은 수학자 본노이만von Neumann, John과 경제학자 모르겐슈테른Morgenstern, Oskar이 주창한 것이라며 말문을 열었다. 라이트는 제로섬 게임은 승자의 행운과 패자의 행운이 반비례하며, 윈-윈 게임은 최종 결과가 0보다 큰 긍정적인 효과를 낳는다는 사실을 일깨워주었다. 더 나아가 생명 자체를 유지하게 하는 기본 원칙은 윈-윈 게임을 좋아하는 우수한 유전자를 번식하는 데 성공하는 것이라며 계속해서 설명을 이어갔다.

다윈이 주장한 자연선택에 따르면 설계사 없이 설계된 생명체는 더욱 복잡하게 분화되고 더 많은 윈-윈 게임을 하지 않을 수 없다. 미토콘드리아와 결합하여 공생하는 세포는 그렇지 못한 세포를 이긴다. 자연선택이 작용하고 유전자의 번식과 분화에 성공하면 충분한 시간이 흐른 뒤에는 지능이 고도로 발달할 수밖에 없다.

라이트는 이런 변화는 단지 생명체만 아니라 인간의 역사에도 일어난다고 주장했다. 19세기의 모건Morgan, Lewis Henry과 같은 인류학자들의 주장이 옳다는 것이다. 지난 몇 백 년간 일어난 전 세계의 정치는 야만에서 미개로, 미개에서 다시 문명으로 변하고 있다. 이것은 근본적으로 윈-윈 게임이 증가한 데 따른 진보이다. 어떤 문화권에서 윈-윈 게임이 많을수록, 그 문화권이 존속하고 번성할 가능성은 그만큼 커진다. 물론 라이트도 역사가 끊임없는 참사로 얼룩져 있다는 것을 모르지 않는다. 역사의 진보는 정지시킬 수 없는 고장난 기관차라기보다는, 때로는 꿈쩍도 하지 않고 버티거나 심지어 뒷걸음치기도 하는 고집 센 말에 더 가깝다. 그러나 홀로코스트, 탄저균 테러, 19세기 오스트레일리아의 태즈메이니아 섬 원주민들의 대량학살 등 처참한 사건들을 고려하더라도 몇 백 년이 흐른 뒤 뒤돌아보면 인간 역사의 큰 흐름은 윈-윈 게임이 더 많은 쪽으로 향하고 있음을 깨닫게 된다.

우리는 거센 폭풍이 잦아들어 이제 곧 고요해질 시기에 살고 있다. 인터넷, 세계화, 핵전쟁 없는 세상이란 우리가 꿈도 꾸지 못한 것들이다. 이것은 인류가 더 많은 윈-윈 게임을 추구하는 문화에서 얻을 수 있는 결과이다. 라이트는 인류는 지금 과거보다 훨씬 더 행복할 미래로 접어들 변곡점變曲點에 서 있다는 말로 끝을 맺었다.

회의실 안의 산소가 모두 흡수된 듯 사람들이 모두 넋이 나간 표정이었다. 비판적 사고와 냉소주의를 내심 자랑으로 여기는 학자들은 이런 낙관적인 강연에는 익숙하지 않다. 우리는 지금까지 단 한 번도 인류의 미래를 이처럼 낙관적으로 전망하는 강연을 들어본 적이 없었다. 자국의 실리를 우위에 두는 현실 정치에 한껏 치우친 전형적인 비관적인 사람이 겸허한 자세로 하는 강연은 더욱 그렇다. 더더욱 놀라운 사실은 우리 모두가 인정하는 과학적 법칙과 데이터를 논리정연하게 제시한 그의 수준 높은 낙관론을 우리들이 경청하기만 했다는 점이다. 우리는 점점 멍한 정신으로 토론을 하는 둥 마는 둥 의견을 주고받다가 밖으로 나와 정오의 햇살을 받으며 카리브 해를 어슬렁거렸다.

다음날 나는 라이트와 오래도록 이야기를 나눌 기회를 얻었다. 우리는 수영장 가에 앉아 있었고, 그의 두 딸과 나의 두 딸은 물장구를 치며 놀고 있었다. 금실을 꼬아 테를 두른 하얀 유니폼을 입은 흑인 웨이터들이 부유한 고객들에게 음료수를 날라주었다. 지난 밤 나는 가족을 태우고 나소 근교에 나갔다가 길을 잃고 헤매다, 바하마 섬을 찾은 관광객들에게는 전혀 알려지지 않은 참혹하리만큼 빈곤한 곳을 보게 되었다. 그때 불공평하다는 생각과 함께 치밀어오른 분노와 절망감이 그날 아침까지도 가시지 않았다. 부의 세계화와 원-원 게임의 필연성에 대한 의구심도 생겼다.

세상이 이상적인 방향으로 나아가고 있다는 굳은 신념은 오로지 부자와 특권층에게만 적용되는 건 아닌가, 긍정심리학은 매슬로가 주장한 '욕구 5단계설(생리적 욕구, 안전에 대한 요구, 애정과 소속에 대한 욕구, 자기존중의 욕구, 자기실현의 욕구에 이르기까지 충족되어야 할 욕구에 위계가 있다는 이론−옮긴이 주)' 중 높은 단계에 도달하는 사람들에게만 설득력을 얻지 않겠느냐, 낙관성이 행복이니 세계인의 화합이니 하는 것들도 다 마찬가지가 아니겠느냐, 대체 우리가 이 회의에서 무엇을 밝힐 수 있단 말인가….

"그러니까 삶의 의미를 찾는 것과 원-원 게임이 구체적으로 어떤 관련이 있는지 그게 알고 싶으신 건가요?"

라이트가 정중하게 되묻는 순간, 내 생각을 뒤덮고 있던 우중충한 구름을 뚫고 빛나는 아침 해와 파란 하늘이 나타나는 느낌이었다.

나는 심리학과 신학이라는 너무나 동떨어진 두 학문 사이에 서 있음을 깨닫는다. 나는 심리학자가 삶의 정수를 일궈내는 실천적 연구 작업에 종사할 수 있게끔 내 직업을 바꾸려고 노력해왔다고 라이트에게 털어놓는다. 아울러 내가 35년 동안 매진해온 부정적인 심리학을 반대하는 것은 아니라고 못 박았다. 그러나 그간의 정신병리학에 정신건강에 관한 지식을 보강하여 학문의 균형을 이루는 것이 절박한 문제라고 밝혔다. 이러한 절박감은 라이트의 주장이 옳다는 사실, 사람들이 그 어느 때보다 삶의 의미를 찾는 데 큰 관심을 기울이고 있다는 사실에서 비롯되었다고 덧붙였다.

"이를테면 나는 지금 열정, 안도감, 기쁨, 행복, 쾌활함과 같은 긍정 정서와 미덕에 대해 많은 생각을 해왔습니다. 우리 인간이 왜 긍정 정서를 지니고 있을까요? 우리네 삶이 어째서 부정 정서들을 중심으로 이루어지지 않는 거죠? 만일 우리가 두려움, 분노, 슬픔 따위의 부정 정서만 갖고 있다면, 우리는 기본적으로 부정적인 행동을 계속해나가지 않을까요? 그래서 만일 흡인력을 부정 정서를 줄여주는 특성으로 설명한다면, 우리는 자신의 두려움과 슬픔을 줄여주는 사람이나 대상에게 다가갈 것이고, 또 회피는 부정적 정서를 증가시켜주는 것으로 설명할 수 있지요. 그런데 실제로 인간은 자신을 더 두렵게 만들거나 슬프게 하는 사람이나 대상에게서 멀어진단 말입니다. 어째서 진화는 긍정 정서체계를 부정 정서체계 바로 위에 설정해놓았을까요? 둘을 하나의 체계로 통합했다면 훨씬 더 편리했을 텐데 말이죠."

나는 숨 돌릴 틈도 없이 그가 쓴 『넌제로』가 이런 궁금증을 풀어줄지도 모르겠다는 말을 라이트에게 토로한다. 과연 부정 정서가 제로섬 게임에서 우리를 도와주게끔 진화해왔다고 볼 수 있을까? 우리가 먹느냐 먹히느냐의 기로에서 사활을 걸고 싸울 때는 두려움과 불안이 우리의 자극제가 되고 길잡이 노릇을 한다. 빼앗으려는 사람을 피하거나 침범하려는 사람을 물리치려고 맞설 때는 슬픔과 분노가 우리의 자극제요 길잡이로 작용한다. 이렇듯 부정 정서를 느낀다는 것은 우리가 제로섬 게임을 하고 있다는 신호이다. 따라서 이때 취할 수 있는 행동은 싸움, 도망 혹은 포기이다. 게다가 당장 코앞에 닥친 문제만 집중적으로 분석하려 들기 때문에 마음자세가 편협해진다.

그렇다면 긍정 정서는 우리가 윈-윈 게임을 하도록 독려하고 이끌어주게끔 진화해왔을까? 구애, 공동 사냥, 자녀 양육, 협동, 씨앗 뿌리기, 교수와 학습 등 서로에게 혜택이 돌아갈 수 있도록 경쟁하는 경우에는 기쁨, 쾌활함, 안도감, 행복이 우리의 행동을 자극하고 이끌어준다. 긍정 정서는 윈-윈 게임이 잠재해 있음을 알려주는 감각체계의 한 부분이다. 또한 지적 자원과 사회적 자원을 꾸준히 확장하고 구축할 수 있는 마음자세를 갖고 행동하게 한다. 요컨대 긍정 정서는 우리 삶을 안전하게 지켜줄 보루를 쌓게 해준다.

"정말 그렇다면, 인간의 미래는 당신이 예상한 것보다 훨씬 더 밝은 거죠, 라이트 씨. 만일 우리가 윈-윈 게임 시대의 들머리에 있다면, 그건 곧 좋은 감정이 싹틀 시대의 들머리나 마찬가지니까요."

"그러니까 삶의 의미를 신학적 각도에서 말씀하신 거로군요, 셀리그만 선생?"

라이트의 표정으로 보아 그가 긍정 정서와 윈-윈 게임을 한데 엮은 내 생각에 수긍하는 게 분명했다.

"전 당신이 무신론자인 줄 알았는데요."

"맞소, 그랬지요. 나는 시간 밖에 존재하는 초자연적인 신이니, 우주를 설계하고 창조한 신이니 하는 주장을 들을 때마다 견디기 힘들었소. 인간이 스스로 선택한 것보다 더 큰 삶의 의미가 있다는 말이 도저히 믿어지지 않았던 거요. 그런데 지금은 내가 틀렸다는 생각이 조금씩 들어요. 나는 이미 사람은 저마다 삶의 의미가 창조주에게서 근거하고 있다고 믿는 신자들에 대해서는 할 말이 없어요. 그들은 이미 자신들이 믿는 삶의 의미에 따라 살고 있으니까요. 그러나 오로지 자연만을 믿으며 회의하고 명백한 증거를 찾으려 하는 비신자들에게 삶의 의미를 찾는 길을 열어주고 싶은 것이죠."

나는 요사이 훨씬 더 신중해졌다. 나는 이제 신학 서적을 읽지 않으며 어쩌다 나이 많은 신학자들이 쓴 글을 읽게 되면 내 지적 능력을 빼앗길 것만 같다. 나는 지금까지 무신론이라는 편안한 확신과 불가지론이라는 고뇌에 찬 회의 사이를 헤맸다. 그런 내가 라이트의 책을 읽으면서부터 바뀐 것이다. 나는 난생 처음으로 나를 포함한 모든 인간보다 더 위대한 존재에 대해 큰 어떤 암시를 더 느낀다. 증거는 많되 계시가 부족한 사람, 희망은 많되 신앙이 부족한 사람이 믿을 수 있는 신의 암시를 느끼는 것이다.

"혹시 1950년대에 아이작 아시모프가 쓴 『최후의 질문The Last-Question』이라는 소설 기억하십니까?"

내가 묻자 라이트는 그땐 자기가 태어나지도 않았다며 고개를 가로젓는다. 나는 대강의 소설 줄거리를 그에게 들려주었다.

이 소설은 2061년 태양계가 점점 냉각되어가는 이야기로 시작된다. 거대한 컴퓨터에게 '엔트로피를 감소시킬 수 있는가?' 하고 물은 과학자들은 '자료 부족으로 답변 불가'라는 회신을 받는다. 한편 지구 거주 민들은 작은 별들의 태양 노릇을 했던 백색왜성白色矮星을 탈출한다. 은 하계가 계속 식어가자, 인간의 모든 지식이 입력되어 있는 소형 슈퍼컴 퓨터에게 '엔트로피를 감소시킬 수 있는가' 하고 묻는다. 컴퓨터는 '자 료 부족'이라는 마찬가지 답변을 낸다. 우주가 갈수록 식어가자 컴퓨 터의 기능을 향상시키면서 이 질문을 계속 던진다. 그러나 답변은 늘 똑같다. 1조 년이라는 시간이 흐른 뒤 마침내 우주의 모든 생명체와 온 기가 완전히 사라진다. 이제 우주는 섭씨 영하 273.16도의 절대영도絶對 零度에 다다른 상황에서 모든 정보가 어떤 작은 물체에 압축된다. 그 작 은 물체가 스스로 '엔트로피를 감소시킬 수 있는가'라고 묻는다.

그리고는 '빛이 있게 하라'라고 응답한다. 그리고 빛이 있었다.

"라이트 씨, 윈-윈 게임을 확장시킨 이 소설에는 신앙적 요소가 스며 들어 있어요. 당신은 설계사 없는 설계에 대해 쓰고 있지요. 더욱더 복 잡해지는 이 설계가 곧 우리의 운명입니다. 당신은 윈-윈 게임을 더 좋 아하는 자연선택과 문화적 선택이라는 보이지 않는 손이 그 설계를 지 배할 거라고 주장하겠지요. 나는 갈수록 복잡해진다는 것은 능력이 더 커지고 지식이 더 많아지는 것과 같다고 생각해요. 또한 선善이 더 많아 지는 것과도 같다고 봐요. 왜냐하면 선은 모든 성공한 문화가 진화시킨 도처에 있는 덕성과 다름없으니까요. 더 적은 지식과 더 많은 지식, 더 적은 능력과 더 많은 능력, 더 적은 선과 더 많은 선이 경쟁하면 더 많은 쪽이 이기게 마련이죠. 물론 퇴보와 반선도 있습니다. 지식, 능력, 선이 점점 증가하는 이 과정은 최종적으로 어디로 향해 갈까요?"

라이트는 반신반의하는 듯 입술이 오므라졌다. 나는 좀더 나아가기로 마음먹었다.

　"전통적인 유대교와 기독교에서 하나님은 네 가지 속성을 가졌소. 전지, 전능, 선, 우주의 창조가 바로 그것이오. 태초의 초자연적인 창조주라는 이 특성에 대해서는 접어둡시다. 아주 골치 아픈 속성이니까. 어쨌거나 이 세상에는 악이 판치고 있어요. 만일 하나님이 우주의 설계자라면, 아울러 선하고 전지전능하다면 도대체 어떻게 이 세상이 천진무구한 아이들의 죽음, 테러리즘, 사디즘으로 가득 찰 수 있단 말이오. 게다가 창조주라는 특성은 인간의 자유의지와 모순됩니다. 신이 전지전능하다면 어째서 하나님은 인간에게 자유의지를 부여했을까요? 또 그 창조주는 누가 창조했단 말이오?

　이런 수수께끼 같은 질문에 대해 신학에서는 교묘하게 답변 아닌 답변을 합니다. 악의 문제에 대해서는 하나님의 계획은 헤아릴 길이 없다는 식이죠. 이를테면 '우리가 악으로 보는 것을 하나님의 헤아릴 길 없는 계획에서는 악이 아니' 라는 거죠. 하나님의 네 가지 속성과 인간의 자유의지를 조화시키는 문제는 대단히 어려운 일이오. 16세기의 종교 개혁자 루터와 칼뱅도 신의 '전능' 을 수호하기 위해 인간의 의지를 포기했을 정도니까요. 이들 초기 신교도들과는 달리, '과정 신학process theology(1960년대 미국에서 일어난 신학 사조로, 인간과 세계의 진화론적 성격을 강조하고 신도 변화해가는 세계와 영적으로 교류하며 발전해가는 과정에 있다는 주장—옮긴이 주)' 에서는 신은 실재하는 존재가 점점 복잡해지는 쪽으로 나아가도록 영원한 신탁을 작동시키기 시작했으며, 지금까지는 아주 잘 진행되고 있다고 주장합니다.

　그러나 한층 복잡한 분화가 이루어지면 인간의 자유의지와 자의식이 나타나게 될 테고, 그러면 인간의 자유의지는 신의 능력을 강력하게 제한하려 들겠죠. 과정 신학에서 신은 전지와 전능을 포기하고 인간에게 자유의지를 한껏 누릴 수 있게 합니다. 이를테면 과정 신학에서는 '창조주를 누가 창조했느냐'는 논란을 회피하기 위해, 점점 더 복잡해져가는 과정이 영원히 계속된다고 주장하면서 창조주라는 속성 자체를 아예 포기하는 겁니다. 시작이 없으니 끝도 없을 거라는 얘기죠. 따라서 과정 신학에서의 신은 인간의 자유의지를 허용하는데, 그렇게 되면 전지, 전능, 창조주라는 신의 속성을 상실하게 되는 거지요. 내가 보기에는 전통적인 신학에서 신이 가진 모든 속성을 박탈함으로써 지나치게 무능한 신으로 만든 것, 그것이 과정 신학의 허점이오. 그러나 이것이 전지전능하고 자애로운 창조주와 자유의지를 지닌 인간이 조화를 꾀할 수 있는 최선의 방법인 것도 사실이오.

이 수수께끼를 풀 수 있는 또 한 가지 길이 있소. 다른 세 가지 속성과 모순되는 창조주라는 속성을 신에게서 아예 제거해버리는 거요. 과학적으로 사고하는 사람들이 신의 존재를 곧이곧대로 받아들이지 못하는 것은 유신론有神論의 핵심인 바로 이 창조주라는 속성이 아니겠소? 창조주란 게 뭐요. 시간 밖에 존재해서 자연법칙의 지배를 받지 않는 초자연적인 설계자입니다. 아무리 해도 풀리지 않는 이 창조주 문제는 '우주론'이라는 물리학계에 맡겨두는 게 차라리 속 편하겠소.

그렇다면 이제 우리에게 남는 건 창조와 전혀 관계없으나, 전지전능하고 선한 신이라는 존재요. 과연 '이런 신이 존재하느냐'가 관건입니다. 지금 이런 신이 존재할 수 없는 건 우리가 여전히 불가사의한 두 가지 문제에 매몰되어 있기 때문일 겁니다. 전능하고 선한 신이 존재하고 있다면 어떻게 이 세상에서 악이 판칠 수 있는가와 어떻게 인간이 자유의지를 지닐 수 있는가 하는 문제. 그런 신이 없었다면, 지금도 그런 신은 존재하지 않을 거요. 그렇다면 윈-윈 게임의 원칙은 최종적으로 어디로 향해 가느냐는 문제가 여기서 다시 불거집니다. 초자연적인 존재가 아닌 신, 윈-윈 게임의 자연스러운 진보를 통해 궁극적으로 전지와 전능을 습득하는 신으로 귀착됩니다. 아마도 신이 그 귀착점일 겁니다."

라이트는 대부분은 수긍하는 표정이었다.

끊임없이 점점 더 복잡한 분화를 선택하는 과정은 궁극적으로 전지 전능과 선을 목표로 삼고 있는 것이나 한가지다. 물론 이것이 우리가 사는 동안, 또는 인류가 존속하는 동안 달성될 목표라는 얘기는 아니다. 한 개인이 할 수 있는 최선은 이 과정을 촉진시킬 수 있는 작은 역할을 선택하는 것이다. 이것이 바로 자기 존재를 초월한 더 큰 의미를 자신의 삶 속으로 끌어들이는 열쇠이다. 의미 있는 삶은 자기 존재보다 더 큰 무엇과 하나가 되는 삶이다. 그래서 그 무엇이 더 클수록 삶의 의미도 그만큼 더 커진다. 전지, 전능, 선한 신을 궁극적인 목표로 삼는 과정에 동참하는 것이 우리보다 더 위대한 무엇과 자신의 삶을 하나 되게 하는 것이다.

당신에게는 삶의 길을 선택할 권한이 있다. 크든 작든 이 목표를 향해 가는 삶을 선택하거나, 이 목표와는 아무런 관계없는 삶을 선택할 수도 있다. 심지어 이 목표 달성을 적극적으로 방해하는 삶을 선택해도 된다. 점점 증가하는 지식, 예컨대 학습, 교수, 자녀 교육, 과학, 문학, 저

널리즘 등을 중심으로 형성된 삶을 선택할 수도 있다. 그런가 하면 기술, 공학, 건축, 의료, 제조 등을 통해 점점 향상되는 능력을 중심으로 형성된 삶을 선택해도 된다. 법, 치안, 소방, 종교, 윤리, 행정, 자선 등을 중심으로 형성된 삶을 살아도 좋다.

행복한 삶은 일상생활에서 자신의 대표 강점을 날마다 발휘하여 행복을 만들어가는 것이다. 의미 있는 삶은 행복한 삶에 한 가지가 더해진다. 대표 강점을 발휘하되, 지식과 능력과 선을 촉진시키는 데 활용하는 것이다. 그렇게 하면 참으로 의미 있는 삶이 될 것이며, 신을 자기 삶의 궁극적인 목표로 삼는다면 숭고한 삶이 될 것이다.

# 용어와 이론

부록을 따로 마련한 것은 용어를 올바로 이해하고 핵심 이론을 정리하기 위해서다. 나는 이 책에서 행복happiness과 웰빙wellbeing을 서로 맞바꾸어도 전혀 상관없는 포괄적인 개념으로 사용하고 있다. 그것은 황홀경, 평안 등의 긍정 정서와 심취, 전념처럼 정서라는 요소가 없는 긍정적인 활동을 둘 다 지니고 있는 긍정심리학의 궁극적 목표를 설명하기 위해서이다. 중요한 것은 '행복'과 '웰빙'이 정서를 지칭하기도 하지만, 때로는 아무것도 느끼지 않는 활동을 가리킨다는 사실이다.

행복과 웰빙은 긍정심리학이 얻고자 하는 목표이다.

긍정 정서를 세 가지, 즉 과거의 긍정 정서, 미래의 긍정 정서, 현재의 긍정 정서로 나눈 것은 그것을 향상시키는 방법이 저마다 다르기 때문이다. 만족감, 안도감, 평정은 과거 지향적인 정서이며, 낙관성, 희망, 신뢰, 신념, 자신감은 미래 지향적인 정서이다.

　긍정 정서(과거) : 만족감, 안도감, 자부심, 평정, 성취감, 감사, 용서
　긍정 정서(미래) : 낙관성, 희망, 자신감, 신뢰, 신념

　현재의 긍정 정서는 결정적으로 다른 두 가지, 즉 쾌락과 만족으로 나뉜다. 쾌락은 다시 육체적 쾌락과 정신적 쾌락으로 구분된다. 육체적 쾌락은 감각기관을 통해 순간적으로 느끼는 긍정 정서이다. 좋은 맛과 냄새, 성적 느낌, 자유로운 신체 동작, 유쾌한 광경과 소리 등이 그것이다. 정신적 쾌락도 순간적이긴 하지만, 감각기관보다 훨씬 더 복잡하고 고상한 사건들을 통해 일어나는 것으로 황홀경, 무아지경, 전율, 반가움, 환희, 쾌활, 평안, 위안, 긴장 완화 등이 여기에 속한다. 과거나 미래의 긍정 정서와 마찬가지로, 현재의 쾌락은 절대적으로 주관적인 감정이다. 최종 결정자는 '그 사람의 살갗 속에 살고 있는 어떤 사람'이며, 수많은 연구 결과는 이러한 정서 상태를 엄밀하게 측정할 수 있다는 사실을 보여준다. 내가 측정 대상으로 삼는 긍정 정서는 시간과 환경이 바뀌어도 지속적으로 일관되게 나타나는 것들이기 때문에 과학적으로도 신뢰할 만하다. 이 책의 1부에서는 바로 이런 긍정 정서가 무엇이며 그 정서를 증가시키는 방법을 집중적으로 다루었다.

　긍정 정서(현재) : 따뜻함, 오르가슴과 같은 육체적 쾌락.

긍정 정서(현재): 황홀, 환희, 위안 등의 정신적 쾌락.

즐거운 삶: 현재, 과거, 미래의 긍정 정서를 끊임없이 추구하는 삶.

또 하나의 현재의 긍정 정서인 만족은 쾌락과 달리 정서라기보다는 우리가 좋아서 하는 활동, 가령 독서, 암벽 타기, 춤추기, 좋은 대화 나누기, 배구, 브리지 게임 등을 의미하기도 한다. 만족은 우리를 완전히 심취하고 전념하게 하며, 자의식을 차단하고, 이미 경험한 모든 정서들을 차단한다. 아울러 시간 가는 줄도 모를 정도로 푹 빠져서 완전한 경지에 오른 정서 상태인 몰입을 자아낸다.

긍정 정서(현재): 만족, 즉 자신이 좋아서 하는 활동.

만족은 결국 자신의 강점과 미덕을 계발하지 않고는 획득하지도 지속적으로 증가시킬 수도 없는 것이다. 긍정심리학의 목표인 행복은 그저 순간적이고 주관적으로 느끼는 마음 상태에 머무는 것이 아니다. 행복이란 개념에는 참되게 살아온 개인의 삶이 포함된다. 이것은 주관적으로 판단할 문제가 아니다. 참됨authenticity은 자신의 대표 강점을 발휘함으로써 만족과 긍정 정서를 자아내는 행위를 뜻하기 때문이다. 대표 강점은 만족에 이르게 하는 지속적이고 자연스러운 방법인데, 이 강점과 미덕이 2부의 핵심 내용이다. 만족은 당신을 행복한 삶으로 이끌어준다.

행복한 삶: 자신의 대표 강점을 활용하여 주된 활동 영역 속에서 충

분한 만족을 얻는 삶.

《행복은 무엇인가》라는 줄기찬 논쟁에서 얻은 커다란 교훈 한 가지는 행복을 얻을 수 있는 길은 다양하다는 사실이다. 과연 그렇다면, 일, 사랑, 자녀 양육, 삶의 목적 추구 같은 주된 일상생활에서 자신의 대표 강점과 미덕을 적절하게 발휘하는 것이야말로 당신이 해야 할 삶의 과제인 셈이다. 이에 대해서는 3부에서 다루었다. 결국 이 책은 당신의 현재, 과거, 미래를 최선을 다해 경험해보고 자신의 대표 강점을 발견하여 최선을 다해 그 대표 강점을 발휘하는 삶에 대해 소개하고 있는 것이다. 중요한 사실은 '행복한' 사람은 굳이 모든 혹은 대부분의 긍정 정서와 만족을 경험할 필요가 없다는 것이다.

의미 있는 삶은 행복한 삶에 한 가지 요소가 더해진다. 그것은 바로 자신의 대표 강점을 더 큰 무엇과 연결시키는 것이다. 이 책의 서문에서 말한 행복 너머에 있는 삶이란 바로 이 의미 있는 삶을 뜻한다.

의미 있는 삶: 자신의 대표 강점과 미덕을 활용하여 자신의 존재보다 훨씬 더 큰 무엇에 봉사하는 삶.

마지막으로, 진정한 삶은 과거와 미래의 긍정 정서를 경험하고, 현재의 쾌락과 만족에서 비롯된 긍정 정서를 음미하며, 대표 강점을 발휘하여 충분한 만족을 얻고, 아울러 대표 강점을 발휘하여 더 큰 무엇을 위해 봉사하며 삶의 의미를 깨닫는 삶이다.

:: 감사의 말

긍정심리학은 1998년 1월 첫 주 멕시코의 유카탄에 모인 세 사람의 섬광처럼 빛나던 눈동자에서 자라난 학문 운동의 소산이었다. 이 운동을 시작한 바로 그 장소에서 4주년 기념으로 탄생한 이 책은 곧 이 운동을 대중에게 널리 알리는 홍보용 책자인 셈이다. 우리가 이런 모임을 갖게 된 계기를 소개하자면 이렇다. 어린 딸 니키의 따끔한 일침을 받고 이상하리만큼 또렷하게 내 귓가에 딸애의 일침이 맴돌 때, 나는 내 소명이 무엇인지 알게 되었다. 바로 긍정심리학을 수립하는 것. 내가 의도하는 바를 정확히 몰랐지만, 누구에게 조언을 구해야 할지는 알고 있었다.

나는 칙센트미하이에게 전화를 걸었다.

"칙센트미하이 선생, 새해 계획이 있다는 걸 압니다만, 그 계획을 취소하고 유카탄에서 우리와 함께하지 않겠소? 긍정심리학이라는 새로운 학문의 지평을 여는 데 대해 선생의 고견을 듣고 싶습니다."

레이 파울러에게도 이와 똑같은 내용으로 전화를 했다.

1998년 새해 벽두 아쿠말에서 우리는 동이 틀 때 일어나 커피를 마시며 정오가 될 때까지 토론을 벌였고, 오후 서너 시까지 그 내용을 노트북에 입력해놓은 다음 다이빙도 하고 산책도 하며 아이들과 시간을 보냈다. 주말쯤 드디어 계획안을 완성했다. 학문의 기본 틀을 잡고 교육 내용과 교수 방법을 결정한 것이다.

긍정심리학의 핵심 내용은 세 가지가 될 터였다.

첫째는 긍정 정서에 대해 연구이다. 에드 디너가 이 분야의 연구 책임자를 맡기로 했다.

둘째는 긍정 특성, 즉 긍정 정서를 규칙적으로 유발하게 해주는 강점과 미덕에 대한 연구이다. 이것은 칙센트미하이가 맡기로 했다.

긍정 특성을 연구하자면, 연구자와 임상실험자들이 동의할 만한 강점 분류체계가 필요할 것이었다. 정신질환을 진단하기 위해 DSM-Ⅲ 분류법을 마련한 것과 같은 이치이다. 축적된 학문적 성과에 따라 수정할 수 있게끔 이 분류체계는 살아 있는 문서가 될 것이다. 분류체계에 대해 잠정적으로 합의하면, 여기에 포함된 모든 성격을 측정할 수 있는 방법들을 고안해야 할 것이다. 피터슨과 베일런트 교수가 이 분야를 담당하기로 했다. 정신의학이 정신이상이 무엇인지 밝히는 학문이라면, 긍정심리학은 정신의학이 그간 이룬 성과를 토대로 정신건강이 무엇인지 규명하는 학문이 될 것이다.

셋째는 긍정 제도에 대한 연구이다. 사실 이것은 대단히 중요하면서도 심리학 단체의 권한 밖의 일인데다 이 책에서도 다루지 않은 분야이다.

한 개인을 넘어서는 더 큰 조직은 어떻게 개인의 긍정 특성을 배양하도록 지원하고, 또다시 긍정 정서를 자아낼 수 있을까? 유대감이 큰 가정과 지역사회, 민주주의, 자유로운 연구단체, 교육제도, 경제적 사회 안전망 등이 모두 긍정 제도에 속한다. 사회학, 정치학, 인류학, 경제학은 이 문제를 본격적으로 다룰 수 있는 학문이지만, 심리학과 마찬가지로 이 사회과학도 인종 차별, 남녀 차별, 마키아벨리즘, 독점 등 병든 제도에 대한 연구에 편중하고 있는 실정이다. 사회과학은 삶을 힘들게 하고 몹시 고통스럽게 하는 제도들을 들춰내면서 상당한 학문적 성과를 이룩해왔다. 그러므로 사회과학은 기껏해야 제도의 병폐를 최소화하는 방법을 제시할 수 있을 뿐이다.

우리 세 사람은 우리의 삶을 향상시키는 데 도움을 줄 수 있는 긍정 제도에 관해 연구할 사회과학의 필요성을 인식했고, 캐슬린 제이미슨이 이 분야를 담당하기로 했다. 고故 로버트 니지크는 긍정 제도의 철학적 기반을 마련하는 작업을 해주었다. 이 모든 것을 총체적으로 검토한 우리는 심리학계의 원로들을 포함하는 긍정심리학 단체를 설립하기로 결정했다. 이 작업의 총괄 책임은 내가, 조정자 역할은 피터 슐만이 맡기로 했다.

이 과정에 함께해준 모든 분들께 감사한다.


우리는 과거의 도식적인 학문 방법을 인정한다. 동시에 이것이 긍정 심리학의 취지를 훼손한다는 것도 알고 있다. 이 때문에 학문적 혁명을 반기는 사람들은 실망할지도 모르겠지만, 솔직히 고백하자면 나는 새로운 학문의 흐름을 특징짓는 '패러다임의 전환'이라는 개념을 남용하는 풍조가 못마땅하다. 우리는 긍정심리학을 기존의 일반 심리학의 핵심을 약간 변화시킨 학문으로 본다. 몇몇 가장 나쁜 삶의 문제에 대한 연구에서 우리 삶을 가치 있게 해주는 것들에 대한 연구로 바꾸려는 것이다. 또한 우리는 긍정심리학을 기존 심리학의 대체 학문으로 삼으려는 게 아니라, 보강하고 확충하는 학문으로 간주한다. 따라서 학문 운동을 전개한 우리는 긍정심리학의 학문적 기반 구조를 구축하기 위해 고심했다.

긍정심리학은 흥미로운 내용과 검증된 방법은 마련했지만, 우리는 모두 세상을 겪을 만큼 겪은 사람들로서 직위, 학위, 포상, 협력자들이 없는 한 학문의 핵심을 바꾼다는 것이 불가능하다는 것을 알고 있었다. 따라서 우리는 긍정심리학의 분야별 연구와 협동 작업을 수행할 수 있는 기회를 만들기로 결정했다. 특히 젊은 학자들에게 관심을 기울였다. 우리는 중견급 학자, 신규 조교수, 박사과정 후 연구원, 대학원생에게 기회를 마련해주기로 다짐했다.

그러자면 막대한 자금이 필요했다. 그 재원 마련은 내 몫이 되었다. 아닌 게 아니라 나는 1998년 한 해 동안 강연과 모금 활동에 많은 시간을 투자했다. 나는 각계각층의 다양한 청중들에게 학습된 낙관주의와 학습된 무기력을 수없이 강연해온 만큼 강연에 대해서는 일가견이 있는 사람이다. 그럼에도 긍정심리학에 대한 내 강연을 들은 청중들의 반응은 참으로 뜻밖이었다. 내 평생 기립 박수를 받은 것도 처음이었고, 강연을 들으면서 눈물을 흘리는 청중을 본 것도 처음이었다.

"긍정심리학은 내가 타고난 권리였는데, 그것을 정신질환이라는 죽한 그릇에 팔아 치운 거나 다름없군요"라며 어떤 여성 심리학자는 목멘 소리로 말했다.

어느 저명한 심리치료사는 또 이렇게 말했다.

"셀리그만 선생, 니키 이야기가 딱 맞소. 치료를 할 때 내가 가장 힘쓴 것은 고통을 완화시키는 힘을 길러주는 것이었는데, 이제껏 그에 합당한 이름을 찾지 못했소."

나는 연구비를 모금하는 데도 이골이 난 사람이다. 나는 성인기의 상당 부분을 이 단체 저 단체를 전전하며 연구비를 구하는 데 보냈다. 학문하는 데 쓸 돈을 구하러 다닌다는 게 얼마나 구차하고 자존심 상하던지. 아무튼 다리가 덜덜 떨릴 정도로 다리품을 팔고 다닌 결과를 야구의 타율로 치자면 평균 3할쯤 되었다.

이와는 달리 긍정심리학을 위한 연구비 모금은 느긋하게 공원을 산책하는 것에 비유할 수 있을 만큼 수월했다. 애틀랜틱 필랜스로피스 재단의 하비 데일, 짐 스펜서, 조엘 플레이시맨은 기꺼이, 그것도 아주 넉넉한 자금을 지원해주기로 했다. 마누엘 & 로다 메이어슨 재단에서는 행동가치 연구라는 이름으로 강점과 미덕의 분류체계를 마련하는 데 자금을 지원해주었다. 존 템플턴 재단에서는 긍정심리학계에서 가장 탁월한 연구자에게 거액의 상금을 지급하는 '템플턴 학술상'을 제정함과 아울러 젊은 긍정심리학자에게 연구비를 지원해주기로 했다. 그런가 하면 애네너그 & 퓨 재단에서는 시민 참여에 대한 연구를 수행하는 캐슬린 홀 제이미슨에게 자금을 지원해주었다. 아쿠말 연례 모임에 필요한 자금은 짐 호비가 맡아주었다. 갤럽의 최고경영자인 돈 클리프턴과 짐 부자는 연례 대표자 회의를 주최하고 자금을 지원해주는 데 동의했다.

이 모든 분들께도 감사한다.

나의 오랜 친구이자 출판 대리인으로서 작가의 꿈을 갖고 있는 리처드 파인이 긍정심리학 학문 운동에 대해 발표한 글을 단행본으로 출간하자고 제안하지 않았던들 이 책은 태어나지 못했을 것이다. 또한 로리 앤디먼은 해외 여러 국가와 출판 계약을 맡아주었다. 편집자이자 조언자이기도 한 필립 래퍼포트는 이 책의 체제와 편집은 물론 원고를 꼼꼼하게 읽고 교정해줌으로써 훨씬 더 훌륭한 책으로 만들어주었다. 정말 고마운 일이다. 이 밖에도 무수히 많은 사람들의 은혜를 입었다.

마지막으로 절대 빼놓을 수 없는 사람들이 있다. 이 책을 완성하여 내 생애 최고로 기쁜 해를 맞기까지 아내 맨디와 아이들의 도움이 컸다.

■참고문헌

I 본문에서는 일반 독자들에게 괜히 지루함을 안길까봐 일부 학술 원저를 소개하지 못했다. 그래서 이 참고문헌을 통해 심리학계에서의 몇몇 중요한 쟁점에 대해 짤막하게 언급하고자 한다. 긍정심리학에 관심이 있는 독자라면 여러 쟁점 가운데 특히 다음 내용에 흥미를 느낄 것이다. 자유 의지에 대한 저자의 개인적 견해, '중립 상태'에 대한 정의를 면밀히 규정하기 위한 시도, 긍정심리학과 관련된 발견들 가운데 놀라운 것과 그렇지 않은 것들에 대한 담론, 인본주의 심리학과 긍정심리학 사이의 반목, 긍정심리학 네트워크의 내부적 운영 및 유카탄(Yucatan) 회의에 관한 구체적 이야기, 다이어트 관련 문헌과 행복 관련 문헌에서의 목표점과 목표범위간의 연관성, 라플라스와 결정론에 대한 개인적 견해, 인격의 유전적 특징에 대한 최근의 발견사례들, 노먼 빈센트 필과 긍정심리학 사이에서의 '긍정적 사고'에 대한 차이점, 아리스토텔레스와 행복(에우다이모니아)에 대한 개인적 견해, 초기 프로테스탄트주의와 그 인격관, 품위관, 행동관에 대한 개인적 생각.

xiii By my last count: Seligman, M. E. P.(1994). What you can change and what you can't. New York: Knopf.

xiv Thus the competitiveness: Freud, S. (1923). Civilization and its discontents. New York: Norton (1962 edition, translated by J. Strachey).

xiv Just one example of thousands: Goodwin, D. K. (1994). No ordinary time: Franklin and Eleanor Roosevelt: The home front in World War II. New York: Simon & Schuster.

xv 내가 조직한 긍정심리학 네트워크는 세 개의 기둥으로 구성되어 있다. 즉,

에드 디너(Ed Diener)가 지휘하는 긍정 정서, 미하이 칙센트미하이(Mihalyi
Csikszentmihalyi)가 지휘하는 긍정 특성, 펜실베이니아 대학의 애넌버그 통신
대학 학장인 캐슬린 홀 재미슨(Kathleen Hall Jamieson)이 지휘하는 긍정 제도
로 나뉜다. 긍정 제도 센터의 연구는 지면상의 제약 때문에 이 책에 수록되지
못했다. 사회학은 심리학이 대체로 그러하듯, 공동체를 무력화시키는 (인종
차별주의나 성차별주의 같은) 부정 제도에 관심을 가져왔다. 캐슬린 재미슨의
경우처럼 긍정 사회학은 공동체가 잘 발전하여 개인적 능력과 장점을 더욱
높여줄 수 있도록 해주는 그런 제도에 관심을 갖고 있다. 하지만 이 부분은
이 책에서 다룰 주제는 아니다.

xvi Experiences that induce: Fredrickson, B. (2001), The role of positive emo-
tions in Positive Psychology: The broaden-and-build theory of positive emo-
tions. American Psychologist, 56, 218-226.

xvi The strengths and virtues: Masten, A. (2001). Ordinary magic: resilience
processes in development. American Psychologist, 56, 227-238.

## 1: POSITIVE FEELING AND POSITIVE CHARACTER

3 These two nuns: Danner, D, Snowdon, D., and Friesen, W. (2001). Positive
emotions in early life and longevity: Findings from the nun study. Journal of
Personality and Social Psychology, 80, 804-813. See also the study of the
longer lives of Oscar winners, as compared to actors from the same movies
who did not win Oscars. Redelheimer, D., & Singh, S. (2001). Social status
and life expectancy in an advantaged population: A study of Academy
Award-winning actors. Annals of Internal Medicine, 134, S6.

5 Dacher Keltner and LeeAnne Harker: Harker, L., and Keltner, D. (2001). 여
대의 졸업앨범 사진 속에 나타나는 긍정 정서의 표현과, 이런 표현이 성인기
의 성격과 인생과정에 대해 갖는 연관성. Journal of Personality and Social
Psychology, 80, 112-124.

6 So it may come: 긍정이란 부정이 없는 상태이다(또한 부정은 긍정이 없는 상태이다) 라거나, 긍정과 부정은 독자적으로 정의내릴 수 있는 차원이다를 놓고 학계에서 끊임없이 논란이 되어왔다. 펠렛 사료가 굶주린 동물에게 정말로 긍정적인 것일까, 아니면 단순히 굶주림이라는 부정적 상태를 완화시켜주는 것일까? 긍정이 부정이 없는 상태라면 긍정심리학이 필요하지 않았을 것이다. 단지 부정 상태를 완화해주는 심리학이면 되었을 테니까.

이런 수수께끼의 해결책은 중립 상태, 즉 0에 대해 정확히 정의내릴 수 있느냐에 따라 결정된다. 중립적 상태인 0에 대해 정의가 내려지고 나면, (정서, 외적 환경, 내적 동기 같은) 상황들이 플러스 방향이나 선호적 측면에 있을 경우 긍정적이 되며 마이너스 방향이나 비우호적 측면에 있을 경우 부정적이 된다.

그러한 하나의 해결책으로서, 나는 '중립'에 대해 일련의 모든 환경인 O라고 정의 내리고자 한다. 즉, 그 가운데 하나의 요소가 어떤 사건에 더해지더라도 그 사건에 대해 더 우호적이거나 덜 우호적인(가까이 다가가거나 회피하는) 태도를 갖게 만들지 않으며 그 사건에 대해 느껴지는 정서가 늘어나거나 줄어들지 않는 그런 일련의 환경이다. 그리고 O보다 더 선호적인 것으로 정의된 (그래서 O보다 더 긍정적인 주관적 정서를 유도하는) 환경은 긍정적인 것이되며, O보다 덜 우호적인 것으로 정의된 (그래서 O보다 더 부정적인 주관적 정서를 유도하는) 환경은 부정적인 것이 되는 식이다. 이 부분과 관련해서 중립에 대한 정의의 시도에 대해 더 알고 싶다면 다음을 참고하라. R. Nozick (1997). Socraticpuzzles (pp. 93-95). Cambridge, MA: Harvard University; Kahneman, D. (2000). Experienced utility and objective happiness: A moment-based approach. In D. Kahneinan and A. Tversky, (Eds.) Choices, values andframes. New York: Cambridge University Press and the Russell Sage Foundation; and F. W Irwin (1971). Intentional behavior and motivation: A cognitive theory. Philadelphia: Lippincott.

7 Because their experience: Redelmeier, D., and Kahneman, D. (1996). Patients' memories of painful medical treatments: Real-time and retrospective

evaluations of two minimally invasive procedures. Pain, 116, 3-8; and Schkade, D., and Kahneman, D. (1998). Does living in California make people happy? A focusing illusion in judgments of life satisfaction. Psychological Sci-ence, 9, 340-346. 7 Suppose you could be: Nozick, R. (1974). Anarchy, state, and utopia (pp. 42-45). New York: Basic Books.

8 I tell my students: Haidt, J. (2001). The emotional dog and the rational tail: A social intuitionist approach to moral judgment. Psychological Review, 108, 814-834.10 Living 19percent longer: Maruta, T., Colligan, R., Malinchoc, M., and Offord, K. (2000). Optimists vs. pessimists: Survival rate among medical patients over a 30-year period. Mayo Clinic Proceedings, 75, 140-143. 10 For the Harvard men: Vaillant, G. (2000). Adaptive mental mechanisms: their role in Positive Psychology. American Psychologist, 55, 89-98, and especially his latest book, Vaillant, G. (2002) Aging well. New York: Little, Brown.

10 The last time: Allport, G. W, and Odbert, H. S. (1936). Traitnames: A psycho-lexical study. Psychological Monographs, 47 (Whole No. 211), 1-171.

13 Rather, the good life: Phil Stone, professor at Harvard and Gallup guru, invented the felicitous term "signature strength." Work on this topic was pioneered by the Gallup Corporation. An excellent guide to this research in work is Buckingham, M., and Clifton, D. (2001). Now, discover your strengths. New York: Free Press.

15 Fordyce Emotions Questionnaire: Fordyce, M. (1988). A review of research on the happiness measures: A sixty-second index of happiness and mental health. Social Indicators Research, 20, 355-381. With kind permission of l Kluwer Academic Publishers.

## 2: How Psychology Lost Its Way and I Found Mine

27 Second, beyond the likelihood: 삶의 이면을 연구하는 일에서 한 가지 매

력이라면, 삶이 더 흥미롭게 여겨진다는 점이다. 톨스토이의 다음의 말 속에서 이런 개념의 유래를 찾을 수 있다. 톨스토이는 말하길, 불행한 가족들이 흥미로운 이유는 저마다 다른 식으로 불행하기 때문인 반면 행복한 가족들이 흥미롭지 않은 이유는 모두들 같은 식으로 행복하기 때문이라고 했다. 다시 말해, 삶에서 더 밝은 면을 다루는 과학이 연구의 주제 자체로서는 따분해질 수도 있다는 얘기이다.

톨스토이의 흥미를 끌었던 현상은 세상사의 견지에서 더 잘 설명이 될 것이다. 우리는 갑작스러운 변화를 흥미롭게 느끼며 점진적인 변화에는 별 흥미를 느끼지 않는다. 그런데 대체로 불행한 가족에게 일어나는 변화들은 갑작스럽고 행복한 가족에게 일어나는 변화들은 점진적인 경향을 띠기 때문에, 톨스토이는 (돌연함 대신) 불행에서 흥미로움을 연상했고 (점진성 대신) 행복에서 흥미롭지 않음을 연상했던 것이다.

물론 영웅적 행동들처럼 돌연적인 동시에 행복하기도 한 사건들도 많다. 이런 사건들은 긍정심리학의 범위로 아우르기에 타당할 뿐만 아니라 굉장히 흥미롭다. 적어도 톨스토이가 여러 소설 속에서 이런 사건들을 탐구했을 정도로 흥미로운 주제이긴 하다.

따분함의 또 하나의 측면은 톨스토이의 의견보다도 과학에 더 치명적이다. 지금껏 긍정심리학은 당신의 할머니와 훌륭한 주일학교 교사들도 아직 모르는 뭔가를 발견해 오지 않았는가? 긍정심리학은 정말 놀랍지 않은가? 나는 어떤 과학이든 놀라운 사실의 발견에 따라 그 가치가 크게 좌우된다고 믿으며, 긍정심리학의 연구에서는 상당히 비직관적인 결과들을 도출해내고 있다. 이미 앞에서 몇 가지 사례가 소개되긴 했으나, 긍정심리학자들의 연구실에서 발견된 놀라운 결과들을 짤막하게 소개자하면 다음과 같다.


• 연구가들이 미망인들에게 세상을 떠난 배우자에 대해 얘기해달라고 해봤다. 몇몇 미망인은 행복한 이야기를 했고, 슬프거나 불만스러운 얘기를 털어놓는 미망인도 있었다. 2년 반 후에 연구가들이 추적 조사를 벌여봤더니, 행

복한 이야기를 했던 여자들이 삶에 적극적으로 나서며 다시 연애를 시작할 가능성이 훨씬 높게 나타났다. Kelt-ner, D., and Bonanno, G. A. (1997). A study of laughter and dissociation: The distinct correlates of laughter and smiling during bereavement. Jour-nal of Personality and Social Psychology, 73, 687-702.

• Researchers found that physicians experiencing positive emotion tend to make  more accurate diagnoses. Isen, A. M., Rosenzweig, A. S., and Young, M. J. (1991).  The influence of positive affect on clinical problem solving. Medical Decision  Making, 11, 221-227.

• Optimistic people are more likely than pessimists to benefit from adverse medical   information. Aspinwall, L., and Brunhart, S. (2000). What I don't know won't hurt me. In J. Gillham (Ed.), The science of optimism and hope: Research essays in  honor of Martin E. P. Seligman (pp. 163-200). Philadelphia: Templeton Foundation  Press.

• In presidential elections over the last century, 85 percent were won by the more   optimistic candidate. Zullow, H., Oettingen, G., Peterson, C., and Seligman, M. E. P.   (1988). Pessimistic explanatory style in the historical record: Caving LBJ,   presidential candidates and East versus West Berlin. American Psychologist, 43, 673-682.

• Wealth is only weakly related to happiness both within and across nations. Diener,  E., and Diener, C. (1996). Most people are happy. Psychological Sci-ence, 3,  181-185.

• Trying to maximize happiness leads to unhappiness. Schwartz, B., Ward, A., Monterosso, J., Lyubomirsky, S , White, K., and Lehman. D. R. Maximizing versus  satisficing: Happiness is a matter of choice (unpublished manu-script).

• Resilience is completely ordinary. Masten, A. (2001). Ordinary magic:

resilience processes in development. American Psychologist, 56, 227-238.

•Nuns who display positive emotion in the autobiographical sketches live longer and are healthier over the next seventy years. Danner, D., Snowdon, D., and Friesen, W (2001). Positive emotions in early life and longevity: Findings from the nun study. Journal of Personality and Social Psychol-ogy, 80, 804-813.You will read about more surprises below. This note is adapted from an unpublished manuscript: Seligman, M. and Pawelski, J. Positive Psychology: FAQs.

29 The vast psychological literature on suffering: 현대 심리학사에는 여기에 해당되지 않는 유명한 예외 사례가 하나 있다. 1960년대 초에 아부라함 매슬로우(Abraham Maslow)와 칼 로저스(Carl Rogers)에 의해 창시된 인본주의 심리학은 의지, 책임, 희망, 긍정 감정 등 긍정심리학에서 내세우는 것과 유사한 여러 가지 전제들을 강조했다. 안타깝게도 인본주의 심리학은 주류 심리학으로 스며들지는 못했으나, 그럼에도 매슬로우는 미국 심리학회의 회장이 되었다. 인본주의 심리학이 학문적 연계가 희박한 채 대체로 치료상의 시도로 남게 되었던 이유는, 전통적 실험과학과 소원했던 점과 관계되어 있을지 모른다. 인본주의 심리학의 후속 주창자들은 로저스, 매슬로우와는 달리, 전통적 실험방식에 대해 상당히 회의적이었다. 이들은 자신들의 중대 전제들을 더 조잡하고 과격한 인식론과 결합하여 현상학과 개개인의 병력(病歷)을 강조했다. 이는 주류 심리학으로 동화되는 것을 두 배는 더 어렵게 만들었다. 하지만 1960년대의 학문적 심리학은 적극적이지 못해서 인본주의 심리학을 초대해 들이지도 못했다. 실제로 한 편지[2001년 9월 1일에 쓴 밥 게이블(Bob Gable)의 개인 서신]에서, 인본주의 심리학의 옹호자 중 한 명은 인본주의 심리학과 긍정심리학의 관계에 대해 다음과 같이 썼다.

"아브라함 매슬로우는 자네가 하고 있는 일을 보면 기뻐할 것이네. 매슬로우는 실제적인 실증주의자들이… 자기실현 같은 주제를 연구하길 바랐으니 말이네. 매슬로우의 조교로서, 나에게는 시행착오적 학습에 내 지성을 바치는

것 외에 다른 특별한 일을 할 자격이 없을 것일세. 미국 심리학회 회장으로서
의 매슬로우의 임기 덕분에 인본주의 심리학의 정당성이 높아지긴 했네만,
매슬로우는 그보다는 전에 없었던 어떤 일에 대해 더 행복해 했을지 모르네.
바로 프레드 스키너(Fred Skinner)에게 회신 전화가 걸려와 점심을 먹으며 인
본주의 심리학에 대한 연구 전략을 얘기해보자는 얘길 들었던 일일세. 그런
데 두 사람의 사무실은 16킬로미터밖에 떨어져 있지 않은 거리였네. 매슬로
우는 그의 제안에 담긴 명백한 경시에 상처를 받았지… 1960년대 중반 이후
로 인본주의 심리학의 방식은 진로를 잘못 들어섰네. 자네와 긍정심리학 사
람들은 우리들이 가졌어야 할 지도를 발전시키고 있네."

## 3: WHY BOTHER TO BE HAPPY?

31 All of this culminates: Fredrickson, B. (1998). What good are positive
emotions? Review of General Psychology, 2, 300-319.

31 This is so uncontroversial: Katherine Peil and Jerry Clore are the two
theorists who emphasize that emotions are sensory. Given that "feeling," by
definition, entails massive intrusions upon consciousness, this seems like a
truism easily overlooked, but enormously important as we shall see. Peil, K.
(2001). Emotional intelligence, sensory self-regulation, and the organic destiny
of the species: The emotional feedback system. Unpublished manu-script,
University of Michigan. Available from ktpeil@aol.com; Clore, G. L. (1994).
Why emotions are felt. In P Ekman, and R. Davidson, (Eds.), The nature of
emotion: Fundamental questions (pp. 103-111). New York: Oxford University
Press.

33 Whether one identical twin: Tellegen, A., Lykken, D. T., Bouchard, T. J.,
Wilcox, K. J., Segal, N. L., and Rich, S. (1988). Personality similarity in twins
reared apart and together. Journal of Personality and Social Psychology,
54,1031-1039.

33 Positive Affectivity: Watson, D., Clark, L. A., and Tellegen, A. (1988). Development and validation of brief measures of positive and negative affect: The PANAS scales Journal of Personality and Social Psychology, 54, 1063-1070.

33 To score your test: To compare yourself to others of the same gender, age, and education, go to the website; but for a first approximation, the overall average for Americans for momentary PA is 29.7, with a standard deviation of 7.9. For momentary NA the average is 14.8, with a standard deviation of 5.7.

35 When we are in a positive: Fredrickson, B. (1998). What good are positive emotions? Review of General Psychology, 2, 300-319; Fredrickson, B. (2001). The role of positive emotions in Positive Psychology: The broaden-and-build theory of positive emotion. American Psychologist, 56, 218-226. 36 The same broadening: "Power" is the answer. These experiments were all done by Alice Isen and her students at Cornell University. Dr. Isen defied the trend to work only on misery long before Positive Psychology became fash-ionable, and I consider her the founder of the experimental psychology of positive emotion. Isen, A. M. (2000). Positive affect and decision making. In M. Lewis and J. M. Haviland-Jones (Eds.), Handbook of emotions (2d ed, pp.417-435). New York: Guilford Press; Estrada, C., Isen, A., and Young, M.(1997). Positive affect facilitates integration of information and decreases anchoring in reasoning among physicians. Organizational Behavior and Human Decision Processes, 72, 117-135.

36 Then all the children: Masters, J., Barden, R., and Ford, M. (1979) Affective states, expressive behavior, and learning in children Journal of Personality and Social Psychology, 37, 380-390.

36 They did not succumb: Isen, A. M., Rosenzweig, A. S., and Young, M.J. (1991). The influence of positive affect on clinical problem solving. Medical

Decision Making, 11, 221-227.

37 The happy-but-dumb view: Peirce, C. S. (1955). How to make our ideas clear. In J. Buchler (Ed.), Philosophical writings of Peirce. New York: Dover.

37 The depressed people were sadder: Because we were not yet thinking about positive happiness in 1980, we equated nondepressed people with happy people, and this may be a flaw in the argument.

37 Eighty percent of American men: Headey, B., and Wearing, A. (1989). Personality, life events, and subjective well-being: Toward a dynamic equilibrium model. Journal of Personality and Social Psychology, 57, 731-739. Moreover, college students believe themselves more likely than their peers to find a good job, own a home, avoid falling victim to crime, and be spared other hardships such as giving birth to a disabled child (Weinstein, 1980). Weinstein, N. (1980). Unrealistic optimism about future life events. Journal of Personal-ity and Social Psychology, 39, 806-820.

38 Depressed people, in contrast: Alloy, L. B., and Abramson, L. Y (1979). Judgment of contingency in depressed and nondepressed students: Sadder but wiser. Journal of Experimental Psychology: General, 108, 441-485- This was the first study to demonstrate depressive realism. See my Learned optimism, Chapter 6, for a review of the evidence on this fascinating and robust illusion of control. The article showing realism as a risk factor for depression is Alloy, L. and Clements C. (1992). Illusion of control: Invulnerability to negative affect and depressive symptoms after laboratory and natural stressors. Jour-nal of Abnormal Psychology, 101, 234-245.

38 But the reality of all: Ackermann, R., and DeRubeis, R. (1991). Is depressive realism real? Clinical Psychology Review, 11, 365-384.

38 Happy people remember: Aspinwall, L. G., Richter, L., and Hoffman, R. R.(2001). Understanding how optimism works: An examination of optimists'

adaptive moderation of belief and behavior. In E. C. Chang (Ed.), Optimism and pessimism: Implications for theory, research, and practice (pp.217-238). Washington DC: American Psychological Association.

39 It probably even occurs: Davidson, R. (1999). Biological bases of personality. In V Derlega, B. Winstead, et al. (Eds.), Personality: contemporary theory and research. Chicago: Nelson-Hall. 데이비슨과 그의 동료들은 행복한 조건과 슬픈 조건 하에서의 사람들의 두뇌 활동을 관찰하면서, 긍정 정서를 왼쪽 전두엽의 몇몇 부분의 활동으로 연결시켰다. 특히 가장 극적으로 뽑히는 한 연구 사례를 통해 아주 뛰어난 명상가의 두뇌 활동을 측정한 바 있는데, 바로 프랑스의 분자 생물학자이자 20년 전부터 불교 수도승으로 지내왔으며《승려와 철학자(The Monk and the Philosopher)》라는 책을 펴낸 마티유 리카르(Matthieu Ricard)로서, 리카르는 '평온' 이라는 숭고한 상태에 이르면 왼쪽 전두엽에서 극적인 변화가 일어난다.

39 If possible, surround yourself: 나는 이 이론을 진지하게 받아들여 전통을 버리면서, 긍정심리학을 연구하는 과학자들의 회합에 대한 입장을 선택했다. 내 판단에 따르면 초기 단계에 있는 이 새로운 분야로서는 창의적 사고와 과학적 돌파가 트집 잡기 일쑤인 이론적 비평보다 더 우선시되어야 한다. 따라서 우리 긍정심리학 연구자들은 대학이나 호텔 같은 재미없는 곳에서 모이지 않고, 넥타이를 매지도 않으며, 미리 의제를 조정하는 일도 별로 없으며, 일정이 느슨한 편이다. 우리는 매년 1월마다 아쿠말(Akumal)에서 1주일 동안 회의를 갖는데, 아쿠말은 멕시코 유카탄 반도에 위치한 적당한 경비의 휴양 도시이다. 우리 30명은 매일 아침과 저녁에 몇 시간씩 팔라파(palapa, 야자잎을 얹어 만든 원두막)에 둘러앉아, 특징적 강점을 측정할 방법이나 긍정 정서로 면역체계를 활성화시킬 방법 같은 특정 주제들에 대해 깊이 생각해본다. 오후에는 (행복의 목표점을 끌어올리는 방법, 경외와 경이로움 같은) 어느 한 영역의 전문가들이 세 명씩 모여 글을 쓰거나 그냥 대화를 나눈다. 우리는 아쿠말에 가족을 데려와 같이 산책과 잠수도 즐기고 멕시코 요리 파히타를 먹

기도 한다. 이들 과학자들이 대개 노련한 학자들이라는 점을 생각하면, 기분 좋게도 지금껏 우리의 회합들은 대체로 '내 삶에서 최고의 지성적인 경험'이 었다. 머리가 제일 희끗희끗한 멜 코너(Mel Konner)는 바로 오늘 아침에 나에게 이런 글을 써 보냈다.

아쿠말에서의 경험은 회의 중에 얻을 수 있는 가장 '폭넓은 기반의' 경험이었다고 말하지 않을 수가 없네. 나에게 중심적 사고에서 벗어나 새로운 방식의 사고를 하게 해주었던 그 효과 면에서 필적할 만한 경험을 들자면 1973년에 빈 외곽의 로마식 성에서 열렸던 비교문화의 초창기 회의나, 1987년에 고등과학원에서의 경험을 떠올리게 될 정도일세. 환경이란 것이 정말 중요하더군. 아쿠말은 나를 일종의 부단한 명상 상태로 이끌어주었네.

또 한 명의 전문가, 마빈 레빈(Marvin Levine)은 다음과 같이 말했다고 한다. "이 회의는 (전문가로서의 오랜 경험 중에서) 내가 그동안 참석해왔던 회의 가운데 단연 최고라고 말하고 싶다." 비교적 젊은 편이어서 백발이 덜 희끗희끗한 한 사람은 다음과 같이 썼다.

연구 활동이 그렇게 훌륭하고 좋은 아이디어가 그렇게 많이 나오는 회의는 처음이다. 소그룹 조직과 환경이 이루 말할 수 없이 생산적이고 보완적이어서 일주일 내내 내가 꿈을 꾸는 것은 아닌지 확인하느라 몇 번이고 내 살을 꼬집어보고 있는 중이다. 그야말로 더없이 감동적인 경험이라, 이 자리에 참석할 기회를 얻은 것에 대해 지극히 감사할 따름이다.

39 Young Patas monkeys: Building physical resources is discussed in Fredrickson, B. (1998). What good are positive emotions? Review of General Psychology, 2, 300-319.

40 Positive emotion also protects: Ostir, G., Markides, K., Black, S., and Goodwin, J. (2000). Emotional well-being predicts subsequent functional independence and survival. Journal of the American Geriatrics Society, 48,

473-478.

40 You will recall: Danner, D., and Snowdon, D. (2001). Positive emotion in early life and longevity: Findings from the nun study. Journal of Personality and Social Psychology, 80, 804-813; Maruta, T., Colligan, R., Malinchoc, M., and Offord, K. (2000); Optimists vs pessimists: Survival rate among medical patients over a 30-year period. Mayo Clinic Proceedings, 75, 140-143.

40 Happy people, furthermore: Stone, A., Neale, J., Cox, D., Napoli, A., et al. (1994). Daily events are associated with secretory immune responses to an oral antigen in men. Health Psychology, 13 (5), 440-446; Segerstrom, S., Taylor, S., Kemeny, M., and Fahey, J. (1998). Optimism is associated with mood, coping, and immune change in response to stress .Journal of Personality and Social Psychology, 74, 1646-1655; Kamen-Siegel, L., Rodin, J., Seligman, M. E. P. and Dwyer, C. (1991). Explanatory style and cell-mediated immunity. Health Psychology, 10, 229-235-

40 Happier people went on: Staw, B., Sutton, R., and Pelled, L. (1994). Employee positive emotion and favorable outcomes at the workplace. Organization Science, 5, 51-71.

41 In a large-scale study: Marks, G., and Fleming, N. (1999). Influences and con- sequences of well-being among Australian young people: 1980-1995. Social Indicators Research, 46, 301-323.

41 In attempts to define: Horn, H., and Arbuckle, B. (1988). Mood induction effects upon goal setting and performance in young children. Motivation and Emotion, 12, 113-122.

41 Gibson, though, just sat: Weisenberg, M., Raz, T., and Hener, T. (1998). The influence of film-induced mood on pain perception. Pain, 76, 365-375.

41 "Puppy" and "waves": Fredrickson, B., and Levenson, R. (1998). Positive emotions speed recovery from the cardiovascular sequelae of negative

emotions. Cognition and Emotion, 12, 191-220.

42 Building social resources: Matas, L., Arend, R., and Sroufe, A. (1978). Continuity of adaptation in the second year: The relationship between quality of attachment and later competence. Child Development, 49, 547-556.

43 The very happy group: Diener, E., and Seligman, M. E. P. (2002). Very happy people. Psychological Science, 13, 81-84.

43 Many other studies show: For a review, see Diener, E., Suh, E., Lucas, R., and Smith, H. (1999). Subjective well-being: Three decades of progress. Psychological Bulletin, 125, 276-302.

43 Looking out for number one: Diener, E., Lyubomirsky, S., and King, L., in press.

44 Positive feeling is a neon: Katherine Peil and Jerry Clore (see earlier note for this chapter) have both argued that positive emotion is a sensory system.

## 4: CAN YOU MAKE YOURSELF LASTINGLY HAPPIER?

45 The Happiness Formula: 이 섹션과 이 장(章)도 '행복의 추구 그룹' 이라는 긍정심리학 연구 소그룹의 도움이 컸다. 이 소그룹의 일원들인 텍사스 대학의 경영학 교수 데이비드 슈케이드(David Schkade), 리버사이드 소재 캘리포니아 대학의 심리학 교수 소냐 류보머스키(Sonja Lyubomirsky), 미주리 대학 심리학 교수 켄 셸든(Ken Sheldon)에게, 생각을 함께 나누어준 관대함에 대한 깊은 감사의 마음을 전한다.

46 The folloiwing scale: Lyubomirsky, S., and Lepper, H. S. (1999). A measure of subjective happiness: Preliminary reliability and construct validation Social Indicators Research, 46, 137-155. With kind permission of Kluwer Academicy Publishers.

47 Some highly heritable traits: Seligman, M. E. P. (1994). What you can change and what you can't. New York: Knopf.

48 Stories like Ruth's: 이런 종류의 목표범위와 목표점에는 좋은 선례들이 있으며, 특히 가장 명확한 선례라면 다이어트 관련 문헌에 잘 나타나 있다. 체중증가도 체중감소와 똑같이 생체 항상성(恒常性)의 특성을 보여준다. 즉, 단기간 동안의 폭식으로 살이 많이 불어나는 사람들은 오랜 시간에 거쳐 '자발적으로' 몸무게를 이전의 수준으로 줄이려는 경향을 나타낸다. 하지만 몸무게 목표점은 엄밀하게 고정되어 있지 않아서, 나이가 들면서 조금씩 높아지는 편일뿐만 아니라 반복되는 다이어트로 인해 몸무게가 크게 늘어나는 현상이 반복되기도 한다. 어떠한 경우 이건 목표범위는 목표점보다 더 낙관적인 개념이다. 그런 행복의 범위에서 비교적 낮은 수준보다는 높은 수준으로 살 수 있기 때문이다.

48 A systematic study: Brickman, R, Coates, D., and Janoff-Bulman, R. (1978). Lottery winners and accident victims: Is happiness relative? Journal of Personality and Social Psychology, 36, 917-927. In a study of winners of British football pools, Smith and Razzell (1975) found that 39 percent of the winners said they were "very happy," twice as many as controls, but they also reported more loss of friends and lower feelings of accomplishment. Smith, S., and Razzell, R (1975). The pools winners. London: Caliban Books.

48 Within a few years: Silver, R. (1982). Coping with an undesirable life event: A study of early reactions to physical disability. Unpublished doctoral dissertation, Northwestern University: Evanston, IL.

48 Of people with extreme quadriplegia: Hellmich, N. (1995, June 9). Optimism often survives spinal chord injuries. USA Today, p. D4.

48 These findings fit: Lykken, D., and Tellegen, A. (1996). Happiness is a stochastic phenomenon. Psychological Science, 7, 186-189.

49 Good things and high accomplishments: This large literature is reviewed by Diener, E. (2000). Subjective well-being. American Psychologist, 55, 34-43.

49 The death of a child: Lehman, D., Wortman, C., and Williams, A. (1987).

Longterm effects of losing a spouse or child in a motor vehicle crash. Journal of Personality and Social Psychology, 52, 218-231.

49 Family caregivers of Alzheimer' s: Vitaliano, P. P., Russo, J., Young, H. M.,Becker, J., and Maiuro, R. D. (1991). The screen for caregiver burden. Gerontologist, 31, 76-83.

49 ... and people in very poor nations: Diener, E., Diener, M. and Diener, C. (1995) Factors predicting the subjective well-being of nations. Journal of Personality and Social Psychology, 69, 851-864.

50 Circumstances: Diener, E., Suh, E., Lucas, R., and Smith, H. (1999). Subjective well-being: Three decades of progress. Psychological Bulletin, 125, 276-302. This is the definitive paper on the topic of how external circumstances influ-ence happiness, and this part of the chapter follows their logic.

51 Only 38 and 24percent: Diener, E,, and Diener, C. (1995). Most people are happy. Psychological Science, 7, 181-185.

51 At the dawn of serious research: Wilson, W (1967). Correlates of avowed happiness. Psychological Bulletin, 67, 294-306

51 Both of these seemingly: World values study group (1994). World values survey, 1981-1994 and 1990-1993. (Computer file, ICPSR version.) Ann Arbor, MI: Institute for Social Research.

53 France and Japan: Diener, E., and Suh, E. (1997). Measuring quality of life: Economic, social, and subjective indicators. Social Indicators, 40, 189-216; Myers, D. (2000). The funds, friends, and faith of happy people. American Psychologist, 55, 56-67.

53 In wealthier nations: Seligman M. and Csikszentmihalyi, Positive Fsychology: An Introduction. (Special issue.) American Psychologist, 55, 5-14 (2000). 칙센트미하이 박사와 나는 미국 빈민들의 행복이 돈의 증가에 따라

크게 높아지지 않음을 보여주는 자료를 검토하던 중에 아주 흥미롭고도 중대한 편지 한 통을 받았다. 편지를 보낸 이는 주장하길, 그런 자료가 미국에서의 사회정의를 위한 투쟁을 훼손시키고 있다고 (또한 그 자료가 은폐된다면 인류애가 더 넘치게 될지 모른다고) 했는데 여기에 대해서는 크게 반대한다. 내 견해에 따르면, 행복의 수준을 높이는 것은 긍정심리학의 주된 목표이긴 하지만 반드시 정의의 주된 목표는 아니다. 빈부의 경제적 격차를 좁히려는 시도는 도덕적으로 정당하고 정치적으로 바람직하다 할지라도, 그것이 빈민을 더 행복하게 만들어줄 것이라는 (그렇게 될 가능성도 없지만) 근거가 아니라 정당하고 인간적인 의무라는 근거에 바탕을 두고 있다.

53 Even the fabulously rich: Ibid. and Diener, E., Horwitz, J., and Emmons, R. (1995). Happiness of the very wealthy. Social Indicators, 16, 263-274.

53 Robert Biswas-Diener: Biswas-Diener, R., and Diener, E. (2002). Making the best of a bad situation: Satisfaction in the slums of Calcutta. Social Indicators Research; Biswas-Diener, R. (2002). Quality of life among the homeless. (In press.)

55 How important money is to you: Richins, M. L., and Dawson, S. (1992). A consumer values orientation for materialism and its measurement:Scale development and validation. Journal of Consumer Research, 19, 303-316; Sirgy, M. J. (1998). Materialism and quality of life. Social Indicators Research, 43, 227-260.

55 But there is also something: Mastekaasa, A. (1994). Marital status, distress, and well-being. Journal of Comparative Family Studies, 25, 183-206.

55 What follows: Ibid. and Mastekaasa, A. (1995). Age variations in the suicide rates and self-reported subjective well-being of married and never married persons .Journal of Community and Applied Social Psychology, 5, 21-39.

56 Depressed people, after all: In a longitudinal study of 14,000 German adults, D iener, Lucas, R., Clark, A., Yannis, C. (2002) Reexaminging

adaptation and marital happiness: Reactions to changes in marital status (manuscript), found that people who are happier to begin with are more likely to get married.

57 There is only a moderate: Bradburn, N. (1969). The structure of psychologi-cal well-being. Chicago: Aldine; Watson, D. and Clark, L. A. (1992). Affects separable and inseparable: On the hierarchical arrangement of the negative affects. Journal of Personality and Social Psychology, 62, 489-505; Larsen, J., McGraw, A, P, and Cacioppo, J. (2001). Can people feel happy and sad at the same time? Journal of Personality and Social Psychology, 81, 684-696.

57 Next came studies: Wood, W, Rhodes, N., and Whelan, M. (1989). Sex differences in positive well-being: A consideration of emotional style and marital status. Psychological Bulletin, 106, 249-264; Nolen-Hoeksema, S., and Rust-ing, C. L. (2000). Gender differences in well-being. In D. Kahneman, E. Diener, and N. Schwarz (Eds.), Well-being: The foundations of hedonic psychology. New York: Russell Sage Foundation.

57 The joys of the roller-coaster: Solomon, R., and Corbit, J. (1974). An opponent process theory of motivation. Psychological Review, 81, 119-145.

58 Youth was found: Diener, E., and Suh, E. (1998). Age and subjective well-being: An international analysis. Annual Review of Gerontology, 17, 304-324.

58 Both 'feeling on top of the world": Mroczek, D. K., and Kolarz, C. M. (1998). The effect of age on positive and negative affect: A developmental perspective on happiness. Journal of Personality and Social Psychology, 75, 1333-1349.

58 It turns out, however,: Brief, A. P, Butcher, A. H., George, J. M., and Link, K. E. (1993) . Integrating bottom-up and top-down theories of subjective well-being: The case of health. Journal of Personality and Social Psychology, 64,

646-653.

58 Remarkably, even severely ill: Breetvelt, I. S., and van Dam, F. S. A. M. (1991). Underreporting by cancer patients: The case of response-shift. Social Science and Medicine, 32, 981-987.

58 Individuals admitted to a hospital: Verbrugge, L. M., Reoma, J. M., and Gru ber-Baldini, A. L. (1994). Short-term dynamics of disability and well-being. Journal of Health and Social Behavior, 35, 97-117.

58 Even though education: Witter, R. A., Okun, M. A., Stock, W A., and Haring, M. J. (1984). Education and subjective well-being: A meta-analysis. Education Evaluation and Policy Analysis, 6, 165-173; Diener, E., Suh, E., Lucas, R. and Smith, H. (1999). Subjective well-being: Three decades of progress. Psychological Bulletin, 125, 276-302.

59 Nor does intelligence: Sigelman, L. (1981). Is ignorance bliss? A reconsideration of the folk wisdom. Human Relations, 34, 965-974.

59 People suffering through: Schkade, D., and Kahneman, D. (1998). Does living in California make people happy? Unpublished manuscript, Princeton University.

59 For a half century. Myers, D. (2000). The funds, friends, and faith of happy people. American Psychologist, 55, 56-67. He provides a review of this large and converging literature on the positive correlates of religious faith.

60 But all shall be well: Julian of Norwich. Revelations of Divine Love, [Ch. 27, the thirteenth revelation and ch. 68]. In Doyle, Brendan (1983). Meditations with Julian of Norwich. Santa Fe, NM.

61 You have undoubtedly noticed: Argyle, M. (2000). Causes and correlates of happiness. In D. Kahneman, E. Diener, and N. Schwarz (Eds.), Well-being: The foundations of hedonic psychology. New York: Russell Sage Foundation.

## 5: Satisfaction about THE Past

62 Positive emotion can be about: Optimism, confidence, hope, and trust are momentary emotions that often result from the exercise of more lasting traits, strengths we will look at in Chapter 9: optimistic explanatory style and hopefulness.

63 Satisfaction with Life Scale: Diener, E., Emmons, R., Larsen, R., and Griffin, S. (1985). The satisfaction with life scale. Journal of Personality Assessment, 49,

63 The average North American: Pavot, W, and Diener, E. (1993). Review of the satisfaction with life scale. Psychological Assessment, 5, 164-172.

64 There is a large mass: Teasdale, J. (1997) The relationship between cognition and emotion: The mind-in-place in mood disorders. In D. M. Clark and C. Fair-burn (Eds.), Science and practice of cognitive behavior therapy (pp. 67-93). New York: Oxford University Press.

64 Injections that boost adrenalin: Schachter, S., and Singer, J. (1962). Cognitive, social, and physiological determinants of emotional state. Psychological Review, 69, 379-399.

64 Vomiting and nausea: Seligman, M. E. P.(1970). On the generality of the laws of learning. Psychological Review, 77, 406-418.

64 Thirty years ago: For a review, see Seligman, M. E. P. (1993). What you can change and what you can' t. New York: Knopf.

65 Individuals with panic disorder: Clark, D., and Claybourn, M. (1997). Process characteristics of worry and obsessive intrusive thoughts. Behaviour Research and Therapy, 35(12), 1139-1141.

65 In each of these vignettes: Beck, A. T. (1999). Prisoners of hate. New York: HarperCollins. This is an especially good argument for the cognitive basis of anger and violence, locked into interpretations of the past.

66 Do you believe that your past: 이와 같은 포괄적인 원칙들은 라플라스의 견해를 세 가지의 특별한 과학적 영역으로 확장시킨 것이다. 프랑스의 계몽주의 수학자 피에르 시몽 라플라스(1749~1827)는 지극히 명확하고도 대범한 결정론적 주장을 펼쳤다. 그는 단 한순간만이라도 우주의 모든 입자의 위치와 운동량을 알게 된다면 모든 과거를 기록할 수 있을 뿐만 아니라 미래를 온전히 예측할 수 있을 것이라고 가정했다. 라플라스의 사상에 생물학에 대한 다윈의 결정론적 주장, 사회학 및 정치학에 대한 마르크스의 결정론적 주장, 심리학에 대한 프로이트의 결정론적 주장이 주입되면 이 가정은 상당히 인상적인 체계가 된다. 즉 칼뱅파의 예정설 원칙의 세속적 버전이 되어, 인간의 선택에 대한 믿음을 가치 없는 것으로 만들어 놓는다. 그러니 20세기의 수많은 교양인들이 자신들은 과거의 포로여서 개인사의 사건들에 따라 미리 운명 지어진 미래로 나아갈 수밖에 없는 운명이라고 생각하기 시작했던 것이 놀라운 일이었을까?

사실, 놀라운 일이었다. 그 이유는, 첫째 이 주장은 언뜻 보기보다 훨씬 느슨하기 때문이다. 그리고 둘째, 라플라스는 (다윈, 마르크스, 프로이트 같은 걸출한 인물들 같은 편으로 두었음에도) 그와 반대편 입장을 취하는 존경할 만한 지식인들과도 맞서 있었다. 19세기 미국인의 정신은 역사적 결정론을 그다지 중요하게 여기지 않았으며 그것은 나도 마찬가지다. 오히려 그 반대 입장이다. 19세기 미국 교양인의 정신은 두 가지 밀접한 관계의 심리학적 원칙, 즉 자유의지와 인격에 대한 믿음이 깊었고, 이런 믿음의 바탕에는 전혀 천박하지 않은 이유가 깔려 있었다. 이 두 가지는 모두 20세기에 호기를 맞았는데 인격 원칙의 운명에 대해서는 제8장에서 다룰 예정이다. 첫 번째 원칙인 자유의지와 그 지지자들은 라플라스와 그 동료들의 반대편에 맞서 있었다. 자유의지의 현대 역사는 네덜란드인 자유주의자 프로테스탄트였던 야곱 아르미니우스(Jacob Arminius, 1560~1609)로부터 시작된다.

아르미니우스는 루터나 칼뱅과는 반대로, 인간은 자유의지를 지니고 있어 스스로 하나님의 은총을 선택할 수 있다고 주장했다. 이 주장은, 은총이란 오로지 신으로부터만 자유롭게 부여되어야 한다는 이유에 따라 '아르미니우스 파 이단'으로 불리게 된다. 하지만 이 이단은 이후에 카리스마 넘치는 복음주의자 존 웨슬리(John Wesley, 1703~1791)를 통해 널리 확산되었다. 영국의 감리교 창시자인 웨슬리는 인간에게는 자유의지가 있어서 누구든 선행을 행함으로써 적극적으로 스스로의 구제를 획득할 수 있다고 설교했다. 웨슬리의 이 놀라운 설교는 잉글랜드, 웨일스, 북아일랜드, 미국 식민지 곳곳의 여러 도시와 마을로 퍼져나갔고, 그에 따라 19세기 초반 무렵에 감리교는 아주 인기 있는 종교로 부상하게 되었다. 이제 자유의지는 미국의 대중적 인식으로 스며들면서, 루터파와 칼뱅파까지 아우르는 미국의 거의 모든 형태의 기독교들로부터 수용되기에 이르렀다. 일반인들은 더 이상 스스로를 은총으로 채워지길 기다리는 수동적 존재로 여기지 않았다. 평범한 인간의 삶도 개선될 수 있으며, 보통 사람들도 스스로를 발전시킬 수 있다고 믿었다. 19세기의 초반기는 사회개혁의 위대한 시기, 즉 제2차 대각성기로 도약했다. 미국 개척자(frontier)의 복음주의 종교는 상당히 개인주의적이었고 기도회는 구세주 선택의 드라마로서 절정을 이루었다. 인간의 완벽함을 이루기 위해 유토피아가 싹텄다.

이런 원칙이 꽃피우기에 19세기의 미국보다 더 훌륭한 토양은 없었다. 엄격한 개인주의, 모든 인간은 평등하게 창조되었다는 개념, 끊임없는 개척자에 따라 자유와 부를 찾을 수 있었던 이민의 물결, 범죄자들도 갱생이 가능하다는 개념, 노예의 해방, 여성의 참정권 운동, 기업가 정신의 이상화 등 이 모두는 다윈, 마르크스, 프로이트가 찬물을 끼얹기 전까지 19세기의 미국의 정신이 얼마나 진지하게 자유의지를 받아들였고, 인간이 과거의 포로라는 개념에 얼마나 무심했는지를 보여주는 징후였다.

이런 상황은 20세기를 거치면서 거북한 교착상태를 이끌었다. 한편에서는 미국의 종교 및 정치적 전통이 자유의지를 포용하면서 매일매일의 경험이 수백 가지의 소소한 방식들로 그런 자유의지를 발휘하는 것처럼 보였다. 그런데 또 다른 한편에서는 대학에 진학한 학생들이 과학의 체계가 이런 개념을 포기하도록 요구하는 듯한 현상을 발견했다. 새천년 전환기의 미국의 교양인들은 자유와 선택에 대해 한 입으로 두말을 하고 있다. 자유의지는 우리의 정치적 담론에 없어서는 안 될 부분이며, 이는 일상의 대화에서도 마찬가지다(예: "담배 좀 꺼주시면 안 될까요?", "영화 보러 갈래, 아니면 TV 볼까?"). 하지만 그와 동시에 완고한 과학적 논쟁에서는 이 자유의지를 배제한다. 이런 배제는 법적 판결 속으로도 서서히 파고들어왔을 뿐만 아니라(예: "형벌 경감적 상황", "정신이상의 원인에 따른 무죄"), 무엇보다도 대다수 교양인들이 자신의 과거에 대해 갖는 사고방식 속으로까지 스며들고 있다.

67 I think that the events of childhood: Useful reviews are listed by subject matter. Divorce: Forehand, R. (1992). Parental divorce and adolescent maladjustment: Scientific inquiry vs. public information. Behaviour Research and Therapy, 30, 319-328. This review is a good corrective to the alarmist popular literature on divorce. It seems to be conflict, and not divorce per se, that does the harm. Parental death: Brown G., and Harris, T. (1978) Social origins of depression. London: Tavistock. Birth order: Galbraith, R. (1982). Sibling spacing and intellectual development: A closer look at the confluence models. Developmental Psychology, 18, 151-173. Adversity (generally): Clarke, A.,and Clarke, A. D. (1976) Early experience: Myth and evidence. New York: Free Press; Rutter, M. (1980). The longterm effects of early experience. Devel-opmental Medicine and Child Neurology, 22, 800-815.

67 The major traumas: 실제로 연구자들이 검토해 보면, 우리는 단순히 유년 시절의 산물이라고 보기 어렵다. 오히려 놀랍게도 유년기에서 성인기까지 확실한 연속성이 없는 편이다. 이것은 평생 주기의 발달 심리학 분야에서 주로 발견되는 현상이다. 변화는, 우리가 성숙해 가는 동안 우리에게 어떤 일이 일어나는지 이해하고 싶을 때 적어도 연속성만큼 유익한 설명이 되어준다. 이런 방대한 주제에 대해 잘 풀이된 자료를 보고 싶다면 다음을 참조하라. Rutter, M. (1987). Continuities and discontinu-ities from infancy. In J. Osofsky

(Ed.), Handbook of infant development (2nded., pp. 1256-1298). New York: Wiley; Plomin, R., Chipuer, H., and Loehlin, J. (1990). Behavior genetics and personality. In L. Pervin (Ed.), Handbook of personality theory and research (pp. 225-243). New York: Guilford.

68 There are now studies: The twin studies and adoptive studies are cited in the notes for Chapter 3. See especially Plomin, R., and Bergeman, C. (1991). The nature of nurture: Genetic influence on environmental measures. Behavioral and Brain Sciences, 14, 373-427. For another important study, see Bouchard, T., and McGue, M. (1990). Genetic and rearing environmental influences on adult personality: An analysis of adopted twins reared apart .Journal of Personality, 68, 263-282.

성인기의 문제를 유년기의 사건들을 통해 살펴보는 분야가 여전히 활기를 띠고 있다. 이 방법은 종종 확실한 효과를 나타내기도 하지만, 나로선 한 가지 의아스러운 점이 있다. 유전 가능성과 관련된 연구 보고서를 감안하면 정말 의아스럽게도, 이런 분야에 유전적 이론화가 세워지지 않았다는 점이다. 가령, 각각 아동에 대한 어머니의 대우와 아동의 차후 범죄성 사이의 상호관련성과 아동기의 트라우마와 차후의 자살 시도 사이의 상호관련성에 대해 밝혀낸 최근의 두 연구 사례에서도 이런 이론화가 이루어지지 않아 아쉬움을 남긴다. 두 사례 모두 유년기의 사건들을 우발적인 것으로 해석하고 있을 뿐만 아니라, 성인기의 행동과 아동기에 있었던 일이 유전적인 제3의 변수에 따른 결과일 가능성에 대해서는 탐구하지 못했다. Develop-ment and Psychopathology, 2, 99-111; Van der Kolk, B., Perry, C., and Her-man, J. (1991). Childhood origins of self-destructive behavior. American Journal of Psychiatry, 148, 1665-1671.

68 In parallel, adopted children: An extended and more scholarly discussion of the effects of childhood can be found in chapter 14 of Seligman, M. E. P. (1994) What you can change and what you can't. New York: Knopf.

68 This means that the promissory: 엄격한 결정론이 프로이트파에게는 철저히 실망스러움을 던져주고 진화론자들과 마스크수주의자들에게는 너무 일반적이어서 예측성이 없게 여겨지면서, 동유럽의 몰락 이후 이제 역사적 불가피성을 옹호하는 유일한 본거지는 미국의 소수 명문 대학들의 영어학과밖에 남지 않게 되었다.

하지만 엄격한 결정론과 라플라스의 견해에 대한 철학적 논쟁은, 프로이트와 마르크스의 경험주의적 주장에 비해 그렇게 쉽사리 폐기되지는 않았다. 이 자리에서 강한 결정론, 약한 결정론, 자유의지에 대해 장황하고 까다로운 이야기들을 세세히 늘어놓는 것은 부적당 할 듯하여, 단지 강한 결정론을 둘러싼 논쟁이 결코 명확하지 않다는 사실만 밝히고 넘어가려 한다(일각에서는 이 논쟁에 대해 불안정하다거나, 모호하다고 평하기도 한다). 강한 결정론에 크게 영향 받아 스스로를 자신의 과거에 얽매인 존재로 여기는 독자들을 아주 자유롭게 풀어주기 위한 차원에서도, 이런 불안정하고 불가해한 논쟁의 세부 내용에 대해서는 모르는 편이 낫다. 대신에 진부하고 딱딱한 논쟁에 신선한 공기가 되어줄 만한 이야기를 해주고 싶다. 바로 자유의지를 다루는 새로운 접근법에 대한 이야기다. 이 접근법은 라플라스의 견해에 어느 정도 신뢰성을 부여하는 장점을 띠고 있는 동시에, 또 한편으론 라플라스가 옳다고 치더라도 우리에게 과거의 족쇄로부터 완전히 풀려나는 듯한 기분을 안겨주기도 한다.

자유의지는 단순히 자발적 선택이라는 정신적 흥분만은 아니다. 또한 단순히 정치적 및 법적 담론 내에서 없어서는 안 될 용어만은 아니다. 일상의 대화에서 격식 없는 말인 것만도 아니다. 자유의지는 과학적으로 근거 있는 자연의 현실이다. 즉, 심리학적 현실이자 생물학적 현실이다. 내 견해에 따르면 자유의지는 진화상으로 생겨난 것이었다. 모든 지적 종(種)에게 자유의지는 성공적인 생존과 자손번식을 위한 경쟁에서 아주 유리하게 작용하기 때문이다. 인류는 각각의 일원이 다른 동족들과 짝을 놓고 경쟁을 벌이는 종에 속한다. 또한 진화의 시기를 거치는 동안 인간이라는 종은 지능적 포식동물에 맞서 스스로의 목숨을 지키기 위해 고군분투하기도 했다.

동물의 세계는 허세적이고 무의미한 제스처와, 자신의 행동을 예측불가하게 만들려는 시도들로 넘쳐난다. 머리 위에서 매가 돌진해 올 때 땅다람쥐가 어떤 방향으로 달아날지는 통계적으로 예측불가능하다. 그런 것이 예측가능하다면 세상에는 땅다람쥐가 한 마리도 남아있지 못했을 것이다. 변칙성과 허세만이, 경쟁자들이 적의 행동을 예측할 수 없게 만드는 유일한 진화상의 메커니즘은 아니다. 만약에 같은 짝을 놓고 경쟁 중인 다른 인간이 내 행동을 철저히 예측할 수 있다면 그 사람은 언제나 한발 앞서 나가며 나를 쉽게 물리칠 것이다. 내 행동이 지능적인 포식동물이나 내 자원을 훔치려 드는 또 다른 인간에 의해 전적으로 예측가능하다면, 나는 사지로 곧장 걸어 들어가는 격이 될 것이다. 이런 이유로 우리의 행동은 대체로 포식동물들에게나 같은 종의 일원들에게, 그리고 심지어 우리 자신에게도 예측불가능해야 한다. 우리가 우리 자신이 무엇을 할지 정확히 알고 있다면 진화는 우리의 경쟁자들도 식별 가능한 방식을 취했을 것이기 때문이다. [1998년에 샌프란시스코에서 열린 미국 심리학회 회의에서 로버트 노직(Robert Nozick)도 이런 주장을 제기한 바 있다.]

나처럼 포커를 친다면 잘 알겠지만 사실상 포커페이스를 유지하며 아무런 '내색'도 없이 게임을 하기란 정말 어렵다. 아무튼 우리는 예측불가능하도록 선택된 종이며, 포커를 즐기도록 선택된 종인 것 같다. 허세적이고 무의미한 제스처 외에도, 인간은 내부적 결정과정이라는 것을 갖추고 있다. 다시 말해 외부에서는 보이지 않고 개개인의 과거사로 미루어 예측할 수도 없는 그런 결정과정을 갖추고 있는데, 이는 말 그대로 경쟁자들보다 한 발 앞서도록 해주는 것이다.

내가 생각하기엔 이것은 우리가 선택의 삼홍으로 느끼는 파징이다. 내 결정과정이 다른 사람들이나 나 자신에게 빤히 들여다보여서는 안 되지만, 그렇다고 해서 이 과정이 반드시 우발적 연계가 없어야 하는 것도 아니며 반드시 확인되지 않아야 하는 것도 아니다. 단지 같은 종의 다른 일원들이나 다른 지능적 포식동물 (그리고 나 자신에게) 확인되지 않기만 하면 된다. 자유의지는 라플라스의 견해를 반박하지 않는다. 자유의지는 (내 경쟁자들이 아닌) 신의 존재나 먼 미래의 궁극적이고 완벽한 과학이 인간의 행동을 전혀 오류 없이 예측할 수도 있음을 부인하지 않는다. 단지 지금까지 진화가 일으켜온 그 어떤 것도 그런 행동을 예측하지 못한다고 부인할 뿐이다. 이는 제아무리 정교한 사회과학도 그 어떠한 것에 대해서든 가변성을 50퍼센트 이상 예측해내지 못하는 이유에 대해서도 설명해주는 것일지 모른다. 예측 못하는 50퍼센트는 대체로 측정의 오류로 얼렁뚱땅 무시되지만, 사실은 인간 행동의 예측에 대한 실질적이고 난해한 장벽이 아닐까? 유전학, 신경단위, 행동양식을 통해 인간의 행동을 예측하는 일에서 나타나는 통계적 특징은, 선택, 결정, 자유의지가 일어나는 영역을 반영해주는 것일지 모른다. 이는 생물과학과 사회과학에서의 하이젠베르크 원칙의 다중퇴화 버전이지만, 물론 이 이론에 수반되는 메커니즘과 같은 것은 일으키지 않는다.

69 Cognitive therapy techniques: Seligman, M. (1994). What you can change and what you can't. New York: Knopf. See chapter 7 for a review of drugs and psychotherapies for depression.

69 The overt expression: Ibid. See chapter 9 for a review. About heart disease, see Williams R., Barefoot J., and Shekelle R. (1985). "The health consequences of hostility." In M. Chesney and R. Rosenman (Eds), Anger and hostility in cardiovascular and behavioral disorders. New York: McGraw Hill.

70 Incontrast, friendliness: Hokanson, J., and Burgess, M. (1962). The effects of status, type of frustration, and aggression on vascular processes. Journal of Abnormal and Social Psychology, 65, 252-251-, Hokanson, J., and Edelman, R. (1966). Effects of three social responses on vascular processes. Journal of Abnormal and Social Psychology, 442-447.

71 The Gratitude Survey: McCullough, M., Emmons, R., and Tsang, J. (2002).

Thegrateful disposition: A conceptual and empirical topography. Journal of Personality and Social Psychology, 82, 112-127.

74 Soon thereafter, however: Emmons, R., and McCullough, M. (2002). Counting blessings versus burdens: An experimental investigation of gratitude and sub-jective well-being in daily life. (Unpublished.)

76 Nelson Mandela: I thank Dan Chirot, the colleague who has breathed new life into the social science of ethnopolitical conflict, for discussing these examples with me.

76 There are, however, no known ways: Wegner, D., and Zanakos, S. (1994). Chronic thought suppression. Journal of Personality, 62, 615-640.

77 Here are some of the usual: I recommend Everett Worthington's lucid discussion of the debate between forgiving and unforgiving in Worthington, E. (2001). Five steps to forgiveness. New York: Crown. Much of this section relies on this book.

77 You can't hurt the perpetrator: Ibid.

77 Physical health: Seligman, M. (1994). What you can change and what you can't. New York: Knopf. See chapter 9, "The Angry Person."

77 Here is a scale developed: McCullough, M., Rachal, K, Sandage, S., Worthington, E., Brown, S., and Hight, T. (1998). Interpersonal forgiving in close relationships: II. Theoretical elaboration and measurement. Journal of Personalityand Social Psychology, 75, 1586-1603.

79 "Mama's been murdered...": 나는 뉴욕과 워싱턴에 테러 공격이 발생하고 48시간 후인 2001년 9월 13일에 다시 펜을 집어 들었다. 워싱턴이 처한 상황보다는 개인적 혼란이 덜한 편이지만, 그럼에도 여전히 이런 상황에서 용서에 대해 쓰기란 쉽지 않은 일이다. 나는 TRIM 복수심 규모에 대해서는 낮은 점수를 내서, 이제 내 생각은 대체로 예방에 맞추어져 있다. 우리의 자녀와 손자들, 그리고 더 나아가 전체 문명 세계에 대한 핵테러, 생물학적 테러,

화학적 테러 공격을 예방하는 그런 차원 말이다. 테러리스트들은 이제 그런 전쟁의 수행이 자신들의 힘이 닿는 영역에 있음을 우리에게 증명해 보였다. 내 생각에는 그런 활동을 예방하기 위해서는 문명국가들이 테러리즘의 온상을 일소하는 일도 필요하지만, 그보다 더 중요한 것은 불량 지하드 정권을 무너뜨리는 일이다. 불량 정권들이 전복되면 대다수 민중이 새로운 정권의 지도자를 따르게 마련이다. 실제로 사악한 정권 하에 있던 일본, 독일, 소련의 민중이 민주적 지도부 하에서 다시 변모했던 놀라운 역사적 교훈도 있지 않은가? 이 부분의 참고문헌에 대해서는 미리 사과의 말을 밝히는 바이다. 앞으로 몇 년 후에는 이 글이 어떻게 읽히게 될지 잘 모르겠으나, 지금으로선 감정적으로 이렇게 몇 자 적을 수밖에 없었다.

81 Less anger, less stress: Harris, A., Thoresen, C., Luskin, F., Benisovich, S., Standard, S., Bruning, J., and Evans, S. (2001). Effects of forgiveness intervention on physical and psychosocial health. Paper presented at the annual meeting of the American Psychological Association, San Francisco, August, 2001. For reviews of the other intervention studies, see Thoresen, C., Luskin, F., and Hards, A. (1998). Science and forgiveness interventions: Reflections and rec-ommendations. In E. L. Worthington (Ed.), Dimensions of Forgiveness: Psy-chological research and theological perspectives. Philadelphia: Templeton Foundation Press. For evidence that unforgiveness correlates with a variety of unhealthy bodily states, see van Oyen, C., Ludwig, T., and Vander Laan, K. (2001). Granting forgiveness or harboring grudges: Implications for emotion, physiology, and health. Psychological Science, 12, 117-123.

82 To paraphrase Robertson Davies: Davies, R. (1976). What every girl should know. One-half of Robertson Davies. New York: Penguin.

## 6: OPTIMISM ABOUT THE FUTURE

83 Optimism and hope: Seligman, M. E. P. (1991). Learned optimism. New York: Knopf, is the most complete source, and much of this chapter is adapted from it.

88 There are two crucial dimensions:우울증 환자들을 대하는 과정에서는 3차원, 즉 개인화가 있었다. 그것은 우울증 환자들은 안 좋은 일이 생길 때 터무니없이 자신을 자책하고 좋은 일이 생길 때는 의당 내세워야 할 자신의 공마저 스스로 폄하하는 경우가 많았기 때문이다. 이 책을 읽는 독자들은 대개 우울증 환자가 아닐 텐데, 그런 경우 실패에 대해선 충분히 자책하지 않고 성공에 대해선 지나치게 자화자찬하는 등, 우울증 환자들과는 반대로 사실을 왜곡할 위험이 있다. 그래서 이 차원은 생략한다.

93 Increasing Optimism and Hope: This is the short course. I thank Karen Relvich for some of the examples. The longer course is found in chapter 12 of Seligman, M. E. P. (1991). Learned optimism. New York: Knopf.

96 It is important to see the difference: 긍정심리학은 단순히 긍정적인 사고의 재탕일까? 긍정심리학은 철학적으로는 긍정적 사고와 연관이 있지만, 경험적으로는 연관이 없다. American Heresy는 감리교의 토대가 되고 있으며, 노먼 빈센트 필(Norman Vincent Peale) 목사의 긍정적 사고방식도 거기에서 발전되어 나온 것이다. 긍정심리학은 또한 그 바탕에 개인의 자유로운 선택과 연관을 맺고 있으며, 그런 점에서 그 둘은 같은 뿌리에서 나온 것이다.

그러나 긍정심리학은 또 긍정적 사고와는 몇 가지 중요한 차이점을 갖고 있다. 첫째, 긍정적 사고는 순전히 이론적인 활동이다. 반면에 긍정심리학은 경험에 기초하며 반복 가능한 과학적인 활동 프로그램이다. 둘째, 긍정심리학에서는 긍정적 사고를 지지하지 않는다. 긍정적 사고에도 단점이 있기 때문이다. 긍정적 사고는 많은 장점이 있지만 부정적 사고가 더 중시되어야 하는 순간들도 있는 것이다. 긍정적 사고는 이후의 건강과 장수, 사교성, 성공 등에 좋은 영향을 준다는 연구들이 많지만, 상황에 따라서는 부정적 사고가 정확도 면에서 더 나은 때도 있다는 증거도 있다. 정확도는 자칫 큰 재앙으로 이어질 수도 있는 상황들(예를 들어 비행기 조종사가 비행기 날개에서 얼음을 제거할 건지 말 건지를 결정해야 하는 상황)과 밀접한 관련이 있는데, 그런 상황에서는 낙관론자보다는 오히려 비관론자가 될 필요가 있다. 긍정심리학에서는 부정적 사고의 이런 장점들을 염두에 두고 긍정적 사고와 부정적 사고 간에 최적의 균형을 맞추는 데 초점을 맞춘다. 셋째, 긍정심리학 분야의 많은 연구자들은 지난 수십 년간 모든 일의 '부정적' 측면에 대해 많은 연구를 해왔다. 긍정심리학은 부정 심리학을 보완하는 것이지 대체하는 것이 아니다. (이 주는 출간되지 않은 원고 초고에 약간의 수정을 가한 것이다.) Seligman, M., and Pawelski, J. Positive Psychology: FAQs.)

## 7: HAPPINESS IN THE PRESENT

102 The Pleasures: Cavafy, C. P (1975). Collected poems (E. Keeley and E Sherrard, Trans.). Princeton, NJ: Princeton University Press. Reprinted by permission of Princeton University Press.

106 The onset of the craving: For a eview, see Shizgal, P (1997). Neural basis of utility estimation. Current Opinion in Neurobiology, 7, 198-208.

107 The sheer speed: I strongly recommend James Gleick's incisive (2000) Faster: The acceleration of just about everything. New York: Little, Brown; and Stew-art Brand's profound little The clock of the long now (New York: Basic Books, 2000). Both these works are about the ways that super-fast technology has substantial psychological costs.

107 Fred B. Bryant and Joseph Veroff: Their unpublished magnum opus, Savoring: A process model for positive psychology, is destined in my opinion to become a classic. See also Bryant, F. B. (1989). A four-factor model of perceived control: Avoiding, coping, obtaining, and savoring. Journal of Person-ality, 57, 773-797.

109 In the white windy presence: Tietjens, E. (1923). The most-sacred mountain. In J. B. Rittenhouse (Ed.), The second book of modern verse. New York: Houghton-Mifflin.

110 This group learns much: Langer, E. (1997). The power of mindful learning. Cambridge, MA: Perseus.

110 TM and the other: For further reading about the cognitive benefits of meditation, I recommend Jon Kabat-Zinn (1994). Wherever you go, there you are. New York: Hyperion.

110 This is not the place: Levine, M. (2000). The Positive psychology of buddhism and yoga. Mahwah, NJ: Erlbaum.

112 It can only be had: 조지타운대학의 다니엘 로빈슨(Daniel Robinson) 명예 교수에게 감사 드린다. 그는 내가 아리스토텔레스(Aristotle)를 연구하는 데, 특히 아리스토텔레스의 《니코마코스 윤리학》(Nicomachean Ethics) 10권을 연구하는 데 많은 도움을 주었으며, 보다 크게는 불모지나 다름없던 현대 미국 심리학 분야에서 그리스 아테네인들의 예지가 불길처럼 활활 타오를 수 있게 해주었다. 아리스토텔레스를 연구하는 것은 정말 힘든 일인데, J.O. 엄슨(J. O. Urmson) 교수의 저서가 큰 도움이 되고 있다. J. O. (1988). Aristotle' s ethics. London: Basil Blackwell. "그러나 아리스토텔레스의 경우, 어떤 활동에서 즐거움을 얻는 것은 그 활동의 결과 때문이 아니라 활동 그 자체와 거의 구분되지 않는 그 무엇 때문이다. 다시 말해, 그가 어떤 활동을 하는 것은 활동 그 자체의 순수한 즐거움 때문인 것이다." (같은 책 p. 105). 만족감과 즐거움 간의 차이를 이해하는 데는 라이언 R.(Ryan R)과 데시 E.(Deci E.) (2001의 '행복과 인간이 잠재력에 대해' (〈심리학 연례 보고서〉, 51, 141-166)가 도움이 됐다. 나와 마찬가지로, 그 두 사람은 행복을 연구하면서 두 가시 집근 방법, 그러니까 감정에 초점을 맞춘 쾌락(hedonia) 중심의 접근 방법과 온전하게 기능하는 인간에 초점을 맞춘 행복(eudaimonia) 중심의 접근 방법을 활용했다. 아리스토텔레스가 주장한 행복 중심의 접근 방법에서 특히 중요한 것은 캐

롤 리프(Carol Ryff)와 그녀의 동료들이 쓴 저서이다. 그들은 번영의 생애 이론 (life-span theory) 개발이라는 맥락 속에서 행복과 관련된 의문을 탐구해오고 있다. 그들은 역시 아리스토텔레스의 이론을 빌어, 행복은 단순히 즐거움을 얻는 데 있는 것이 아니라 '완벽함을 추구해 개인의 진정한 잠재력을 실현하는 데 있다'고 주장하고 있다. 캐롤 리프의 '성인의 삶에서의 철학적인 행복'(1995. 〈심리학의 최근 동향〉(Current Directions in Psychological Science), 4, 99~104). 그러나 나는 인간의 '잠재력'과 '온전한 기능'이라는 행복 중심의 관점을 고수하지는 않는데, 그것은 그런 용어들 자체가 애매모호한데다가 문화적 한계도 있다고 보기 때문이다. 대신 나는 즐거움에 대한 행복 중심의 접근 방법의 대안을 만족의 추구로 본다.

114 Mike' s signal contribution: Csikszentmihalyi, M. (1991). Flow. New York: Harper. Already a classic, this is the best book ever written on the gratifications. These examples are quoted from this book.

117 Habitually choosing the easy: 긍정심리학 연구에서 제기되는 중요한 의문들 중 하나는 인간은 왜 몰입(flow) 상태로 들어가게 되리라는 것을 잘 아는 상황을 마다하고 굳이 즐거움(쾌락)을 선택하는가 하는 것이다. 내가 만일 오늘밤 야구 경기를 보지 않고 전기 작가 칼 샌드버그(Carl Sandburg)의 링컨 자서전을 읽는다면, 나는 몰입의 상태로 들어가게 될 것이다. 그런데 나는 야구를 보게 될 가능성이 많다. 우리로 하여금 만족감을 선택하지 못하게 하는 6가지의 중요한 요인들이 있는데, 이 요소들은 서로 불가분의 관계에 있다. 만족감은 억제하게 만들고, 실패의 가능성이 수반되고, 기술과 노력과 훈련이 필요하고, 변화를 만들어내고, 불안을 일으킬 수 있고, 기회 비용이 요구된다. 그러나 예를 들어 온종일 TV만 보는 일은 말할 것도 없고, 즐거움에는 이런 6가지 제약 요인이 거의 또는 전혀 수반되지 않는다.

117 Mounting over the last: See Seligman, M. (1996). The optimistic child. New York: Houghton-Mifflin, for a review of the data and the theories of the modem epidemic of depression. See also pp. 248-299 of Seligman, M.,

Walker, E.,and Rosenhan, D. (2001). Abnormal psychology. New York: Norton, for an extensive review and bibliography.

118 What does not cause it: Kessler, R., McGonagle, K., Zhao, S., et al. (1994). Lifetime and 12-month prevalence of DSM-IIIR psychiatric disorders in the UnitedStates: Results from the National Comorbidity Study. Archives of General Psychiatry, 51, 8-19.

118 I have theorized: See Seligman, M. (1996). The optimistic child. New York:Houghton-Mifflin. See Chapter 5.

118 Our youth have absorbed: Smith, L., and Elliot, C. (2001). Hollow kids: Recapturing the soul of a generation lost to the self-esteem myth. New York: Forum.

119 Sipping a cocktail: Csikszentmihalyi, M. (2002). The call of the extreme. In J. Brockman (Ed.), The next fifty years: A science for the first half of the twenty first century. New York: Vintage.

## 8: RENEWING STRENGTH AND VIRTUE

125 Abraham Lincoln himself was: 17세기와 18세기 당시 식민지 시대의 미국 사회에는 인간의 성격이나 행동에 대해 아주 엄격하고 냉혹한 관점이 있었다. 그런 관점은 청교도 교리에서 나온 것이었고, 청교도 교리는 또 루터(Luther)와 칼빈(Calvin)으로부터 나온 것이었다. 역사적인 종교 개혁을 이끈 그 두 지성 모두 인간의 자유 의지 같은 것은 절대 존재하지 않는다고 믿었다. 은총을 베풀 수 있는 것은 하나님뿐이며, 인간은 그 과정에 참여할 수 없다고 믿은 것이다. 천국에 들어가기 위해 그리고 지옥의 불길을 피하기 위해 인간이 선택할 수 있는 일은 아무것도 없으며, 피조물로 태어나는 순간 인간의 운명은 이미 하나님에 의해 지워지지 않게 쓰여진다는 것이다. 유명한 청교도 신학자였던 조나단 에드워즈(Jonathan Edwards, 1703-1758)는 인간은 스스로 자유롭다고 생각할지 모르지만 실은 인간의 의지라는 것은 완전히 인

과관계에 의해 좌우된다고 믿었다. 게다가 인간이 '자유로운' 선택을 할 경우, 필연적으로 죄를 짓게 된다고도 했다.

그러나 19세기 초 미국에서 일어난 이른바 '2차 대각성 운동'에서 종교인들은 선한 성격을 가진 사람들은 미덕을 선택하는 경우가 많고, 그래서 하나님이 영원히 그들에게 보상을 해준다고 믿었다. 링컨(Lincoln)이 말한 '우리 본성에 길들여 있는 선량한 천사들'이 바로 그 선한 성격을 뜻한다. 반면에 악한 성격을 가진 사람들은 악을 선택하는 경우가 많으며, 그처럼 악한 선택 때문에 가난과 주벽, 악덕으로 그 대가를 치르게 되고 결국 지옥에 가게 된다. 정치적 측면에서는 유럽의 군주제 국가들과는 달리, 미국의 임무는 사람들에게 선한 성격을 고쳐시키고 그를 통해 지상에 하나님의 나라를 건설하는 것으로 여겨졌다. 제7대 미국 대통령 앤드류 잭슨(Andrew Jackson)은 대통령 당선자 시절 다음과 같은 말을 했다. "나는 인간은 더 고결해질 수 있으며, 점점 더 큰 신성을 부여받을 수 있고, 또한 그 과정에서 점점 더 그 성격이 하나님에 가까워져 스스로를 다스릴 수 있게 된다고 믿습니다." 한 세기나 두 세기 전의 유럽에서라면 화형을 당할 수도 있는 위험한 발언이었다.

126 They suggested that: Kuklick, B. (1985). Churchmen and philosophers. New Haven: Yale University Press, 1985, especially chapter 15.

127 The eagerness with which: Although it verges on anti-Semitism, see Cuddihy J. M., (1987). The ordeal of civility. Boston: 미국의 비영리 출판사인 비컨 프레스(Beacon Press)는 마르크스(Marx)와 프로이트(Freud)의 학설에 따르면 대학살을 피해 나온 동유럽 이주민들의 무례한 행동들을 이해할 수 있다고 주장하는데, 이는 사회 과학의 근본적인 메시지들을 해석하는 데도 비슷하게 적용된다.

127 Social science is not only a slap: 누구든 그처럼 끔찍한 상황에서는 악한 행동을 할 수도 있다는 생각은 미국식 평등주의의 핵심으로, 그 근본 취지에는 경의를 표할 수밖에 없다. 제3대 미국 대통령 토마스 제퍼슨(Thomas Jefferson)이 기초한 불멸의 독립 선언문은 모든 인간은 평등하게 태어난다는

존 로크(John Locke, 1632-1704)의 신념을 세상에 선포한 것이었다. 존 로크의 이 같은 평등 사상은 모든 지식은 감각을 통해서 온다는 이론에 그 뿌리를 두고 있다. 인간은 백지 상태로 태어나 일련의 감각들을 경험한다는 것이다. 그 감각들은 시간 또는 공간상 서로 연관성이 있으며, 그런 연관성이 우리 마음 속 감각들을 한데 묶게 되고, 그래서 우리가 알고 있는 모든 것은 결국 경험에서 나오는 그런 연관성들을 쌓아올린 것에 지나지 않는다. 어떤 개인의 행동들을 이해하기 위해, 과학에서는 성격처럼 가치 판단적인 개념들을 배제하고 그 개인의 성장 과정만 자세히 알아내면 된다는 것이다. 그래서 1차 세계대전 당시 행동학자들이 나타나고 사회 과학 의제에 심리학이 접목되었을 때, 사람들이 환경으로부터 어떤 식으로 배워 현재에 이르게 됐는지를 이해하는 것이 그 목표가 되었다.

128 Gordon Allport, the father: McCullough, M., and Snyder, C. (2000). Classical sources of human strength: revisiting an old home and building a new one. Journal of Social and Clinical Psychology, 19, 1-10, narrates Allport's story. See also Himmelfarb, G. (1996). The demoralization of society: From Victo-rian virtues to modern values. New York: Vintage.

132 To our surprise: 달스가드(Dahlsgaard) 박사가 주장하는 미덕들 대부분의 한 가지 한계는 널리 퍼져 있는 이 모든 문화가 실은 유럽-아시아 문화라는 것이다. 언어학자들은 유럽-아시아 문화는 4,000년 전 같은 뿌리에서 갈라져 나왔고, 그래서 아테네적인 것과 인도적인 것은 완전히 별개의 것이 아니라고 말한다. 그리스어와 인도의 산스크리트어는 같은 뿌리에서 나온 것이며 석가와 아리스토텔레스 역시 그 뿌리가 같기 때문에, 인간의 미덕에 대한 인식에 공통점이 많으리라는 것이다. 이를 검증하려면 완전히 독립된 철학 및 언어 전통에서 나온 비서구권 문화 전체의 미덕들을 면밀히 관찰하면 될 것이다. 긍정심리학 네트워크는 그런 연구를 지원하고 있다. 내가 인간의 미덕들과 관련해 분명히 확신할 수 있는 사실은 유러시아 철학 전통에서 가장 현명한 사람들도 이 6가지에 대해서는 생각을 같이한다는 것이다. 이런 관점에

대해서는 마빈 레빈(Marvin Levine)과 댄 벤-아모스(Dan Ben-Amos)에게 감사의 말 전하고 싶다.

133 This unpacks the meaning: Wright, R. (1994). The moral animal: Evolution-ary psychology and everyday life. New York: Pantheon.

## 9: YOUR SIGNATURE STRENGTHS

135 There is a difference between: Game five of the 1997 NBA Finals versus the Utah Jazz, June 11, 1997.

135 In short, we feel: 우리가 선한 성격을 드러내는 의지력 있는 행동을 목격할 때 뭔가 자극이 되고 정신이 고양되는 느낌을 받으며, 악한 성격을 드러내는 행동을 목격할 때 혐오감을(그리고 그 행동이 우리 자신의 행동일 경우 수치심과 죄책감을) 느낀다는 것은 학습이라는 관점에서 봤을 때 충분히 납득이 간다. 정신이 고양되는 느낌은 선한 의지력을 강화시켜주는 긍정 정서로서 그 결과 실제 선한 의지의 행동을 하게 될 가능성도 높아진다. 그러나 혐오감과 수치심 그리고 죄책감은 악한 의지의 행동을 처벌하는 부정 정서이다.

수십 년간 학습 이론가들은 일부 행동들은 보상을 통해 늘어나고(강화되고) 처벌을 통해 줄어들기도 하지만 또 어떤 행동들은 그렇지 않다는 사실 때문에 아주 곤혹스러워했다. 내가 만일 당신에게 바로 앞의 문장을 소리 내어 읽을 경우 100달러를 주겠다고 한다면, 당신은 십중팔구 앞 문장을 소리 내어 읽을 것이다. 그러나 만일 안구에 밝은 빛을 비춘다든가 하는 외부 도움 없이 동공을 축소시킬 경우 마찬가지로 100달러를 주겠다고 한다면, 당신은 그렇게 하지 못할 것이다. 소리 내어 읽는 것처럼 자발적으로 할 수 있는 행동의 경우에만 보상을 하거나 처벌을 할 수 있는 것이다. 그러나 안구를 축소시키는 것처럼 의지가 개입되지 않는 행동들은 보상을 하거나 처벌을 할 수가 없다.

따라서 성격의 힘 역시 의지가 반영된 행동을 통해 드러나기 때문에 보상과 처벌을 통해 조정이 가능하다. 물론 문화가 선한 성격이 무엇인지를 규정하는 데 도움을 줄 수는 있다. 그러나 인간은 정신 고양, 좋은 자극, 자긍심 같은 긍정 정서들을 가질 때 선한 성격에서 나오는 의지력 있는 행동들을 강화할 수도 있고, 혐오감과 수치심, 죄책감 같은 부정 정서들을 가질 때 악한 의지의 행동들을 억제할 수도 있다.

137 To be a virtuous person: 다음 관찰에 대해 크리스 피터슨(Chris Peterson)에게 감사 드린다. 선한 사람에 대한 우리의 관점에서 본 성인의 모습에는 환상이 있다. 도덕적인 사람은 6가지 미덕을 다 갖추고 악덕은 전혀 없는 사람일까? 그건 평범한 인간들에게는 너무 무리한 기준이기 때문에, 나는 그런 의견에는 회의적이다. 미덕들만 있고 악덕은 없는 경우가 어디 있단 말인가? 20세기의 부정 심리학에 깊게 뿌리내리고 있는 한 견해는 표면상 선한 성격을 가진 것처럼 보이는 사람들이 실은 전혀 그렇지 않다는 것이다. 겉으로 드러난 그 사람들의 도덕적인 행동은 내면적인 불안감 또는 심지어 더 깊은 정신적 문제를 위장하기 위한 행동이라는 것이다. 더없이 선정적인 오늘날의 저널리즘이나 문학에 자주 등장하는 주제 중 하나는 선하다고 여겨지는 사람들을 벌거벗겨 도덕적인 추악함을 드러내는 것이다. 사실이든 사실이 아니든 그들이 받고 있는 의혹도 다양하다. 예를 들어 제시 잭슨(Jesse Jackson) 목사는 혼외정사로 낳은 아이가 있다는 의혹을 받았고, '팝의 황제' 마이클 잭슨(Michael Jackson)은 소아성애자라는 의혹을, 민주당 대통령 후보였던 게리 하트(Gary Hart) 상원의원은 아내 외의 딴 여자와 외도를 했다는 의혹을, 지미 스와가트(Jimmy Swaggart) 목사는 돈을 주고 매춘부를 샀다는 의혹을, 클러렌스 토마스(Clarence Thomas) 미연방 대법관은 직장 동료를 성추행했다는 의혹을 받았다. 이처럼 성적인 문제와 관련된 폭로는 특히 언론 쪽에서 약발이 먹힌다. 그러나 그것이 꼭 성과 관련된 것이 아닐 수도 있다. 조셉 바이든(Joseph Biden) 미 상원의원이 1988년의 대통령 선거 연설문들을 표절했다는 혐의, 조 베어드(Joe Baird)나 킴바 우즈(Kimba Woods), 린다 차베즈(Linda Chavez) 같은 미 정부 각료 지명자들이 자기 집 가정부들의 사회보장세를 지급하지 않았다는 혐의, 앨버트 고어(Albert Gore) 미 하원의원이 자신의 업적

에 대해 거짓말을 했다는 혐의, 조지 W. 부시(Geroge W. Bush) 전 미국 대통령이 음주 운전을 했다는 혐의, 빌 클린턴(Bill Clinton) 전 미국 대통령과 그의 아내 힐러리 클린턴(Hillary Clinton)이 사면과 관련해 뇌물을 받았다는 혐의, 밥 케리(Bob Kerry) 미 상원의원이 월남전에서 여성과 아이들을 죽인 군인들을 지휘했다는 혐의 등등이 그 좋은 예이다.

우리는 이런 이야기들에 흥미를 느끼며 심지어 이런 이야기들에 목말라하기도 한다. 이들은 모두 6가지 미덕 중 대다수 또는 극히 드물게 모두를 보여온 사람들이다. 이들과 관련된 의혹과 혐의들이 사실이라면, 이들은 선한 사람이 아닌 것일까? 아니면 이들의 미덕은 허울일 뿐이며 그 미덕 역시 실은 이들의 악덕에서 비롯되는 것일까? 나는 인간의 선함을 드러내는 예들을 단순한 과시나 위장으로 치부하기에 앞서, 인과율의 사슬에서 증거를 찾아봐야 한다고 생각한다. 그리고 그런 증거는 거의 늘 찾을 수 없다. 사실 이런 예들에서 우리가 볼 수 있는 것은 명백한 죄가 아니라 죄인 입장에서 본 일종의 올바름이다. 진정한 죄는 눈에 보이는 죄가 아니라 죄인의 진실성 결여인지도 모른다. 이런 종류의 이야기들을 들을 때 경멸감을 느끼는 우리가, 여러 해 전 지미 카터(Jimmy Carter) 전 미국 대통령이 자신이 아내 외의 다른 여자들을 '마음속으로 탐했다' 는 사실을 인정했다는 기사를 읽었을 때는 전혀 경멸감을 느끼지 않았다는 사실을 생각해보라.

여기서 또 한 가지 중요한 사실은 나는 성격을 복수형으로 보고 있다는 것이며, 한 가지 강점과 관련되어 나타나는 부도덕한 행동은 그 사람이 깊은 곳에 다른 강점을 갖고 있지 않아 겉으로 나타나지 않는다는 뜻도 아니고 도덕적인 사람이 될 수 없다는 뜻도 아니라는 것이다. 모니카 르윈스키(Monica Lewinsky) 스캔들이 터졌을 당시의 여론 조사 결과를 보면, 대다수의 미국 국민은 빌 클린턴 대통령의 불륜 행위나 심지어 정직하지 못한 행동보다는 칭찬 받을 만한 지도자로서의 행동들을 더 중시했던 것으로 보인다.

139 His chance of winning: Gun safety training. Available online at

www.darwinawards.com/darwin/index_darwin2000.html.

139 It is true that: Turnbull, C. (1972). The mountain people. New York: Simon & Schuster.

140 My motive for this criterion: 다른 가치 체계들을 완전히 초월하는 '좋은 삶'을 공식화한다는 것은 아주 힘든 일이다. 예를 들어 일본에서 중시되는 가치(남에게 해를 끼치지 않는 삶을 살고 싶다)와 미국에서 중시되는 가치(독립된 삶을 살고 싶다)는 근본적으로 다르다는 것을 뒷받침하는 문헌은 아주 많다. 우리는 충분한 만족감과 진정한 행복을 누리기 위해 자신의 중요한 장점들을 매일 중요한 영역에서 사용하고 있는데, 집단적인 문화든 개인적인 문화든 모두 강점들이 있기 때문에, 나는 좋은 삶에 대한 공식은 문화에서 자유로운 것이라고 믿는다. 행복에 대한 다른 문화의 문헌을 살펴보는 것이 유용한 출발점이 될 것이다. Ryan, R., E. (2001). On happiness and human potential. Annual Review of Psychology, 51, 141-166.

141 ... the passive absorption: The curious reader should begin with Kashdan, T. (2002) . Curiosity and interest. In C. Peterson, and M. Seligman (Eds.), The VIA classification of strengths and virtues. Manuscript available at www.positivepsychology.org., for a complete review of the fields of curiosity and inter-est.

141 For example, postal workers: We should not ignore the many people who take a job and are fortunate enough to get paid for using strengths like love of learning. In these cases the love of learning comes first, and it is a bonus that you can make a living using it. In Chapter 10 I will discuss "callings," jobs which you would continue to do even if you were not paid.

142 This is a significant: Jahoda, M. (1958). Current concepts of positive mental health. New York: Basic Books, calls this trait reality-orientation, and Ellis, A. (1962). Reason and emotion in psychotherapy. New York: 정신 건강이 무엇인지에 대해 논하는 과정에서, 스튜어트(Stuart)는 이 힘의 특징은 어

떤 사실들에 대해 원하는 것과 필요한 것을 혼동하지 않고, 또한 해야 할 일들이 아니라 이성에 따라 삶을 살아가는 데 있다고 말하고 있다.

143 This strength is also: Robert Sternberg is the best source on this strength: Sternberg, R. J., Forsythe, G. B., Hedlund, J., Horvath, J. A., Wagner, R. K.,Williams, W. M., Snook, S. A., and Grigorenko, E. L. (2000). Practical intelligence in everyday life. New York: Cambridge University Press.

143 Social intelligence is: Gardner, H. (1983). Frames of mind: The theory of multiple intelligences. New York: Basic Books; Mayer, J., and Salovey, P. (2002). Personal intelligence, social intelligence, and emotional intelligence: The hot intelligences. In C. Peterson, and M. Seligman (Eds.), The VIA classification of strengths and virtues. Manuscript available at www.positivepsychology.org.

144 Taken together, Daniel Goleman: Goleman, D. (1995) Emotional intelligence. New York: Bantam. 이 개념에는 사회 지능과 개인 지능 외에 낙관성과 친절 그리고 기타 다른 강점들도 포함된다. 나는 정서 지능이 대중 의식을 끌어올리는 데는 도움이 되지만 과학적인 목적에는 도움이 안 된다는 것을 잘 안다. 그래서 나는 그 여러 요소들을 구분하는 편이다.

144 The Gallup Organization found: Gallup Organization (2000). Strengthsfinder? resource guide. Lincoln, NE: Author; Buckingham, M. and Clifton, D. (2001).Now, discover your strengths. New York: Free Press.

145 Wise people are the: The research programs of Baltes and Staudinger (2000), Sternberg (1990), and Vaillant (1993) have yielded important information about this formerly elusive concept. Baltes, P.B., and Staudinger, U. M. (2000). Wisdom: A metaheuristic (pragmatic) to orchestrate mind and virtue toward excellence. American Psychologist, 55, 122-136; Vaillant, G. E. (1993). The wisdom of the ego. Cambridge, MA: Harvard University Press; Sternberg, R. J. (Ed.) (1990). Wisdom: Its nature, origins, and development.

New York: Cam-bridge University Press.

145 I include valor: Start with Steen, T. (2002), Courage, in Peterson and Seligman, ibid. and Monica Worline, Via Classification: Courage (2002), in Peterson and Seligman, ibid.

146 Fearlessness, boldness, and rashness: Putnam, D. (1997). Psychological courage. Philosophy, Psychiatry, and Psychology, 4, 1-11. Rachman, S. J. (1990). Fear and courage (2nd ed.). New York: W H. Freeman.

146 Psychological courage includes: O' Byrne, K. K., Lopez, S. J., and Petersen,S. (2000, August). Building a theory of courage: A precursor to change? Paper presented at the Annual Convention of the American Psychological Association, Washington, D.C. Shlep, E. E. (1984). Courage: A neglected virtue in the patient-physician relationship. Social Science and Medicine, 18(4), 351-360.

147 "To thine own self Sheldon, K. (2002). Authenticity/honesty/integrity. In C. Peterson, and M. Seligman (Eds.), The VIA classification of strengths and virtues. Manuscript available at www.positivepsychology.org.

148 The "kindness" category: Post, S., Underwood, L., and McCullough M. (2002).Altruism/altruistic love/kindness/generosity/nurturance/care/compassion. In Peterson and Seligman, ibid.

148 Shelly Taylor, in describing: Taylor, S., Klein, L., Lewis, B. et al. (2000). Biobe-havioral responses to stress in females: Tend-and-befriend, not fight-or-flight. Psychological Review, 107, 411-429.

150 Can you easily set: Gilligan, C. (1982). In a different voice: Psychological theory and women' s development. Cambridge, MA: Harvard University Press; Kohlberg, L. (1984). Essays on moral development (vol. 2): The nature and validity of moral stages. San Francisco: Harper & Row.

152 Can you make yourself: Roy Baumeister is the leading authority on

selfregulation. He argues that it is the master virtue, and that like a muscle it is exhaustible. Baumeister, R., and Exline, J. (1999). Personality and social relations: Self-control as the moral muscle. Journal of Personality, 67, 1165-1194. 153 They are good at resisting: Haslam, N. (2002). Prudence. In C. Peterson, and M. Seligman (Eds.), The VIA classification of strengths and virtues. Manu-script available at www.positivepsychology.org; Emmons, R. A., and King, L. A.(1988). Conflict among personal strivings: Immediate and long-term implica-tions for psychological and physical well-being. Journal of Personality and Social Psychology, 54, 1040-1048; Friedman, H. S., Tucker, J. S., Schwartz, J. E., Tomlinson-Keasey, C., Martin, L. R., Wingard, D. L., and Criqui, M. H. (1995). Psychosocial and behavioral predictors of longevity: The aging and death of the "Termites." American Psychologist, 50, 69-78.

154 Witnessing virtuosity in sports: Haidt, J. (2001). The emotional dog and its rational tail: A social intuitionist approach to moral judgment. Psychological Review, 108, 814-834.

155 How wonderful life is: "Your Song," by Elton John and Bernie Taupin, 1969. Robert Emmons is the dean of research on gratitude. See Emmons, R. (2002). Gratitude. In C. Peterson, and M. Seligman (Eds.), The VIA classification of strengths and virtues. Manuscript available at www.positivepsychology.org; McCullough, M. E., Kilpatrick, S., Emmons, R. A., and Larson, D. (2001). Gratitude as moral affect. Psychological Bulletin, 127, 249-266.

156 Expecting that good events: Seligman, M. (1991). Learned optimism. New York: Knopf.

## 10: WORK AND PERSONAL SATISFACTION

165 Money really cannot buy: Leonhardt, D. (2001) If richer isn't happier, what is? New York Times, May 19, B9-11.

165 But when employees: I herewith propose that "whits" become the units of life satisfaction.

168 Scholars distinguish three kinds: Bellah, R. N., Madsen, R., Sullivan, W M., Swidler, A., and Tipton, S. M. (1985). Habits of the heart: Individualism and commitment in american life. New York: Harper & Row; Wrzesniewski, A., McCauley, C. R., Rozin, P., and Schwartz, B. (1997). Jobs, careers, and callings: People's relations to their work. Journal of Research in Personality, 31, 21-33; Baumeister, R. F. (1991). Meanings of life. New York: Guilford Press.

168 A physician who views: Wrzesniewski, A., Rozin, P., and Bennett, G. (2001). Working, playing, and eating: Making the most of most moments. In C. Keyes and J. Haidt (Eds.), Flourishing: The positive person and the good life. Washington, D.C.: American Psychological Association.

169 The cleaners in the: Wrzesniewski, A., McCauley, C. R., Rozin, P., and Schwartz, B. (1997). Jobs, careers, and callings: People's relations to their work .Journal of Research in Personality, 31, 21-33. See also Wrzesniewski, A., and Dutton, J. (2001). Crafting a job: Revisioning employees as active crafters of theirwork. Academy of Management Review, 26, 179-201. The Coatesville story is a collage of two incidents. One was the occasion of Bob Miller's death, and the other was told to me by Amy Wrzesniewski.

169 Work-Life Survey: From Wrzesniewski, A., McCauley, C. R., Rozin, P, and Schwartz, B. (1997). Jobs, careers, and callings: People's relations to their work .Journal of Research in Personality, 31, 21-33, © 1997, Elsevier Science (USA) reproduced by permission of the publisher.

171 The job has been: Cohen, R. C., and Sutton, R. I. (1998). Clients as a source of enjoyment on the job: How hairstylists shape demeanor and personal disclosures. In J. A. Wagner III (Ed.), Advances in qualitative organization research. Greenwich, CT: Jai Press.

171 They ask family members: Benner, P., Tanner, C. A., and Chesla, C. A. (1996). Expertise in nursing practice. New York: Springer; Jacques, R. (1993). Unthe-orized dimensions of caring work: Caring as structural practice and caring as away of seeing. Nursing Administration Quarterly, 17, 1-10.

171 They have recrafted: Fine, G. A. (1996). Kitchens: The culture of restaurant work. Berkeley: University of California Press.

172 Look what he's doing: This account changes names and location as a courtesy to the real Dominick.

174 His sister follows: Csikszentmihalyi, M. (1997). Finding flow. New York: Basic Books; Csikszentmihalyi, M. and Schneider, B. (2000). Becoming adult. New York: Basic Books.

174 I just wanted Quaker Oats: There may be a serious problem of too much choice in modern life. Iyengar, S., and Lepper, M. (2000). When choice is demotivating. Journal of Personality and Social Psychology, 79, 995-1006. In one series of studies, participants were more likely to purchase exotic jams or gourmet chocolates when they had 6 options from which to choose than when they had 24 or 30, respectively. Schwartz, B., Ward, A., Monterosso, J.,Lyubomirsky, S., et al. Maximizing versus satisficing is a matter of choice(unpublished manuscript) looked at maximizers and satisficers. Maximizerslive their lives looking for the very best in everything, in contrast to satisficers,who settle for the "good enough." Maximizers, it turns out, are filled with depression, dissatisfaction, and regret.

174 More than 60 percent: The closest national statistics were 62 percent (NELS 1988-1994).

175 I have always subscribed: Csikszentmihalyi, M. (1997). Finding flow (p. 61). New York: Basic Books.

175 It's just fun to: Ibid.

177 Why Are Lawyers so Unhappy?: Adapted from Seligman, M., Verkuil, P., and Kang, T. (2002). Why lawyers are unhappy. Cardozo Law Journal, 23, 33-53.

177 In a recent poll: Hall, M. (1992) Fax poll finds attorneys aren' t happy with work. LA Daily Journal, March 4, 1992.

177 As of 1999, associates: Effective January 1, 2000, and consisting of a base salary of $125,000, plus a "guaranteed minimum bonus" of $20,000 and an additional "discretionary bonus" of $5,000 to $15,000 annually; New York LawJournal, December 27, 1999. The December 22, 1998, issue of the New YorkLaw Journal reported that the firm of Wachtell, Lipton gave yearend bonuses of 100 percent of base salary. Its first-year associates earned $200,000.

177 In addition to being: Schiltz, P. (1999). On being a happy, healthy, and ethicalmember of an unhappy, unhealthy, and unethical profession. Vanderbilt Law Review, 52, 871.

177 Researchers at Johns Hopkins: Eaton, WW, Anthony, J. C., Mandell, W M., and Garrison, R. A. (1990). Occupations and the prevalence of major depressive disorder.Journal of Occupational Medicine, 32, 1079-1087.

177 The divorce rate among: Shop,J. G. (1994, April). New York poll finds chronic strain in lawyers' personal lives, Association of Trial Lawyers of America. Thearticle notes that 56 percent of divorced lawyers said their work was a contributing factor to their failed marriages.

177 And lawyers know it: See J. Heinz et al. (1999). Lawyers and their discontents: findings from a survey of the Chicago bar. Indiana Law Journal, 74, 735.

178 Pessimistic NBA teams: The findings on optimism and sports are in Chapter 9 of Seligman, M. (1991) Learned optimism. New York: Knopf.

178 Specifically, the pessimists: Satterfield, J. M., Monahan, J., and Seligman, M. E. P. (1997). Law school performance predicted by explanatory style. Behavioral Sciences and the Law, 15, 1-11.

178 Pessimism is seen as: 신중함은 힘으로, 모든 문화에서 높이 평가된다. 그러나 지나치게 신중해 마치 변호사처럼 예상 가능한 모든 위험을 살피는 것은 법에서는 도움이 되지만 다른 많은 상황에서는 오히려 피해만 준다. 공식적으로 우리는 긍정 특징들은 속종과 관계를 갖는 것으로 본다. 가장 추상적인 미덕(속)은 가장 중요한 긍정 특징으로 어디에서나 높은 평가를 받는다. 힘(종)은 모든 문화와 역사에서 발견되는 미덕들로 가는 길이다. 테마(과)는 미국 산업 같은 특정 상황에서만은 긍정 특징이지만, 다른 많은 상황에서는 부정 특징이다. 테마는 갤럽의 스트랭스파인더(Strengthsfinder)가 측정하는 성공적인 일에 도움을 주는 특징이다. 그래서 성공적인 미국 변호사들이 보여주는 극단적인 비관성은 테마로, 미국 법 체계 내에서 성공하는 데 필요한 특징이기도 하다. 테마는 힘이나 미덕이 될 만큼 일반적이지는 않다.

179 There is one combination: Karasek, R., Baker, D., Marxer, F., Ahlbom, A., and Theorell, T. (1981). Job decision latitude, job demand, and cardiovascular dis-ease: A prospective study of Swedish men. American Journal of Public Health, 71, 694-705.

180 Barry Schwartz distinguishes: Schwartz, B. (1994). The costs of living: How market freedom erodes the best things in life. New York: Norton.

182 Many law firms: 하루 14시간 근무하라고? 어떤 변호사들은 '노'라고 말한다. 〈뉴욕 타임스〉 1999년 10월 6일, G1. '대형 로펌들의 경우 신입 변호사의 44퍼센트가 3년도 못 돼 이직을 한다.' 이 기사에 따르면, 뉴욕 소재 대형 로펌들이 '변호사들을 만족시켜줄 방법을 찾기 위해' 특별 위원회들을 결성했다고 한다.

182 More pro bono activity: For a longer list of even more anemic suggestions, see Lawyers' quality of life. The Record of the Association of the

Bar of the City of New York, 55, 2000.

182 Take Mark's valor: For a discussion of courage in business settings, see Worline, M. (2002). Courage. In C. Peterson, and M. Seligman (Eds.), The VIA classification of strengths and virtues. Manuscript available at www.positivepsychology.org

## 11 : LOVE

185 Mere possession itself: Van Boven, L., Dunning, D., and Lowenstein, G. (2000).

Egocentric empathy gaps between owners and buyers: Misperceptions of the endowment effect. Journal of Personality and Social Psychology, 79, 66-76.

186 Consider the "banker' sparadox" : Tooby, J., and Cosmides, L. (1996). Friendship and the banker's paradox: Other pathways to the evolution of adaptations for altruism. In W. G. Runciman, J. M. Smith, and R. I. M. Dunbar (Eds.), Evolution of social behaviour patterns in primates and man. Proceedings of the British Academy, 88, 119-143.

186 In the Diener and Seligman: Diener, E., and Seligman, M. (2001). Very happy people. Psychological Science, 13, 81-84.

187 Of married adults: Myer, D. (2000). The American paradox. New Haven, CT: Yale University Press. The chapter on marriage in this book is the most authoritative source I know, and I use Myer's citations and figures on divorce and unhappiness in the next several paragraphs.

187 Similarly, a primary cause: For an excellent discussion of how crucial relationships are to both positive and negative well-being, see Reis, H. and Gable, S. (2001). Toward a positive psychology of relationships. In C. Keyes and J. Haidt (Eds.), Flourishing: The positive person and the good life. Washington, D.C.: American Psychological Association.

187 It is the married: Conger, R., and Elder, G. (1994). Families in troubled times: Adapting to change in rural America. Hawthorne, NY: Aldine de Gruyter.

187 Social psychologists who work: Hazan, C. (2002). The capacity to love and beloved. In C. Peterson and M. Seligman, The VIA Classification of strengths and virtues. Ibid. See also Sternberg, R. (1986). A triangular theory of love. Psychological Review, 93, 119-135- In this important paper, Sternberg argues that there are three aspects of love-intimacy, passion, and connectedness. Marriage, in principle, combines all three.

188 Many social scientists: In Cat's cradle, Kurt Vonnegut calls these superficial groups "granfalloons" as distinct from "karasses," groups profoundly con-nected by a "wampeter," or deep purpose.

188 This is not just a matter: 결혼은 성공한 제도인가? 말도 안 된다고? 결혼 제도는 그 모든 정신적·물질적 이점들에도 불구하고 그리고 그 모든 진화론적 축복에도 불구하고 오늘날 미국에서 더 이상 지탱하기 힘들 정도로 큰 시련을 겪고 있다. 1960년 이래 미국의 이혼율은 두 배로 뛰어, 지금 모든 결혼의 절반은 이혼으로 끝나고 있다. 1990년대에는 매년 약 240만 건의 결혼과 120만 건의 이혼이 있었다. 그런데 지금은 모든 자녀의 절반이 부모가 이혼하는 걸 지켜봐야 하는 참담한 경험을 하고 있다.

그리고 그것은 결혼 제도의 잠식에서 볼 수 있는 한 가지 요소에 지나지 않는다. 결혼 빈도 자체도 줄어들어, 40년 전만 해도 결혼하지 않은 성인은 29퍼센트데 불과했지만, 오늘날에는 그 비율이 40퍼센트나 된다. 게다가 미국인들은 지금 결혼을 미루고 있어, 남녀 모두 40년 전에 비해 평균 5년 늦게 결혼을 하고 있다. 유일한 희망은 미국인들의 이혼율이 1990년대 들어 꾸준히 줄어들었다는 것인데, 그 역시 이혼율 감소 경향 때문이 아니라 순전히 젊은 사람들이 결혼을 미룬 때문일 수도 있다.

이처럼 이혼을 하거나 결혼을 미루거나 아예 결혼을 하지 않아 결혼률이 줄어드는 것을 보면서, 그 모든 게 불행한 결혼을 뿌리 뽑으려는 경향을 보여주는 것이라고 생각할 수도 있을 것이다. 그러나 그것도 아니다. 결혼한 사람 중에 '내 결혼에 아주 만족한다' 고 말하는 사람의 비율 역시 줄어들고 있어, 요즘은 1970년대에 결혼했던 사람들의 3분의 1만 그런 말을 한다. 어쨌든 이제 이혼은 한 세대 전보다는 심리적으로 더 쉬운 문제가 됐다. 결혼 생활에 뭔가 문제가 생길 경우 결혼 전체를 포기하고 새로운 장밋빛 인생을 찾는 것이 보다 흔한 선택 중 하나가 된 것이다. 그래서 어떻게든 결혼 생활을 유지하려 한다거나 충분치 않은 사랑 속에 살아가려 하는 일이 줄어들고 있다.

지난 세대에 일어난 사회적 변화들로 인해 사랑과 기쁨과 낙관 속에 시작된 수백만 건의 결혼들이 좌초되어 산산조각 났으며, 그런 상황 속에서 결혼한 사람들은 서로 상대의 약점과 악덕만 보고 있다. 그로 인해 안정된 부부 관계의 이점들은 사라지고 사랑하고 사랑 받는 능력의 대규모 낭비로 이어지고 있다.

188 Women who have stable: Cutler, W, Garcia, C., Huggins, G., and Prett, G. (1986). Sexual behavior and steroid levels among gynecologically mature premenopausal women. Fertility and Sterility, 45, 496-502.

188 Children who live with: See Myers, D. (2000). Cited earlier in this chapter.

188 Among the most surprising: Hazan, C., and Zeifman, D. (1999). Pair bonds as attachments. In J. Cassidy and P. Shaver (Eds.), Handbook of attachment (pp. 336-354). New York: Guilford Press; Belsky, J. (1999). Modern evolutionary theory and patterns of attachment. Ibid., pp. 141-161.

191 A striking number of Roger Kobak narrates this history in Kobak, R. (1999). The emotional dynamics of disruptions in attachment relationships. In. J. Cassidy and R Shaver (Eds.), Handbook of attachment (pp. 21-43) New York: Guilford Press.

191 But Cindy Hazan: The pioneering paper is Hazan, C., and Shaver, P. (1987). Romantic love conceptualized as an attachment process. Journal of

Personality and Social Psychology, 52, 511-524.

192 They are not calmed: For an excellent review of both Ainsworth's and Bowlby's extensive studies, see Weinfield, N., Sroufe, A., Egeland, B., and Carlson, E. (1999). The nature of individual differences in infant caregiver attachment. Ibid., pp. 68-88.

192 Your "working model": See Feeny (1999), ibid., pp 363-365 for a summary of the evidence.

193 We're really good friends: Feeny (1999), ibid., p. 360. This chapter also contains an excellent review of the sequelae of the different attachment styles as explored in both laboratory and field research as well as these romantic descriptions.

195 They contrast with anxious: Kunce, L. and Shaver, P. (1994). An attachment theoretical approach to caregiving in romantic relationships. In K. Bartholomew and D. Perlman (Eds.), Advances in personal relationships, vol. 5: Attachment processes in adulthood (pp. 205-237). London: Jessica Kingsley.

195 Anxious women get: Hazan, C., Zeifman, D., and Middleton, K. (1994, July). Adult romantic attachment, affection, and sex. Paper presented at 7th International Conference of Personal Relationships, Groningen, The Netherlands.

195 In contrast, avoidant: Mikulincer, M., Flodan, V, and Weller, A. (1993). Attachment styles, coping strategies, and posttraumatic psychological distress: The imp act of the Gulf War in Israel .Journal of Personality and Social Psychol-ogy, 64, 817-826.

195 Like Mary Ainsworth's: Cafferty, T., Davis, K, Medway, F., et al. (1994). Reunion dynamics among couples separated during Operation Desert Storm: An attachment theory analysis. In K. Bartholomew and D. Perlman (Eds.), Advances in personal relationships, vol. 5: Attachment processes in adult-

hood (pp. 309-330). London: Jessica Kingsley.

195 Although I am a therapist: Here are the complete references:

• A. Christensen and N. Jacobson (2000). Reconcilable differences. New York: Guilford Press. How to distinguish the solvable from the insolvable conflicts in marriage, and how to solve the solvable ones. For very troubled marriages.

• J. Gottman with J. DeClaire (2001). The relationship cure. New York: Crown. Concrete steps for building better communication and bonds with all those you love. For all troubled human relationships, from siblings to mates.

• J. Gottman with N. Silver (1999). The seven principles for making marriage work. New York: Three Rivers. Earthy, with concrete exercises, it is a research-documented manual for improving troubled marriages, and the only one with lots of advice for already good marriages. My personal favorite.

• M. Markman, S. Stanley, and S. Blumberg (1994). Fighting for your marriage. New York: Jossey-Bass. How to be an active listener and an attentive mate. A very useful general skill applied to troubled marriages, but appro-priate for all intimate relationships.

197 By watching hundreds: Gottman, J., and Levenson, R. (1992). Marital processes predictive of later dissolution: Behavior, physiology, and health. Journal of Personality and Social Psychology, 63, 221-233.

197 Here is what these couples: Gottman, J., and Silver, N. (1999). The seven principles for making marriage work. New York: Three Rivers. See chapter 4 especially ("Nurture your fondness and admiration").

199 When our partner sees: Gable, S., and Reis, H. (2002). Appetitive and aversive social interaction. In J. Harvey and A. Wenzel (Eds.), Close romantic relationship maintenance and enhancement. In press.

200 They are a daily: Murray, S. (1999). The quest for conviction: Motivated cognition in romantic relationships. Psychological Inquiry, 10, 23-34; Murray,

S.,Holmes, J., Dolderman, D., and Griffin, D. (2000). What the motivated mind sees: Comparing friends' perspectives to married partners' views of each other.Journal of Experimental Social Psychology, 36, 600-620.

201 When two pessimists: Fincham, F., and Bradbury, T. (1987). The impact of attributions in marriage: A longitudinal analysis. Journal of Personality and Social Psychology, 53, 510-517; Karney, B., and Bradbury, T. (2000). Attributions in marriage: state or trait? A growth curve analysis. Journal of Personality and Social Psychology, 78, 295-309.

202 My favorite Lincolnism: Lincoln, A. (1859, September 30). Address to the Wisconsin State Agricultural Society, Milwaukee.

202 Some lessons from this: The best manual for this is M. Markman, S. Stanley, and S. Blumberg (1994). Fighting for your marriage. New York: Jossey-Bass. This section leans heavily on their work and particularly on Chapter Three. See also Kaslow, F., and Robison, J. (1996). Long-term satisfying marriages: Perceptions of contributing factors. American Journal of Family Therapy, 24, 153-170, who report that very longterm happy marriages have "positive and affirming" communication, in which putdowns and other negative attribu-tions are conspicuous only by their absence. 204 Here is a verbatim example: M. Markman, S. Stanley, and S. Blumberg (1994). Fighting for your marriage. New York: Jossey-Bass. This material is used by permission of John Wiley & Sons, Inc.

## 12: RAISING CHILDREN

208 Raising Children: This entire chapter was written in close collaboration with Mandy Seligman. Actually, it was written and concieved more by her than by me.

210 Depression readily spirals: Bower, G. (1970). Organizational factors in

memory. Cognitive Psychology, 1, 18-46.

211 This isolates the crucial: Fredrickson, B., and Joiner, T. (2002). Positive emotions trigger upward spirals toward emotional well-being. Psychological Sci-ence, 13.

213 We believe in creating: Young-Bruehl E., and Bethelard, F. (2000). Cherishment: A psychology of the heart. New York: Free Press.

215 They even died: Seligman, M. (1975). Helplessness: On depression, development, and death. San Francisco: Freeman. See especially chapter 7.

217 By encouraging cheap: Seligman, M. (1996). The optimistic child. New York: Houghton-Mifflin. See especially chapter 5.

218 This surprises us: Bloom, L. (1970). Language development: Form and function in emerging grammars. Cambridge, MA: MIT Press.

218 Is it no: Davies, R. (1977). One-half of Robertson Davies. New York: Viking.

218 Yes is a world: e. e. cummings (1935). love is a place, no thanks.

219 Praise and Punishment: This section is paraphrased from chapter 14 of Seligman M. (1996) The optimistic child. New York: Houghton-Mifflin.

219 Unconditional positive regard: After the pioneering psychologist, Carl Rogers.

219 Learned helplessness develops: The literature on appetitive learned helplessness is discussed in Peterson, Maier, and Seligman (1993). Learned helpless-ness, New York: Oxford University Press, and in Seligman (1991), Helplessness, New York: Freeman. Both present extensive bibliographies of this literature.

220 Punishment, making an undesirable: See the volume edited by B. Campbell and R. Church (1969). Punishment and aversive behavior. New York: Appleton-Century-Crofts, for massive evidence on the robust

effectiveness of punishment.

220 When the very same: My doctoral dissertation was the first of many studies to demonstrate this. Seligman, M. (1968). "Chronic fear produced by unpre-dictable shock." Journal of Comparative and Physiological Psychology, 66,402-411. See chapter 6 ("Unpredictability and Anxiety") of Seligman, Helplessness (1975), San Francisco: Freeman, for a review.

224 Having chores as a: Vaillant, G., and Vaillant, C. (1981). Work as a predictor of positive mental health. American Journal of Psychiatry, 138, 1433-1440.

225 Bedtime Nuggets: This section as well as the previous one is adapted andupdated from chapter 14 of Seligman (1995) The optimistic child, New York: Houghton-Mifflin.

226 Those who do not get: Schwartz, R., and Garamoni, G. (1989). Cognitive balance and psychopathology: Evaluation of an information processing model of positive and negative states of mind. Clinical Psychology Review, 9, 271-94; Garamoni, G., Reynolds, C., Thase, M., and Frank, E. (1992). Shifts in affective balance during cognitive therapy of major depression. Journal of Consulting and Clinical Psychology, 60, 260-266.

228 I use a "Dreamland'" game: I believe that a high frequency of intensely negative dreams is more than just a mere correlation with depression. Depriving depressed people of dreaming, either by drugs or by interrupting REM sleep, is an effective anti-depressant treatment. Just as coming across many bad events during the day causes depression, so too may experiencing bad events at night. See Vogel, G. (1975). A review of REM sleep deprivation. Archives of General Psychiatry, 32, 96-97.

228 I have found that: See Seligman, M. E. P., and Yellin, A. (1987). What is a dream? Behavior Research and Therapy, 25, 1-24.

229 But given the general uselessness: 미국 심리학자 B. F. 스키너(B. F. Skinner)는 비둘기들에 대해서는 바로 생각하고 있었지만 아이들에 대해서는 잘못 생각하고 있었고, 그래서 그에 대한 젊은 시절의 내 믿음은 내 아이들을 상대하는 데 핸디캡이 됐다. 스키너는 손다이크(Thorndike)의 '효과의 법칙'을 대중화시켰고, 나 같은 풋내기 학습 이론학자들도 어떤 '반응'에 이어 보상이 이루어지면 그 반응이 더 강화된다는 사실을 알게 되었다. 그것은 내가 실험실 쥐들이 바를 누를 때마다 먹을 것이 나오게 만들어놨을 때 잘 통했다. 내가 '잘 통했다'는 말을 쓰는 것은 실험실 동물들 경우에도 긍정 강화는 아주 힘든 기술이기 때문이다. 첫째 많은 시도와 많은 기술이 필요했으며, 쥐들이 잘하게 하려면 늘 많은 반응과 보상을 계속 반복해주어야 했다. 배고픈 쥐가 제대로 바를 눌러 먹을 것을 먹기까지 보통 열 번에서 백 번 정도까지의 반복이 필요했다. 둘째, 이 '효과의 법칙'이 제대로 작동되게 하려면 아주 조심스럽게 반응을 골라야 한다. 비둘기들의 경우 아무리 많은 반응을 강화하더라도 부리로 바를 누르는 것을 배우지 못할 것이다. 그러나 부리로 키를 쪼는 것과 먹을 것 간에 아무 상관이 없다 해도, 비둘기들은 먹을 것을 구하기 위해 부리로 불 들어온 키를 쪼는 것은 '배울' 수 있을 것이다. 그래서 주변에 모이를 뿌려주면 부리로 키를 쪼기 시작한다. 부모가 어떤 한 가지 행동을 보상하기 위해 수십 가지 시도를 하는 경우는 드물고, 또한 부모가 정확히 어떤 반응에 보상을 하고 어떤 반응을 무시하느냐를 정하는 것도 절대 쉬운 일은 아니다.

**13: REPRISE AND SUMMARY**

249 In the hope: 연쇄 살인을 즐기며 그 일에서 큰 기쁨을 얻는 가학 피학성 변태 성욕자가 있다고 가정해 보자. 누군가를 쫓아다니며 살인을 저지르는 데서 엄청 큰 만족감을 느끼는 살인 청부업자가 있다고 가정해보자. 공중 납치한 비행기를 몰고 세계무역센터로 날아 들어가는 알카에다 소속 테러리스트가 있다고 가정해보자. 이 세 사람은 각기 즐거운 삶, 좋은 삶, 의미 있는

삶을 살았다고 말할 수 있을까?

그 답은 '그렇다' 이다. 물론 나는 그들의 행동을 비난하지만, 그것은 이 책에서 다루는 원칙과는 별개의 이유에서이다. 그들의 행동은 도덕적으로 가증스러운 행동이지만, 이론이라는 것은 도덕성이나 세계관을 다루는 것이 아니라 있는 그대로를 서술하는 것이다. 나는 과학은 도덕적으로 중립적이어야(윤리적으로는 관련이 있지만) 한다고 믿는다. 이 책 속의 이론은 즐거운 삶과 좋은 삶, 그리고 의미 있는 삶이 어떤 건지를 서술하고 있다. 어떻게 그런 삶에 도달해야 하는지 또 그런 삶의 결과가 무엇인지를 서술하고 있는 것이다. 그런 삶을 처방해주려는 것도 아니며 그 3가지 삶 중 어떤 삶을 다른 삶들 위에 두려는 것도 아니다.

내가 개인적으로 의미 있는 삶을 좋은 삶 위에 두고, 또 좋은 삶을 즐거운 삶 위에 두고 있음을 부인한다면 솔직하지 못한 일일 것이다. 그러나 내가 이 두 가지 삶을 중시하는 근거는 이론 외적인 것이다. 나는 자신에게만 헌신하는 것보다는 전체에 헌신하는 것을 더 가치 있게 여기며, 순간순간을 위한 삶보다는 잠재력을 실현하는 삶을 더 가치 있게 여긴다. 즐거운 삶, 좋은 삶, 의미 있는 삶은 서로 양립할 수 없는 삶도 아니며, 그래서 나는 당신이 그 3가지 삶을 모두 최대한 성취하기를 바란다.

## 14: MEANING AND PURPOSE

253 He has been the TRB: Wright, R. (2000). Nonzero: The logic of human destiny. New York: Pantheon.

258 Bob, do you remember: Asimov, I. (1956). The last question. Science Fiction Quarterly, Nov. 7-15.

259 Process theology fails: Stegall, W (1995). A guide to AN. Whitehead's understanding of God and the universe. Claremont, CA: Creative Transformation, Center for Process Studies.

## APPENDIX: TERMINOLOGY AND THEORY

262 I use happiness and well-being: '행복' 이라는 말은 긍정심리학의 목표 전체를 서술하는 아주 중요한 용어이다. 행복이라는 말 자체가 이론적인 용어는 아니다. (이는 '즐거움' 이나 '몰입' 과는 대조적인 것으로, 즐거움과 몰입은 존경할만한 심리 측정적 속성들을 가진 정량화될 수 있는 개체들로, 시간 상 안정감과 관측자들 사이에 신뢰감을 보여준다.) 용어로서의 행복은 인지 심리학 분야에서의 '인지' 라는 용어나 학습 이론에서의 '학습' 이란 용어와 비슷한 말이다. 이 용어들은 단순이 어떤 분야의 이름일 뿐, 그 분야 내 이론에서는 아무 역할도 하지 않는다.

262 Positive emotions (future): 낙관성은 미래의 정서이다. 낙관적인 설명 양식은 한 가지 특징이며, 실행될 때 낙관적이고 자신감 넘치는 정서들을 불러일으키는 힘이기도 하다.

옮긴이 | 김인자

2006년 긍정심리학 창시자 중 한 사람인 마틴 셀리그만을 자비로 한국에 초청해서 긍정심리학을 한국에 확산시키는 데 기여했다. 우리나라에 세계에서 두 번째로 긍정심리학 석·박사과정을 개설했다. 성 메리 대학 생화학과 전공으로 졸업한 후 다시 미국 시카고 로욜라 대학에서 상담 및 생활지도를 전공(석사)했으며, 성메리 대학교에서 인문학 명예박사 학위를 받았다. 용문상담심리대학원대학교 총장, 대학상담학회와 한국가족치료학회 회장, 서강대학교 학생상담연구소 소장, 교양과정 부장, 평생교육원장을 역임했다. 현재 서강대학교 명예교수, 한국심리상담연구소 소장, 한국현실치료학회 회장, 大仁긍정심리재단 이사장에 재임 중이다. 저서로는 『현실요법과 선택이론』, 『사람의 마음을 여는 열쇠 8가지』 등이 있고, 역서로 『마틴셀리그만의 긍정심리학』, 『인간관계와 자기표현』, 『행복의 심리』 등이 있다.

옮긴이 | 우문식

2003년 긍정심리학을 국내에 처음 도입했으며, 지난 20여 년 가까이 오직 긍정심리학 연구와 확산에만 몰두하고 있다. 안양대 교수를 역임했으며, 현재, 커넬대학교 상담학(긍정심리학) 교수 겸 한국캠퍼스 학장으로 재직 중이다. 저서로는 베스트셀러 『행복 4.0』, 『행복은 만드는 것이다』, 『긍정심리학이란 무엇인가』 등이 있으며, 옮긴 책으로는 『마틴 셀리그만의 플로리시』, 『마틴 셀리그만의 낙관성 학습』, 『회복력의 7가지 기술』, 『긍정심리치료매뉴얼』 등이 있다. 2011년 한국긍정심리연구소를 개소해 긍정심리학을 기반으로 하는 행복, 회복력, 긍정심리상담코칭 프로그램을 운영하고 있다. 현재, 긍정심리치료사, 긍정심리수련감독자, 상담심리사, 상담심리수퍼바이저로서 긍정심리치료를 확산시키기 위해 긍정심리치료(PPT) 15회기 프로그램을 통해 심리적 증상을 완화시키고, 행복을 만들어 주기 위해 개인 상담코칭과 집단 상담코칭을 진행하고 있다.

마틴 셀리그만의 긍정심리학(개정판)

개정판 5쇄 인쇄 | 2020년 06월 22일
개정판 5쇄 발행 | 2020년 06월 25일
지은이 | 마틴 셀리그만(Martin E. P. Seligman)

옮긴이 | 김인자 · 우문식
펴낸이 | 우문식
펴낸곳 | 도서출판 물푸레 · 한국긍정심리연구소

등록번호 | 제 1072-25호
등록일자 | 1994년 11월 11일
주소 | 경기도 안양시 동안구 시민대로 230 아크로타워 D동 1251
전화 | (031)453-3211
전송 | (031)458-0097
홈페이지 | www.mulpure.com

값 21,800원
ISBN 978-89-8110-319-4 13180

*책에 관한 문의는 mpr@mulpure.com으로 해 주시기 바랍니다.

# 한국긍정심리연구소(KPPI) 프로그램 안내

한국긍정심리연구소(Korea Positive Psychology Institute, KPPI)는 '긍정심리학'을 통해서 개인적, 조직적, 사회적으로 '플로리시'를 지원하며, 긍정심리학의 연구와 프로그램 개발, 교육과 훈련, 강의, 컨설팅을 통해 조직의 긍정문화 확산과 행복증진, 조직성과를 창출해드립니다.

| 모듈 명 | 교육기간 | |
|---|---|---|
| 긍정심리 기반의 직장인 행복증진 프로그램<br>행복한 조직(일터) 만들기 | 2일 | 16H |
| 개인과 조직을 살아 숨 쉬게 하는 긍정 심리 리더십 | 1일 | 8H |
| 탁월한 성과와 역량을 창출하는 강점 리더십 | 1일 | 8H |
| 긍정소통, 배려, 사랑, 관심의 긍정관계 리더십 | 1일 | 8H |
| 피할 수 없는 역경을 극복하는 회복력 키우기 | 1일 | 8H |
| 비관성, 무기력을 떨쳐주는 낙관성 학습 | 1일 | 8H |
| 긍정심리와 목표 설정의 최초 만남<br>와튼스쿨의 어떻게 인생 목표를 이룰까? | 1일 | 8H |
| 창조적 조직으로 혁신시키는 긍정조직혁명(AI) | 2일 | 16H |
| 학부모와 교사를 위한 프로그램<br>아이의 행복 플로리시 | 2일 | 16H |
| 전문가를 위한 긍정심리학 플로리시 | 10주 | 1주 3H |
| 긍정심리학 강사 코스 | 4주 | 1주 8H |
| 긍정심리학 플로리시 과정(긍정심리사 자격증 포함) | 15주 | 1주 3H |
| 기업, 관공서, 학교 단체, 특강, 세미나 및 행복, 웰빙 관련 컨설팅, 특강 | 행복 4.0, 긍정심리학 기반의 행복 만들기, 회복력, 강점 리더십, 긍정 심리 리더십, 인간 목표 설정, 긍정적 인간관계 외 맞춤형 특강 | |

※ 마틴 셀리그만의 모든 국내 저작권은 물푸레와 한국긍정심리연구소에 있습니다. 무단 인용은 저작권법에 저촉되오니 사전 승인을 받으시기 바랍니다.

강의 및 교육문의: 한국긍정심리연구소(평생교육원)
전화: 031-457-7434 / 팩스: 031-458-0097
이메일: ceo@kppsi.com / 홈페이지: www.kppsi.com

긍정심리학을 조직 문화와 조직 개발에 적용시킨 프로그램

# 행복한 조직(일터) 만들기

'행복한 조직 만들기' 과정은…

- 긍정정서로 긍정문화를 확산시켜 만연한 스트레스, 무기력, 분노, 불만 등 부정정서를 없애며
- 강점 기반을 구축해서, 강점과 성과 중심의 업무 방식으로 전환해
- 일의 가치와 삶의 의미를 찾아서, 긍정문화가 확산되고 행복증진을 이루어서 조직이 살아 숨 쉬고 춤추게 하며
- 머리로 이해하고, 가슴으로 느끼게 하며, 손과 발로 지속해서 실천하여 행복한 조직을 만드는 교육과정입니다.
- ◆ 2시간 특강부터 일반 직원, 간부 직원, 임원까지 직급과 관계없이 차수별 균등하게 35명 내외로 총 24시간까지 맞춤형으로 진행함.

## 긍정심리 기반의 행복한 조직 만들기 기본 16시간 과정 안내

| 모듈 명 | 학습 내용 | 시간 |
|---|---|---|
| 모듈 1.<br>행복한 조직의 이해 | 왜 행복인가?<br>행복한 사람이 성과를 많이 낸다<br>긍정심리학 이해하기<br>행복한 일터란? | 2 |
| 모듈 2.<br>조직을 살아 숨 쉬게 하고<br>춤추게 하는 긍정정서 키우기 | 자부심 키우기, 감사하기,<br>분노 · 불만 버리기(용서),<br>무기력 극복하고 낙관성 키우기,<br>음미하기, 회복력, 몰입, 마음챙김 명상 중<br>네 가지 선택 | 6 |
| 모듈 3.<br>만족감을 키우고 가슴을<br>뛰게 하는 가치와 의미 찾기 | 가치 찾기, 의미 찾기<br>일의 가치와 의미 찾기<br>핵심가치와 삶의 의미 찾고 실천하기 | 2 |
| 모듈 4.<br>탁월한 능력과 성과를<br>창출하는 강점 기반 구축하기 | 대표강점 찾기<br>대표강점 발휘하기<br>팀 강점 찾고 발휘하기<br>개인, 팀 강점 기반 구축하기 | 4 |
| 모듈 5.<br>긍정문화 확산과 행복증진을<br>위한 행복한 조직 실천하기 | 행복한 조직 만들기를 위한<br>목표 설정하기, 행복한 조직 만들기<br>시도와 도전하기<br>행복한 조직 십계명 만들기 | 2 |

※ 마틴 셀리그만의 모든 국내 저작권은 물푸레와 한국긍정심리연구소에 있습니다.
무단 인용은 저작권법에 저촉되오니 사전 승인을 받으시기 바랍니다.

강의 및 교육문의: 한국긍정심리연구소(평생교육원)
전화: 031-457-7434 / 팩스: 031-458-0097

이메일: ceo@kppsi.com / 홈페이지: www.kppsi.com